질적연구총서 02

이야기의 사회과학: 생애사와 내러티브 연구

질적연구총서 02

이야기의 사회과학: 생애사와 내러티브 연구

초판 인쇄 2023년 10월 27일
초판 발행 2023년 11월 10일

지은이 김영순, 염지숙, 김기홍, 남혜경, 박봉수, 박옥현,
       배경임, 신희정, 정경희, 허숙, 황해영
펴낸이 박찬익
편집 이기남
책임편집 권효진
펴낸곳 패러다임북   ▌주소 경기도 하남시 조정대로 45 미사센텀비즈 F827호
전화 031-792-1195   ▌팩스 02-928-4683
홈페이지 www.pijbook.com ▌이메일 pijbook@naver.com
등록 2015년 2월 2일 제2020-000028호
ISBN 979-11-92292-14-4 93370
가격 24,000원

이야기의 사회과학:

생애사와
내러티브 연구

김영순,
염지숙 외

패러다임북

이야기의 사회과학을 위하여

"이야기는 인간에게 어떤 의미가 있을까?"

본 저서는 이 질문에 대한 답을 그려놓고 있다. 만약 이야기가 없는 세상을 생각해 보자. 그러면 너와 나, 우리의 관계가 얼마나 얼마나 삭막하고 즉자적일 것인가. 아침에 눈 떠서 잠자리에 갈 때까지 우리는 이야기를 만나고 타자와 이야기를 나눈다. 무엇인가 읽고 보고 쓰고 말하고 듣는다. 이 모든 행위의 매개는 이야기이다. 이야기는 인간에게는 소통 도구를 넘어 생명줄이다. 문학, 철학, 역사를 비롯하여 모든 학문 역시 이야기를 전제로 한다.

인간에 의해 만들어지고 매개되는 이야기가 어떻게 학문의 영역으로 자리매김 되었을까? 우리는 포스트모더니즘에 주목할 필요가 있겠다. 그 이전의 사유에 기초하면 개인의 경험은 주관적이고, 일반화할 수 없고, 특이한 사례로 처리해야하고, 심지어 믿을 수 없는 것으로 취급해 왔다. 하지만, '서사 전환'으로 인하여 사적인 경험의 영역을 그렇게 치부할 것이 아니라 그 자체의 연구 가치를 갖는 연구대상으로 바라볼 수 있게 되었다.

특히 내러티브 개념을 앞세운 이야기에 관한 학문적 논의는 최근 다양한 분야에서 관심이 증가하고 있다. 문학이론, 역사학, 드라마, 영화, 미술, 심리학을 비롯하여 심지어 진화론적 생물학에서조차 내러티브론(narratology)이라는 용어가 사용되고 있다. 흔히 우리 주변에서 내러티브라 하면 소설가나 극작가 등 글쓰는 이들의 전유물처럼 생각되기도 한다. 하지만 쉽게 생각하면 내러티브는 우리 일상에서 소통하고 나를 표현하기 위한 수단으로서 사용되는 이야기라고 할 수 있다. 한편 생애사는 한 개인의 전 생애적 발달과정에 대한 삶의 역사 이야기를 사용하여 외적, 심리적 삶의 측면을 묘사해낸다. 이때 이야기는 내러티브와 생애사의 공통된 소재로써 역할을 한다.

이러한 이야기가 인문학 차원을 넘어 관계의 학문 영역인 사회과학의 범주로 전환되고 있다. 적어도 우리는 이 책을 통해 이야기가 어떻게 사회과학의 영역에 진입했는지를 경험할 수 있다.

본 저서는 총 3부 11장으로 구성하였고, 제1부에서는 '생애사와 내러티브의 개념', 제2부에서는 '이주생애와 생애사연구의 실제', 제3부에서는 '생애사적 내러티브 연구의 실제'를 다루었다. 각 부의 구성은 다음과 같다.

제1부는 '생애사와 내러티브의 개념'을 설명하기 위해 '사회과학의 대상으로서 생애사와 내러티브'(1장), '내러티브 탐구: 경험 연구를 위한 윤리적인 연구방법론'(2장), '생애사와 내러티브 연구방법의 내용과 연구동향'(3장)으로 구성된다. 제1부는 먼저, 이야기가 어떻게 학문의 대상이 될 수 있는지에 대한 물음에 대하여 이야기를 주요 매개체로 사용하는 생애사와 내러티브가 사회과학으로 전환되는 과정을 설명하였으며, 질적연구의 한 갈래로서의 생애사와 내러티브 탐구의 특징과 그 연구설계 및 실행과정에 대해 다루고 있다. 또한, 생애사와 내러티브 연구방법을 사용한 인하대학교와 타학교에서 제출된 박사학위 논문을 대상으로 그 연구방법과 연구내용을 비교하여 구체적인 자료수집과 분석 방법의 특성을 살펴보았다.

제2부는 '이주생애와 생애사연구의 실제'로 '한인 파독 간호사의 이주생애사 연구: 참여자의 삶속으로 들어가기'(4장), '이주민지원센터 개신교 성직자의 타자성 형성'(5장), '북미에서 돌아온 은퇴 귀환이주자의 생애사: 연어의 귀향-숲으로 돌아온 연어'(6장), '생애사로 살펴 본 이주민사업가의 사회통합'(7장)으로 구성되어 있다. 제2부는 60-70년대 독일에 파견되었던 한인 파독 간호사, 이주민지원센터에서 타자를 위해 살아가는 성직자, 북미에서

돌아온 은퇴 귀환이주자, 경제적 가장으로서의 책임을 위해 낯선 땅으로 온 이주민 사업가의 삶을 생애사 연구를 통해 참여자들의 문화, 정치, 가족, 교육, 종교 영역과 같은 맥락의 영향을 다루고 있다.

제3부는 '생애사적 내러티브 연구의 실제'로 '진로전환 경험과 아이덴티티 형성의 내러티브: 임작가의 생애이야기'(8장), '포토텔링과 생애 내러티브: 기록을 넘어 이야기'(9장), '중국동포 출신 결혼이주여성의 생애경험 내러티브'(10장), '다문화가정 방문교육지도사의 내러티브 탐구'(11장)으로 구성되어 있다. 제3부는 임작가라는 한 개인의 삶의 궤적을 통한 진로전환 이야기, 역사적 운명 앞에 섰던 사할린 한인 어르신의 통과의례 이야기, 중국동포 출신의 결혼이주여성의 인정투쟁 이야기, 타자와 더불어 살기를 실천하고 있는 다문화가정 방문교육지도사의 삶의 이야기를 인간과 함께 발전해온 내러티브 연구를 통해 참여자들의 개인적 삶의 이야기를 사회적 맥락으로 그 의미를 다루고 있다.

제2부와 제3부는 생애사연구를 수행한 박사학위 논문 4편과 생애사적 내러티브 연구를 활용한 박사학위논문 각 4편을 선정하여 그 사례를 소개하였다. 각 사례들은 저자들의 학위논문에서 사용한 연구방법에 대한 이론적 안내뿐만 아니라, 연구자별로 연구주제를 선택하게 된 동기와 연구참여자와의 만남에 이르기까지의 과정, 연구참여자를 만나 자료를 수집하고, 수집된 자료를 분석 및 해석하는 모든 연구의 수행과정을 함께 제시하였다. 본 저서에 실린 8편의 이야기의 사회과학적 연구 사례를 통해 연구방법 적용에 대한 실제를 만날 수 있다. 이와 더불어 독자들은 각 장에 소개된 생애사 및 내러티브 주인공들의 깊숙한 삶 속으로의 질적 여행을 떠나보셔도 좋을 듯하다.

2023년 여름의 끝자락에서
대표 저자 김영순

2부 이주생애와 생애사연구의 실제

3부 생애사적 내러티브 연구의 실제

생애사와 내러티브의 개념

1부

01

사회과학의 대상으로서 생애사와 내러티브

1. 이야기와 사회과학

이야기가 어떻게 학문의 대상이 될 수 있을까? 이 질문에 답하기 위해서 우리는 이야기를 포괄하는 상위 범주인 언어의 개념을 짚어볼 필요가 있다. 언어란 사람들이 자신의 생각이나 신념, 감정 등을 다른 사람들에게 전달하고 의사소통하기 위해 사용하는 체계로 사물, 행동, 생각 그리고 상태 등 세계의 객관적 일부이다(박이문, 2001: 2). 또한, 세계의 일부로서 언어라는 존재 방식에는 말, 글, 몸짓, 신호 등 사람들 사이에 공유되는 의미들의 체계, 언어 공동체 내에서 이해될 수 있는 말의 집합 등으로 정의된다. 이런 다양한 정의에서 공통점은 언어란 인간에 의해 사용되는 일반적인 의사소통의 수단이라는 점이다. 그러므로 언어는 인간의 사고와 소통에 있어서 토대를 이루고 동시에 그에 영향을 미친다.

이 글의 주요 대상으로서 이야기는 바로 '내러티브'로 일컬어지는 개념이다. 내러티브란 서사체를 의미하며 하나의 이야기, 즉 연속적인 시간 속에서 구성된 일정한 줄거리를 가지고 있는 말이나 글, 사건을 의미한다(고요한, 2018: 65). 다시 말하자면 내러티브는 말이라는 언어(言語)와 어(語)를 기록하기 위한 상징체계인 문자와 글로 구성된다. 글을 이루는 문자는 인간의 언어를 기록하기 위하여 생성된 시각적인 기호체계이다. 또한 문자와 구어(口語)는 메시지를 전달하기 위해 수단으로 둘 다 사용하지만, 문자의 경우는 정보를 기록·저장하고 전달하는 데 있어서 구어와 차이가 있다.

문학에서 이야기는 서사 혹은 내러티브로 불린다. 이 둘의 차이는 외래어 사용의 구분 이외에 의미의 차이는 확연하지 않다. 따라서 문학 영역에서의 내러티브는 배경, 인물, 구성(플롯), 이야기를 이루는 논조 즉, 분위기로 이루어진다는 주장을 접할 수 있다. 또한, 혹자는 내러티브가 희극, 로맨스, 비극, 풍자의 네 가지 원형에서 나온다고 보았다. 또 다른 연구자는 내러티브가 어떤 가정이나 집안의 이야기, 다툼과 경쟁 속에서 발생하는 이야기, 어떤 여행 경험에 관한 이야기, 고난을 참고 극복해 내는 이야기, 어떤 개인적인 꿈과 희망을 성취하는 이야기와 같이 5가지로 분류될 수 있다고 보기도 했다. 이렇게 보자면 이야기는 마치 언어가 표층화된 발화체이며 어떤 특정 유형이나 경향을 띠고 있다고 간주된다. 어떻게 보면 이야기는 Saussure의 기호학적 의미에서 기표에 가깝고 Peirce의 의미에서는 표현체에 가까울 것이다. 그러나 이 글에서는 이야기를 발화행위로서 '파롤(parole)'[1]이라기보다는 역량체계로서 '랑그(langue)'[2]로 보려고 시도할 것이다. 그래야만 내러티브가 사회과학의 연구대상으로 간주될 수 있기 때문이다. 이런 개념의 내러티브는 구두를 통한 이야기가 인간관계의 사회화나 소통에 있어 가장 중요한 수단임을 동의할 수 있게 한다. 이와 동시에 내러티브는 언어의 표출양식으로 우리가 사고하고 느끼는 방식에도 영향을 준다는 주장에 힘을 싣는다. 따라서 내러티브는 개인적 차원에서는 개별적 경험을 통해 내가 누구인지, 무엇을 하고 있는지 등 전체의 삶을 이루는 부분을 드러냄으로써 정체성 표현의 수단으로 활용되고 있다. 또한 사회·문화적 차원에서는 개인의 신념이나 가치를 공유하거나 전달함으로써 공적인 영역으로 확장시키는

---

1. 파롤(parole)은 특정한 개인에 의하여 특정한 장소에서 실제로 발음되는 언어의 측면을 말한다.
2. 랑그(langue)는 각 개인의 머릿속에 저장된 사회 관습적인 언어의 체계로 스위스의 언어학자 소쉬르가 사용한 용어이며, 개인의 언어 사용에 상대하여 사회가 채용한 제약을 통틀어 이르는 말이다.

역할을 한다. 이렇게 보면 내러티브는 개체로서 한 인간이 자기자신의 경험은 물론 자신의 사회문화 공간, 그 공간에 놓여있는 다른 구성원들 간의 관계 속에서 표출된다고 볼 수 있다. 이렇게 랑그로서 정의된 이야기들이 학문의 대상으로 될 수 있는 것은 말과 글의 전환 속성에 기인한다. 말이란 발화되어 사라지기에 이를 글로 기록해야 한다는 점에서 이야기들은 말과 글의 형식 모두 학문적 대상으로서 정당성을 갖는다.

우리가 학문을 정의할 때 배울 학(學), 물을 문(問)이라 한다. 우리의 배움의 대상은 '글'이고 묻고 답하는 수단은 '말'이다. 학문은 크게 지식체계와 수행체계 단위를 의미한다. 이를테면 지식정보의 집합인 논문의 형태, 논문집, 지식의 분과학문, 학과, 연구소 등은 모두 지식체계의 구성요소들이다. 수행체계는 바로 지식체계를 이루는 과정을 의미한다. 논문과 논문집이 나오려면 연구자의 자료수집, 분석과 해석 작업, 글쓰기, 발표 등의 수행을 해야 한다. 그래야 지식체계가 구성될 수 있다. 다시 말해 지식체계는 수행체계를 전제로 하며, 수행체계는 지식체계를 토대로 두어야 한다. 그렇기 때문에 두 체계는 밀접한 순환적 관계를 갖게 하는 것이다. 이 체계들에서 이야기는 필수적인 대상이며 수단이 된다.

이와 같이 이야기의 학문성을 인정한다면 동시에 이야기가 과학의 대상임에 동의해야 한다. 과학이란 사물의 현상을 증거와 논리를 기반으로 보편적 원리, 즉 법칙을 알아내고 밝혀내려는 것을 목적으로 한다. 대상 자체가 무엇인지가 아니라 대상을 다루는 연구방법이 무엇인지에 따라 과학인지 아닌지가 결정된다. 요컨대, 과학이나 과학적 방법이 추구하는 가장 주요한 목적은 바로 현상에 대한 지식을 체계적으로 형성하는 것이다. 그리고, 지식을 체계적으로 형성해 놓은 것이 바로 이론이다. 이론은 현상을 보편적 지식으로 받아들일 수 있는 합리적인 설명이다. 이렇게 보면 과학은 현상을 설명할 수 있는 이론을 제시하는 것이 궁극적인 목적이라는 것을 알 수 있다. 오래전부터 이야기는 서사 혹은 내러티브라는 이름으로 인문학의 주요 탐구대상이었다. 그러나 이 저술은 이야기를 사회과학의 범주로 전환하여야 하기 때문에 사회과학의 주요 패러다임을 이해해야 한다.

사회과학은 첫째, 실증주의 패러다임을 가진다. 실증주의에서는 사회문화현상을 자연현상과 같은 방법으로 접근한다. 다시 말해 사회문화현상을 대상으로 하는 사회과학의 영역을 자연현상을 연구하는 자연과학의 방법으로 동일하게 연구할 수 있다는 것이다. 사회과학 역시 인간 행동의 일반적인 형태를 예측하는 데 사용할 수 있다고 보고 일반적인 법칙을 확률에 근거하여 발견하고 사회현상을 예측, 통제하려 한다. 대부분 실증주의 연구자들은 양적연구방법을 사용한다. 양적연구는 모든 연구절차를 미리 계획하고 엄격한 절차를 준수하며, 자료수집을 할 때 최대한 객관성을 유지하고, 통제된 실험과 표준화된 척도를 사용하여 엄격하게 측정한다. 또한 양적자료를 위한 수집과 통계분석을 선호하며, 연구의 가치중립성을 중시하고 객관성, 정확성, 일반화를 강조한다.

둘째, 해석주의 패러다임이다. 해석주의는 질적연구의 토대가 되며 외관(外觀)으로 보여지는 어떤 행동을 관찰하는 실증주의와 달리, 행위자의 행동 내면에 자리잡고 있는 행동의 의미를 찾아내는 데 초점을 둔다. 즉, 해석주의를 지향하는 연구자들은 자연스러운 환경에서 사람들을 관찰하고, 내적 감정을 공감적으로 이해하면서 사람들의 일상 경험을 중시한다. 또한 사람들의 행위에 나타난 심층적 감정과 의미, 행동 이면에 있는 특별한 동기를 해석하는 데 관심을 두고 있다.

셋째, 비판적 사회과학 패러다임이다. 이는 갈등 패러다임이라고도 하는데, 사회를 파악하는 데 있어 거시적 층위에 있는 갈등론적 관점을 동원한다. 개인적인 측면보다 사회 변화에 본질적이고 구조적인 측면을 파악하는 것을 중요하게 생각한다.

위의 내용을 종합하면 사회과학은 실증주의와 해석주의 패러다임은 물론 사회과학의 학문수행 시 비판적 관점을 가져야 함을 의미한다. 그런데 이 저술을 위해 우리가 주목해야 할 부분은 해석주의 패러다임이다. 해석주의 패러다임은 인간의 사회적 행위가 일정한 규칙에 따라 보편성을 가지며 나타나는 것이 아니라는 점이다. 인간은 거대한 잠재력을 가지고 있는 창의적이고 변화적인 존재로서 서로의 행동에 대하여 의미 있게 받아들이고, 그것을 맥락에 맞게 판단 또는 해석하면서 상호작용을 한다. 즉, 인간은 규칙적인 과정에 의하여 사회적 행위를 하기보다 사회적 상호작용을 통해 체계를 융통성 있게 구성하는 존재로 파악되어야 한다. 사회과학에서의 해석학은 인간의 자유로운 상호작용 속에서 이루어지는 해석과 의미 파악에 관심을 두고 있으며, 상호작용을 일련의 해석적 과정으로 보고 있다. 그 때문에 연구방법 또한 연역적 기술에 의한 것이 아니라, 상호작용이 일어나고 있는 실제적 일상 세계를 구체적으로 이해할 수 있도록 해석적 기술을 중요시하고 있다.

해석주의는 사회과학의 질적연구가 채택하는 교조적 방향이며, 두드러지게 나타나는 질적연구 유형이 바로 생애사 연구와 내러티브 연구이다. 이 두 가지 연구방법은 모두 이야기가 그 중심에 있다.

2. 생애사 연구의 기원

생애사 연구와 내러티브 연구의 기원은 '무엇이 먼저냐'라는 태동의 비교는 그렇게 중요하지 않다. 무엇보다 이 두가지 질적연구방법들이 어떤 연관성을 가지고 진화해 왔는가가 관건이다. 우선 생애사 연구방법의 기원을 살펴보자.

생애사 연구는 시카고학파의 사회학자들로부터 시작되었다. 그들은 미국의 사회학자 Thomas와 폴란드 학자 Znaniecki 등이다. 이들이 시카고대학에 재학 중일 때 저술한 『The Polish Peasant in Europe and America(유럽과 미국의 폴란드 농부)』라는 저서가 최초 체계화된 생애사 연구 사례로 꼽히고 있다. 이 저서는 20세기로 접어들면서 폴란드인들이 미국으로 건너와 이주민으로서 겪는 경험에 관한 연구물이다. Thomas와 Znaniecki는 이주민들의 편지와 신문 등 개인적인 자료, 이민자들을 보호 및 관리하는 공공기관과 법원의 자료들을 분석하여 이민자들의 삶의 방식을 연구하였다. 이 저서가 발표된 이후로 사회학계에서는 1930년대를 정점으로 생애사 연구의 호황기를 보냈다고 평가했다. 하지만, 두 학자가 기술한 생애사 연구방법은 해석학적 방법론이 결여되었다고 평가되면서 실증주의 패러다임을 소환하였고, 생애사 연구는 1940년대 들어 쇠퇴하게 되었다(박성희, 2019: 44).

이처럼 북미에서 주목받지 못하던 생애사 연구는 1960년대 들어 독일에서 다시금 부활하게 되었다. 1960년대에서 1970년대까지 독일 사회학계에서는 이야기를 연구방법론으로 사용하는 것에 큰 관심을 갖게 되었고, 이와 더불어 생애사 연구가 주목을 받게 되었다. 그 배경에는 독일의 민속학 연구가 큰 기여를 한 것으로 평가한다. 민담, 설화, 전설 등의 채록과 기록이 발달한 독일 학계에서 이야기의 사회과학화는 당연한 귀결이었다. 그중에서 Schütze(1983: 283-293)의 경우는 모든 사람의 이력에 생애사적 진행과정 구조의 기본 형식이 있다고 보았고, '생애사적 행위구조'를 제시하여 개인이 어떤 생애의 사건으로 고통의 과정과 이를 극복해 나가는 전환의 과정이 존재한다는 데 착안한 연구기법을 개발해냈다. 이후 1980년대에는 포스트모더니즘이 생애사 연구와 결합하게 되고 그때부터 생애사 연구는 제2의 전성기를 맞게 되었다.

그렇다면 포스트모더니즘이 이야기를 어떻게 만나 서사 전환(narrative turn)이 이루어졌는가? 라는 물음이 제기된다. 그 이전까지는 개인의 경험은 주관적이고, 일반화할 수 없고, 특이한 사례로 처리해야 하고, 믿을 수 없는 것으로 취급해 왔다. 하지만, 서사 전환으로 인하여 사적인 경험의 영역을 그렇게 치부할 것이 아니라 그 자체의 연구 가치를 갖는 연구대상으로 바라볼 수 있게 되었다(김영천, 한광웅, 2012). 특히 이는 지금까지 '특수 사례'라는 이름으로 묻혀 왔던 사회적 소수자와 약자들의 삶을 수면 위로 노출시키기에 적합하다고 여긴 것이다. 이 외에도 이동성(2013)에 따르면 생애사 연구는 해석학, 현상학, 포스트모더니즘, 상징적 상호작용론을 철학적 배경으로 삼고 있으며, 연구방법론은 민속방법론, 서사 연구, 담화 이론의 전통을 따른다고 하였다. 더불어 박성희(2014)는 생애사 연구가 Husserl의 현상학, 생물 철학, Schütze의 현상학적 사회학, 일상 사회학, 상징적 상호작용론의 영향을 받았다고 보았고, 강진숙(2016)은 Benjamin의 정지의 변증법과 인간학적 유물론, Freud의 외상적 신경증의 영향을 받았다고 하였다. 그 이후, 생애사 연구는 1960년대를 지나면서 독일의 사회학 내 빌레펠트학파를 중심으로 발전하였다. 즉 개인과 사회의 상호작용에 기초하여 사회현상을 이해하고자 하는 실천 지향의 독일 생애사 연구방법론인 해석학적 전통과 Weber, Schütze, Mead 등의 사회적 행위 개념을 새롭게 수용하여, 생애사적 경험과 사회적 조건 사이의 상호작용적인 구성과정을 포착하였다(이희영, 2005).

한편, 1980년대 탈근대적인 세계관과 포스트모더니즘의 출현으로 생애사 연구는 방법론으로서 제2의 전성기를 맞이하게 되면서 재평가를 받게 되었다(Roberts, 2002). 생애사 연구방법론은 1980년대 즉 상호작용 주체로서 개인의 전기적 연구에 대한 동향과 관심이 인간 집단의 삶과 문화를 해석적으로 탐구하려는 지적 전통과 결합하는 데 큰 기여를 하였다(Goodson & Choi, 2008). 포스트모던 주의자들은 근대적 산물인 과학적 패러다임과 추상적 이론을 일종의 거대서사로 간주하고, 개인 혹은 각 주체의 다양한 사회적 삶의 이야기 즉 서사에 주목하게 된 것이다(Lewis, 2008). 생애사 연구방법론에 대한 관심은 다수 연구대상으로 한 설문조사 기반 양적연구에 대한 방법론적 저항과 반성에서 출현했다고 본다(Ojermark, 2007). 사회과학 영역에서 이론적 방법론의 연구 프레임으로 볼 수 있는 생애사 연구방법론은 양적연구방법론과는 대조적으로 인간의 경험을 심층적으로 탐구하기 위한 연구방법으로서의 적합성을 인정받게 되었다(Kouritzin, 2000).

생애사 연구방법론은 인류학과 사회학적 전통을 배경으로 나타났지만, 사회과학 제 분야 전반에 걸쳐 강력한 연구방법으로 부상하였다. 특히 여성학, 역사학, 심리학, 문학 및 문화연구뿐만 아니라, 정치학, 교육학, 가족연구, 이주학 분야에 이르기까지 다양한 영역에서 적용되어 왔다. 이와 같이 다양한 학문 분야에서 생애사 연구방법이 보편적으로 적용되고 있는 것은 이 연구방법이 지닌 사회구성원으로 개인을 둘러싼 거시적 맥락은 물론 미시적 과정을 연결하고, 개인의 삶을 사회문화적, 정치경제적 맥락에까지 연결시키는 관계적 속성을 지니고 있기 때문이다(Roberts, 2002). 뿐만아니라, 생애사 연구방법론은 사회적 행위 주체가 사회적 구조와 상호작용하여 어떻게 특정한 삶의 환경을 구성하는지를 탐색할 수 있으며, 상이한 사회적 조건에 따른 개인의 변화과정을 파악하는데 적합한 수단이기 때문이다(Ojermark, 2007). 이러한 학문적 태생을 가진 생애사 연구는 어떤 특성을 가지는지에 대한 기존 논의를 살펴보는 것은 생애사 연구와 내러티브 연구의 연관성을 이해하는 데 도움을 줄 것이다.

3. 생애사 및 내러티브 연구의 특성과 범주

3.1. 생애사 및 내러티브 연구의 특성

생애사는 그리스어로 '한 개인의 삶에 대한 기술'이라는 의미로 이해되며, 한 개인의 성장 과정을 사회문화적 맥락을 통해 살펴보는 것으로 정의된다. 그러나 최근의 생애사는 한 개인이 자신의 삶을 회상하고 이를 이야기화 한다는 서사적 의미뿐 아니라, 생애사 주체가 정신적으로 발전하는 과정에 대한 많은 정보를 알려주는 매체로 활용되고 있다. 현대적 의미에서 생애사 는 한 개인의 전 생애 발달과정에 대한 삶의 역사를 외적인 삶의 상태와 내적의 심리적·정신적 측면을 묘사하는 것으로 정의하고 있다(김영천, 2013).

생애사는 한 개인의 연대기적 삶을 연구참여자의 관점으로 드러낸다는 점에서 개인적 내러티브의 한 형태로 볼 수 있다(최영신, 1999). 이런 면에서 생애사 연구는 내러티브 연구를 포괄할 수 있는 등식이 성립된다. 생애사는 자기 몰입적인 특징이 강한 이야기 형태로서 전기나 자서전과는 달리 자료 수집, 분석과 해석, 글쓰기 작업이라는 일련의 학문수행 과정이라 할 수 있 는 수행체계를 통해서 이루어진다. 따라서 연구방법론이라는 패러다임이 작동되며 연구자가 지니는 이론적 렌즈뿐만 아니라 연구자가 수행하는 연 구과정의 엄격성을 추구한다. 따라서 생애사 연구에서는 연구참여자의 주 관성뿐만 아니라, 내러티브 진실성을 검증하는 연구자와 독자들의 주관성도 중시하기 때문에 상호주관성(intersubjectivity)을 추구한다고 볼 수 있다(조정호, 2009). 상호주관성은 연구자와 연구참여자 간의 상호문화를 형성하여 양자 간의 내러티브가 간섭하고 교차할 수 있는 기회를 만들어 준다. 이런 면에 서 생애사 연구와 내러티브 연구는 김진희 외(2015)에서 주장한 질적연구가 지닌 이타성과 개방성을 보증한다.

생애사가 개인의 삶과 사회문화적 맥락을 연결시키는 매체라는 사회적 측면 뿐만 아니라 생애사 주체의 자기 성찰의 측면으로 접근하는 방향도 갖는다. 생애사는 개인의 경험을 자신의 언어로 이야기하며, 개인이 현재의 시점에서 과거 경험을 재구성해 냄으로써 자신의 삶에 대한 성찰을 동반한다(강대중, 2009). 이러한 생애사 연구방법의 기본 가정은 사건에 대한 경험을 연구자의 주관적인 관점에서 이해하고 연구하는 것이다(Denzin, 1989a; Denzin, 1989b). 그렇지만 생애사가 개인의 사적인 이야기일지라도 다른 사람들의 행동 변화를 이끌어낼 수 있는 내러티브이기도 하다(Thompson, 1988). 그러므로 생애사 연구방법은 사회문화적 환경에 끊임없이 상호작용하며 성숙한 개인을 통해 사회를 해석하고 의미를 찾을 수 있다(이병준, 2010).

이런 맥락에서 생애사 연구는 이야기의 사회과학적 접근이라고 간주될 수 있다. 다시 말해 생애사 연구는 참여자의 목소리를 통해 사회적 현상을 탐구하는 것이다(Goodson, 1992). 즉, 연구참여자 자신의 개인적인 삶의 여정을 공적인 맥락으로 연결하여 이야기로 기술하는 연구방법이다. 다시 말해 "가장 개인적인 것이 역설적으로 공공적인 것을 함축하고 있다"(김영천, 한광훈, 2012)는 진술처럼 개인적인 영역과 공적인 영역은 서로 분리될 수 없다. 질적 연구자들이 풀어야 할 것은 바로 개인적인 삶과 이야기 속에서 공적인 사실을 발견해 낼 수 있는 통찰력이다.

생애사 연구에 대한 다수의 개념 정의가 존재함에도 이들의 공통점은 개인을 상대로 심층면담을 통해 구술자료를 수집하고, 이 자료를 연구자가 재해석하여 삶의 이야기로 구현한다는 점이다. 생애사 연구를 확실하게 정의하는 것은 생애사 연구의 범위를 어떻게 정할 것인가? 하는 문제와 관계가 있다. 이를 위해 김영천과 한광웅(2012)은 생애사 연구를 정의하는 데 있어 생애사와 비슷한 방법으로 알려진 자서전, 전기, 사례사, 구술사와의 차이를 제시하고 있다.

자서전은 어떤 사람이 자신의 생애를 소재로 하여 스스로의 기억에 의존하여 서술한 이야기이다. Howarth(1980)는 자서전을 예술적 유추를 사용한 자기의 초상화라고 설명하였다. 자서전은 자기 스스로 구술자가 되어 자신의 생애 이야기를 전기의 형식으로 서술한다. Hampl(1996)은 자서전이 자기를 이해하는데 있어 기억의 역할을 주목하는 기능을 한다고 보았다. 중요한 것은 기억은 이야깃거리를 끌어내고, 그 이야기가 갖고 있는 의미를 나름대로 반영한다. 자서전은 자기의 삶을 함축하고 있는 기억의 단편을 조합하여 하나의 삶의 모습으로 재현하는 것이다(김영천, 한광웅, 2012).

전기는 타자에 의해 서술된 한 개인의 삶에 대한 이야기이다. 이를테면 위인전과 같은 형태를 갖는다. 자서전과 전기의 차이는 1인칭과 3인칭의 구도라는 서술적 시점에 달려 있다. 사회학에서 전기는 타자의 삶을 이해하고 재현하고자 하는 유력한 연구방법의 하나이다(길은영, 2017). 전기의 서술자는 문학적 장치를 활용하여 타자의 삶을 소개한다(김영천, 한광웅, 2012: 14).

구술사는 생애사와 마찬가지로 개인의 삶을 재구성하는 데 초점을 두고 있으며(김영천, 한광웅, 2012), 구술사는 구술자료에 의해 수행되는데, 구술자료의 유형은 구전(口傳), 증언, 생애사 등이 있다(유철인, 2010). 구전은 여러 세대에 걸쳐 말로 전해져 오는 것이며, 종교적 주문이나 설화와 같은 구비문학, 마을의 설촌에 관한 이야기처럼 기록되지 않은 역사적 지식, 신화처럼 이야기되는 개인적 경험이다. 말 그대로 입에서 입으로 이어지는 구전적인 형태의 이야기이다.

증언은 과거의 특정 사건이나 경험에 대한 이야기로 6.25 한국전쟁이나 제주 4.3사건, 5.18광주민주화 항쟁 등과 같은 사건의 목격담에 대한 이야기를 말한다. 증언의 특징은 사건의 성격, 사건의 진행 과정, 사건의 원인과 결과에 초점을 맞춘다. 또한, 집단적·사회적 기억이 여러 사람들의 증언을 통해 역사로 기록되는 특징이 있다. 따라서 증언은 좁은 의미의 구술사로 볼 수 있다.

이와 달리 생애사는 한 개인이 살아온 삶을 자신의 언어로 다른 사람에게 이야기를 한 것으로 한 개인의 삶 자체에 초점을 두고 있다. 한 개인이 살아온 이야기를 하기 때문에 생애사 속에는 당연히 특정 사건이나 경험에 대한 증언도 포함된다. 그리고 개인적 기억에 의존한 것이지만 집단과 사회구성원으로서의 기억이기 때문에 생애사는 구술적인 내러티브를 기록의 형태로 남긴다는 점에서 넓은 의미의 구술사라고 볼 수 있다.

구술사에서 구술자는 자신의 삶을 재현할 때 화자로서 보다 핵심적인 역할을 한다. 이야기의 사회과학적 측면에서 자서전, 전기, 구술사 등의 장르는 모두 기승전결이라는 이야기식 서사구조를 갖는 내러티브이다. 이 점에서 생애사 연구는 자서전, 전기, 구술사 등을 모두 포괄한다. 다만, 생애사 연구는 개인에 대한 삶에 대한 이야기를 시간, 연대기라는 보다 넓은 맥락적 관점으로 기술과 해석을 더 한다고 볼 수 있다. 특히 생애사 연구는 연구자가 깊이 개입하여 해석 행위를 한다는 점에서 사회과학적 연구방법임을 증빙한다. 김영천, 한광웅(2012)은 생애사 연구가 자서전, 전기, 구술 등의 내러티브 연구보다 한걸음 더 나아간 연구방법으로 간주한다. 그렇지만 내러티브 연구가 생애사 연구와 함께 이루어지고 상호교환적으로 이루어져 왔다는 측면에서 이 두 가지 연구방법을 구별하여 이해하거나 활용할 필요가 없다. 따라서 상호연관성을 찾고 융합적으로 발전시킬 수 있는 방안을 모색해야 한다.

생애사 연구와 내러티브 연구의 융합적 모색은 생애사가 개인의 성장과정을 읽어내는 '도야과정'으로 파악할 수 있다는 데서 출발할 수 있다. 특히 내러티브 역량의 측면에서 생애사 연구와 내러티브 연구는 사이짓기할 수 있는 가능성이 있다. 이는 개인의 내러티브를 통해 성찰되고 반성되는 생애사 속에는 개인 자신의 체험과 성숙, 변화, 성장의 순간들이 드러난다. 그럼으로써 삶 자체가 도야과정의 학습임을 깨닫게 된다. 개인들은 그들의 삶을 지속적인 연관성 속에서 파악하고 통시적 정체성을 형성하는 능력을 습득하게 되는데, 이를 내러티브 역량이라고 부른다. 내러티브 역량은 하나의 문화어를 잘 구조화하고 조직하는 언어적인 능력이다(Straub, 2000). 따라서 내러티브 역량은 삶을 생애사적으로 구성하고 사고할 수 있는 근본적이고 필수적인 전제조건이다. 어떤 개인의 삶의 이야기, 즉 생애사는 살아온 삶의 이야기를 통한 현재화된 텍스트이다(Straub, 2000: 140). 시간과 이야기 사이에는 상호 간의 구성적인 관계가 형성(Ricoeur, 1981)되며, 분절된 인간 경험들이 하나의 경험으로 통합되는데 있어서 내러티브는 중요한 역할을 한다.

한 개인이 처한 하나의 상황에서 다른 상황으로 전환될 때, 그가 처한 세계는 확장되기도 하고 축소되기도 한다. 또한, 개인의 생애사는 이전과 동일한 하나의 세계를 살고 있음에도 과거와는 다른 환경, 다른 모습으로 살고 있음을 발견하게 된다. 그가 하나의 상황 속에서 배운 지식이나 사회적 기술은 그 상황에 뒤따르는 다른 상황을 효과적으로 이해하는 통로가 되며, 이를 기술하는 데에 활용되는 도구가 된다. 이것이 바로 개인의 성찰과정이며, 해석과정이 된다. 이런 과정은 한 개인의 삶이 지속되고 그의 배움이 계속되는 한 끊임없이 이루어진다. 만약 이런 과정이 지속되지 않는다면 하나의 경험을 형성하는 데에 참여하는 개별적인 요소들이 분열된다. 이 때문에 개인이 축적한 경험의 경로는 무질서한 것이 되고 만다. 무질서는 분열된 세계로 표출되며, 그것을 형성하는 여러 부분들과 측면들이 하나로 결합되어 있지 않은 세계이다. 이러한 세계는 곧바로 분열된 인성의 징표가 되며, 동시에 인성의 분열을 초래하는 원인이 된다(Dewey, 2001). 그래서 내러티브 역량은 개인적인 생애사 측면에서 내러티브 연구에 있어서 중요한 동인이 된다.

또한, 내러티브적 접근은 개인들의 의미 연관체계의 구축, 다시 말하자면 정체성 형성과 연결된다고 볼 수 있다. "정체성은 언제나 다수의 것들의 통일, 예를 들면 상이한 현상들 속에 있는 동일한 의미"(Mollenhauer, 2005: 205/이병준, 2010: 101)를 뜻하므로 내러티브 연구는 인간 주체가 세계와의 관계 설정, 즉 정체성의 문제를 다룰 수 밖에 없다. "정체성으로 표현되는 사태는 넓게 잡더라도 '나'라고 말하는 사람과 이 '나'가 자기자신에 대해 말하는 것 사이의 관계를 말한다. 정체성은 오직 이 관계를 의미할 뿐이다." (Mollenhauer, 2005: 205/이병준, 2010: 101). 이런 측면에서 분명히 생애사 연구와 내러티브 연구는 밀접한 관계 속에 놓이게 된다.

오로지 "행위와 경험의 순환"(Maturana/Varela, 1995: 36)만이 경험을 하나의 경험으로 만들어 간다는 듀이식의 발상은 주체와 세계와의 관계 속에서 언어와 감성을 통해 의미 있는 사고행위가 구성된다는 것을 의미한다. 사고행위는 경험을 통해 새로운 주체로 변화하게 되고, 이 새로워진 주체는 또 다른 행위의 형태로 다시 세계와의 상호작용을 하게 된다. 이런 사고과정의 결과는 성찰의 형태로 드러나게 된다. 이때 일련의 경험과정은 언어적, 비언어적 내러티브를 통해 재구조화되고, 내러티브를 통해 재구조화된 것은 개인의 지식으로 고착된다.

최근 지식에 관한 논쟁에서도 탈개인적이고 보편화된 지식을 강조하는 근대적 패러다임 대신에 개인적이며 맥락적 지식의 중요성을 강조하는 새로운 패러다임이 주목받고 있다. Böhme(1985)은 지식을 과학적 지식과 경험적 지식으로 구분하고 있으며, 근대성에 기초한 과학적 지식의 패러다임은 경험적 지식의 패러다임으로 보완되어야 한다고 주장한다. 이는 Polany(2001)에 의해 주창된 암묵지의 개인적 지식으로의 연관성에 있어서 중요한 역할을 한다는 것과 일맥상통한다. 암묵지는 객관적으로 측정 관찰이 가능한 지식인 '형식지'와 달리 주관적인 언어적 표현으로 쉽지 않은 지식이다. 이를테면 개인적인 비법, 경험, 이미지 혹은 숙련된 기능으로서 개인의 머릿속에 존재하거나, 조직문화나 풍토 속에 내재하는 무형의 지식을 의미한다.

암묵지의 중요성을 언급한 지식연구자들의 주장과 학문적 기조는 생애사 연구와 밀접한 연관을 가진다. 인간이 개별적인 학습을 통해 얻은 지식들은 '사회적 기억의 층위' 속에서 생겨난 생애사적 지식이다. 생애사적 지식은 '경험에 대한 시간적인 심층구조'가 표현된 결과이며, '인간의 사고와 느낌, 의지와 행위의 시간적인 차원'들은 "심층구조에서 그들은 정체성의 아비투스를 통해서 연결되어 있다"(Straub, 2000; Mollenhauer, 2005).

이런 점에서 개인이 어떻게 암묵지를 형성했는가는 개인과 그 개인이 존재하고 있는 세계의 컨텍스트 속에서 생성되는 내러티브를 살펴보아야 한다는 결론에 이른다. 또한 내러티브의 연속성은 한 개인의 생애사로 표출된다. 그렇기에 생애사 연구와 내러티브 연구는 떼어서 볼 수 없다.

3.2. 생애사 및 내러티브 연구의 구성 범주

이야기의 사회과학으로서 생애사 연구의 궁극적인 목적을 단순하게 정의하기는 어렵다. 그 이유는 앞서 약술했듯이 1920년대 시카고학파와 1960년대 독일의 해석학적 전통을 바탕으로 다양한 이론과 방법론의 지형들을 형성해 왔고, 현재까지 다양한 이론과 방법론을 형성하며 연구가 지속되고 있기 때문이다. 특히 생애사 연구의 특징을 규정하는 범주나 구성하는 방식은 국내외 연구에서 다양하게 정리되어 있다. 강진숙(2016)은 생애사 연구를 수행해 온 주요 연구자들이 주장한 생애사 연구 구성 범주를 다음과 같이 기술한다.

첫째, Dollard(1935)는 초창기 사회심리학의 이론적 체계를 정립하는 과정에서 생애사 연구를 활용하였고, 생애사 연구수행 시 심리적 요인과 사회적 요인 두 가지 측면을 모두 통합하여 고려해야 한다고 하였다. 생애사 연구는 개인적 삶의 특징을 재조명하는 것과 사회적 배경들을 맥락적으로 함께 이해해야 한다는 것이다.

둘째, Creswell(1998)은 생애사 연구 시 이야기, 사건, 맥락, 반성의 네 가지 범주를 중심으로 수행해야 한다고 설명하였다. 즉 생애사 연구에서 이야기 구성의 범주에서는 단일한 개인의 대화나 이야기를 기술하여 연구초점을 제공한다. 또한 사건의 범주에서는 자신의 삶에서 가장 기억에 남는 사건을 떠올릴 수 있도록 하여, 그 사건을 사회적 맥락 속에 재배치하는 것이다. 이후 연구자의 내부자적 개입과 관찰을 통해 자기경험 및 해석을 기술한다. 이 과정에서 반성과 성찰을 통해 연구결과를 도출할 수 있도록 하는 것이다.

셋째, Cole & Knowles(2001)는 관계성, 상호성, 배려, 존중을 생애사 연구의 주요한 범주로 강조하였다. 생애사 연구는 보다 넓은 사회적 조건이나 맥락을 발견할 수 있는 관계성에 초점을 맞추어야 한다. 특히 연구자와 연구참여자 간 상호소통이 잘 이루어져야 하고 이야기가 드러날 수 있도록 해야 한다. 또한 연구자가 연구참여자의 삶에 대한 배려와 존중의 태도를 갖고 서로 다른 삶을 이해하는 것이 중요하다고 본다.

넷째, 박성희(2004)는 책임, 반성, 시각, 자동제조, 삶의 과정, 그리고 자아실현의 범주를 중심으로 생애사 연구의 특징을 제시하고 있다. 생애사 연구는 스스로 자신의 삶을 계획하고 자기책임을 질 수 있는 연구 태도를 지향하며, 반성의 범주에서는 삶의 주체자로서 자신의 삶에서의 자기 확신을 지닐 필요가 있다는 것이다. 또한 자신의 시각, 즉 자신의 의미와 본질을 발견할 수 있는 연구이고, 문제를 해결하기 위해 제도, 문제, 변화에 적극적으로 대처해 갈 수 있는 삶의 과정을 기술하는 방식이다. 또한 교육학적 측면에서 미래를 위한 자아실현의 학습과정의 특성을 갖는다고 하였다.

다섯째, 김영천(2013)은 맥락, 시간, 관계, 정체성, 경험, 문제해결 등 여섯

가지 범주를 생애사 연구의 주요한 특징으로 강조하고 있다. 생애사 연구는 맥락의 범주에서 문화, 정치, 가족 등의 맥락과 연관된 삶을 연구하고 시간의 축을 바탕으로 이야기 주체인 연구참여자를 이해하는 작업이다. 또한 연구자와 연구참여자의 관계가 매우 중요하게 작용하고, 개인의 정체성을 재인식하는 과정이며 개인의 경험을 복합적으로 축적해 가는 연속적인 과정으로 정의하였다.

여섯째, 이동성(2013)은 맥락성, 내러티브, 관계성, 인간화, 대항문화의 다섯 가지 범주에 초점을 두고 있다. 생애사 연구의 주요한 특성으로서 이야기의 배경을 이루는 시간적 맥락을 들 수 있다. 과거, 현재, 미래가 상호작용하는 시간 속에서 삶의 과정을 맥락적으로 탐구하는데, 여기서 맥락은 타자를 포함한 사회문화적 환경을 의미한다. 맥락성은 사건을 이해하는 중요한 역할을 한다(Haglund, 2004; 이동성, 2013: 79-80). 이때 중요한 것은 주관적 이야기의 정확성이 아니라 의미를 발견하고, 자기-재현을 통해 이야기를 구성하는 데에 있다고 보았다. 또한 관계성의 측면에서 연구자와 연구참여자 사이의 친밀성과 진정성이 형성될 수 있도록 하고, 배려, 민감성, 존중을 통해 인간적인 요소들을 고려하는 것이 중요하다고 하였다. 또한 생애사 연구의 지향점으로 대항문화를 창출하는 것에 주목하고 있다. 생애사 연구는 개인적 내러티브와의 접촉을 통해 학문적 가정에 의문을 던질 수 있어야 한다고 보기 때문이다. Dhunpath(2000)도 생애사는 침묵하는 자들의 소리를 이끌어내어 경청하고, 진정한 성찰을 이끌며 자아를 반영할 수 있는 하나의 거울이라고 하였다.

위에서 기술한 생애사 연구의 주요 구성 범주와 특징을 연구자별로 정리하면 다음 〈표 1-1〉과 같다.

표 1-1. 연구자별 생애사 연구의 주요 구성 범주와 특징

연구자	구성 범주	특징
Dollard (1935)	심리적 요인	개인적 삶의 특징 재조명
	사회적 요인	사회적 맥락의 이해
Creswell (1998)	이야기	개인의 대화나 이야기를 기술하여 연구초점을 제공
	사건	자신의 삶에서 경험한 특별한 사건을 떠올림
	맥락	떠올린 사건을 사회적 맥락 속에 배치
	반성	연구자의 내부적 개입과 자기 경험 및 해석을 통한 반성
Cole & Knowles (2001)	관계성	보다 넓은 사회적 조건 혹은 맥락 발견
	상호성	상호작용적인 대화와 이야기 기술
	배려, 존중	서로 다른 삶의 배려와 존중
박성희 (2004)	책임	개인적인 삶을 계획하고 자기책임을 지는 연구 태도
	반성	삶의 주체자로서 자신의 삶에서의 자기 확신을 지님
	시각	자신의 의미와 본질을 발견할 수 있는 자신의 시각
	자동제조	스스로 삶의 규칙을 설명하고 전개함
	삶의 과정	제도, 문제, 변화에 대처해 갈 수 있는 삶의 과정
	자아실현	미래를 위한 자아실현의 학습 과정
김영천 (2013)	맥락	문화, 정치, 가족 등의 맥락과 연관된 삶을 연구
	시간	시계열의 축으로 연구참여자를 이해
	관계	연구자와 연구참여자의 관계 형성에 의존
	정체성	개인의 정체성을 재인식하는 과정
	경험	개인의 경험을 복합적으로 축적해 가는 연속적인 과정
	문제해결	개인의 관점에서 바라보는 문제해결 방식
이동성 (2013)	맥락성	이야기의 배경을 이루는 시간적 맥락에 주목
	내러티브	주관적 이야기의 재해석과 의미의 발견
	관계성	연구자와 연구참여자 사이의 친밀성과 진정성 강조
	인간화	배려, 민감성, 존중의 인간적인 요소
	대항문화	개인적 내러티브와의 접촉을 통해 학문적 가정에 의문 제기

출처: 강진숙(2016: 57) 재구성

4. 생애사 및 내러티브 연구의 자료수집과 분석

생애사 연구와 내러티브 연구를 수행할 시 자료수집과 자료분석을 위해 전형으로 활용되었던 방법은 Schütze의 이야기식 인터뷰 방법, Rosenthal 의 내러티브-생애사 인터뷰 분석 방법, Mandelbaum의 생애사 자료 분석 등이 있다.

4.1. Schütze의 이야기식 인터뷰

이야기식 인터뷰는 독일의 언어사회학자 Schütze에 의해 개발된 도구이 다(Schütze, 1981, 1984, 1999). 이 방법은 각 개인의 삶의 역사적 실제 속에서 상호작용하며 발달된 자아와 사회적인 경험들이 각 개인의 삶 속에서 어떻 게 융합되는지에 대한 관심을 가지고 개발되었다(이효선, 2005). 또한, 개인이 살아온 삶의 이야기를 자신이 선택하고 결정한 순서와 구조에 따라 자유롭 고 편안하게 이야기하는 것을 원칙으로 한다. Schütze가 이야기를 하나의 연구 방법으로 사용할 수 있는 이론적 가정은 인간의 일상적인 사건 이야기 를 매개로 그 의미를 타인에게 전달하며, 인간 행동의 추론들이 의사소통의 이야기 유형에 의해서 가장 정확하게 표현할 수 있기 때문이다. 그리고, 이 야기는 언제나 논리적인 이성적 체계로 구성되어 있는 것이 아니라 개인의 체험과 연관된 자신의 느낌이 자기 자신에 의해 삶에 대한 의미구성이 이루 어져 '주체의 객관적 사실' 및 그의 '의미세계'가 파악되기 때문이다(이효선, 2009; 김혜진, 이효선, 2015).

이러한 이야기는 몇 가지 특성을 가지고 있다. 먼저, 사람은 이야기를 시작하면 어떠한 형태로든 이야기를 종결지으려는 강제에 놓이게 된다. 또 한 듣는 사람이 쉽게 이해할 수 있도록 설명해야 한다는 과제에 처하게 되어 자신의 경험을 상세히 설명하려는 특징을 갖는다. 또한, 일정한 시간 내에 이야기를 끝내고자 하기 때문에 중요한 사건을 선택하여 함축하고자 하기도 한다. 이러한 이야기의 특징은 '즉흥'이라는 인터뷰의 원칙 속에서 더욱 의미를 가지게 된다. '즉흥'이라는 요소는 이야기를 전하는 이로 하여금 준비되지 않은 상태에서 자신의 삶을 구성할 때 즉흥적으로 선택된 기억과 사건들은 현재의 시점에서 생겨난 의미와 존재적 성찰을 보다 솔직하게 보여주기 때문이다. 따라서 이야기 형식으로 전개되는 삶의 이야기는 생애사라는 자료로 구축되며, 연구자는 이를 통해 화자의 어린 시절부터 현재에 이르기까지 삶의 과정에 대한 이해를 가질 수 있다(Fuchs, 1984).

Schütze와 그의 제자들은 Mead의 상징적 상호주의 이론을 토대로 인간이 어떻게 일상적 실재성을 구조화하고, 그들 사이의 상호작용을 어떻게 전개시키는지(Nittel, 1994)에 대하여 생애사 분석 절차를 질적 조사의 한 방법론으로 제시하였다. 다시 말해, Schütze는 '이야기'를 분석의 주요한 도구로 사용하였다. 인간은 이야기를 통해 그들의 세계에서 일어난 사건들의 의미를 상호교류하고 확인한다. 또한 이야기는 화자에 의해 과거에 대한 의미구성이 이루어지기 때문에 자신이 겪은 사건과 경험이 이야기 속에서 하나의 총체적 형태로 짜여진 시간적 흐름 속에서 언어로 파악된 현실로 나타난다(이효선, 2005). 즉, 이야기는 기억되고 의미 있는 개인의 삶의 내용과 역사로서 표현되기 때문에 개인은 삶의 많은 사건들을 이야기로 풀어냄으로써 혼란스러운 경험들이 응집성을 갖게 된다(McAdams, 1994). 뿐만 아니라 연구자 입장에서는 이야기를 통해 사회에 참여하고 활동하는 개인의 관점으로 사회에서 무슨 일이 일어났는지 알게 되며, 인간의 전형적인 생애사적 경험의 연속성을 보여주는 사건들 속에 놓여진 인간관계를 찾기 위하여 삶의 여정에서 발생하는 사건들을 재구성할 수 있다. 이에 Schütze는 생애사 텍스트를 '형식적 본문 분석', '구조적 기술', '분석적 추론', '비교분석'의 4단계로 나누어 제시하였다(김영신, 2011). 그 4단계를 간략히 살펴보면 다음과 같다.

첫째, '형식적 본문 분석' 단계는 형식적 본문(인터뷰 자료) 분석에 앞서 가장 먼저 자료를 반복적으로 읽고, 발생 시기별로 문단을 나눈 후에 핵심주제를 분석한다. 즉, 연구참여자의 전체적인 삶을 요약하고, 이야기한 내용을 세세하게 주제별로 또는 사건별로 단락을 나누는 작업이다.

둘째, '구조적 기술' 단계는 시간적으로 진행되는 생애사적 발달과정 원리에 근거하여 생애사를 재구성한다. 즉, 시간적으로 진행되는 생활경험을 서술하고 그 과정과 문맥 속에 포함된 대표적인 사건과 그 밖의 사회화 과정을 연결시켜 기술하는 것이다.

셋째, '분석적 추론' 단계는 각 삶의 단계에서 추론한 구조적 진술을 보다 체계적으로 연결시켜 전체적인 생애사적 틀을 도출한다. 즉, 앞 단계의 구조적 기술을 바탕으로 사례에 대한 본격적인 해석을 실시한다.

넷째, '비교분석' 단계는 전 단계들에서 파악한 각 개인별 사례분석에서 벗어나 다양한 인터뷰 본문을 대조시켜 가면서 연구참여자들의 내러티브를 분석해나가는 과정이다.

4.2. Rosenthal의 내러티브-생애사 인터뷰 분석 방법

Rosenthal의 내러티브-생애사 인터뷰 분석 방법은 Schütze의 이야기식이 현실의 관계를 충분히 고려하지 않고 있는 것에 문제를 제기하고, 이야기적 진실성과 사실적 진실성과의 상호관계성 속에서 실재성을 해명하고자 시도한 것이다(양영자, 2013a). 다시 말해, Rosenthal의 내러티브-생애사 인터뷰 분석은 생애사 주체의 '현재적 관점' 뿐만 아니라 '과거적 관점'까지도 설명하는 생애사 분석이 필요하다는 인식으로부터 출발하였다. 이에 생애사를 '체험된 생애사'와 '이야기된 생애사'로 구분하였고, 재구성 절차와 연속적 절차에 따라 변증법적인 관계성 속에서 분석하는 것을 핵심으로 하였다 (Rosenthal, 2011: 186; 양영자, 2013a). 이처럼 체험된 생애사는 이야기된 생애사와의 변증법적인 관계성 속에서 해석된 주제와 시간이 결합된 생애사로서 체험들이 시간 순서상으로 배열된 연대기적 생애사와 차이가 난다고 볼 수 있다(양영자, 2013a).

Rosenthal의 내러티브-생애사 인터뷰 분석은 다음의 5단계로 이루어진다 (Rosenthal, 1995: 215-226; 2011: 186-211).

첫째, 생애사적 데이터의 연속적 분석단계이다. 이 단계에서는 연구참여 자의 주관적 해석이 배제된 객관적인 생애사적 데이터를 연대기적 순서에 따라 분석하는 것이다. 예를 들어 출생, 형제관계, 교육(학력)에 관련한 데이 터, 가족구성이나 해체, 주거지 변동, 병력(病歷) 사항, 이주 등과 같은 사건 들에 대한 객관적인 데이터를 일어난 시간 순서에 따라 분석한다.

둘째, 텍스트 분석과 주제 영역의 분석단계이다. 이 단계에서는 주제 또 는 사건 영역을 발견하여 이야기의 발생 기원을 찾는 것이다. 즉, 연구참여 자가 현재의 시점에서 서술된 생애사적 이야기가 의식적·잠재적 상태에서 무엇 때문에 그렇게 이야기한 것인지 그 이야기가 형성된 근원을 생애사적 관계성 속에서 찾아 분석한다.

셋째, 체험된 생애사의 재구성과 연속적 세밀분석 단계이다. 이 단계에서 는 특별한 과거의 체험이 갖는 생애사적 의미, 그리고 체험된 생애사의 연속 적 구조와 그 구조의 시간적 형태를 분석한다. 이를 위해 처음 단계에서 분석한 생애사적 자료의 연속적 분석에서 이야기 속의 생애사 주체가 진술 한 내용과 대조하며 분석한다. 그리고, 두 번째 단계에서 분석한 주제 영역 을 토대로 생애사 주체가 인터뷰 시점인 현재에 왜 그렇게 진술했는지를 각 체험이 이루어졌던 과거 속으로 회귀하여 당시의 기억을 분석한다.

넷째, 이야기된 생애사와 체험된 생애사의 비교분석 단계이다. 이 단계에 서는 두 번째, 세 번째 단계에서 분석된 이야기된 생애사에서의 현재적 관점 과 체험된 생애사에서의 과거적 관점 간의 차이점을 보다 명확하게 비교분석한다. 다시 말해, 이러한 차이와 결부된 두 관점의 생애사 간의 시간성과 주제적 중요도의 차이를 분석하는 것이다. 따라서 이 단계에서는 현재와 과거, 두 관점의 생애사를 비교함으로써 이야기된 것들과 체험된 것들 간에 어떠한 차이가 나타나는지 그리고, 이러한 차이에는 어떤 규칙이 내재되어 있는지 찾아내는 것이다.

다섯째, 유형 구성 단계이다. 이 단계에서는 한 사례에 기초하여 하나의 유형을 정의한다. 즉, 앞의 분석단계를 통해 재구성한 사례들을 근거하여 생애사 주체가 진술한 전 생애사적인 관계와 맥락 속에서 의미를 파악하고, 그 진술의 발생 기원적 과정의 규칙이 무엇인지 찾아낸다. 또한 그 발생 기원적 과정의 진행과정 유형은 무엇이고, 그 유형은 어떻게 재구성되고 있는지 기술하며, 그 유형의 비교와 대조를 통해 공통점과 특수한 점을 도출한다.

4.3. Mandelbaum의 생애사 자료 분석

Mandelbaum(1973)은 생애사 연구가 이미 종료하였거나 진행 중인 삶의 기록이지만, 이러한 기록은 전 생애를 다룬 기록이 아닌 어떤 특정한 기간의 기록으로 보고 있다. 대부분의 사회과학자들은 생애사 연구가 커다란 잠재력을 가지고 있는데 비하여 수용 가능한 선택적 원리의 부족과 일관된 기준 틀을 구성하는데 있어 적합한 분석개념이 부재하여 어려움을 겪어왔다. 이에 Mandelbaum(1973)은 간디의 생애사 연구를 통해 단순한 나열식 또는 연대기 별 생애사 기술에서 벗어나 분석적이고 과학적인 수준으로의 다양한 삶의 영역(dimension)과 생애의 중요한 전환점(turnings), 적응(adaptation)의 세 가지 분석틀을 제시하였다. 생애사 연구에서 이 세 가지 단계적 제안들은 자료수집과 분석을 위한 유용한 지침이 된다. Mandelbaum이 제안한 구조화된 분석틀을 보다 구체적으로 살펴보면 다음과 같다.

첫째, '삶의 영역(dimensions)' 단계이다. 이 단계는 각 개인의 삶의 영역 또는 차원들로 그들의 삶에 의미를 부여하게 하는 주된 동력을 이해하기 위한 생물학적, 문화적, 사회적, 심리·정서적 영역들을 파악할 수 있게 해 준다.

둘째, '전환점(turnings)' 단계이다. 이 단계는 개인의 삶의 궤적 가운데 주요한 전환점과 전환점들 사이 삶의 조건과 맥락들을 살펴보는 것이다. 이러한 삶의 주요한 변곡 기간들은 개인이 만드는 주된 사건들과 주요한 변화들로 명확하게 명시된다는 의미이다. 전환점들은 3가지 차원의 요소들과 결합하게 되는데, 문화화되면서 맡게 되는 새로운 역할, 사회화되면서 생성되는 새로운 상호작용, 그리고 심리·정서적(심리사회화)으로 변화하면서 경험하게 되는 새로운 자기개념이다.

셋째, '적응(adaptation)' 단계이다. 이 단계에서는 개인의 독특한 적응방법들을 통해 그 주체가 만드는 변화들과 그의 삶의 여정을 통해 유지하는 연속성에 주의를 기울이게 한다. 적응이란 일시적인 사건이라기보다는 한 개인의 내재화 되어가는 과정을 의미한다. 그 이유는 한 개인은 평생 그가 가진 이전의 형태들을 새로운 것들과 조화를 이루며 새롭게 대처해 나가야 하기 때문이다.

이처럼 Mandelbaum의 3개의 구조화된 분석 틀은 현재의 삶에 영향을 주었거나 가장 큰 비중을 차지하는 구체적인 맥락을 체계적으로 파악하는데 큰 도움을 준다(이동성, 2015; 강선경 외, 2020; 양민숙, 2018).

5. 생애사 및 내러티브 연구의 신뢰성과 타당성

사회과학 연구를 수행시 해당 연구가 기술적으로 타당한가, 분석적으로 타당한가, 해석적으로 타당한가에 관한 물음은 질적연구의 한 유형으로서 생애사 연구 및 내러티브 연구에도 적용된다. 양적연구처럼 질적연구에서도 연구의 결과가 갖는 신뢰성 확보 방법으로 다양한 타당도 준거들이 개발되어왔다. 가장 일반적인 타당성 기준은 Lincoln과 Guba(1985)가 제시한 것으로 그들은 질적연구의 신실성을 위한 준거로 ①신빙성(credibility), ②전이성(transferability), ③의존성(dependability), ④확증성(conformability) 등을 제시하고 있다. 이러한 준거는 전통적인 양적연구의 준거와 유사하다는 것을 알 수 있다. 나아가 그들은 이러한 신실성 준거를 넘어 질적 평가를 위한 기준으로 진정성 준거(authenticity criteria)를 제시하였다. 이 진정성 준거는 질적연구에 영향을 미친 구성주의에 입각한 질적연구만의 고유한 준거이며, 질적연구의 평가에 활용될 수 있다고 하였다. 또한 동시에 그들은 이러한 진정성 준거는 아직 태동 단계이며 가이드라인으로써 조심스럽게 활용할 것을 강조하였다. Guba와 Lincoln의 진정성 준거는 자신들이 권유한 것처럼 신실성 준거에 비해 널리 인정되거나 자주 인용되지 않았다(Melnyk, 2005).

Guba와 Lincoln은 질적연구의 네 가지 평가기준인 사실적 가치, 적용성, 일관성, 중립성에 기반을 두어 생애사 연구의 엄격성을 제안하였다. 그럼으로써 연구결과의 신뢰성과 타당성을 높일 수 있다고 하였다. 이러한 타당성 기준을 살펴보면 다음과 같다(김영천, 2013: 230).

첫째, '사실적 가치(true value)'이다. 사실적 가치는 연구결과에 대하여 사실을 정확히 기술하였는가를 말하는 것이다. 이는 연구자가 연구참여자의 인식과 경험을 얼마나 현실적이고, 충실하게 서술하고 있는가이다. 연구자는 연구결과에 대한 예외적 사례도 생각하면서 끊임없는 질문을 통해 연구의 사실적 가치를 제고하고자 노력해야 한다. 이를테면, 연구참여자들의 처음 진술로 돌아가 그 내용이 도출된 결과와 일치하는지를 반복적으로 확인하는 작업을 거쳐야 한다.

둘째, '적용성(applicability)'이다. 적용성은 연구결과를 또 다른 상황에 적용할 수 있는가를 고려하는 것으로 연구결과가 지니는 일반성을 말한다. 질적연구는 연구참여자를 선정함에 있어 그들이 자신의 경험을 풍부하게 표현할 수 있는지에 초점을 두어야 한다. 즉 적용성을 염두에 두고, 자신의 경험을 보다 풍부하고 구체적으로 표현할 수 있는 능력이 있는 연구참여자를 선정해야 한다. 또한 연구참여자들로부터 새로운 자료가 나오지 않을 정도의 포화상태에 이르기까지 경험을 충분히 확보해야 한다.

셋째, '일관성(consistency)'이다. 일관성은 양적 연구의 신뢰도에 해당하는 것으로, 같은 연구참여자들에게 유사한 질문을 반복했을 때 그 연구결과가 일관성 있게 나오는지의 여부에 중점을 두는 것이다. 연구자는 수집된 자료에서 발견될 주제와 범주에 대한 분석적 사고를 위해 연구참여자들의 경험에 대하여 지속적 비교를 통해 자료의 일관성을 유지하도록 노력해야 한다.

넷째, '중립성(neutrality)'이다. 중립성은 연구 과정과 결과에 나타날 수 있는 모든 편견과 고정관념으로부터 벗어나는 것을 의미한다. 중립성을 유지하기 위해 연구자는 현상학적 환원의 태도 중의 하나인 '괄호치기' 또는 '판단중지'가 필요하다. 즉 연구진행 전에 연구자의 가정과 선 이해를 먼저 검토하고 이러한 연구자의 편견이 연구과정 전반에 영향을 주지 않도록 노력해야 한다는 것이다.

뿐만 아니라 여러 학자들에 의해서 다양한 타당도의 개념들이 도출되었다. '크리스탈화', '구성적 타당도', '카타르시스적 타당도', '맥락적 타당도', '대화적 타당도' 등이다. 그렇지만 생애사 연구에서는 연구에 가장 많이 참여하고 기여하는 연구참여자의 타당도가 중요하다. 생애사 연구에서 얻고자 하는 연구결과가 얼마나 믿을 수 있는지를 평가하는 타당도 준거로 '참여적 타당도(particpatory validity)'를 들 수 있다.

Vithal(2009)에 따르면, 참여적 타당도는 생애사 연구의 참여적 성격을 반영하는 것으로 생애사 연구에서 연구자와 연구참여자가 얼마나 평등하고 수평적으로 이야기하고 대화를 나누었는가를 평가하는 것이라고 하였다. 그 이유는 생애사 연구수행 시 지시와 복종, 또는 질문과 대답이라는 위계적 관계에서는 면담 그 자체로 연구자가 얻고자 하는 진정한 의미에서의 생애사적 자료를 도출해 내기 어렵기 때문이다.

연구자는 생애사 연구를 진행하면서 연구참여자들이 얼마나 이 연구에 적극적으로 참여하는지, 이 연구과정을 통하여 얼마나 자신의 삶을 회고하고 성찰하고 있는지에 많은 노력이 필요하다. 따라서 생애사 연구는 자료수집부터 분석과 해석, 그리고 성찰에 이르기까지 연구자와 연구참여자가 협력하는 과정이라고 볼 수 있다. 이렇게 수행될 경우 그 생애사 연구의 결과는 긍정적이고 신뢰할만하며, 참여적 타당도가 높다고 볼 수 있다(Vithal, 2009).

또한 Padgett(2001)은 질적연구의 엄격성을 높이기 위해 관계 형성, 다원화, 동료집단의 조언 및 지지활용, 연구참여자를 통한 재확인 절차를 제시하였다. 이러한 타당화 전략을 구체적으로 살펴보면 다음과 같다.

첫째, 관계 형성은 연구참여자의 반응성과 연구자의 편견을 줄이고, 연구참여자들이 진실을 말하는 데 매우 도움이 된다. 반면, 연구참여자와의 관계 형성에 있어 연구자가 지나치게 몰입하거나 익숙해진다면 연구의 가치를 떨어뜨릴 수도 있다.

둘째, 다원화(triangulation)는 연구자가 다양한 정보출처를 활용할 때 보다 명확하고 심층적인 관찰이 가능해진다. 한 연구에서 한 가지 이상의 자료출처 즉 면접, 회고록, 자서전, 신문칼럼, 에세이, 주변인들의 증언 등 다원화된 자료를 활용하는 것은 질적연구에서 추구하는 가장 중요한 가치인 질적 담보가 된다.

셋째, 동료집단의 조언 및 지지를 적극 활용하는 것은 질적연구자에게
연구의 전 과정에 있어 연구자의 정직성을 유지할 수 있도록 하는 평가 기제
로서의 역할을 의미한다. 따라서 동료 지지집단의 협력적인 참여를 통하여
새롭고 창의적인 통찰력을 얻을 수 있고, 연구에 필요한 전문적 지식을 증대
시킬 수도 있다.

넷째, 연구참여자를 통한 재확인 절차는 연구자 윤리뿐만 아니라, 연구결
과의 타당도를 높일 수 있다. 질적연구자는 자료수집을 거쳐 자료 분석 단
계로 들어서게 되면 종종 자신의 해석과 분석을 통해 표출되는 구성요소
간의 관련성 여부를 확인하기 위하여 연구참여자에게로 되돌아가게 된다.
이러한 재확인 과정을 통해 올바른 방향으로 가고 있는지 점검을 한다. 이
는 연구자가 스스로 편견에 빠지지 않도록 하는 방법이며, 연구참여자와의
신뢰관계를 지속시키는 방법이다(최라영, 2012).

이 절에서 살펴본 바와 같이 생애사 및 내러티브 연구는 사람들의 인간적
인 경험, 생활 상황, 행동 등을 다루고 있기 때문에, 연구참여자의 개별적인
경험과 행동의 해석은 연구자의 경험과 주관의 영향을 받을 수 있다. 따라
서 연구자가 주요한 연구도구로서의 자세를 유지하고 연구자의 주관성 제
어와 연구 결과의 일관성과 안정성을 제고하기 위한 신뢰도 및 타당도에
확보에 대한 노력은 매우 중요하다고 할 수 있다.

02

내러티브 탐구
: 경험 연구를 위한 윤리적인 연구방법론

1. 내러티브 탐구의 정체성

질적 연구에서 '내러티브'라는 용어는 1980년대 후반과 1990년대 초기에 사회과학 연구 분야에서 경험을 연구하는 데 사용하게 되면서(Pinnegar & Daynes, 2007) 연구자들의 폭발적인 관심을 불러일으켰다. 내러티브의 역사는 내러톨로지(narratology, 내러티브의 이론과 연구)로 거슬러 올라가지만, 내러티브 탐구를 연구방법론으로 발전시키려는 노력은 1980년대 초에 시작되었다. 캐나다 앨버타 대학의 교사교육개발센터(The Centre for Research for Teacher Education and Development: CRTED)의 Jean Clandinin 교수와 토론토대학 온타리오교육연구소(Ontario Institute for Studies in Education: OISE)의 Michael Connelly 교수가 교사의 경험적 지식을 탐구하기 위해, 교사의 삶을 학교 맥락 안에서 내러티브적으로 사고하면서부터이다. 실제로 '내러티브 탐구'라는 용어의 출현은 Connelly와 Clandinin(1990)이 Educational Researcher 저널에 출판한 "Stories of experience and narrative inquiry" 라는 논문에서 자신들의 연구를 내러티브 탐구라고 명명한 데서 볼 수 있다. 이렇듯 질적 연구방법론으로서 내러티브 탐구는 문화기술지나 현상학적 연구 등과 같은 다른 연구방법론보다 상대적으로 늦게 출발하였다. 그러나 지난 40여 년간 국내외에서 많은 학자들의 관심과 연구를 통해 내러티브 탐구는 연구방법론으로서 급격히 확산되고 발전해왔다. 내러티브 탐구를 활용한 학문 분야가 교육학을 포함한 인문사회과학 분야뿐 아니라 의학과 공학 분야로까지 확대되었으며, 탐구의 주제도 다양화되고 광범위해졌다. 내러티브 탐구 공동체의 지속적인 노력으로 일궈낸 고유한 용어의 개발과 사용, 새롭고 다양한 표현(representation) 방식의 시도, 그리고 존재론적, 인식론적 관점에 대한 명확한 표현 등은 내러티브 탐구가 첫 발을 내디딘 1980년대 초반과 비교해 볼 때 엄청난 변화와 발전을 보여주는 것이다.

내러티브 탐구에 대한 관심의 고조와 함께 '내러티브'라는 용어의 사용도 다양해졌다. 내러티브는 "자료로서의 이야기, 표현적 형태로서의 내러티브 또는 이야기, 내용 분석으로서의 이야기, 구조로서의 이야기 등 이야기를 사용하는 거의 모든 것을 언급하게 되었다"(Clandinin, 2013/2015: 20). 내러티브는 또한 다른 유형의 질적 연구방법론에서도 "연구결과나 원인에 따른 결과를 표현하기 위한 형식으로 사용"(Clandinin, 2013/2015: 20)되고 있다. 이렇게 '내러티브'라는 용어가 다양한 내용을 나타내는데 여러 방식으로 사용되고 있음에 대해 Clandinin(2013/2015)은 내러티브라는 용어 사용의 명료화를 강조한다. 이 글에서는 Clandinin과 Connelly(1990, 2000/2006)가 경험을 연구하는 관점이자 방법론으로 발전시킨 내러티브 탐구에 대해 기술하고자 한다. 내러티브 탐구가 질적 연구방법론 안에서 하나의 연구방법론으로 자리 잡고 있음을 고려하여 내러티브 탐구를 다른 연구 방법론들과 구별되는 특성을 중심으로 살펴보고자 한다. 이를 위해, 먼저 내러티브 탐구의 개념을 알아보고, 둘째 내러티브 탐구의 설계에서 마무리까지 탐구자가 주목해야 하는 3차원적 내러티브 탐구 공간에 대해 기술한 후, 마지막으로 내러티브 탐구를 실제 수행하는 절차에 대해 설명하고자 한다.

2. 내러티브 탐구: 관계적이고 윤리적인 방법론

2.1. 경험을 탐구하기 위한 연구방법론

내러티브 탐구는 우리가 삶에서 겪는 경험을 이해하는 방법이자, 경험에 대해 탐구하는 하나의 방식이다(Clandinin, 2013/2015). 즉, 내러티브 탐구는 경험을 지식과 이해의 근원으로 존중하면서 인간의 삶을 연구하는 방법론이다. 연구 방법론으로서 내러티브 탐구는 "우리의 삶이 이야기된 순간의 시간과 공간에서 실행되고, 내러티브 통일성과 불연속성의 측면에서 성찰되고 이해되는 내러티브 조각들로 채워져 있다"(Clandinin & Connelly, 2000/2006: 60)고 보는 데서 출발한다. 내러티브 탐구를 위해, 자신들이 취하는 인간 경험에 대한 관점을 Connelly와 Clandinin(2006: 375)은 다음과 같이 기술하고 있다.

> 사람들은 자신들이 누구인지 그리고 다른 사람들은 또 누구인지에 대한 이야기를 하고 이러한 이야기들로 과거를 해석함으로써 매일의 삶을 만들어간다. 즉 이야기는 개인이 세계로 들어가는 입구이며 세계에 대한 그들의 경험이 해석되고 개인적으로 의미 있게 만들어지는 포털 사이트이다. 그래서 내러티브 탐구는 이야기로서의 경험에 대한 연구이며 경험에 대해서 사고하는 데 가장 좋은 방법이다. 방법론으로서 내러티브 탐구는 현상에 대한 관점을 포함한다. 내러티브 탐구 방법론을 사용하는 일은 경험을 연구 중에 있는 현상으로 보는 특정한 관점을 채택하는 것이다.

비록 내러티브 탐구에서의 초점이 개인의 경험을 탐구하는 데에 있더라도, 탐구의 궁극적인 목적은 여기에 그치지 않고 한 걸음 더 나아간다. 내러티브 탐구자는 개인의 경험 연구를 통해 탐구자 자신과 다른 사람들을 위해 그러한 경험을 풍부하게 하고 변형시키는 방법들을 찾게 되며, 그러한 경험이 구성되고 실행되는 사회적, 문화적, 제도적 내러티브를 탐구하게 된다 (Clandinin, 2013/2015). Clandinin과 Connelly(2000/2006: 64)는 내러티브 탐구를 다음과 같이 정의하고 있다.

> 내러티브 탐구는 경험을 이해하기 위한 하나의 방법이다. 한 장소 또는 여러 장소에서, 환경과 사회적 상호작용 속에서 시간이 경과하면서 이루어지는 연구자와 참여자들 간의 협력이다. 연구자는 한창 진행 중에 있는 현장의 매트릭스로 들어가서 똑같은 정신 (spirit)으로 탐구를 진행시켜 나가며, 사람들의 개인적이고 사회적인 삶을 구성하는 경험 이야기들을 여전히 살아내고, 이야기하고, 다시 살아내고(reliving) 다시 이야기하는(retelling) 가운데에서 탐구를 마무리 짓는다. 간략히 말하자면, 내러티브 탐구는 이야기로 살아내는 삶의 이야기들이다.

위의 인용문에서 볼 수 있듯이, 내러티브 탐구는 사람들의 일상적인 삶을 존중하면서 이야기된 삶으로 탐구를 시작하고 여전히 사람들의 삶이 진행 중일 때 역시 이야기된 삶으로 탐구를 마친다. 경험에 대한 이러한 탐구 방식은 관계적이고 참여적인 방법들로 알게 되는 전문적 지식(professional knowledge)과 앎(knowing)을 강조한다. 이때 지식은 구체적이고 내러티브적이며 관계적인 것으로 개념화된다(Connelly & Clandinin, 1988, 1990). 이렇게 알게 된 관계적 앎(relational knowing)(Hollingsworth, Dybdahl, & Minarik, 1993)은 내러티브 탐구가 연구자와 참여자 간의 협력에 의해 이루지는 특성을 반영하는 것이다.

한편, 내러티브에 대한 관심의 증대와 함께 다양한 분야의 학자들이 내러티브를 활용하여 연구를 수행해 왔다. 앞서 언급하였듯이, 내러티브라는 용어가 수많은 질적 연구에서 사용되고 있다. 그러나 연구 방법론으로서 내러티브 탐구는 단순히 내러티브라는 용어 사용을 넘어 방법론과 현상으로서 내러티브 탐구에 대한 인식론적이고 존재론적인 관점을 토대로 한다. 이에 Clandinin과 Rosiek(2007)은 연구자가 자신의 연구에서 내러티브라는 용어를 어떤 의미로 사용하고 있는지 주의 깊게 바라보고 조심스럽게 사용할 필요가 있다고 주장한다. 이는 내러티브 탐구가 다른 방법론보다 우월하다고 주장하거나 특정 방법론을 배제하려는 의도가 아니라, 내러티브 탐구에서 요구되는 기본적인 준거들을 잘 이해함으로써 연구자가 질적으로 더 우수한 내러티브 탐구를 수행하는 데 도움이 되도록 하기 위해서이다.

특히 Clandinin(2013/2015)은 내러티브 연구(narrative research)와 내러티브 탐구(narrative inquiry)의 차이를 분명히 하고자 하였다. 내러티브 연구로 불리는 연구에서, 내러티브와 이야기는 연구자들에 의해 수집된 자료를 가리킨다. 예를 들면, 연구참여자와의 면담이나 연구자와 참여자가 함께 나눈 대화는 이야기나 내러티브의 형태를 띠며, 이때 이야기나 내러티브는 연구를 위한 분석의 대상이 된다. 또는 최종 보고서나 논문이 내러티브로 구성될 때, 이러한 연구가 내러티브 연구로 불리는 경우도 있다. 수집한 자료가 내러티브나 이야기 형태인가와는 별개로, 연구를 이야기 형식으로 나타냈을 때 우리는 이러한 연구를 종종 내러티브 연구라고 부르기도 한다. 이런 관점에서, 현상학, 문화기술지, 사례연구 등과 같은 다른 유형의 질적 연구 방법론에서 내러티브가 분석의 대상으로 사용될 때 또는 이런 연구들의 연구 결과가 내러티브 형식으로 구성될 때 이들 연구는 내러티브 연구로 명명될 수 있을 것이다(Clandinin, 2013/2015). 앞서 언급했듯이, 내러티브 탐구는 연구 현상이자 연구를 위한 방법이다. 또한 내러티브 탐구는 인간의 경험을 어떻게 이해하는가와 관련된 연구 방법이다. 특히 내러티브 탐구에서는 시간이 경과 함에 따라 경험이 축적되면서 나타나는 경험의 변화를 기술하고, 그러한 변화가 다른 경험에 어떠한 영향을 미치는가를 탐구하는 데 관심을 둔다.

2.2. 관계적이고 윤리적인 연구방법론

질적 연구이든 양적 연구이든 윤리성은 모든 연구에서 매우 중요한 쟁점이다. 연구윤리 문제는 본래 생물, 의학과 같은 자연과학 분야에서 다루어졌다(김소연, 2018). 그러나 최근에는 윤리적 문제가 인간을 대상으로 하는 연구로 확대되면서, 연구자는 연구 개시 전 기관생명윤리위원회(IRB) 승인이나 학술단체의 연구윤리지침을 따라야만 한다. 몇몇 연구자들은 이들 윤리위원회에서 제시하는 윤리지침에 대해 "제조된 윤리(manufactured ethics)"(Thrift, 2003: 114), 또는 "절차적 윤리(procedural ethics)"(Ellis, 2007: 4)라고 비판한다. 그 이유는 연구윤리를 윤리위원회의 영역에 두고 위원회가 연구의 윤리적 결과를 예측하도록 유도하는(Thrift, 2003)방법이거나, 참여자 동의, 비밀보장 및 사생활 보호 등을 연구에서 적절하게 다루는가를 확인하기 위한 절차(Ellis, 2007)이기 때문이다.

내러티브 탐구에서도 윤리적 문제는 오랫동안 이슈가 되어 왔다. 특히 내러티브 탐구를 연구자와 참여자가 삶을 살아내고, 이야기하고, 다시 이야기하고, 다시 살아내는 가운데 일어나는 "연구자와 참여자의 협력"(Clandinin & Connelly, 2000/2006: 64)이라고 볼 때 내러티브 탐구에서 윤리적 문제는 더 복잡해진다. 내러티브 탐구를 연구자와 참여자 간의 협력으로 본다는 것은 연구자를 단순히 이야기를 듣고 그것을 기술하는 사람이 아닌, 참여자들과 적극적인 관계를 맺으면서 관계적 존재론에 헌신하는 사람으로 본다(Clandinin, 2013/2015)는 뜻이다. 연구참여자 또한 단순히 이야기를 말하는 '자료 제공자'가 아니라, 연구의 전 과정에 적극적으로 개입하고 협력하는 공동연구자임을 의미한다. 이렇게 내러티브 탐구가 관계적 윤리에 기반을 둔 연구 방법론임을 고려할 때, 가장 먼저 떠오르는 윤리적 문제가 연구참여자로부터 동의서를 얻는 일이다. Schroeder와 Webb(1997: 239-240)은 연구 시작 전 진행되는 IRB승인을 위해 연구자와 참여자가 관계 맺기를 시작하기도 전에 연구자는 연구에 대해 명확하게 설명해야 하며, 참여자는 연구에 동의한다는 서명을 해야 하는 것이 모순임을 지적하면서 다음과 같이 기술하였다.

> 연구 시작 단계에서 연구에 동의한다는 서명을 한 연구참여자들이 본인이 동의한 내용을 충분히 알고 있다는 기관의 기대는 연구 시작 전에 연구 프로젝트가 충분히 설명되었다는 것을 함의한다. 그러나 시간이 흐르면서 연구는 변하는 경향이 있기 때문에 연구참여자와의 협력 연구의 현실도 시간의 흐름 속에서 변하게 된다. 연구참여자의 역할도 연구의 전반에 걸쳐 변할 수 있다. 연구참여자의 역할은 자료 수집자, 자료의 해석자, 연구의 공동 저자라는 역할을 포함한다. 그러한 역할들은 연구자가 연구참여자에게 연구 참여를 요청할 당시에는 기대되지 않았던 것일지도 모른다.

내러티브 탐구자로서 우리는 또한 연구참여자의 동의서와 관련하여 '연구에 참여하는 것에 동의할 권리를 갖고 있는 사람은 누구인가?'에 대해 질문해 볼 필요가 있다. 이는 유아나 청소년과 같은 미성년자와의 연구에서, 기관에 고용된 피고용인과의 연구에서, 병원에 입원해 있는 환자와의 연구에서 등 내러티브 탐구자가 종종 마주하는 상황에 해당 된다. 가령, 연구자와 오랜 기간 관계를 형성해 온 유치원 교사가 연구를 위해 자신의 교실을 기꺼이 개방하고자 하지만, 기관의 원장이 여러 다양한 이유로 유치원에서 연구가 이루어지는 것을 원하지 않을 경우 연구참여자는 교사이지만 연구 동의에 관한 권리는 교사보다 원장에게 더 많이 주어지는 것이다.

Clandinin과 Connelly(2000/2006)는 내러티브 탐구에서 동의서에 대한 윤리적 승인을 관계의 관점에서 이해할 것을 제안한다. 연구자로서 연구의 전 과정에서 참여자에 대해 책임감을 갖는 것이다. 내러티브 탐구자로서 이러한 윤리적 이해는 "연구자와 참여자가 윤리적 이해를 체험하고, 복잡하고 긴장감을 불러일으키는 관계적 공간에서 함께 살아감으로써"(염지숙, 2020: 364) 가능한 관계적 윤리의 실천을 통해 이루어질 수 있다. 염지숙(2020)은 관계적 윤리 실천을 위해 내러티브 탐구자가 염두에 두고 실행할 수 있는 몇 가지 내용을 다음과 같이 제시한다.

첫째, 참여자들과 함께 살아가는 '관계적 공간'으로 들어가는 것이다. 내러티브 탐구자는 연구 초기에 참여자와의 관계 맺기로 탐구를 시작한다. 연구자는 연구가 진행되는 동안 참여자와 함께 살고 이야기를 공유할 '관계적 공간'을 만들고, 유지시키고, 발전시켜 가야 한다. 앞서 언급했듯이, 우리가 연구를 시작하는 시점은 연구자와 참여자 모두 자신의 삶을 한창 살아내고 있는 중이라는 점을 염두에 두어야 한다. 탐구로 인해 우리 각자가 살아온 삶의 경험이 중단되지 않도록, 협의를 통해 어떻게 '관계적 공간'으로 들어갈 수 있을지 고민해야 한다. 한 사진 예술강사가 예술강사로 살아가는 경험을 통해 예술강사 되기의 의미를 교육학적으로 해석한 윤지혜(2018)의 논문은 연구자와 참여자가 어떻게 관계적 삶을 살아가는가를 잘 보여주고 있다.

둘째, 참여자들의 이야기에 귀 기울이고 반응해주는 일이다. 관계적 탐구 공간은 연구자와 참여자가 함께 삶을 살아가고, 이야기를 말하는 공간이다. 연구자가 참여자와 함께 살고 이야기를 들을 때, 연구자는 참여자와 어떤 공간을 함께 만들 것인가, 어떤 현장 텍스트를 공동으로 구성할 것인가를 항상 생각하게 된다. 그러기 위해서 연구자는 이 공간에서 책임감을 가지고 참여자의 이야기에 귀 기울이고 반응해야 한다. 여기서 참여자의 이야기에 귀를 기울인다는 것은 단순히 청각적으로 듣는 것을 뜻하는 것이 아니라, 연구자가 지니고 있는 모든 감각을 동원하여 온몸으로 전 존재에서 눈을 떼지 않는 교육적 경청(염지숙, 2005)을 의미한다. 즉 내러티브 탐구에서 귀 기울이기는 연구자가 "자신을 기꺼이 변화시키고자 하는 열린 자세"에서 출발하며, "차이와 타자에 대한 존경에 기초한 윤리적 관계로서의 경청하기"(Davies, 2014/2017: 16)와 다름 아니다.

셋째, 참여자의 이야기에서 '긴장(tension)'이 일어나는 순간에 주목하는 것이다. 우리 모두는 서로 다른 사회, 문화, 가족, 언어, 제도적인 내러티브 안에서 형성된 이야기를 살아왔기 때문에 이러한 이야기들을 연구 현장에서 말하고 들을 때, 연구자와 참여자는 종종 갈등과 긴장감에 마주하게 된다. 그런데 내러티브 탐구에서는 이 긴장감을 의도적으로 피하고 외면해야 하는 이야기가 아니라, 오히려 더 주의를 기울이고 드러내 주어야 하는 이야기로 본다. 이야기 속에서 언제, 어떤 상황에서, 왜 긴장감이 일어났는지 연구자와 참여자가 함께 찾아내고, 질문을 던지고, 문제를 제기할 때, 지배적인 사회적, 문화적, 제도적 내러티브를 변화시킬 수 있는 가능성을 열 수 있기 때문이다. 이때 연구자와 참여자가 함께 살아가는 탐구 공간은 관계적이고 윤리적인 공간이 되며, 긴장과 침묵이 도외시되지 않는 "각 이야기의 다양성, 상호작용, 반향 등을 인정하는 사이 공간"(Clandinin et al., 2010: 84)이 된다.

넷째, 참여자를 보호하기 위해 연구 텍스트를 픽션화(fictionalization)하는 것이다. 참여자들의 경험 이야기가 더 큰 사회적, 문화적, 제도적 내러티브와 충돌하여 긴장감을 일으키는 순간에 주목할 때, 연구자는 현장 텍스트, 중간 연구 텍스트, 최종 연구 텍스트 구성에 대해 고민하게 된다. 왜냐하면, 때로는 지배적인 내러티브에 문제를 제기하는 참여자들의 이야기가 탐구 공간 밖으로 나와 독자들에게 들려질 때, 참여자가 예상치 못한 위험이나 어려움에 처하게 될 수 있기 때문이다. 이러한 위험성은 다른 유형의 질적 연구에서도 존재한다. 그래서 질적 연구에서, 참여자 보호를 위해 가명 사용이나 비밀 보장 등의 방법으로 텍스트를 픽션화하는 방법을 가장 일반적으로 사용해 왔다. 이러한 방법은 참여자가 갈등, 긴장감, 불확실함이 내포된 경험 이야기를 말할 때, 독자들로 하여금 참여자가 누구인가를 인지하지 못하도록 함으로써 참여자를 보호(Clandinin et al., 2010; Clandinin, 2013/2015)하는 것을 목적으로 한다.

그런데 내러티브 탐구에서는 텍스트의 픽션화에서 더 나아가 지배적인 내러티브에 저항하는 대항 내러티브(counter narrative)를 상상해 내는 작업을 시도한다. 이는 참여자의 이야기, 그리고 연구자인 우리의 이야기가 사회적, 문화적, 제도적으로 지배적인 이야기에 반대되는 "대항 이야기(counterstory)" (Clandinin et al., 2006: 171)를 구성하고 있는 방식에 주목하는 것이다. 즉 참여자들의 이야기와 연구자인 우리의 이야기에서 지배적인 내러티브가 달라질 수 있었던 이야기들을 떠올리고, 그러한 상상으로부터 대항 이야기를 생성해낸다. 대항 이야기란 우리가 당연하게 생각하는 제도적 내러티브를 거스르고 구성한 이야기로서, "새로운 해석과 결말이 열려있으며 지배적인 이야기를 약화시키고 다시 이야기하면서, 화자의 도덕적인 자기 인식에 기여하는 이야기"(Lindemann Nelson, 1995: 23)이다. 상상력을 발휘하여 구성한 대항 이야기는 참여자와 연구자가 마주칠 수 있는 난처하고 어려운 상황으로부터 이들을 보호해 줄 수 있는 연구 텍스트 구성의 한 방법이 될 수 있으며, 연구자가 참여자와 관계적 윤리를 실천할 수 있는 가능성을 제공해 준다.

3. 3차원적 내러티브 탐구 공간의 의미

내러티브 탐구에서 연구자의 관심은 인간의 경험이며, 인간의 경험을 "오랜 시간에 걸쳐 구성되면서 살아있는 것으로, 내러티브 현상으로 연구되고 이해되는 것으로, 또 내러티브 형식을 통해 제시되는 것으로"(Clandinin, 2013/2015: 24-25) 보는 관점을 취한다. 즉 경험을 "인간의 사고와 우리의 개인적, 사회적, 물리적 환경과의 지속적인 상호작용에 의해 표현되고 변화하는 흐름"(Clandinin & Rosiek, 2007/2011: 68)으로 간주한다. 이러한 관점은 내러티브 탐구를 "개인과 공동체의 살아있는 경험 전체 안에서, 과거의 경험에 의해 형성된 목적에 따라, 오랜 시간에 걸쳐, 선택의 결과를 따라가는 일련의 선택"(Clandinin & Rosiek, 2007/2011: 69)으로 보려는 의도를 바탕으로 한다.

내러티브 탐구에서 경험에 대한 관점은 Dewey(1938)의 경험 이론, 특히 경험의 상황적, 연속적, 상호작용적 특성을 존재론적으로 이해하는 데에 토대를 두고 있다. Dewey는 "우리의 인식작용을 포함하여 모든 사물이 그 자체의 독립적인 본래 물체나 고정된 본질로 귀결됨 없이 상호작용하는 존재"(Dewey & Bentley, 1949: 101-102, 김무길, 2005에서 재인용)로 본다. 즉 우리는 세상을 알기 위해 세상과 상호작용하는데, 이때 인식의 주제와 인식의 대상, 그리고 앎과 행위가 분리되어 있는 것이 아니라, 교호작용을 통해 밀접하게 상호 영향을 주고받으며 변화되어 간다(김무길, 2005)는 것이다. 또한 Dewey는 경험을 단순히 시간상으로만 연결되어 있는 것이 아닌, 연속적인 것으로 보고 있다.

경험은 다른 경험으로부터 생겨나며, 경험이 또 다른 경험을 이끌어낸다는 것이다. 경험은 스스로 이러한 연속선상, 즉 현재 상상하는 것, 과거에 상상했던 것, 미래를 상상하는 것의 어디에 위치하든지 그 지점은 과거의 경험에 토대를 지니고 있고, 미래의 경험을 이끌어 낸다(Clandinin & Connelly, 2000/2006: 33).

Clandinin과 Connelly(2000/2006)는 Dewey(1938)가 주장한 경험의 2가지 준거, 즉 경험의 연속성과 상호작용적 특성에 기초하여 시간성(temporality), 사회성(sociality), 장소(place)로 구성되는 '3차원적 내러티브 탐구 공간'이라는 은유적인 용어를 고안하고 발전시켰다. 3차원적 내러티브 탐구 공간은 내러티브 탐구의 개념적 틀을 제시하기 위한 것으로, 내러티브 탐구를 수행할 때 탐구가 추구하는 방향이며 일종의 "확인 항목"(Connelly, Clandinin, 2006:

479)이다. 따라서 내러티브 탐구자는 연구의 시작부터 끝까지 시간성, 사회성, 장소라는 3가지 차원을 동시에 염두에 두면서 연구를 진행할 필요가 있으며, 이때 3차원적 내러티브 탐구 공간은 탐구자가 경험의 내러티브적 개념에 주목하기 위한 토대가 된다(Clandinin, 2013/2015). 3차원적 내러티브 탐구 공간에서 시간성 차원이란, 연구되는 사람, 사건, 장소 등을 항상 변화의 과정 속에 있음을 이해하는 것이다. 사회성 차원은 실제 상황, 환경, 개인의 맥락적 요소들, 그리고 연구자와 참여자의 관계에 주의를 기울이는 것을 의미한다. 장소 차원은 탐구와 사건이 일어나는 구체적이고 물리적인 장소로서 각각의 장소가 참여자와 연구자의 경험에 미치는 영향을 충분히 생각하기 위해 중요한 탐구의 차원이다(Clandinin, Pushor, & Orr, 2007). 3차원적 내러티브 탐구 공간에서 탐구를 수행하는 것은, 탐구자인 우리가 이러한 틀에 따라 우리 자신을 느낌, 희망, 심미적 반응, 도덕적 성향과 같은 내적지향(inward), 외적인 지향(outward)을 의미하는 안과 밖의 방향으로, 과거, 현재, 미래로, 그리고 특정 장소로 이동시키면서 경험을 연구한다는 것이다. 경험을 연구한다는 것은 안, 밖, 앞, 뒤의 4방향에서 동시에 그것을 경험하는 것이며 각 방향을 향해 질문을 던지는 것이다(Clandinin & Connelly, 2000/2006). 이는 연구 현상, 연구자의 경험과 참여자들의 경험, 연구자와 참여자들의 관계를 다차원적이며, 계속 변화하는 삶의 공간에서 일어나는 것으로 이해하는 데 중요하다.

유치원에서 초등학교로 전이하는 기간에 유아들이 겪는 경험을 탐구한 Yeom(1996)의 연구에서, 연구자는 3차원적 내러티브 탐구 공간에서 탐구한다는 것을 "연구의 시작부터 끝까지 유치원에서 초등학교로의 시간의 흐름을 민감하게 인식하면서 유치원, 초등학교, 가정 등의 물리적 공간에서의 그들의 사회적 상호작용에 주목하기 위해 항상 깨어있음을 의미"(염지숙, 2009: 246)하는 것으로 보았다. 즉, 내러티브 탐구를 설계할 때부터 현장에 머무르고 현장 텍스트와 연구 텍스트를 작성할 때까지, 연구자를 포함한 연구 현장의 모든 구성들이 언제, 어떤 장소에서, 누구를 만나, 어떤 이야기를 나누고, 어떤 사건들이 일어났는지, 그 결과는 어떠했는지, 그리고 어떤 일이 일어날 것이라고 상상할 수 있는지 등에 주목하면서 탐구를 진행하는 것이다. 이렇게 내러티브 탐구자로서 3차원적 공간에서 경험을 연구할 때, 우리는 현재 일어나고 있는 일뿐 아니라, 먼 기억 속에 있는 과거의 사건들까지도 이야기하게 되며, 이러한 이야기들은 우리에게 일어날 가능성이 있는 미래의 이야기 거리들을 제공해 준다(염지숙, 2003). 이 내러티브 탐구의 3차원적 공간에서 우리는 필연적으로 우리의 과거, 현재, 미래와 만나게 되며, 이는 우리가 누구인가를 명백하게 드러낼 수밖에 없음을 의미한다.

4. 내러티브 탐구의 설계와 실행

4.1. "삶을 살아내기, 이야기하기, 다시 이야기하기, 다시 살아내기"의 이해

앞서 언급했듯이, 내러티브 탐구는 경험에 대한 내러티브 관점을 토대로 하며, 경험을 내러티브 방식으로 구성되는 것으로, 그리고 우리가 살아내는 것으로 본다. 이러한 관점을 잘 설명해 주는 것이 바로 "삶을 살아내기, 이야기하기, 다시 이야기하기, 다시 살아내기"(Claninin & Connelly, 1998)이다. 나이지리아의 시인 Ben Okri(1997)는 "우리는 이야기를 통해 우리의 삶을 살아가고, 우리 또한 이야기 속에서 살아간다."(Clandinin, 2013/2015: 31에서 재인용)고 하였다. 즉 사람들은 이야기로 자신들의 삶을 살아내고, 그렇게 살아낸 삶을 이야기로 말한다. 내러티브 탐구자로서 우리는 참여자들과 함께 "말하여진 삶의 이야기들(lived and told stories)"(Clandinin, 2013/2015: 48)을 탐구한다. 이렇게 연구자가 참여자와 함께 이야기를 탐구하는 과정을 내러티브 탐구에서 '다시 이야기하기'라고 부른다. 그리고 우리가 살아낸 그리고 살아가는 이야기들을 다시 이야기할 때, 우리는 그 이야기들을 다시 체험하면서 변화하는 우리의 모습을 보게 된다. 이를 내러티브 탐구에서 이야기를 '다시 살아내기'라고 부른다.

삶을 '살아내기', '이야기하기', '다시 이야기하기', '다시 살아내기'는, 내러티브 탐구가 단순히 참여자의 이야기를 연구자가 받아쓰고 다시 이야기하는 데에 머무르는 연구 방법론이 아님을 이해하는 데 중요한 용어이다. 내러티브 탐구에서 연구자는 연구자와 참여자의 이야기를 "풀어내기 (unpack)"(Clandinin, 2013/2015:48) 위해 3차원적 내러티브 탐구 공간에서 작업하면서, 이야기를 다시 살아낸다. 이 과정에서 우리는 연구참여자들의 성장과 변화의 이야기에 관심을 두면서, 이들 이야기가 우리가 살고 있는 사회적, 문화적, 제도적, 언어적 내러티브를 변화시킬 수 있는 가능성을 보아야 한다.

4.2. 연구 목적과 질문에 대한 개인적, 실제적, 사회적 정당성을 고려하기

연구를 시작하고자 할 때, 우리는 왜 이 연구를 하는지, 그 중요성과 목적에 대해 생각한다. 특히 내러티브 탐구를 참여자들에게 이야기를 하도록 요청하고, 그 이야기들을 연구자가 이야기 방식으로 표현해냄으로써 개인적 경험을 이야기하는 수준에 머무는 것으로 오해하지 않도록, 내러티브 탐구자들은 자신의 연구에 대해 '왜?'라는 질문에 대답할 수 있어야 한다. 이는 연구의 중요성과 목적을 개인적, 실제적, 사회적·이론적으로 정당화 (Clandinin & Connelly, 2000/2006)할 수 있어야 함을 의미한다.

먼저 개인적 정당화란 내러티브 탐구를 연구자 자신의 삶의 경험이라는 맥락 내에서 정당화시키는 것이다. 이러한 개인적 정당화는 탐구와 관련하여 연구자인 내가 어떤 사람이며, 어떤 사람이 되어가고 있는가를 이해할 때 연구참여자의 경험에 주목하는 방법을 더 잘 이해할 수 있다는 점에서 중요하다. 내러티브 탐구에서 개인적 정당화는 다음 절에서 기술할 연구자 자신의 경험에 대한 자서전적 이야기 쓰기를 통해 가능하다. 둘째, 실제적 정당화란 내러티브 탐구의 중요성과 의의를 개인적 차원에 머무르도록 두지 않고, 관련 분야의 실천을 변화시키는 데 어떤 가능성을 제공하는가에 주의를 기울이는 것이다. 마지막으로 탐구를 사회적 또는 이론적으로 정당화할 필요가 있는데, 이는 연구의 결과가 더 광범위한 사회적 이슈에 대해 생각해 보는 데 기회를 제공하는지 그리고 탐구를 통해 새롭게 알게 된 학문적 지식이 무엇인지에 주의를 기울이는 것이다. 이렇게 내러티브 탐구에서 연구 목적과 질문에 대해 개인적으로, 실제적으로, 사회적으로 그 정당성을 고려하는 일은 당연히 연구 시작 단계에서부터 이루어져야 하며, 연구가 진행되는 동안 그리고 최종 연구 텍스트를 작성할 때까지 계속 되어야 한다. 특히 최종 연구 텍스트에서 이러한 정당성을 볼 수 있을 때, 독자들은 탐구의 중요성과 의의에 더 공감할 수 있을 것이다.

4.3. 연구자 자신의 경험 쓰기와 연구 퍼즐 고안하기

실증주의 연구에서는 저명한 학자들의 철학이나 이론적 틀로 연구를 시작한다. 실증주의 연구자들은 대서사(grand narrative)를 바탕으로 가설을 세우고 그러한 가설이 맞는지를 검증한다. 그러나 내러티브 탐구는 연구 설계를 위해 계획서를 작성할 때, 연구 주제와 관련된 연구자의 경험을 자서전적 내러티브로 기술함으로써 탐구를 시작한다. 보통 최종 연구 텍스트의 맨 처음에 '내러티브의 시작(narrative beginnings)', '내러티브의 싹(narrative seed)', 또는 '나의 경험 이야기' 등의 타이틀로 구성되는 연구자의 자서전적 내러티브는 연구자가 수행하려는 연구가 개인적, 실천적, 사회적으로 왜 중요한가를 정당화해 주는 역할을 한다. 연구 주제가 연구자의 오랜 관심과 경험으로부터 도출되었음을 기술하는 것은 어떤 다른 방식으로 연구의 중요성을 설명하는 것보다 독자들을 설득시킬 수 있는 매우 강력한 방법이다.

내러티브 탐구의 출발점에서 연구자는 자신의 경험을 3차원적 내러티브 탐구 공간에서 쓰고 탐구하게 되는데, 이는 연구 주제에 따라 멀리는 연구자가 아련히 기억하는 어린 시절의 경험으로부터 아주 최근의 경험에 이르기까지 기술하는 경험의 시간적, 공간적, 사회적 폭이 넓을 수 있음을 의미한다. 또한 여러 사건을 횡적으로 나열하기 보다는 연구자의 삶에 강렬하게 영향을 주었던 사건들을 중심으로 깊이 있게 기술함으로써, 연구자 자신의 경험에 대한 고민과 성찰이 잘 드러날 수 있게 한다.

내러티브 탐구는 가설 설정과 검증을 통해 연구 문제에 대한 답을 찾는 것을 목적으로 하지 않기 때문에, 연구자는 연구 질문을 구조하여 제시하기 보다는 자신이 궁금하게 생각하는 점들을 중심으로 지속적인 탐색을 통해 연구 퍼즐을 고안해 낸다. 따라서 연구 퍼즐을 고안하는 일은 "탐색-'재탐색'-또 다시 재탐색의 과정을 고려하는 감각", "지속적인 재구성의 관점 (Clandinin & Connelly, 2000/2006: 231)을 가지고 이루어진다. 이러한 관점에서 탐구 초기에 이루어지는 연구자 자신의 경험에 대한 자서전적 내러티브는 연구 퍼즐의 한 부분이 된다. 모든 내러티브 탐구의 출발점에서 연구자의 자서전적 내러티브 쓰기가 진행된다 하더라도, 학위 논문에 이 부분이 반드시 포함되어야 하는 것은 아니다. 특히 지면상 한계가 있는 학술지 논문의 경우 연구자의 경험 이야기는 생략하는 경우가 많다. 또한 내러티브 탐구의 초기에 이루어지는 연구자의 자서전적 경험 이야기는 내러티브 탐구 전체가 저서전적으로 구성되는 자서전적 내러티브 탐구, 이후에 제시할 현장 텍스트로서의 자서전적 글쓰기와는 다르다는 점을 이해할 필요도 있다.

4.4. 연구현장에 들어가기

1) '삶을 살아내고 있는 중에 탐구를 시작하고 진행하기'의 의미 이해하기

내러티브 탐구에서는 연구자로서 우리의 삶과 참여자의 삶이 각각 진행되고 있는 가운데에 연구를 시작하게 된다는 점을 이해하는 것이 중요하다. 내러티브 탐구자로서 우리는 우리의 삶을 한창 살아가고 있는 중에 연구현장에 들어가게 된다. 마찬가지로 연구참여자도 자신의 삶을 살아가고 있는 과정에서 연구에 참여하게 된다. 다시 말해, 연구자의 삶 그리고, 참여자의 삶은 연구의 시작과 함께 시작되어 연구의 종료와 함께 끝나는 것이 아니다. 연구 시작 전에도 그리고 연구가 마무리되더라도 연구자와 참여자는 각자 자신의 삶을 계속해서 살아간다. 따라서 내러티브 탐구를 설계할 때, 우리는 잠재적인 참여자들이 살아갈 가능성이 있는 삶을 시간성, 사회성, 장소와 관련하여 상상해 보면서 그들의 삶의 한 가운데에 우리의 삶을 가져다 놓아볼 필요가 있다(Clandinin & Caine, 2012: 170). 이러한 작업은 우리가 언제 연구 현장에 들어갈 것인지, 연구참여자와 어디에서 삶을 살아가고 삶의 이야기를 나눌 것인지, 참여자와 어떤 관계를 형성하고 유지하고 발전시켜 갈 것인지, 그리고 언제 연구 현장을 떠날 것인지 등을 참여자와 협의하는 데 도움이 된다.

한편, 이러한 협의는 대부분 연구자가 현장에 들어가기 전에 IRB 작업과 함께 진행되고, 일단 연구자가 현장 작업을 시작하면 더 이상의 협의는 이루어지지 않는 것으로 생각되어 왔다. 그러나 내러티브 탐구에서는 연구자가 현장에서 참여자들과 삶을 살아가고, 이야기를 말하고, 다시 말하고, 삶을 다시 살아가기를 하는 동안 내내 이러한 협의가 이루어진다.

2) 연구현장에서 살아가기

내러티브 탐구는 참여자가 자신의 이야기를 말하는 것을 출발점으로 또는 참여자의 살아가는 이야기를 출발점으로 시작할 수 있다. 참여자의 이야기 말하기로 시작할 경우, 연구자는 참여자에게 참여자 자신이 살아 온 삶의 경험에 대해 이야기를 말하도록 요청한다. 이러한 이야기 말하기는 경우에 따라 일대일 또는 연구자와 여러 명의 연구참여자들과 집단으로 이루어지기도 한다. 이야기 말하기가 때로는 면담 형식으로 이루어지는 경우도 있지만, 내러티브 탐구에서 참여자의 이야기 말하기는 다른 유형의 질적 연구에서 자료 수집을 위해 수행되는 면담과는 좀 다른 성격을 지닌다. 참여자가 자신의 경험 이야기를 할 때, 연구자 또한 자신의 이야기를 참여자와 공유하며 연구자와 참여자 간에 대화가 이루어지기 때문이다. 이때 참여자와의 대화가 실제로 어떤 장소에서 이루어지던, 연구자는 참여자와 대화가 진행되는 동안 참여자의 이야기를 따라 이야기 속의 장소로 옮겨 다니며 참여자의 경험을 이해하게 된다. 이야기 말하기로 연구를 시작하고 진행할 때, 연구자는 참여자의 삶에서 일어나는 경험을 실제로 볼 수 없다는 한계가 있다. 이 점을 고려하여 연구자는 참여자의 경험을 깊이 있게 이해하기 위해 충분한 기간 동안 이야기를 나누고, 경험을 3차원적 내러티브 탐구 공간에서 이해하도록 노력하는 것이 중요하다.

살아가는 이야기로 탐구를 시작하는 것은, 연구자가 참여자의 삶이 진행되는 바로 그 곳에 가서 참여자와 함께 삶을 살아가면서 참여자의 삶에 초점을 맞추는 것이다. 낯선 연구 현장에서 참여자들과 함께 삶을 살아가는 것은 연구자에게 쉬운 일이 아니다. 그러나 내러티브 탐구자로서 우리는 현장의 한 쪽 구석에서 참여자들의 삶을 단순히 지켜보기만 할 수는 없다. 따라서 연구자는 현장에서 참여자들과 살아가기 전에, 연구자로서 자신이 어떤 역할을 할 것인가를 참여자와 협의할 필요가 있다. 예를 들어, 유치원이나 어린이집 교실 연구의 경우 단순한 관찰자보다는 보조교사나 자원봉사자로서 역할을 하며 교사와 어린이들과 적극적으로 상호작용한다면, 연구 참여자들과의 관계 구축에 도움이 될 것이다.

내러티브 탐구는 연구참여자의 경험을 연구자가 경험하는, 경험에 대한 경험 연구이다. 내러티브 탐구자가 참여자의 경험을 경험하기 위해서는 참여자의 삶 속으로 들어가 완전히 몰입하여, 참여자와 "사랑에 빠져야"(Clandinin & Connelly, 2000/2006: 163)한다. 동시에 내러티브 탐구자는 한 걸음 물러서서 탐구 속에 있는 자신의 이야기와 연구참여자들의 이야기뿐 아니라, 연구자와 참여자가 살고 있는 더 넓은 전경을 보아야 한다(Clandinin & Connelly, 2000/2006). 내러티브 탐구가 관계적 방법론이기 때문에, 이러한 몰입하기와 거리두기로 인해 내러티브 탐구자는 종종 긴장감을 경험한다. 이러한 긴장감은 탐구가 진행되는 동안 계속 반복되며, 연구자는 참여자의 지속적인 협의에 의해 몰입하기와 거리두기의 균형을 유지하도록 노력해야 한다.

4.5. 현장 텍스트(Field texts) 작성하기

현장 텍스트란 내러티브 탐구에서 자료(data)를 의미한다. 현장 텍스트는 현장노트, 대화 전사본, 연구자나 참여자가 작성한 저널, 사진 등을 포함하는 일종의 기록이다. 그러면 내러티브 탐구에서 이러한 자료를 왜 자료라고 부르지 않고 현장 텍스트라고 부르는걸까? 내러티브 탐구에서 현장 텍스트는 연구자와 참여자의 경험을 반영하여 구성된 텍스트, 즉 연구자와 참여자의 관계적 측면의 경험을 이야기하고 보여주는 텍스트로 이해될 필요가 있기 때문이다(Clandinin, 2013/2015). 이러한 관점에서 현장 텍스트는 연구자와 참여자가 협력적으로 구성한 경험적이고 간주관적인 텍스트(Clandinin & Connelly, 2000/2006)이다.

한편, 내러티브 탐구에서 연구자는 다양한 현장 텍스트를 혼합하여 활용할 수 있다. 여기서는 내러티브 탐구에서 가장 일반적으로 활용하는 현장 텍스트의 형태를 제시하고자 한다.

• 자서전적 글쓰기

자서전적 글쓰기는 우리 삶의 전체적인 맥락에 대해 기술하는 방식 중 하나이다(Clandinin & Connelly, 2000/2006). 현장 텍스트로서 자서전적 글쓰기는 연구 텍스트 전체가 자서전적으로 구성되는 것과는 다르다. 그러나 현장 텍스트로 구성한 자서전적 글쓰기를 자서전적 연구 텍스트의 일부를 구성하는 데 활용하는 것은 가능하다. 자서전적 글쓰기는 연구자와 참여자 모두 또는 어느 한쪽만 구성할 수도 있으며 분량과 형식을 자유롭게 할 수 있다. 상황에 따라서 연구 주제와 관련된 내용에 초점을 두어 작성할 수 있다. 예를 들어, 교사의 교육과정 실행 경험을 탐구하고자 할 때, 연구자나 연구참여자는 자신의 삶 전체를 교사가 되는 과정이나 교사로서의 교수 실천 경험을 조망하는 내용으로 자서전적 글쓰기를 할 수 있을 것이다.

• 현장노트

현장노트는 연구자나 연구참여자가 현장에서 경험한 내용을 가능한 자세히 기술한 것이다. 현장노트를 작성할 때 연구자는 현장과 어느 정도 거리두기를 함으로써 현장에 있을 때 참여자와 "사랑에 빠졌던"것과 균형을 유지할 수 있다. 연구자들 중에는 현장노트만으로 연구자와 참여자의 다면적이고 다층적인 경험을 충분히 포착하기 어렵다고 생각하여 현장을 비디오로 녹화하는 경우도 있다. 그러나 비디오 녹화에 의존하다보면 누구보다 현장을 예리하게 보고 기록해야 하는 탐구자로서의 역할에 소홀해질 수 있음에 주의해야 한다.

연구자나 참여자가 찍은 사진도 일종의 현장노트에 포함되지만, 그 자체가 현장 텍스트는 아니다(Clandinin & Connelly, 2000/2006). Hedy Bach(1997)는 음악, 드라마, 미술, 발레를 전공하는 여학생 4명과의 연구에서, 참여자들에게 일회용 카메라를 제공하고 일상의 중요한 경험들을 사진으로 찍어 오도록 요청하였다. 그러고 나서 참여자들과의 대화에 그 사진들을 활용했다. 이 경우 사진들이 Bach(1997)의 현장 텍스트와 연구 텍스트에 포함되었다.

• 저널

저널은 현장 텍스트를 구성하는 하나의 방법으로서, 자신의 경험을 나타낼 수 있는 매우 강력한 형태이다(Clandinin & Connelly, 2000/2006). 저널은 또한 가장 "강도 높은 자기반성의 한 형태"로서 저널쓰기를 통해 "자신의 경험을 검토해보고, 새로운 관점을 얻으며, 경험 자체를 변화시키는 것"(Cooper, 1991: 99-101)이 가능하다. 저널은 개개인이 자신의 경험을 설명하는 가장 강력한 수단이다. 저널은 다른 형태의 현장 텍스트와 함께 연구 텍스트의 일부로 사용될 수 있지만, 저널을 가장 주요한 현장 텍스트로서 활용하여 연구 텍스트를 구성할 수도 있다. 예를 들어, 한미경(2009)은 교사양성 과정에 입학할 당시부터 어린이집 원장으로서 삶을 살아왔던 20여 년 동안 자신이 작성해 온 저널을 현장 텍스트로 활용하여 자서전적 내러티브 탐구를 수행하였다.

• 편지

연구자와 참여자 간에 주고받은 편지 또는 참여자들 간에 주고받은 편지가 내러티브 탐구에서 현장 텍스트로 활용될 수 있다. 편지는 면대면 대화로는 하기 어려운 이야기들을 비교적 부담 없이 상대방에게 말할 수 있다는 장점이 있다. 일방향으로 전해진 편지가 아닌 이상, 편지는 대화적 성격도 지닌다. 정기적으로 주고받은 편지나 간헐적으로 또는 일회성으로 주고받은 편지 모두 현장 텍스트에 포함될 수 있다.

• 대화

대화는 연구자와 참여자 또는 연구자와 참여자 집단이 면대면으로 이야기하는 것이다. 대화는 내러티브 탐구에서 가장 일반적이며, 가장 많이 활용하는 현장 텍스트이다. 면담은 연구자로 하여금 연구문제에 대한 답을 얻는 것을 우선적으로 생각하도록 한다. 반면 대화는 연구자도 자신의 이야기를 공유하고 참여자로 하여금 자기 성찰로 이끈다. 이런 점에서 내러티브 탐구에서는 면담보다 대화를 선호한다. 이는 내러티브 탐구의 관계적 속성을 반영한 것이라고도 볼 수 있다. 이 외에도 현장의 각종 문서, 서류, 학교에서 가정에 보낸 통신문, 시도교육청, 교육지원청으로부터의 정책 문서 등이 현장 텍스트로 활용될 수 있다.

4.6. 중간 연구 텍스트(interim research texts) 작성하기

내러티브 탐구자는 현장 텍스트로부터 중간 연구 텍스트와 연구 텍스트를 작성하게 되는데, 이 작업은 상당히 복잡하고 탐구자의 주의집중이 요구되는 과정이며 계속 반복되는 순환적 과정이다. 중간 연구 텍스트를 작성하는 것은 현장 텍스트를 분석하고 해석하는 출발점이자, 다양하고 다층적이고 현장 텍스트를 이해하려는 시도로 볼 수 있다.

적게는 수십 쪽부터 많게는 수백 쪽에 이르는 엄청난 분량의 현장 텍스트를 마주하면서, 내러티브 탐구자는 어떻게 현장 텍스트를 분석하여 최종 보고서를 작성해야 할지 막막할 수 있다. 내러티브 탐구에서는 자료의 분석을 위해 단어, 어구, 문장 등에 번호나 부호를 부여하여 코딩하는 작업을 하지 않는다. 연구참여자의 삶을 분절하여 해체하기 보다는 맥락 속에서 총체적으로 보고자 하기 때문이다. 이러한 이유로 내러티브 탐구자는 현장 텍스트를 반복하여 읽고 또 읽을 때 연구 퍼즐을 염두에 두면서, 시간성, 사회성, 장소에 동시에 주목하면서 작업한다. 이는 곧 연구자가 3차원 내러티브 탐구 공간 안에서 살아가려고 노력해야 함을 의미하며, 이렇게 함으로써 연구자는 참여자의 경험을 더 의미 있게 이해할 수 있다(Clandinin & Caine, 2012). 깨진 거울이라는 은유를 통해 Downey와 Clandinin(2010: 391)은 현장 텍스트에서 중간 연구 텍스트로, 중간 연구 텍스트에서 연구 텍스트로 이동할 때 주목해야 할 점에 대해 다음과 같이 쓰고 있다.

> 내러티브 탐구에서는, 산산조각 난 거울에서 "수많은 조각들"을 특정한 시간과 장소에서 한 개인이 살아내고 말한(lived and told) 이야기들 즉, 삶으로 보면서 그 패턴에 더 주목한다. 이 순간에 불확실성이 존재하기도 하지만, 우리는 그 조각들을 다시 맞추려고 하기보다는 오히려 계속 진행되고 있는 삶 안에서 시간적, 사회적, 장소의 차원들을 이해하는 데 필요한 것에 주목하면서, 관계적인 방식으로 한창 진행 중인 개인의 흩어진 삶의 조각들 한 가운데로 들어가려고 한다. 펼쳐지는 삶에서 볼 수 있게 되는 것의 다중성에 주목하면서, 내러티브 탐구자는 다양하게 가능한 다시 이야기하기(retelling)를 구성하기 위해 각 "조각" 또는 파편의 고유성에 주의를 기울이거나, 상상적이고 내러티브적으로 일관성 있는 방식들로 나아가기 위한 방법들에 주목한다.

중간 연구 텍스트의 부분으로서, 연구자는 연구 퍼즐과 관련된 참여자의 경험을 "내러티브 기술(narrative accounts)"(Clandinin, 2013/2015: 131)의 형태로 작성할 수 있다. 연구 주제와 상황에 따라 내러티브 기술의 편수는 달라질 수 있다. 예를 들어, 11명의 내러티브 탐구자들이 공동으로 참여하여 학교를 중퇴한 19명의 청년들과 수행한 내러티브 탐구(Clandinin, et al., 2010)에서 Clandinin은 자신이 만났던 Andrew라는 청년의 경험을 9개의 내러티브 기술로 작성했다(Clandinin, 2013/2015). 공동 연구자들이 각 참여자의 내러티브 기술을 작성한 후, 이 연구의 최종 연구 텍스트에서는 19명의 참여자 각각의 내러티브 기술, 즉 19개의 내러티브 기술을 제시하고 있다.

한편 중간 연구 텍스트는 연구 관계를 다시 이야기하고(retelling), 다시 살아내는(reliving) 데에 몰입하는 하나의 방법이다(Clandinin & Caine, 2012). 연구자는 내러티브 기술을 참여자와 공유하며 때로는 연구참여자가 내러티브 기술을 작성하는 데 참여하기도 하는데, 이때 연구자와 참여자는 모두 관계적인 방식으로 이 과정을 살아내게 된다. 또한 중간 연구 텍스트를 작성하는 과정에서 모호한 점이나 궁금한 점이 있을 때 연구자는 현장 텍스트로 다시 돌아가서 작업하거나, 추가의 현장 텍스트 작업을 할 수도 있다. 이 과정에서 연구자와 참여자는 자신들의 관계를 다시 이야기하고 다시 살아내는 기회를 갖게 된다.

4.7. 연구 텍스트(research texts) 작성하기

연구 텍스트를 작성할 때 연구자는 여러 사항을 고려해야 하지만, 본 절에서는 '독자를 염두에 두기', 중간 연구 텍스트보다 '더 높은 차원의 분석'하기, 내러티브 탐구를 '이론적, 방법론적으로 위치 짓기', '연구 텍스트의 형식 고려하기' 등에 대해 기술하고자 한다.

1) 독자를 염두에 두기

연구 텍스트는 내러티브 탐구에서 최종 보고서에 해당한다. 연구 텍스트를 작성할 때 내러티브 탐구자는 우선, 독자를 염두에 두어야 한다. 연구 텍스트를 읽는 독자들은 내러티브 탐구가 진행되는 동안 참여자가 어떤 경험을 했는지, 어떤 삶을 살아왔는지 전혀 알지 못한다. 따라서 내러티브 탐구자는 독자들이 마치 자신들도 참여자들이 살아 온 삶을 그들과 함께 살아 온 것처럼 느낄 수 있도록 가능한 생생하게 참여자들의 경험을 드러내 주도록 작성해야 한다. 또한 독자들이 참여자의 경험에 대해 공명을 불러일으키는 회상(resonant remembering)(Clandinin, 2013/2015)을 할 수 있도록 연구 텍스트를 작성하는 것이다. 이를 위해, 연구자는 시간성, 사회성, 장소라는 3가지 차원에 동시에 주목하여 연구 텍스트를 작성하려고 노력해야 하는데 세 가지 차원 모두에 주목할 때 우리는 참여자들의 삶의 복잡성을 더 심층적으로 드러내 줄 수 있기 때문이다.

2) 더 높은 차원의 분석하기

연구 텍스트 작성을 위해서는 중간 연구 텍스트를 위한 분석에서 한 단계 더 나아간 분석이 필요하다. 그 하나의 방법이 중간 연구 텍스트를 위해 작성한 여러 편의 내러티브 기술을 가로질러 검토하여 공명을 일으키는 줄거리나 패턴에 초점을 맞추는 것이다. 예를 들어, 학교를 중퇴한 19명의 청년들과 수행한 내러티브 탐구(Clandinin, et al., 2010)에서 연구자들은 공명을 일으키는 줄거리나 패턴에 주목하기 위해 각 청년들에 대한 내러티브 기술 11개를 전체적으로 살펴보았다. 그리하여 "대화공간, 관계, 정체성, 시간흐름에 따른 복잡성, 책임감, 문화적, 사회적, 그리고 제도적 내러티브를 형성하는 실재"(Clandinin, 2013/2015: 184)라는 6개의 줄거리를 찾아냈다. 세 청년의 대학경험 탐구를 통해 대학의 존재를 이해하고자 한 내러티브 탐구에서 김아람(2020)은 대학 안팎에서 살아온 각 참여자들의 이야기를 내러티브 기술로 구성한 후, 이들 내러티브 기술을 가로지르며 발견되는 공명하는 줄거리에 주목하였다. 김아람(2020)이 발견한 3개의 공명하는 줄거리는 '기대', '사건', '생성'이었다. 참여자인 세 청년들 모두 대학 입학 전 학교와 가정에서의 삶을 통해 대학에 대한 '기대'를 형성하였고, 각자의 기대를 안고 대학에서 살아갔다. 또한 참여자들은 대학에서의 삶에서 특정한 '사건'과의 마주침을 경험했다. 각자가 마주친 이러한 사건을 통해 "이들의 삶은 이전과 같은 수 없는 다른 세계의 출현으로 이어"(김아람, 2020: viii)지며 '생성'되었다.

3) 이론적, 방법론적으로 위치 짓기

내러티브 탐구에서의 이론의 위치는 실증주의 연구에서의 그것과는 다르다. 왜냐하면 실증주의 연구자들이 이론으로부터 연구주제를 생각해 내고 이론적 틀 안에서 연구하는 것과 달리 내러티브 탐구자들은 자신이 살아온 삶의 경험에 대한 탐구로 연구를 시작하기 때문이다. 현장 텍스트에서 중간 연구 텍스트로, 그리고 중간 연구 텍스트에서 연구 텍스트로 이동하면서, 연구자는 연구 텍스트를 이론적으로 위치 지을 필요가 있다. 단순히 연구자 자신의 개인적 경험으로부터 시작하여, 참여자의 이야기를 기술하는 데서 그치는 것이 아니라 연구자와 참여자의 경험 내러티브와 함께 이를 어떻게 이해할 것인가에 대한 견해와 관점을 연구 전면에 드러내 주어야 하는 것이다. 이는 연구를 사회적, 이론적으로 맥락화하는 작업이며, 텍스트를 어떠한 담론으로 읽어낼 것인가에 대한 고민이 수반되는 일이다. 이러한 작업을 위해 연구자는 다양한 문헌과 연구를 읽고 그러한 연구물들이 자신의 연구와 어떻게 연결되는지, 어떻게 연결시킬 수 있을지를 다양한 각도에서 상상하고 시도해 보아야 한다. 연구를 이론적으로 위치 짓는 일은 내러티브 탐구로 수행한 연구가 "사회적 중요성을 갖는다."(Clandinin & Connelly, 2000/2006: 249)는 것을 보여주는 하나의 방식이다.

또한 연구 텍스트를 작성할 때, 연구자는 연구 방법론으로 왜 다른 연구 방법론이 아닌 내러티브 탐구를 선택하였는가에 대해서도 설명할 수 있어야 한다. 예를 들어, 다른 연구로 수행했다면 알기 어려웠을 것을 내러티브 탐구로 수행했기 때문에 알게 된 것은 무엇인가? 내러티브 탐구가 연구주제와 관련된 현상을 이해하는 데 어떠한 기여를 하였으며, 사회적 담론을 어떻게 확장시키고 변화시키는가? 등과 같은 질문에 답할 수 있어야 한다.

4) 연구 텍스트의 형식을 고려하기

사실 내러티브 탐구에서, 연구 텍스트의 형식에 대한 고려는 내러티브 탐구를 시작할 때부터 탐구가 진행되는 내내 이루어져야 한다. 다른 연구자들의 내러티브 탐구를 읽으면서 자신의 연구 퍼즐과 현장 텍스트로 어떠한 형식의 연구 텍스트를 구성할 것인가를 미리 생각해 보는 일은 초보 연구자들에게 도움이 될 것이다. 물론 연구 텍스트의 형식은 연구를 진행하면서 변화될 수도 있다.

연구 텍스트는 자서전 형식, 소설 형식, 연극 대본 형식, 편지 형식, 그리고 사진, 그림, 시, 콜라주 등을 사용한 시각적이고 예술적인 형식 등 다양한 방식으로 구성될 수 있다. 연구자는 자신의 내러티브 탐구에 가장 적합한 형식을 찾기 위해, 다양한 형식들을 시도해 보고 실험해 볼 필요가 있다.

5. 내러티브 탐구 방법론의 미래

내러티브 탐구 방법론은 더 이상 새롭거나 소외된 방법론이 아니다. 다양한 질적 연구 방법들이 생겨나고 진화되어가고 있는 상황에서 내러티브 탐구자들은 더 좋은 내러티브 탐구를 수행하기 위해 계속해서 고민하고 이를 실행에 옮겨야 한다. 특히, 내러티브 탐구자들은 다른 유형의 질적 연구와 구분되는 내러티브 탐구의 독특한 특성을 연구에 드러내 주면서, 자신의 연구를 분명하게 내러티브 탐구로 명명할 수 있도록 노력해야 할 것이다. Clandinin과 Caine(2012: 169-176)은 내러티브 탐구자들과 내러티브 탐구를 검토하는 사람들이 사용할 12가지 준거[1]를 제시하였다. 이는 ① 관계적 책

---

1. 12가지 준거에 대한 몇몇 내용은 본문에서 찾아볼 수 있지만, 더 자세한 내용은 Clandinin, D. J., Caine, V. (2012). Narrative inquiry. In A. Trainor & E. Graue(Eds.), Reviewing qualitative research in the social sciences. New York: Taylor and Francis/Routledge 를 참고하기 바람

임성에 주목하기, ② 연구자와 참여자의 삶이 진행 중인 가운데 연구를 시작하는 것임을 인식하기, ③ 관계에 대해 협의하기, ④ 자서전적 내러티브로 시작하기, ⑤ 현장에 들어갈 때 협의하기, ⑥ 현장에서 현장 텍스트로 이동하기, ⑦ 현장 텍스트에서 중간 연구 텍스트로 그리고 최종 연구 텍스트로 이동하기, ⑧ 시간성, 사회성, 그리고 장소를 보여주는 경험의 내러티브를 재현하기, ⑨ 관계적 반응 공동체에 참여하기, ⑩ 연구를 개인적, 실제적, 사회적으로 정당화하기, ⑪ 다수의 청중에 주목하기, ⑫ 진행 중인 삶을 이해하는 데 헌신하기 등이다.

Clandinin과 Caine(2012, 2013/2021에서 재인용)은 이상의 12가지 준거를 다음과 같이 이해하였다.

> "준거는 다른 사람들의 우수성이나 순수성을 파악하는데 사용되는 질이나 사례라는 의미도 있는 한편, 우리는 준거를 금속에 돌의 줄이 남아 있는지를 보면서 금이나 은의 질을 평가하기 위해 사용되는 벽옥이나 현무암 같은 딱딱하고 검은 돌로 나타냈다. 우리는 우리가 은유적으로 내러티브 탐구를 만지고 스크래치 낸다면 어떤 종류의 돌의 흔적이 남아 있을 수 있는지 궁금하였다."

내러티브 탐구를 수행하는 데 단 하나의 옳은 방법만이 있는 것은 아니다. 그렇지만 연구자들이 자신의 연구가 12가지의 흔적을 남기는 연구인가를 고민하면서 내러티브 탐구를 진행한다면, 더 좋은 내러티브 탐구를 수행하는 데 도움이 될 것이다. 내러티브 탐구자와 탐구 공동체는 이러한 준거뿐만 아니라, 은유적 표현이나 연구 텍스트 구성 방식 등을 계속해서 고민하고 개발함으로써 연구방법론으로서 내러티브 탐구의 발전에 기여할 수 있을 것이다.

03

생애사와 내러티브 연구방법의 내용과 연구동향

1. 생애사와 내러티브 연구동향 분석 대상

생애사와 내러티브 연구를 채택한 실제 연구물들이 어떻게 연구설계를 구성했는지 알아보는 것은 향후 해당 연구방법을 활용하게 될 질적 연구자들에게 적절한 연구방법 강구를 위해 기여할 것이다. 학문의 수호자를 양성하는 학문수행의 요람 대학원에서는 박사논문을 작성하며 학위과정을 수련하고 있다. 각 대학원별로 약간의 차이는 있지만 박사논문 작성 이전에 소논문 1편 이상의 연구실적이 있어야 박사논문 심사 진행이 가능한 경우가 많다. 다시 말해 소논문을 쓴다는 것은 박사논문을 작성할 수 있는 연구역량을 갖추었느냐를 점검하는 과정이라고 볼 수 있다. 여기서 연구역량은 연구주제를 탐색하기 위해 기존 연구를 점검하고 자신이 연구하고자 하는 연구주제에 관한 최신 연구 공백을 찾는 역량을 의미한다. 나아가 자신의 연구주제를 탐구하기 위해 자료수집과 분석 방법을 모색하는 연구기획 능력은 실제로 연구를 수행하면서 얻어낸 자료를 분석하고 이를 해석할 수 있는 능력을 포함한다. 적어도 질적연구에서 박사학위 논문은 독립된 질적 연구자로서 자격을 부여받는 '신성한' 학문수행 과정의 증빙물이다.

이번 장에서는 각 대학에서 배출되는 생애사에 관한 박사학위 논문의 목록을 살펴보며, 차이점과 공통점을 탐색하고자 한다. 이후 연구방법에 있어 생애사를 연구하는 방법상의 차이가 있는지, 그 차이는 무엇인지를 알아보기 위해 박사학위 논문의 연구방법을 살펴보았다. 이를 위해 본 연구는 선

정된 인하대와 타대학 박사학위 논문에서 첫째, 논문의 목차, 둘째, 연구대
상과 연구주제, 셋째, 연구방법, 넷째, 기타 특이사항 등을 살펴볼 것이다.
이후 연구주제와 연구대상을 살펴보며 연구주제를 부각시키기 위해 적절한
연구참여자와 연구방법을 적용하고 있는지 등을 점검하였다. 이 장에서는
질적연구방법을 기반으로 다양한 사회적 약자를 대상으로 사회과학 연구를
수행하는 인하대학교 다문화융합연구소에서 발표된 생애사 및 내러티브 연
구방법을 활용한 박사학위 논문 9편을 살펴보았다. 본 연구소는 2022년 현
재 창설한지 11년째임에도 질적연구로 수행된 50편의 박사논문을 보유하고
있다. 그 중에서 생애사 및 내러티브 연구는 2016년에 처음 논문이 발표된
이래로 최근까지 주요 연구방법으로 수행되고 있다. 여기에 해당하는 논문
은 정경희(2016), 황해영(2018), 배경임(2019), 남혜경(2020), 허숙(2020), 어경준
(2021), 이춘양(2021), 채은희(2021), 박옥현(2023)이 있다. 자세한 내용은 다음
의 〈표 1-2〉와 같다.

표 1-2. 인하대 생애사 및 내러티브 박사학위 논문 목록

연구자(연도)	논문명	대학 및 학과
박옥현(2023)	다문화가정 방문교육지도사의 생애사에 나타난 타자성 경험과 실천에 관한 내러티브 연구	인하대 다문화교육학과
채은희(2021)	중년기 중국동포 이주여성의 노후준비에 관한 생애사적 내러티브	인하대 다문화교육학과
이춘양(2021)	한부모 이주여성 삶의 성장 경험에 관한 생애사적 내러티브 연구	인하대 다문화교육학과
어경준(2021)	줌머난민의 이주 생애와 인정투쟁에 관한 질적 연구	인하대 다문화교육학과
남혜경(2020)	파독 간호사 출신 한인 여성의 이주생애사 연구	인하대 다문화교육학과
허 숙(2020)	재한 이주민 사업가의 사회통합 경험에 관한 생애사적 사례연구	인하대 다문화교육학과
배경임(2019)	이주민 봉사 기관 재직 개신교 성직자의 타자성 실천에 관한 생애사 연구	인하대 다문화학과 (다문화교육전공)
황해영(2018)	재한 중국동포 결혼이주여성의 생애경험 탐구 : 인정투쟁의 내러티브를 중심으로	인하대 다문화학과 (다문화교육전공)
정경희(2016)	대안학교장의 실천적지식 형성과정과 표출양식에 관한 생애사	인하대 사회교육학과

인하대학교의 생애사 및 내러티브 연구와 비교 가능한 타 대학의 논문들도 살펴보기 위해 인하대학교 이외의 기관에서 연구된 주로 박사학위 논문을 검색하였다. 이를 위해 학술연구정보서비스(RISS)에서 '생애사'를 키워드로 탐색한 결과 성정숙(2010), 노미소(2016), 김정화(2018), 최문연(2018), 신봉자(2019), 안현아(2020), 홍건숙(2020)을 탐색할 수 있었고, 이를 분석 대상 논문으로 추가하였다.

아래의 〈표 1-3〉에서 선정된 타 대학의 생애사 및 내러티브에 관한 연구를 살펴보면, 중앙대가 2편으로 가장 많고, 숭실대, 초당대, 가천대, 안동대, 서울대, 대전대가 각각 1편씩이다. 또한 학위논문이 작성된 학과를 보면 사회복지학과가 5편으로 가장 많고, 다음으로 간호학과, 민속학과, 교육학과가 각각 1편씩이다.

표 1-3. 타 대학 생애사 및 내러티브 박사학위 논문 목록

연구자(연도)	논문명	대학 및 학과
안현아(2020)	양육미혼모의 생애사 연구	숭실대 사회복지학과
홍건숙(2020)	장기근속 요양보호사의 돌봄 경험에 관한 생애사 연구	초당대 사회복지학과
신봉자(2019)	베이비 부머세대 임상간호사의 생애사적 내러티브 탐구	가천대 간호학과
김정화(2018)	구술 생애사로 본 여성의 가족제적 역할과 삶의 변화 : 도시 거주 중산층 여성을 중심으로	안동대 민속학과
최문연(2018)	다문화 학습 주체의 갈등 : 상생에 관한 자전적 생애사 연구	서울대 교육학과
강규희(2016)	자녀양육 직장여성들의 생애사 연구: 공공기관 20년 이상 근속 여성들을 중심으로	대전대 사회복지학과
노미소(2016)	빈곤여성노인의 생애사 연구 : 젠더 불평등 경험을 중심으로	중앙대 사회복지학과
성정숙(2010)	레즈비언 생애사	중앙대 사회복지학과

위의 〈표 1-2〉와 〈표 1-3〉을 살펴보면 생애사 및 내러티브 연구들은 특

히 사회적 소수자들을 다룬 것들이 대부분이다. 이는 질적연구가 지니는 연구가치에 적합한 것으로 "나는 아무 편도 아니다. 다만 짐지고 헐벗고 가난한 사람의 편이다."라는 어느 질적 연구자의 고백과 일치한다고 볼 수 있다. 생애사 및 내러티브 연구들의 대부분은 자본의 그늘, 권력과 제도로부터 억압받는 소수자들의 목소리를 대변하는 역할을 수행해야 함을 알 수 있다.

2. 연구방법 및 연구내용 비교

질적연구의 측면에서 논문 목차는 단순히 어떤 연구물의 콘텐츠라는 구조적인 측면에서의 이해를 넘어서 연구에서 얻어낸 결과들의 추상화 작업의 요약본이라고 보아야 할 것이다. 목차를 보게 되면 한 연구자의 연구기획 의도와 연구방법을 이해할 수 있게 되며, 연구자의 독특한 생애사 및 내러티브 기술 특성을 파악할 수 있다. 따라서, 분석 대상 논문의 전체적인 개요를 알아보기 위해서는 논문의 목차를 먼저 살펴보게 된다. 일반적으로 논문의 목차는 Ⅰ. 서론, Ⅱ. 이론적 논의, Ⅲ. 연구방법, Ⅳ. 연구결과, Ⅴ. 결론 등으로 제시되고 있다. 물론 연구결과 영역에서의 기술은 한 단위로서 연구결과라는 장을 둘 수 있지만 연구문제 별로 두 가지 부분, 즉 연구참여자별 연대기적 기술 부분과 해석을 통한 의미 도출 부분으로 구분되어 나타난다. 이번 절에서 가장 중요한 것은 생애사 및 내러티브 연구에서 연구방법 기술을 어떻게 구조화하느냐의 문제이다. 이러한 인식을 바탕으로 선정된 총 17편의 목차 중 특히 연구방법 부분의 하위목차를 찾아 다음의 〈표 1-4〉, 〈표 1-5〉와 같이 제시한다.

표 1-4. 연구방법의 목차 내용(인하대 논문)

연구자(연도)	목차_연구방법
박옥현(2023)	1. 연구개요 및 연구절차 　1.1. 생애사적 내러티브 탐구 　1.2. 연구절차 2. 연구자와 연구참여자 　2.1. 연구자의 자전적 내러티브 　2.2. 연구참여자의 특성 3. 자료 수집 및 자료 분석 　3.1. 자료 수집 　3.2. 자료 분석 4. 연구 신뢰성 및 연구 윤리
채은희(2021)	1. 연구방법 개요 2. 연구자와 연구참여자 　2.1. 연구자의 자서전적 내러티브 　2.2. 연구참여자의 특성 3. 자료 수집 및 자료 분석 　3.1. 자료 수집 　3.2. 자료 분석 4. 연구 윤리
이춘양(2021)	1. 연구방법 및 연구절차 2. 연구자와 연구참여자 　2.1. 연구자 　2.2. 연구참여자 3. 자료수집 및 분석 　3.1. 자료수집 　3.2. 분석방법 4. 연구의 윤리성 및 신뢰성 　4.1. 연구의 윤리성 　4.2. 연구의 신뢰성
어경준(2021)	1. 연구 개요 및 절차 2. 연구참여자 3. 자료수집 및 분석 4. 연구의 신뢰도 및 윤리적 고려
남혜경(2020)	1. 생애사 연구개요 2. 연구참여자 3. 자료 수집 및 분석 4. 연구윤리
허숙(2020)	1. 연구 개요 2. 생애사적 사례연구

연구자(연도)	
	3. 연구참여자
	4. 자료 수집 및 분석
	5. 연구의 신뢰도 및 타당도
배경임(2019)	1. 생애사 연구
	2. 연구참여자
	3. 자료수집 및 자료분석
	4. 연구 윤리
황해영(2018)	1. 연구개요
	1.1. 내러티브 탐구절차
	1.2. 연구자의 자전적 이야기
	1.3. 연구참여자
	2. 자료수집 및 분석
	2.1. 자료수집
	2.2. 자료분석 및 글쓰기
	3. 연구의 신뢰성 및 윤리적 고려
정경희(2016)	1. 연구방법
	2. 연구참여자 및 환경
	3. 자료수집 및 분석
	4. 연구윤리

표 1-5. 연구방법의 목차 내용(타 대학 논문)

연구자(연도)	목차_연구방법
안현아(2020)	1. 연구문제
	2. 연구참여자 선정
	3. 자료수집
	4. 자료분석
	5. 연구도구로서의 연구자 준비
	6. 연구의 엄격성
	7. 연구참여자에 대한 윤리적 고려
홍건숙(2020)	1. 생애사 연구
	2. 조사 방법
	2.1. 연구참여자 선정
	2.2. 자료수집
	2.3. 자료분석
	2.4. 연구참여자에 대한 윤리적 태도
	3. 연구참여자의 일반특성
	3.1. 연구참여자
	3.2. 연구참여자 배경

신봉자(2019)	1. 연구설계
	2. 연구참여자 선정 및 연구자 준비
	  2.1. 연구참여자 선정
	  2.2. 연구자 준비
	  2.3. 자료 수집 과정
	  2.4. 연구의 엄격성
	  2.5. 윤리적 고려
	  2.6. 자료 분석

김정화(2018)	1. 연구대상 2. 연구방법론 3. 연구과정
최문연(2018)	1. 자전적 생애사 연구 2. 연구참여자 3. 연구 과정
강규희(2016)	1. 생애사 연구방법 2. 연구참여자 선정 3. 자료 수집 4. 자료 분석 5. 연구의 엄격성과 윤리적 문제

노미소(2016)	1. 연구방법: 생애사 연구
	2. 연구의 과정
	  1) 연구참여자 선정
	  2) 사전준비작업부터 현장에 들어가기까지
	3. 인터뷰진행
	4. 자료분석
	5. 윤리적 고려

성정숙(2010)	1. 구술 생애사 연구
	  1.1. 세상을 조망하는 창으로서의 생애사 연구
	  1.2. 여성의 삶에 관한 구술 생애사 연구
	2. 연구의 과정
	  2.1. 현장으로 들어가기
	  2.2. 현장 텍스트 구성하기
	  2.3. 연구 텍스트 구성하기

인하대 박사학위논문에 제시된 목차에서 연구방법은 주로 제3장에 배치되었으나 안동대 민속학과의 김정화(2018), 서울대 교육학과의 최문연(2018)은 예외적으로 연구방법이 제1장에 배치되었다. 연구방법을 제1장에 개요적으로 배치한 것은 인문과학적 연구 전통에 따른 것으로 판단할 수 있다.

연구방법을 비교 분석함에 있어 분석 대상 박사학위 논문의 연구주제와 연구참여자에 대하여 살펴보았다. 이는 연구주제에 맞추어 연구참여자를 선정하고, 연구주제를 가장 효과적으로 부각시켜줄 연구방법을 적용함이 연구에서는 중요하다는 인식이 있었기 때문이다. 이를 정리하면 다음의 〈표 1-6〉, 〈표 1-7〉과 같다.

표 1-6. 연구주제 및 연구참여자 특성 분석(인하대 논문)

연구자(연도)	연구주제 및 연구참여자 특성
박옥현(2023)	1. 다문화가정 방문교육지도사의 타자성 경험과 실천 2. 다문화가정 방문교육지도사 4명
채은희(2021)	1. 결혼이주여성의 노후 준비 2. 은퇴중년 중국계 결혼이주여성 5명
이춘양(2021)	1. 한부모 이주여성 삶의 성장 경험 2. 한부모 결혼이주여성 24명
어경준(2021)	1. 줌머 난민의 이주생애 및 인정투쟁 2. 한국 난민신청한 줌머족 7명
남혜경(2020)	1. 파독간호사의 이주생애사 2. 파독간호사 한인여성 7명
허숙(2020)	1. 재한 이주민사업가의 사회통합 경험 2. 재한 이주민사업가 5명
배경임(2019)	1. 이주민 지원활동 참여 성직자의 타자성 실천 2. 이주봉사기관 재직 성직자 4명
황해영(2018)	1. 재한중국동포 생애경험 및 인정투쟁 2. 재한중국동포 결혼이주여성 5명
정경희(2016)	1. 미인가대안학교장의 실천적 지식형성 과정 2. 미인가대안학교장 4명

연구주제와 연구참여자에 있어 인하대 선정 논문 9편에는 한국 이주여성사 연구에 기여할 파독 간호사의 이주생애사(남혜경, 2020)가 있는가 하면, 우리 사회로 이주한 결혼이주여성의 한부모 가장으로서의 성장경험(이춘양, 2021), 줌머 난민으로서 적응과정과 인정투쟁(어경준, 2021), 재한중국동포의 인정투쟁(황해영, 2018), 결혼이주여성의 노후 준비(채은희, 2021), 이주민사업가

표 1-7. 연구주제 및 연구참여자 특성 분석(타대학 논문)

연구자(연도)	연구주제 및 연구참여자
안현아(2020)	1. 미혼모 생애 사건과 사회적 구조 2. 10년이상 자녀양육 미혼모 4명
홍건숙(2020)	1. 여성 요양보호사의 돌봄 경험 2. 3년이상 근속, 전남거주 여성 요양보호사 5명
신봉자(2019)	1. 간호사 장기근속 유지의 힘 2. 30년 근속 간호사 6명
김정화(2018)	1. 여성의 가족제적 역할과 삶의 변화 2. 도시거주 중산층 여성 14명
최문연(2018)	1. 이주민으로서 자기의 다문화 학습주체 갈등-상생 경험 2. 연구자 자신
강규희(2016)	1. 자녀를 양육 직장 유지 경험 2. 20년 이상 직장생활 여성 4명
노미소(2016)	1. 여성 고령인 젠더 불평등 경험 2. 국민기초생활수급자인 75세 이상의 여성노인 3명
성정숙(2010)	1. 레즈비언에 대한 사회복지 이론과 실천의 비판적 확장 2. 레즈비언 여성 5명

의 사회통합 경험(허숙, 2020)이 있었다. 또한 정주민을 중심으로 이주민 봉사 기관에 종사하는 성직자의 타자성 실천(배경임, 2019), 다문화가정 방문교육지 도사의 타자성 경험과 실천(박옥현, 2022), 미인가 대안학교 학교장의 실천적 지식형성 과정과 표출양식(정경희, 2016)이 있었다.

타 대학에서 집필된 박사논문 8편에는 3년 이상 근속한 요양보호사의 돌 봄경험(홍건숙, 2020), 10년이상 자녀를 양육한 미혼모의 생애 사건과 사회적 구조(안현아, 2020), 20년이상 자녀를 양육하며 직장생활을 한 여성의 경험(강 규희, 2016), 30년 이상 근속한 간호사의 장기근속 유지의 힘(신봉자, 2019), 도 시거주 중산층 여성의 가족제적 역할과 삶의 변화(김정화, 2018), 75세 이상 국민기초생활수급 여성 노인의 젠더 불평등 경험(노미소, 2016), 레즈비언 생 애사를 통한 사회복지 이론의 실천과 비판적 확장(성정숙, 2010)이 있었다.

인하대 박사논문 9편 중 7편의 연구참여자는 모두 여성이었다. 단지 어경준(2021), 허숙(2020)의 연구참여자는 각각 여성 3명이 포함되었고, 대부분 남성이었다. 또한 타 대학의 박사논문 7편의 연구참여자는 모두 여성인 반면, 최문연(2018)의 경우 연구참여자는 남성인 연구자 자신이다. 그는 중국에서 조선족으로, 일본에서 외국인으로, 한국에서 재외동포로 살아온 다중국적의 경험을 과거의 '나'와 현재의 '나'가 소통하고 이해하는 형식으로 자서전적 생애사를 전해주고 있다. 물론 연구자의 성별이 주로 여성인 점을 고려하면 연구참여자로서 여성을 대상으로 생애사 및 내러티브 연구가 수월하다는 것을 시사한다. 이 글에 선정된 17편의 연구자 중 인하대의 어경준(2021), 서울대 교육학과의 최문연(2018)을 제외하고 모든 연구자는 여성이었다.

이 글을 위해 선정한 박사논문의 특징은 첫째, 생애사 및 내러티브 분량에 있어서 채은희(2021), 황해영(2018)이 특별히 길었고, 둘째, 연구참여자 생애사를 기술하는 데 있어서 시대적 맥락을 독자가 쉽게 이해하도록 하려는 노력이 발견되었다. 이를테면, 신봉자(2019)의 연구에서는 시대 데이터가 병행 제시되었으며, 연구참여자별 생애사적 데이터(안현아, 2020), 연대기별 생애 사건(노미소, 2016)이 제시된 연구도 있었다. 반면 인하대 선정 연구에서는 주로 생애 시기별(남혜경, 2020; 배경임, 2018; 어경준, 2021; 정경희, 2016; 황혜영, 2018) 경험이 제시되었다.

3. 자료수집 및 분석 방법의 특성

생애사 및 내러티브 연구에 있어서 연구방법을 설정하고 자료수집과 분석을 하는 데 있어서 전형으로 삼는 연구방법들이 존재한다. Merriam (2009)의 경우 자료수집과 분석과정은 동시에 이루어져야 함을 강조하였다. 자료의 수집과 분석이 동시에 이루어지지 않는다면, 연구목적에 맞는 양질의 자료를 수집하기 어렵다. 자료수집과 분석이 동시에 수행된다면 다음 면담 과정에 추가적인 질문 내용을 찾거나 자료를 수집하는데 도움이 된다. 하지만 자료의 분석이 자료수집과 동시에 이루어졌다고 하여 자료수집 종료와 동시에 분석도 종료된 것은 아니다. 이후에도 자료수집 이후 본격적인 자료 코딩과 분석은 반복적 비교분석법을 통해 수행되어야 한다(Merriam, 2009). 반복적 비교분석법을 활용한 구체적 자료 분석단계는 다음과 같다.

첫째, 자료정리단계에는 연구참여자와 심층인터뷰 내용의 녹취록을 반복적으로 재생하여 듣고 전사를 한다. 둘째, 개방코딩 단계에는 자료를 읽으며 중요한 자료에 명명하고 이를 분류하는 작업이다. 예컨대 개방코딩 작업에서는 이름이 갖고 있는 의미처럼 열린 마음으로 연구문제와 관련하여 중요해 보이는 자료에 이름을 붙이는 단계이다. 셋째, 범주화단계에는 개방코딩 이후 비슷한 이름으로 붙여진 자료들을 상위 범주로 분류하고, 그 범주에 이름을 붙이는 작업으로 귀납적 과정에 의해 진행한다. 범주화 작업은 개방코딩에 비해 보다 추상적인 작업이며, 특정한 범주가 형성되면 위에서 언급한 분석 대상의 자료들을 반복적으로 비교 분석하고, 일시적인 특정한 범주가 어떤 공통된 범주로 구성되어 하위 범주의 속성이 형성될 때까지 지속한다. 범주화단계는 다양한 자료들을 융합하는 개념으로 범주화하는 작업이기 때문에 반복적 비교와 대조의 과정을 여러 차례 반복해야 하고, 직관력과 동시에 체계적인 훈련을 필요로 한다(Merriam, 2009).

범주화 작업을 할 때 방향성을 놓치지 않기 위하여 연구문제를 지속적으로 떠올리면서 코딩된 자료들이 갖고 있는 다양한 주제들 간의 관계를 지으려고 노력함이 필요하다. 마지막 단계에는 범주화 작업을 마친 후, 범주화가 잘 구성되었는지 확인하기 위하여 개방 코딩 전 단계의 원 자료와 비교하는 절차이다. 지금까지 반복적 비교분석법의 과정은 귀납적 과정의 특성을 갖고 있었다면, 범주 확인 과정은 연역적 과정이다(Merriam, 2009). 범주 확인

과정을 통해 구성된 범주에 대한 보다 강력한 근거를 제시해 줄 수 있는 자료를 새롭게 재발견하게 되기도 한다. 또한 원 자료들을 다시 확인하면서 이미 구성된 범주의 재수정이 필요한 부분도 찾을 수 있다(정경희, 2016: 83-85).

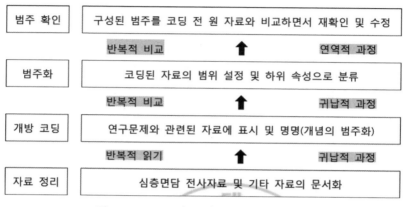

그림 1-1. Merriam(2009)의 반복적 비교분석법

또한 Clandinin과 Connelly(2007)에서는 내러티브 연구과정을 1단계 '현장 물색하기', '연구참여자 선정' 등, 2단계 '자료수집', '선행연구 검토', '질문지 구성', 3단계 '현장 구성', '인터뷰를 텍스트화 하기', 4단계 '현장 텍스트 검토', '의미를 만드는 과정(해석)', 5단계 '연구텍스트 쓰기의 과정'으로 설명한다. 이를 기본으로 연구자는 자신의 연구과정을 독창적으로 설계할 수 있다. 성정숙(2010), 이춘양(2021)은 이와 같은 과정을 자신의 박사논문에 제시하였다.

생애사 및 내러티브 연구에서 Schütze의 연구방법이 자주 활용된다. 이를 살펴보면, 우선 자료수집에는 요청단계, 중요 설명 단계, 후 질문 단계로 구성된 이야기식 인터뷰가 활용된다(노미소, 2016: 39). 이를 단계적으로 기술하면, '이야기 요구단계'에서 연구자는 연구참여자에게 자신이 직접 겪은 경

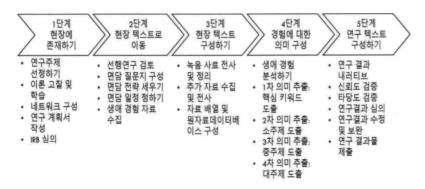

1단계 현장에 존재하기	2단계 현장 텍스트로 이동	3단계 현장 텍스트 구성하기	4단계 경험에 대한 의미 구성	5단계 연구 텍스트 구성하기

• 연구주제
  선정하기
• 이론 고찰 및
  학습
• 네트워크 구성
• 연구 계획서
  작성
• IRB 심의
	• 선행연구 검토
	• 면담 질문지 구성
	• 면담 전략 세우기
	• 면담 일정 정하기
	• 생애 경험 자료
	  수집
		• 녹음 사료 전사
		  및 정리
		• 추가 자료 수집
		  및 전사
		• 자료 배열 및
		  원자료데이터베
		  이스 구성
			• 생애 경험
			  분석하기
			• 1차 의미 추출:
			  핵심 키워드
			  도출
			• 2차 의미 추출:
			  소주제 도출
			• 3차 의미 추출:
			  중주제 도출
			• 4차 의미 추출:
			  대주제 도출
				• 연구 결과
				  내러티브
				• 신뢰도 검증
				• 타당도 검증
				• 연구결과 심의
				• 연구결과 수정
				  및 보완
				• 연구 결과물
				  제출

그림 1-2. Clandinin & Connelly(2007)의 내러티브 연구과정

험을 이야기해 줄 것을 요청한다. 특히 생애사 인터뷰는 많은 사생활에 대한 이야기가 요구된다. 그러므로 연구자와 연구참여자 간의 '라포 형성'이 중요하다. 따라서 이 단계에서 무엇보다 중요한 것은 연구자가 연구참여자에게 신뢰를 줄 수 있는 전략과 태도가 중요하다. '중요 설명 단계'에서 연구참여자는 본인이 직접 겪은 이야기를 '즉흥 이야기'로 하는 단계이다. 이 단계에서 연구자는 연구참여자의 이야기를 방해하지 말고 잘 들어주어야 한다. 예컨대 연구참여자의 이야기에 질문이나 조언, 충고 등으로 이야기가 중단되지 않도록 "음, 음, …" 등의 추임새 혹은 고개 끄덕임 등의 공감, 동의를 표시하는 비언어적 표현을 해야 한다. 그리하여 연구참여자의 이야기가 중단없이 이어질 수 있도록 도와야 한다. 셋째, '후 질문 단계'에서 연구자는 연구참여자의 말이 끝난 뒤에 현재의 내재적이고, 외재적인 질문들을 형성하는 이야기식 면접의 세 번째 단계를 진행한다. 이때, 내재적 질문은 연구참여자가 자신의 이야기를 설명할 때 잘 이해되지 않았던 것이나 모순되는 것을 명확히 하기 위해서 하는 질문이다. 다른 한편, 외재적 질문은 연구참여자가 직접 설명을 하진 않았지만 전체 이야기를 듣고 연구자가 궁금한 것을 질문함으로써 새로운 정보를 얻어낼 수 있는 질문이다(이효선, 2005: 165-167).

또한 자료 분석에서 Schütze의 이야기 분석방법은 네 개의 단계 즉 1단계 '형식적 본문 분석단계', 2단계 '구조적 기술단계', 3단계 '분석적 추론단계', 4단계 '비교분석 단계'의 절차로 이루어진다(이효선, 2009: 145; 노미소, 2016: 48). 이에 대하여 이효선(2009: 145-172)은 다음과 같이 설명하였다.

첫째, '형식적 본문 분석'단계에서는 형식적 본문(인터뷰 자료) 분석에 앞서서 화자의 전체적인 삶을 요약한다. 예컨대 본 단계에서는 문단 나누기 작업으로 연구자가 전체적인 화자의 삶의 과정을 이해하기 위해 연구참여자의 삶을 간략하게 정리하는 것을 의미한다.

둘째, '구조적 기술'단계에서는 시간적으로 진행되는 생활과정의 구조를 서술하고 과정과 문맥 속에 포함된 대표적인 사건과 그 밖의 사회화 과정을 연결시키며 서술한다.

셋째, '분석적 추론'단계에서는 2단계의 구조적 기술을 바탕으로 사례에 대한 본격적인 해석을 이끌어 낸다. 이를 위해서는 삶의 각 단계에서 추론한 구조 진술을 체계적으로 관련시켜서 삶의 진행과정과 변화과정 구조에 나타난 연구참여자의 숨겨진 의미구조를 밝혀내고자 노력하여야 한다. 이 단계에서 중요한 것은 전체적으로 얽혀서 전기를 구성하는 인생 진행 구조 사이의 상호 의존성, 추론과의 관련을 설명하는 것이다.

넷째, '비교분석'단계에서는 개별적인 사례분석에서 벗어나 다양한 인터뷰 본문을 대조시키며 분석한다. 이때 비교분석 사례들은 연구자가 관심을 가지고 있는 현상과 관련된 본문 내용을 선택하여 비교하는 극소비교의 원칙과 매우 상이한 점을 나타내는 극대비교의 원칙에 의하여 분석을 이루어

그림 1-3. Schütze(1981)의 이야기 분석 4단계

간다(김영신, 2011: 31-32).

반면, Clandinin & Connelly(2007)는 Schütze가 제안한 바와 같이 생애사 연구의 자료수집과 자료분석 과정의 전체적인 연구과정을 제시하였다. 이에 비해 Merriam(2009), Rosenthal(1995)과 Mandelbaum(1973)은 분석과정에서의 분석틀에 주안점을 두었다. 또한, Schütze와 Rosenthal, 그리고 Rosenthal과 Fischer-Rosenthal 이외의 분석 방법들은 접근 방법의 명칭은 다르다 할지라도, 범주 위주로 접근하는 내용분석 방법을 제시하고 있다(양영자, 2013a: 272). 이러한 분석 방법은 주관성과 시간성에 주목하지만 이야기성에는 거의 관심을 두지 않고 있으므로, 내러티브 분석방법과는 많은 차이를 보인다. Rosenthal의 분석 방법은 Schütze로 대표되는 생애사 텍스트 분석 방법이 이야기와 현실의 관계를 충분히 고려하지는 않고 있음의 문제를 드러낸다(Rosenthal, 1995; 2011). 이야기적 진실성이 사실적 진실성과의 상호관계성 속에서 실재성을 해명하고자 한 분석방법임을 고려하면 주관성과 시간성은 물론 이야기성까지도 분석하는 생애사 연구방법은 개인 생애 연구에 매우 적합한 분석방법 중의 하나라고 할 수 있다(양영자, 2013a: 273). 이러한 Rosenthal의 분석 방법에 따라 접근한 연구는 그 접근 방법과 연구 결과 간 불일치 현상이 생길 수 있는 생애사 연구 상황에서 고려해야 할 방법이라 하겠다(배경임, 2018: 37).

주관성, 시간성, 이야기성이 강조되는 Rosenthal(1995)의 내러티브-생애사 인터뷰 분석 5단계를 알아보면, 첫째, '생애사적 데이터의 연속적 분석'단계가 있다. 이 단계는 생애사 주체의 주관적 해석이 배제된 객관적 데이터(예: 출생, 형제자매의 수, 교육 등)에 대해 그 사건들이 일어난 시간 순서에 따라 분석한다. 둘째, '텍스트 분석과 주제 영역분석'단계이다. 이 단계에서는 현재의 관점에서 서술된 생애사적 이야기가 어떻게 생성된 것인지, 그 이야기가 형성된 발생 기원을 분석한다. 셋째, '체험된 생애사의 재구성과 연속적 세밀 분석' 단계이다. 이 단계에서는 특정 과거의 체험이 지니는 생애사적 의미, 그리고 체험된 생애사의 연속적 구조와 그 구조의 시간적 형태를 분석한다. 넷째, '이야기된 생애사와 체험된 생애사의 비교분석'단계이다. 이 단계에서는 양 생애사 간의 차이 즉, 과거 관점과 현재 관점 간의 차이 및 이러한 차이와 결부된 양 생애사 간의 '시간성'의 차이와 '주제적 연관성'의 차이를 분석한다. 다섯째, '유형 형성'의 단계이다. 이 단계에서는 한 사례에 기초하여 하나의 유형을 정의한다(양영자, 2013a: 278).

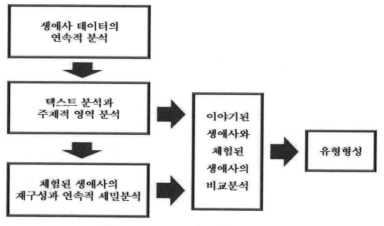

그림 1-4. Rosenthal(1995)의 분석 단계

또한 Mandelbaum(1973)의 경우 생애사 자료를 분석하는 데 있어 삶의 영역, 전환점, 적응의 분석 틀을 제시하고 있다. 첫째, 삶의 영역이란 구술자인 생애사 연구참여자가 살아온 삶의 구조이자 차원이며 삶에 영향을 미친 주요한 동력을 이해하기 위한 범주화 과정을 의미한다. 둘째, 전환점이란 연구참여자가 살아 온 삶의 과정을 구분 짓는 경계이자 주요한 변화를 의미한다. 셋째, 적응이란 전환점으로 인해 발생한 새로운 상황에 직면하여 항상성을 유지하면서 삶을 유지하기 위해 행하는 행동양식을 의미한다(노혜진,

2021: 47-48).

위 선정논문 17편의 생애사 연구에 있어 연구방법상 상이한 차이가 존재
하였다. 이러한 인식을 바탕으로 본 연구는 생애사에 관한 논문 17편의 연
구방법을 분석함에 있어서 자료수집과 자료분석 등의 기준을 설정하고 다
음의 〈표 1-8〉, 〈표 1-9〉와 같이 분류될 수 있다.

표 1-8. 자료수집 및 분석 방법 및 활용 이론(인하대 논문)

연구자(연도)	자료수집 및 자료분석 방법 및 이론
박옥현(2023)	1. 생애사적 내러티브 탐구 2. 3차원적 내러티브 탐구 공간(시간성, 공간성, 관계성)
채은희(2021)	1. 내러티브 탐구 2. Clandinin & Connelly(2000)
이춘양(2021)	1. 생애사적 내러티브 연구 2. Clandinin과 Connelly(2000)
어경준(2021)	1. 심층면담 2. 기본 생애사 연구방법
남혜경(2020)	1. 심층면담, 자기생애 기술 1차-특이사항 2. 기본 생애사 연구방법
허 숙(2020)	※ 생애사적 사례연구: 사례연구 설계〉자료수집 마련〉자료수집〉자료해석〉사례연구 검증
배경임(2019)	1. 심층면담 2. Rosenthal(1995) p.37, Merriam(2009)의 반복적 비교분석법 p.45
황해영(2018)	1. 내러티브 탐구 2. Clandinin과 Connelly(2000) p.53 연구절차
정경희(2016)	1. 심층면담 2. Merriam(2009)의 반복적 비교분석법

표 1-9. 자료수집 및 분석 방법 및 활용 이론(타 대학 논문)

연구자(연도)	자료수집 및 자료분석 방법 및 이론
안현아(2020)	1. 이야기식 인터뷰(pp. 20-21) 2. Rosenthal(1995): 주관성, 시간성, 이야기성
홍건숙(2020)	1. Schütze의 생애사적 연구 방법_이야기식 인터뷰 2. 자체 분석 p.32
신봉자(2019)	1. Schütze(1987) 인터뷰(Narrative Interview) 2. Mandelbaum(1973)의 생애사 분석 틀
김정화(2018)	※ 구술 생애사: 자료수집과 1차분석〉 서사적 구조에 따른 2차분석〉 공통된 생애경험에 따른 3차분석 p.39
최문연(2018)	※ 자전적 생애사 연구/ 예비연구(중국 유학생 4명) ※ 특별한 생애사 연구방법 언급 없음.
강규희(2016)	1. Schütze(1983)의 '생애사적-내러티브 인터뷰' 2. Mandelbaum의 분석틀을 적용한 생애사 분석 합의적 질적 분석방법 (CQR) p.52
노미소(2016)	1. 슛제(Schütze)의 이야기식 인터뷰 p.39 2. 슛제(Schütze)의 이야기 분석방법 p.48
성정숙(2010)	1. Clandinin&Connelly(2007) 내러티브 연구과정: 현장으로 들어가기〉 현장 텍스트 구성하기〉 연구텍스트 구성하기

〈표 1-8〉과 〈표 1-9〉에서와 같이 본 연구에 선정된 17편의 연구 중 자료수집이나 자료분석에서 Clandinin과 Connelly(2000)의 연구방법을 사용한 경우는 5건(성정숙, 2010; 이춘양, 2021; 채은희, 2021; 황해영, 2018)이었다. 특히 성정숙(2010)은 Clandinin과 Connelly(2000)의 연구방법에 따라 자료수집, 자료 분석을 하였다. 또한 박옥현(2023)은 Clandinin과 Connelly(2000)의 3차원적 내러티브 탐구 공간에 맞추어 시간성, 공간성, 관계성 차원에서 자료를 분석하였다.

또한 자료수집과 분석에서 Schütze의 이야기식 인터뷰와 이야기 분석 방법을 사용한 경우는 모두 총 5건(강규희, 2016; 노미소, 2016; 신봉자, 2019; 안현아, 2020; 홍건숙, 2020)이었다. 노미소(2016)와 홍건숙(2020)은 자료수집과 분석에서 Schütze의 그것을 적용하여 연구하였다. 반면 강규희(2016), 신봉자(2019), 안현아(2020)는 자료수집에서는 Schütze의 이야기식 인터뷰를 하였으나, 자료분석에서는 Mandelbaum(1973)의 분석틀을 사용하거나(강규희, 2016; 신봉자, 2019) Rosenthal(1995)의 분석방법을 따랐다(안현아, 2020).

연구자만의 자료수집 방법에 따라 심층면접과 자료분석을 통해 연구결과를 제시한 경우도 있었다(김정화, 2018; 남혜경, 2020; 어경준, 2021; 허숙, 2020). 이러한 방식은 인하대 박사논문 3건(남혜경, 2020; 어경준, 2021; 허숙, 2020)에서 나타났는데, 이는 특이점으로 꼽힌다. 또한 최문연(2018)은 특별한 선행 연구자의 연구방법을 차용하기 보다 과거와 현재를 넘나들며 자료를 수집, 분석하고 자신만의 자전적 생애사를 적었다. 마지막으로 인하대 정경희(2016)와 배경임(2019)은 기본적인 질적 사례연구방법에 따른 심층면담을 통해 자료를 수집하고, Merriam(2009)의 반복적 비교분석법을 사용하여 자료를 분석하였다.

4. 생애사 및 내러티브 연구방법을 넘어서

지금까지 인하대 대학원과 타 대학 대학원에서 연구된 박사학위 논문 중 생애사 및 내러티브 연구에 관한 연구방법을 살펴보았다. 생애사 및 내러티브 연구는 사회과학 방법론에서 전형적인 질적연구로 분류된다. 연구방법이란 연구자가 연구주제를 선정한 후 자료를 수집하고 분석하기 위한 일종의 연구 설계도인 셈이다. 질적연구자는 이 연구설계에 따라 연구를 진행하는데, 질적연구는 이 계획을 수행하는 가운데 제한이 있을 경우 적절한 범위 내에서 설계를 변경할 수 있다. 이는 질적연구의 특성 중 '유연한 설계' 항목에 해당 된다. 자료수집에서 자료분석에 이르기까지 연구문제를 해결하는 과정에서 귀납적 추론을 행하게 된다. 이때 연구문제의 범위에 벗어나거나 연구참여자 확보, 수집 자료의 신뢰성 결여 등의 연구수행 과정에서 발생하는 부정적 사항들을 제거하는 순환적 연구절차를 수행한다. 이런 과정에서도 연구계획은 체계적으로 정립된다. 따라서 사회과학의 질적연구에 있어서 연구방법은 논문에 있어서 핵심이라고 할 수 있다.

생애사 연구는 1918년부터 1921년까지 시카고학파의 Thomas와 Znaniecki가 "The polish Peasant in Europe and America"라는 폴란드 이주농업 노동자에 관한 총 5권의 생애사를 출판한 이후 미국, 유럽 등지에서 주요한 사회연구 방법으로 자리잡고 있다(양영자, 2013a: 271). 이에 따라 생애사에 관한 연구방법은 Clandinin & Connelly(2000), Mandelbaum(1973), Merriam (2009), Rosenthal(2008), Schütze(1984) 등 다양한 방법이 제시되고 있다.

반면, 한국의 생애사 연구는 1990년대 초반, 역사학과, 인류학, 사회학 등 인접 사회과학 분야에서 이루어지고 있으며(이희영, 2005: 122), 사회복지학 분야에서는 이보다 더욱 늦은 2000년대 중반부터 시작되었다. 이에 따라 국내의 생애사 연구는 학문 분야 간 연구 시작점에는 차이가 있으나 전체적으로 아직 태동기에 있다고 할 수 있다(양영자, 2013a: 272).

결론을 대신하여 인하대 다문화융합연구소에서 수행된 생애사 및 내러티브 연구의 개선방안을 제시하면 다음과 같다. 우선 사회적 약자에 관한 질적연구를 수행하는 인하대 다문화융합연구소에서 작성된 생애사 및 내러티브에 관한 연구는 몇 가지 문제가 있다. 그 문제는 인하대의 생애사 및 내러티브 박사논문의 경우 Clandinin & Connelly(2000), Merriam(2009) 등에 머물러 있다는 것이다. 따라서 기존의 연구방법을 넘어 다각적 접근이 필요하다. 다시 말해 Mandelbaum(1973), Rosenthal(2008), Schütze (1984) 등으로의 확장 및 적용이 필요하다고 본다. 특히 연구주제 또는 연구 현장에 주어진 상황에 맞추어 연구방법을 적용함으로써 해당 연구의 질적 수준 향상을 도모해 볼 필요가 있다. 덧붙여 인간의 삶은 시대적 환경과 맥락을 벗어나기 어려움으로 신봉자(2019)에서 제시된 [그림 1-5]와 같은 연구참여자의 생애선(lifelines)처럼 시대적 데이터가 제시될 수 있어야 한다.

그림 1-5. 신봉자(2019: 30)의 연구참여자의 생애선

둘째, 연구주제 및 연구참여자와 관련하여 재점검 및 관점의 전환이 필요하다. 인하대 다문화융합연구소의 연구주제와 연구참여자는 주로 이주민에 머물러 있으나 추후 연구는 다양한 관점에서 발견할 수 있는 연구주제와 연구참여자의 선정이 요구된다. 다문화융합연구소가 다문화사회의 다양한 문제에 대해 융합적 관점의 접근을 전제로 하기 때문에 작성되는 논문의 연구주제 및 연구참여자는 다각화될 필요가 있다. 다문화사회는 한 국가나 한 사회 속에 다른 인종·민족·계급 등 여러 집단이 지닌 문화가 함께 존재하는 사회를 의미한다. 따라서 해당 사회구성원 간의 소통과 공감을 불러일으켜 이주민-정주민 뿐만 아니라 새롭게 등장하는 소수자 등과 함께 한국 사회구성원들 간 연대와 협력을 도모해야 하기 때문이다.

셋째, 연구자와 관련하여 연구가 시작되기 전에 연구자가 행해야 할 선결 수련과정이 필요하다. 생애사나 내러티브 연구는 그저 한 개인이 살아온 것을 나열하는 것이라고 간단히 생각할 수 있다. 반면 생애사의 내면에는 개인이 지나온 시대를 다양한 시각으로 탐색할 수 있고, 또 지나온 사회의 드러나지 않은 이면을 알 수 있게 하는 등 유용한 정보를 제공한다(강규희, 2016: 7). 생애사에서 연구참여자들은 그들이 살아온 시대적 맥락과 사회적 상황을 그대로 드러내 줄 수 있는 증인들이라 할 수 있다. 생애사 연구에서 연구참여자는 주요한 정보원이므로 연구자와 연구참여자 간의 진실된 관계 형성이 요구된다. 결론적으로 생애사 연구에서 연구자와 연구참여자 간의 친밀하고 진솔한 관계는 연구의 질을 보장하는 기제가 된다(안현아, 2020; Cole & Knowles, 2001).

따라서, ① 누군가의 생애사를 연구하기 전, 자신의 생애사를 적어볼 필요가 있다. 이를 흔히 자기 생애사라고 하는데, 자기 생애를 쓰고 분석하면서 인간 삶의 이해와 성찰을 몸소 경험할 수 있다. ② 누군가의 생애사를 연구하기 전, 연구참여자에게 연구자로서 자신의 생애사를 제시하는 생애사 연구의 기본 예의를 지켜볼 것을 권유한다. 마치 목욕탕의 세신사가 고객의 눈높이에 맞추어 맞춤 복장을 착용하듯이 이는 생애사 연구를 함에 있어 연구자로서의 기본 예의라고 생각된다. ③ 이러한 과정을 통해 연구자는 단순 자료약탈자로서 연구참여자와의 관계에 머물기보다 연구를 기회로 연구자와 연구참여자 간 서로에게 침투하여 깊은 신뢰 관계를 형성하며 앞으로의 삶 속에서 늘 함께하는 관계로 나아갈 수 있을 것이다.

이주생애와 생애사연구의 실제

한인 파독 간호사의 이주생애사 연구
: 참여자의 삶 속으로 들어가기

1. 파독 간호사와의 만남

본 저술은 1960-70년대에 노동자로 해외 이주를 실행한 한국 여성의 이주생애사에 관한 학위논문을 수행하면서 있었던 필자의 경험을 담고자 하였다. 1960-70년대에 한국에서 외국으로 나가는 것은 특별한 경우에 속했고 비행기를 타고 해외에 다녀오는 것이 선망의 대상이 되었던 시기였다. 파독 간호사의 독일 이주는 1950년대 말부터 1970년대 중반까지 이루어졌는데, 당시는 한국이 6.25전쟁으로 피폐해진 경제를 일으키려 애쓰던 시기였으며 사회적으로 실업자가 만연했다. 이러한 현실에서 여성들의 선진국 독일로의 해외 노동이주는 사회적으로 큰 관심의 대상이 되었다.

한국을 떠나 이주국에 정착한 한인 여성들의 이주 기간은 1959년을 기점으로 본다면 2023년 현재 64년을 지나고 있다. 이주 후 오랜 시간이 지난 것에 비해 재외에 거주하는 한인 여성에 관한 연구는 풍부한 자료로 축적되지 않았다. 해외로 이주한 한인 여성들에 관한 연구자료가 축적되지 않은 것에 따른 영향은 1990년대 이후 한국으로의 이주가 늘기 시작한 결혼이주 여성들과 그들의 가족에 관한 한국사회의 이해 부족으로 이어졌다. 모국을 떠나 타국으로 이주하여 살아가는 한인 여성의 삶에 관한 자료가 풍부했다면 급하게 도래한 한국 다문화 사회를 맞이하는 우리의 태도가 더욱 성숙했을 것이다.

그러나, 1950-70년대의 한국은 경제성장에 바빴고, 한인 이주여성들은 거주국 사회에 적응하느라 여념이 없었다. 다만 현재 상황에서 우리가 재외의 한인 여성에 관해 여전히 더 많은 연구를 필요로 하는 이유는 여성들의 이주가 당사자 즉, 개인의 이주로 종료되는 것이 아니라 다음 세대로 이어지기 때문이다. 필자가 재외 한인 여성에 관한 연구를 하게 된 계기는 한국으로 이주한 결혼이주여성에 관한 연구를 하면서 역으로 해외로 이주한 한인 여성에 관하여 생각이 미쳤기 때문이다. 그리고 재외의 여러 지역 가운데 파독간호사에 주목한 이유는 첫째, 독일 사회와 한국 사회가 자문화 중심이라는 특성이 있기 때문이다. 둘째, 다수의 정주민이 있는 사회에 소수의 이주자가 진입했다는 점에서 한국과 독일의 다문화 사회 특성에 유사점이 있기 때문이다.

필자가 인터뷰를 하기 위해서 독일에 갔을 때의 일이다. 인터뷰가 없었던 어느 날 숙소에서 가까운 독일의 한 궁전공원에 갔다. 너른 궁전의 정원은 깨끗하고 아름답게 정돈되어 있었고 평일이라 그런지 사람들은 그리 많지 않았다. 마침 필자보다 앞서 두 명의 동양 할머니가 화단 옆을 지나가고 있었는데, 필자는 화단의 꽃을 보고 무심코 "예쁘다"는 감탄사를 냈다. 그때 화단 옆을 지나던 두 할머니 중 한 분이 필자에게 "한국분이세요?"라고 물었다. 낯선 외국에서 갑자기 한국어를 들으니 반가웠다. 그분들은 독일에 파독 간호사로 이주하여 살면서 40-50년 만에 머물고 있는 거주지를 떠나 처음으로 다른 지역에 구경하러 왔다고 하셨다.

노년이 되어 두 분이 처음 여행 겸 나들이를 하는 중이었다. 한 분은 등이 굽었고 너무 오랫동안 한국어를 사용할 필요가 없었으므로 한국어를 잊어버렸다고 하셨다. 그래서 필자를 슬금슬금 피하셨다. 필자가 역병 걸린 사람도 아닌데, 말을 걸어도 자꾸 거리를 두셨고 대답을 하지 않으셨다. 그러나, 곧이어 자신이 한국어를 잊어서 말을 잘할 수 없다고 어렵게 설명하셨다. 그때 간신히 설명하던 그분의 모습이 지금도 생생하다. 그 이후로 그분은 필자가 다른 한 분과 대화를 나눌 때 멀찌기 떨어져서 일행이 빨리 오기를 재촉하셨다. 검게 그을린 얼굴, 세월의 흔적을 담은 주름과 검소한 옷차림, 그리고 잃어버린 고국의 언어와 굽은 등은 그분들과 헤어진 이후에도 오래도록 마음에 남아 지워지지 않았다. 재외에서도 한인회에 참석하여 활동하다 보면 한국어를 잊지 않고 살아갈 수 있을 것이다. 그분들은 한인회 모임에 참여하지 않으셨을 가능성이 있다. 그리고 그분들뿐만 아니라 타국에 거주하더라도 그곳의 한인회 모임이나 활동에 참여하지 않는 개인들도 많을 것이다. 이주한 거주국에서도 조용하게 살아가는 이주민들에 관한 연구는 재외 한인 연구 가운데에서도 더욱 희소하다. 필자도 이주국에서 살아가는 한인 여성의 생애사를 연구하였으나 그들 가운데 극히 일부를 만났을 뿐이다. 그리고 아직 더 많은 재외 한인 여성들의 다양한 삶이 세월에 묻혀가고 있다고 생각한다. 재외에 거주하는 여성 이주자는 언어와 문화가 생소하여 거주국 적응에 어려움이 있고 거주국에서 이방인으로 살아가는 것에는 남성 이주자와 다를 바가 없다. 하지만 거주국에 정착하는 여성 이주자들의 경우에는 자녀를 낳고 기르기 때문에 다음 세대와의 연결점을 가지고 있으므로 더욱 연구의 필요성을 가진다.

한국에 온 결혼이주여성들도 그들의 한국어 능력과 무관하게 자녀 교육의 최전선에 있다. 때로 그들의 자녀들은 학년이 올라갈수록 학업 능력이 저하되는 현상을 나타내기도 한다. 이와 마찬가지로 한국 여성들도 재외에서 자녀들을 낳고 기를 때 그들이 거주국의 언어와 문화에 능통한지 아닌지와는 별개로 자녀들을 교육하고 양육하는 임무를 맡았다. 그리고 그 가정이 한국인 부부의 가정이거나 국제결혼 부부의 가정이거나 할 것 없이 자녀들은 성장통을 겪는다. 이주 1세대의 자녀들은 거주국의 언어와 가치관, 그리고 그 사회의 문화로 양육되었다. 한인 여성들은 한국 문화를 자녀에게 심어주기 위해 모든 노력을 기울였지만, 역부족인 현실에 마주하였다. 그리고 한인 여성들은 수십 년을 거주국에서 살아온 후 자신이 모국과 거주국 모두에서 이방인이 되었다는 현실을 자각했다.

이주자가 이방인이 되는 것은 차별과 편견의 결과이다. 이주가 빈번해진 만큼 이주자가 거주국에서나 떠나온 모국에서 이방인이 되는 현실을 어떻게 극복할 수 있는가는 중요한 주제가 된다. 우리가 살아가는 세계에 갑자기 외부인이 들어오게 되면 기존의 구성원들은 살아오던 질서에 변화가 생기므로 불편함을 감지한다. 그리고 일어난 새로운 변화에 적응의 필요를 느낀다. 또한 이주자도 새로운 환경에 갑자기 진입하게 되었으므로 이주자 역시 적응의 문제가 발생한다. 다수의 선주민이 있는 곳에 소수의 이주자가 출현하였을 때 가장 쉽게 일어나는 현상이 동화에 관한 압력이나 차별과 편견에 의한 갈등이다. 그리고 인류는 기나긴 이동과 이주의 역사를 통해서 선주민과 이주자의 서로 다른 언어와 문화, 가치관이 조화를 이룬다는 것이 그리 단순하지 않다는 것을 깨닫게 되었다.

인류 역사 동안 도덕과 윤리, 인류애 등을 외쳐온 수많은 철학자와 이론가, 사회학자들은 넘칠 만큼의 많은 올바른 원리들을 설파하고 주장했다. 그럼에도 불구하고 이러한 원리들이 우리의 삶에 스며들지 못한 이유는 무엇일까? 이에 필자는 발상을 역으로 돌려 타자로 여겨진 경험이 있는 사람들의 행위를 통해 우리 자신을 성찰할 방법을 찾고자 하였다. 그리하여 한국에서 국제결혼을 하였다는 이유만으로 '호적에서 파내진 사람'이 되어 타자가 된 사람들 그리고, 거주국에서는 이주하여 다른 외모와 문화 등을 가진 존재이기에 '이방인'이 된 재외 한인 여성의 삶을 살펴보고자 하였다. 그리하여 소외되고 타자로 여김을 받는 사람들의 행위를 통해 우리 자신을 성찰할 방법을 찾으려는 것이다. 그리고 이방인으로서 그들이 거주하는 사회에 어떠한 역동성을 나타내고 있는지도 드러내고자 한다. 이에 재외 한인 여성들의 삶에 나타나는 역동성은 이주자에 대한 이방인 패러다임을 어떻게 바꾸어 나가는지, 또한 이주자 자신과 그의 후손들이 이러한 사회적 타자 패러다임을 어떻게 변화시켜 나가는지를 살펴보고자 한다.

2. 이주생애사와 분석 범주

2.1. 이주생애사

이주생애사는 한 개인의 생애 역사를 다룬다는 점에서 일반적 생애사와 근본적으로 다르지 않다. 그러나 이주생애사가 일반 생애사와 다른 점은 생애사의 중심에 '이주'가 포함되어 있다는 것이다. 이주로 인해 발생하는 개인의 삶의 변화와 이주를 발생시키는 국가적, 정치적, 사회적 배경, 그리고 이주가 다음 세대로 지속되는 현상 등과 같은 다양한 주제를 다루게 된다. 이러한 '이주'라는 주제는 일반 생애사에서도 다룰 수 있으나 이주생애사에서는 이주가 그 생애사의 중심이 된다. 즉 이주라는 요인으로 인해 개인의 삶이 어떻게 변화되는가에 무게중심을 둔다.

이주생애사를 집필하면서 정리하게 된 이주생애사의 특징은 다음과 같다. 첫째, 이주생애사는 생애사 분석 범주에 이주와 관련한 사항을 반드시 포함하게 된다. 예를 들어 이주 전과 후, 그리고 거주국에서의 삶과 이주자의 노년 등을 다루어 이주자의 생애사를 구성한다. 그리하여 이주가 그 개인에게 미친 영향과 의미를 생애사 전체를 통해 드러나게 한다. 둘째, 개인의 삶에 관한 해석에 있어서 이주자가 겪는 문화에 관한 해석이 포함되어야 한다. 이주자는 그가 태어나고 성장한 곳의 문화 또는 태어나고 자라지는 않았으나 조상으로부터 물려받은 문화와 살아가는 곳의 문화가 다른 경우가 일반이다. 이처럼 두 개 이상의 문화기반을 가진 이주자의 문화에 관한 해석이 필수적이다. 한 개인 안에 존재하는 문화 다양성과 이를 조정하는 그 개인의 문화적 행위를 이해할 필요가 있으므로 이에 대한 깊이 있는 해석의 필요성을 더 크게 갖는다. 셋째, 이주자의 정체성을 다룬다. 이주자의 정체성은 이주자의 출신국과 유입국 모두에게 정치적 의미를 가지기에 정체성은 이주생애사의 분석에서 중요한 부분을 차지한다. 유입국에서 이주자는 자주 거주국의 주민에게 사회적 위험의 불씨로 오해받는다(정은정, 김대중, 2019: 132). 이러한 오해는 미디어를 통해 더 확대된다. 그것은 미디어가 경제 권력이 없는 사람들의 목소리를 배제시키는 방식으로 경제가 작동하기 때문이다(A. Giddens, 1989; 김미숙 외 역, 2011: 634). 이주자의 정체성에 더하여 이주생애사에서는 이주자 관점에서 삶을 이해하려는 역발상으로 기존의 이론들을 적용하고 해석함으로써 이주자에 대한 이해에 폭넓은 관점을 갖게 한다. 이러한 이주자에 대한 이해는 그들을 타자로 대하는 자아에 반성과 성찰을 가져온다. 넷째, 이주생애사는 이주자의 역동성을 다룬다. 이주자는 출신국에서는 떠나간 자로 이해되며 유입국에서는 이방인으로 이해된다. 이때 이주자가 어떻게 자신의 삶과 주변의 다른 이들에게 역동성을 가져오는가(김광기, 2014: 55)를 이주생애사에서 다루게 된다. 이러한 이주생애사는 생애사를 기반으로 하면서도 이주의 특성을 부각하여 살펴볼 수 있다.

이에 필자는 이주한 개인의 생애사 분석을 위해 이주생애사 범주를 설정하였다. 그것은 생애사의 기본 특성인 시간성에 기초하여 구성하였으며 각각의 범주를 해석할 때 이주의 특성을 드러낼 수 있도록 하였다. 그리하여 범주는 첫째, '유년-청년기'를 두어 이주 전 개인의 삶을 다루고자 하였다. 둘째, '이주 후 결혼'에서는 이주의 실행부터 이주한 후 결혼에 이르기까지의 과정을 다루었다. 셋째, '거주국에서의 삶'에서는 이주자의 삶의 전반을 다루게 되므로 이주자의 주요 가치관과 정체성이 드러나게 된다. 즉, 이주후 이주국의 삶과 초국적 이주자의 삶이 이 부분에서 다루어지게 된다. 넷째, '노년의 삶'에서는 이주자의 노년기, 즉 질병, 노후, 그리고 다음 세대로의 연결 등을 다루고자 하였다. 이를 자세히 살펴보면 다음과 같다.

2.2 이주생애사 분석 범주

1) 이주 전 유년-청년기

이 부분에서는 개인이 이주를 실행하기까지 국제적 상황, 이주자 모국의 내적 상황, 그리고 개인적 상황을 다룬다. 국제적 환경에서는 지구촌 노동 환경의 변화나 거대 자본의 이동, 전쟁 등이 노동력의 흐름을 발생시키거나 중단시킬 수 있음을 보여줄 수 있다. 이러한 국제적 환경은 유입국과 송출국의 정치·경제·사회문화 상황에 영향을 줌으로써 국제 이주에 영향을 미친다. 그러므로 이주생애사를 살펴볼 때 이주자 개인의 환경과 아울러 국제적 환경과 유입국과 송출국의 정치·경제·사회문화 측면의 환경을 살펴보는 것이 개인의 이주생애사를 깊이 있게 이해하는 요소가 된다.

2) 이주 후 결혼

이주 후 이어진 결혼은 여성들이 삶에 새로운 장을 여는 계기가 된다. 결혼은 여성이 부모를 떠나 자기 삶의 주체가 되는 중요한 사건 가운데 하나이다. 결혼을 통해서 여성은 배우자와의 관계를 스스로 설정해 나가야 하고 자녀를 출산하면서 가족의 형태가 세대로 이어지는 과정으로 나아간다. 이희영(2014: 112)은 결혼 이주를 포함한, 여성의 이주와 결혼은 신자유주의적 경제구조 혹은 개인의 단순한 공간이동으로 환원될 수 없는 복합적인 사회현상이라고 하였다. 그리하여 개인은 체화된 문화 양식들을 가지고 새로운 공간으로 이주하게 된다는 것이다. 이는 새로운 거주지역에서의 삶을 시작하는 것과 동시에 다양한 규모와 차원에서 특정한 방식으로 새로운 공간이 생산되는 과정이라는 것이다.

이주여성의 결혼으로 야기되는 개인의 삶의 변형, 거주국의 사회적 변화들에 관한 복합적 이해가 필요하다. 그리하여 이주와 결혼을 통하여 여성의 삶이 새로운 전환점을 갖는 과정은 사회과학적인 측면에서 깊이 있게 고찰될 필요가 있다. 이주를 추동케 한 사회적, 역사적 환경과 이를 선택하게 된 개인의 여건, 그리고 이주에 관한 진화하는 사회학적 이론들을 이주생애사 해석에 적용할 수 있다. 다양한 이론을 고찰하며 적용함으로써 여성의 이주와 결혼, 그리고 그 영향이 세대로 이어지는 현상에 관한 이해의 폭이 확장될 것이다.

3) 거주국에서의 삶

이주생애사를 분석하고자 할 때 거주국에서의 삶은 이주자가 거주국에서 가장 활발하게 활동하는 시기를 다루게 된다. 자녀를 낳아 교육하고 자녀에게 자신의 모국 정체성을 심어주며, 이와 동시에 거주국에서의 사회활동도 왕성하게 하는 시기이다. 이러한 이주자들의 삶을 이해하는 이론적 기반은 현대 이주자들이 모국과 거주국을 연결하는 것에 주목하는 초국가주의 이론과 디아스포라 관점, 그리고 문화 적응, 문화번역 이론과 정체성 이론 등이 활용되며, 나아가 새로운 이주에 관한 이론들의 적용이 가능하다.

4) 노년의 삶

이주자에게 있어 타국에서의 노년은 어떠한 삶의 변화를 가져오는가? 에 관한 관점이 이 부분에서 분석된다. 일반적으로 노년은 개인에게 신체적으로 기력이 쇠하고 에너지의 부족을 감지하는 시기이다. 이와 아울러 심리적으로 상실감과 고독감, 우울감을 가지며, 가족 안에서 위계의 구조가 변화되는 시기이다. 경제적으로는 수입이 줄거나 중단되고 은퇴 등으로 사회적 관계의 축소가 일어나고 심리적 위축이 가중되기도 한다. 일반적인 노년의 상태가 이러하다면 이주자들은 이에 더하거나 덜한 것이 무엇이며 어떻게 적응하며 살아가는가에 관한 것을 생애사를 통해 살펴볼 수 있다. 이주자들은 거주국에서 생을 살아오면서 자연스레 노년에 이르렀고 그러한 노년을 어떻게 준비해왔으며 어떻게 살아가고 있는지를 이주생애사를 통하여 살펴볼 수 있다. 파독 간호사들은 이주하고 정주함으로써 그들 자녀 세대에게 이주 1세대 할머니가 된다. 민족적으로, 문화적으로 거주국과 다른 점을 가진 한국에서 온 1세대 이주자로서 그들은 자녀 세대에게 무엇을 남기거나 전수하고자 하는가에 관한 것도 노년의 삶에서 찾을 수 있을 것이다. 노년의 경제 상태, 여가, 치매와 같은 질병, 2세대를 지원하기 위한 행위들, 자녀에 대한 문화적 행위, 삶에 대한 성찰적 태도 등을 노년의 삶에서 다룰 수 있다.

2.3. 이주생애사 해석 요소

1) 이주자의 문화와 종교

이주에서 중요하게 다루는 개념은 문화이다. Castles & Miller(1993/2013: 86-87)는 종족적 소수자에게 문화는 정체성의 원천으로서 배제와 차별에 대한 저항에 중심역할을 한다고 하였다. 출신지의 문화는 이주자들이 자신들의 능력과 경험이 제대로 대접받지 못하는 상황에서 자존감을 유지하도록 돕는다. Castles & Miller는 문화가 모든 이주자 수용국에서 점점 더 정치화되고 있으며, 인종적 우월성 개념이 이데올로기적 힘을 상실하면서 소수자 배제는 더욱더 문화의 차이라는 쟁점에 초점을 맞추어 실천되고 있다고 하였다. 김광기(2014: 205-206)는 정상과 비정상의 규칙성을 들어 문화를 설명하였다. 그는 인간 행위의 규칙성은 반복성을 의미하기에 어떤 행위의 규칙적 되풀이는 예측 가능성을 의미하고 이는 행위자들에게 평온 유지에 관한 부담을 줄인다. 이러한 규칙성에 어긋난 '비규칙성'은 사회 성원에게 '비정상'으로 보인다. 그 이유는 비규칙성은 인간에게 '불안'을 일으키기 때문이다.

다시 말해서 이주자의 유입은 그동안 거주국의 원주민들이 가졌던 문화적 규칙성에 비규칙성을 가져오는 것이고 이는 문화적 동질성에서 규칙성을 가진 원주민들이 보기에 이주자들은 비정상으로 보이며 불안을 일으키는 존재로 받아들여진다는 것이다. 그러므로 '정상'과 '비정상'은 절대성이 아닌 상대성의 문제이며 한 사회에서는 비정상인 것이 다른 사회에서는 정상이 될 수 있다고 하였다.

Castles & Miller(1993/2013: 27)는 국제 이주는 종종 이러한 갈등과 연결된 다고 하였다. 그것은 이주민의 정상적 행동이 정주민이 바라보는 문화적 관점에서는 비정상적 행위로 이해될 수 있기에 문화와 문화 사이의 이동 즉 국제 이주와 같은 장거리, 또는 다른 문화권으로의 이주는 갈등을 유발하 거나 포함하게 된다. 이처럼 이주가 갈등과 연결되는 이유는 이주가 이주라 는 현상으로 마침표가 되는 것이 아니라 이주자에게 있어서 새로운 지역에 서의 적응에 출발점이 되기 때문이다. 즉 이주민의 등장은 원주민과의 사이 에 필연적으로 상호적응의 문제를 일으킨다. 이주민은 원주민이 가진 문화, 역사와는 다른 문화와 역사를 가진 존재이고 이로 인해 두 문화의 갈등이 발생한다.

문화는 개인이 그를 둘러싸고 있는 환경의 의미를 파악하도록 돕는다. 이 과정에서 문화는 어떤 상황에서 어떻게 행동해야 하는가에 대한 것과 아울러 그 행동이 어떤 결과를 초래할 것인가에 대하여 예측하게 하는 기능 을 한다(Samovar et al.(2014); 이두원 외 역, 2015: 68). 문화의 차이는 종족적 경계 를 표시한다. 지배집단은 문화 차이를 이주자 문화 부적응의 증거로 간주한 다. 동화되지 않는 사람들이 주변적 위치에 머무는 것은 '전적으로 그들의 책임'으로 여겨진다(Castles & Miller, 1993/2013: 86-87). 거주국 구성원은 그들 문화에의 동화를 요구함으로써 그들의 우월성을 표시하고 이에 대하여 이 주자는 출신국 문화를 고수 함으로써 그들의 정체성을 강화한다. 이승재

(2011: 102) 역시 문화가 개인의 인식 틀을 형성하고 나아가 정체성과 행동 및 인지를 지배한다고 하였다. 그러므로 문화의 차이는 인식의 차이를 가져오며, 타문화와의 만남은 행동과 인식의 차이를 동반하게 된다.

한편, 이주자의 삶을 이해하고 해석하는 데 있어서 종교 역시 중요 해석 요소가 된다. 종교가 가진 절대성을 이주자와 원주민이 대척점에서 서로 주장하게 되면 이는 문화보다 더 깊은 갈등의 국면을 가져온다. 이는 각자가 종교적 절대성을 주장하면서 타협점을 찾기란 거의 불가능하기 때문이다. 그러나 종교는 이러한 갈등으로 나아가기 전에 일반적으로 사회를 정화하고 다른 사람을 돌보는 호혜적 역할을 한다. 그리하여 이주민이 종교를 통해 이주국에 비교적 쉽게 적응하거나 연대하며 삶에서의 입지를 형성해 나가기도 한다. 최근까지의 종교와 이주민에 관한 연구는 주로 다문화사회 내에서의 종교 역할에 초점이 맞추어져 있다(신광철, 2010; 유기쁨, 2011). 그러므로 실제로 이주여성들이 모국과 거주국의 종교가 다름으로 인한 어떠한 심리적, 문화적 갈등 또는 경험을 갖는지는 더욱 많은 연구가 필요하다. 재외로 이주한 한인 여성들이 거주국에서 종교적으로 어떻게 적응하고, 또 어떠한 결핍이나 위안을 얻는지를 살펴볼 필요가 있다. 그러한 내용은 이주 생애사에서 문화와 문화적응을 다룰 때 종교를 함께 포함하여 해석함으로써 이주자의 생애를 면밀하게 이해할 수 있을 것이다.

2) 이주와 정체성

이주자가 자신의 문화적 근원을 떠나 새로운 지역으로 이주하여 문화의 다름으로 거주국에서 이방인이 되었을 때 이주자에게 방어막이 되어주는 것은 정체성이다. Giddens는 정체성을 기초적 신뢰라는 개념을 통해 설명하였다. 그는 기초적 신뢰를 아이와 그를 돌보는 보호자로 비유하였다. 아이가 정상적 상황에서 보호자에게 보이는 신뢰는 실존적 불안에 대한 일종의 감정적 예방접종이며 보호막이라는 것이다. 그러므로 기초적 신뢰는 정상적인 개인들이 일상 생활사를 처리하기 위한 수단으로 자기 주변에 가져다 놓은 방어껍질 또는 보호 고치의 감정적 지주라고 하였다(Giddens, 1991/1997: 92-95). 즉 기초적 신뢰는 정체성의 조건이며, 외부로부터의 위험에 대한 방어막이다. 다시 말하면 정체성은 외부로부터의 위해 요인에 대한 보호 조치 역할을 한다는 의미라고 볼 수 있다.

정체성(Identity)의 어원은 라틴어의 identitas에서 유래한 것으로 '전적으로 동일한', '그것의 자기 자신', '정체' 등의 의미를 지닌다. 정체성의 철학적 논의는 'A는 A이다.' 라는 동일성에 근거한다. 이에 더하여 현대에서는 자기 자신의 독립성 또는 독자성을 추가하였다. 신분증명서(identity card-여권, 신분증 등)를 예로 든다면 이는 '내가 '나'라는 것을 증명하는 것'이다. 신분증 등을 통해 내가 나인 것을 증명하는 것은 공적 조직에 귀속된 존재로서의 나를 증명하는 것이다. 그리고 존재로서 내가 '나'인 것은 증명할 필요가 없는 자명한 사실로서의 의미가 있다. 따라서 '나'는 '자기 스스로에 대한 인식으로서의 나 또는 존재자로서의 나'와 타인과의 관계에서 승인되기 위한 '관계적 측면에서의 나'라는 정체성이 있다는 것이다. 즉 정체성은 '나 스스로를 나'라고 하는 존재적 의미와 '타인과의 관계에서의 존재'의 이중 구조를 함축하는 말이다(박아청, 1998: 82-84). 개인의 정체성은 타인과 수많은 상호작용을 통해 형성된다. 가족은 개인적 정체성을 구축하는 사회 과정의 초기 단계이며 사람들은 다수의 정체성을 가진다. 이러한 정체성은 친족 관계, 직업, 문화, 제도, 영토, 교육, 이데올로기 등을 통해서 형성된다(Samovar et al., 2014/2015: 111).

정체성은 타인과의 관계 안에서 이루어지는 것이므로 정체성이 이루어지는 과정은 사회를 전제로 하고 그 정체성에 대한 타인의 확증이 필요하다. 개인이 어떤 정체성을 주장하는 것은 그 정체성과 자신을 동일시하는 것이며, 어떤 정체성을 갖고 있음을 타인들이 인정하는 것을 의미하므로 정체성은 개인적이기보다 사회적인 문제이다(Hewitt, 2000/2001: 203). 존재론적 의미에서의 자아 인식이라 하더라도 타인이 존재하지 않으면 '나'라는 것의 의미가 드러나지 않기에 정체성은 사회적인 성격을 가진다. 사회학 관점에서 정체성은 '나는 누구이며, 나는 무엇을 해야 하고, 어떻게 해야 하는지'에 대한 판단의 집합이다. 그것은 개인을 둘러싼 사회적 관계에서 자신의 지위와 역할에 관한 정의들로 구성된다. 정체성을 갖는다는 것은 그런 정의를 자신의 것으로 인정하고 동일시하는 것을 뜻한다. 이것은 사회적 관계에서 개인이 주체화된 것임을 나타내는 것이다(이진경, 1997: 14). 정체성에 관한 사회학적 관점은 정체성이 자신에 관한 규정이라는 것과 동시에 사회적으로 그 사람이 어떠한 사람인지를 나타낸다는 것에 있다.

이주자는 새로운 언어와 문화 환경으로 이주하였으므로 새로운 환경에서 그들의 정체성을 자기 자신과 타자에게 재정의하게 된다. 그것은 이주자가 기존의 정체성으로 새로운 사회에 적응하는 것이 받아들여지지 않기 때문이다. 이주자가 거주국에서 사회적으로 신뢰할만한 정체성을 인정받으려면 아주 오랜 시간이 필요하다. 그 과정에서 이주자 개인은 자신에 관한 정체성의 흔들림, 내면의 갈등 등을 겪을 수 있으며 그것을 벗어나는 과정에서 스스로에 대한 정체성을 재정립하게 된다. 이주생애사에서는 참여자의 삶에 나타난 이러한 정체성의 개인적 재정립과 사회적 정체성 형성 등이 이주생애사 해석의 중요 요소가 된다.

또한, 김선임(2012: 32)은 정체성이 사회적으로 구성되는 것이기 때문에 정체성의 이해는 그것의 사회적 구성과정과 기능을 이해하는 것이 된다고 하였다. 한 개인은 그가 속한 문화 안에서 사회적 관계를 배우고 형성하며 자신의 정체성을 정립해 나간다. 파독 간호사들은 20대 초반의 비교적 젊은 나이에 그들의 정체성의 기반이 되는 가족과 모국 사회를 떠나 언어와 문화가 익숙하지 않은 거주국 사회로 이주하였다. 그리고 이에 적응할 때 한국인의 정체성만으로는 거주국에서 '잘' 살아남을 수 없는 현실을 맞이하였다. 이러한 이주자의 현실에서 재외 한인 여성들이 어떻게 그들의 정체성을 유지, 보수하고 변형시켜왔는지를 이주생애사를 통해 이주자의 정체성을 해석함으로써 살펴볼 수 있다.

3. 연구 현장 속으로

3.1. 연구참여자 찾기

본 저서를 위해 필자가 만난 참여자는 총 7명이다. 본 저자의 주변에는 파독 간호사로 이주한 사람이 사돈의 팔촌 중에도 없다. 그런 저자가 이들을 만난 것은 우연이라는 형태의 기적과도 같다. 미국으로 유학을 떠난 친구 가운데 2명이 그곳에서 결혼하여 정주했다. 그중 한 친구의 소개로 한인 국제결혼 여성단체를 알게 되었고 한인 국제결혼 여성단체의 총회장들과 인터뷰를 하게 되었는데 그들 가운데 파독 간호사의 일부가 있었다. 그 가운데 한 분이 간호사가 되어 독일로 이주한 후 거주국에서 살아오면서 깊고 넓은 사회적 관계를 형성하였다. 그 참여자가 형성한 사회적 관계 덕분으로 독일에 거주하는 참여자들을 소개받았다. 이때 대략 6-7명을 소개받았고 그 가운데 4명이 참여 의사를 밝혔다. 오스트리아 빈의 경우에도 국제부인회 회장으로부터 총 10명을 소개받았다. 그리고 그 가운데 3명이 연구에 참여하였다. 그리하여 독일 베를린에 거주하는 파독 간호사 출신 한인 여성 4명과 파독간호사 출신 빈거주 한인여성 3명이 최종 참여자가 되었다. 참여자는 다음의 기준을 두어 찾고자 하였다.

첫째, 파독 간호사 출신 한인 여성이며, 결혼하여 정주한 경우로 선정하였다. 이러한 조건을 둔 이유는 노동자로 이주한 후 결혼하여 정주했기에 온전히 이주자의 삶을 살았을 것이기 때문이다. 파독 간호사는 정부 주도로 이루어진 이주이면서 동시에 여성들이 자발적으로 참여한 노동 이주이다. 자발적 선택을 통해 이주한 후 거주국에서 터전을 마련한 한인 여성들의 삶은 한국 다문화사회 형성 이전에 선행된 이주자의 삶으로서 역사적 가치를 지닌다. 한인 여성들의 거주국 정주는 언어와 문화, 종교, 생활방식과 같은 삶의 전체적인 양상에 적응의 문제가 발생하였으며 그 과정에서 내적, 외적 갈등을 겪을 수밖에 없었다. 이러한 문화와 가치관, 생활방식의 다름에 어떻게 대처했는지를 살펴보기 위해 파독 간호사 출신 한인 여성을 연구 참여자의 기준으로 두었다.

둘째, 나이는 60대 이상이며 거주국 정주 연한은 40년 이상으로 하였다. 참여자의 연령을 고령으로 한 이유는 노년이 된 이주자를 통해 모국으로의 초국적 연계와 거주국에서의 적응에 따른 삶의 내용을 폭넓고 깊이 있게 살펴볼 수 있기 때문이다. 또한 노년이 된 이주자의 삶을 이해하고 이주자의 사회적 변화를 살펴볼 수 있을 것이다. 파독 간호사들은 오스트리아 빈으로도 이주하였으나 이들에 관한 연구는 이주 인원이 현저히 적었으므로 크게 연구된 바가 없었다. 이에 본 저술이 파독 간호사 출신 한인 여성에 관한 글이기에 오스트리아로 이주한 파독 간호사도 연구에 포함할 이유가 되었다. 그리하여 오스트리아 빈에 거주하는 파독 간호사 출신 한인 여성들이 연구에 참여하게 되었다.

3.2. 자료 수집

본 저술은 재외에서 살아가는 한인 여성 이주자의 생애사를 저술하는 과정을 담아내고자 하였다. 독일 베를린에 거주하는 4명과 오스트리아 빈에 거주하는 3명의 한인 여성들이 어떠한 과정을 통해 이주했고, 이주 후 어떻게 살아왔는지를 살펴보았다. 이들의 나이는 67세가 가장 젊고 75세가 가장 연장자이다. 이들의 이주 기간은 47년이 가장 짧은 기간이고 54년이 가장

긴 기간이다. 재외로 이주하여 거주하는 한인 여성에 관한 글을 쓰는 목적
은 재외 한인 여성의 삶을 살펴보아 자발적으로 이주한 여성들이 삶을 어떻
게 조정하고 만들어 왔는지 그리고 노년에 이들이 느끼고 인지하는 그들의
삶은 어떠한지를 살펴보는 데 있다.

　이를 위한 자료수집은 총 다섯 가지로 이루어졌다. 첫째, 자기 생애 기술
지 수집 둘째, 면대면 심층 인터뷰 셋째, 메일과 전화 연결을 통한 인터뷰
넷째, 연구참여자들이 갖고 있는 자신들의 기록이 실린 신문, 책, 수필 등의
문서 다섯째, 파독에 관련한 한국 사회의 역사적 자료들을 수집하였다. 이
러한 자료수집은 참여자를 소개받은 후 먼저 개인의 생애에 관한 자기 생애
기술을 할 수 있도록 질문지를 메일로 보냈다. 그리하여 참여자 스스로 자
신의 삶을 기억하고 기록해보도록 하였다. 이를 위한 질문은 다음의 〈표
2-1〉의 생애사를 위한 질문 개요와 같다.

　〈표 2-1〉의 이주생애사 관련 질문은 연구참여자들이 간호사로서 독일과
오스트리아로 이주하기 전 한국에서의 삶과 이주 후 이주국에서의 삶의 과
정을 이해하기 위한 질문으로 구성하였다. 또한 연구참여자들과 면대 면
방법으로 인터뷰할 때는 자기 생애 기술이 있을 경우 이를 보강하며 인터뷰

표 2-1. 이주생애사를 위한 질문 개요

구분	질문내용
유년-청년기	• 가족관계(부모, 조부모, 형제자매), 가정환경 • 학업 및 성취목표 • 이주 과정
이주 후-결혼	• 직장 생활(직장동료, 상사와의 관계, 공동체 활동) • 남편을 만나게 된 계기 • 결혼생활, 문화의 차이, 시집 가족, 친지들과의 관계.
거주국에서의 삶	• 거주국에서의 사회활동 • 거주국 구성원과의 문화교류, 언어습득. • 자녀 교육(모국연계 사회활동, 언어, 문화, 정체성 등)
노년의 삶	• 여가 활동 • 가치관 • 가족(남편, 자녀, 손자녀)

하였으며 없는 경우는 질문지에 근거하여 인터뷰하였다. 참여자들의 자기 생애 기술은 7명 가운데 4명이 참여하였다. 이와 더불어 이주자의 문화 적응 및 정체성 관련 질문은 다음의 〈표 2-2〉와 같다.

표 2-2. 문화 적응 및 정체성 관련 질문

구분	질문내용
모국과의 연결	• 송금, 이주 후 친정 가족과의 관계 • 모국방문, 향수 행위. • 친지와의 연결
사회활동 (정체성 형성 및 협상 활동)	• 독일과 한국에서 가지는 사회활동. • 직업, 커뮤니티, 친목 모임 • 모국/독일과의 유대관계. • 한국의 정치 및 경제에 관한 관심 • 해당 국가 미디어에 등장하는 한국의 소식에 대한 반응
언어 및 문화	• 이주자의 삶 • 민간 대사로서의 활동 내용 • 세대연결을 위한 활동

3.3. 연구참여자의 삶 속으로 들어가기

〈표 2-1〉과 〈표 2-2〉의 질문은 자기 생애기술을 위해 면대면 인터뷰 전에 먼저 참여자들에게 전달이 되었다. 참여자들은 젊었던 20대에 이주한 후 이제 60대 후반 및 70대가 되었으므로 그들의 삶을 스스로 정리하고 기록으로도 남기고 싶어했다. 그러던 차에 연구자로부터 자기 생애기술을 위한 질문지를 받은 것이 도움이 되었다고 필자에게 말해주었다. 그리고 참여자들은 인터뷰에서 각각 어떤 특정 부분은 두드러지게 더 많은 시간을 들여 기술하였다. 그것은 그들이 생애에서 특히 중요하게 여기거나 그들의 기억 속에 시간이 지나도 생생하게 남아 있는 부분일 것이다. 그리하여 참여자가 특별하게 여기는 사건과 생애사적 맥락의 연결 그리고 그러한 특정 사건이 개인의 생애사에서 갖는 의미를 해석하고자 하였다.

참여자를 소개받은 후 개별적으로 메일을 통해 필자를 소개하고 통화를 하여 목소리를 들으면서 조금씩 친밀해지는 과정으로 나아갔다. 그리고 연구의 목적과 과정을 설명하고 안내하는 과정에서 질문지 등을 보냈다. 그리고 계속하여 통화, 문자, 메일을 주고받아 어느 정도 익숙해진 상태에서 면대면 인터뷰를 위해 직접 그들이 살아가는 현장으로 찾아갔다. 인터뷰를 위해 출발했을 때는 1월이었는데 1월의 독일은 해가 일찍 졌고 날씨는 쌀쌀했으나 한국처럼 영하로 내려가는 정도는 아니었던 것으로 기억한다. 출퇴근길의 기차역에는 제법 사람들이 많았고 노숙자처럼 보이는 사람도 있었다. KTX 같은 기차를 타고 20-30분을 달려가면서 지금 어디쯤 가는 것일까? 낯선 기차역과 그림 같은 글씨들을 같은 그림 찾기 수준으로 글자를 맞추어 타고 내리고를 반복했다. 얼마나 무모한 연구 현장 들어가기인지... 독일어 까막눈이었던 필자의 무모한 연구 여행에 도움이 되었던 것은 21세기의 발전된 과학과 문명이었다. Google 앱에 갈 곳과 내가 있는 곳의 위치를 적어 넣으면 버스며 트램의 노선이 1초도 안되는 시간에 눈앞에 나타난다. 그러면 그 지도를 사진 찍어 역에 가서 그림 맞추기하며 이용하였다. 놀라운 21세기의 과학과 문명이 있다고 하더라도 누군가가 필자처럼 무모한 연구 여행을 한다고 하면... 음... 건투(健鬪)를 빌 뿐이다.

베를린과 빈의 낯선 거리를 걸으면서 40-50년 전 한인 여성들이 간호사로 이주한 후 이러한 거리를 걸었다면 그들은 어떻게 느꼈을까를 생각해보았다. 일부는 전혀 문제 되지 않았던 이들도 있었겠으나 누군가는 가족이 그리웠을 것이고 처절하게 외로웠을 것이다. 갑자기 외국으로 이주하여 낯섦과 다름에 의한 충격으로 정신이상이 되어 귀국한 이들도 있었다고 하니 말이다. 당시의 20대 어린 여성들은 회색빛 도시를 연상케 하는 사람들의 표정에서 무엇을 보았을까? 희망을 보았을까? 아니면 도전 의식을 가졌을까? 그런 상상을 하며 참여자의 집을 찾아가기 위해 작은 기차역에 내렸다. 어디가 어딘지, 나가는 문이 어떻게 생겼는지 잠시 두리번거리다가 사람들이 많이 나가는 곳으로 따라 나갔다. 기차역을 빠져나와 참여자의 집을 찾아 길을 따라 걸었다. 참여자의 주소와 집에 표시된 주소와 맞추어 보면서 찾아갔다. 참여자의 집은 역에서 멀지 않았다. 한국의 집은 마당이 먼저 보이지만 내가 본 독일의 집은 건물이 먼저 보였다. 그리고 작은 대문을 거쳐 건물 안으로 들어가면 마당이 보이고 그 마당은 여러 집이 함께 사용하는 공동 마당인 것 같았다. 마당은 건물 밖에서는 잘 안 보인다. 건물로 둘러싸인 안쪽에 마당이 있는 것이다. 마당을 지나 참여자의 집으로 들어갔다. 참여자를 만나고 서로 난생처음 본 사람들이지만 반갑게 인사를 나누었다. 거실에는 가족이 가장 많이 모일법한 식탁 주변에 자녀들과 손주들의 사진이 한쪽 벽면을 가득 차지하고 있었다. 인터뷰는 약 2시간 이상 진행이 되었으며 인터뷰가 진행되던 중에는 참여자에게 아무도 찾아오지 않았고 전화도 울리지 않았다. 인터뷰를 위해 참여자가 준비해 놓은 배려였다. 인터뷰를 마치고 참여자의 집을 나와 대문을 찾다가 그 작은 마당에서 길을 잃었다. 아까 들어왔던 대문이 어떤 문인지 몰랐고 남의 집 현관문과 대문이 구분이 안 되었기 때문이었다. 그리고 방금 인사하고 나온 참여자에게 전화하기에는 마당이 너무 좁았다. 몇 발짝 되지 않는 그 자리에 붙박이가 된 것 같았다. 아까 들어왔던 그 문 옆에 다른 문이 있어서 혼란했지만 어찌어찌하여 밖으로 나왔다. 그리고 왔던 방법을 거꾸로 하여 정류장과 역 그림 맞추기를 하며 해가 지기 전에 숙소로 돌아왔다.

한 참여자는 인터뷰 장소로 독일에 거주하는 한인들이 자주 모이는 한 사무실로 나를 데려갔다. 그곳에 갈 때 버스를 갈아타야 했는데 갈아타기 위해 내린 정류장은 2차선의 도로 옆에 있는 작은 정류장이었으며 사람이 별로 없었다. 그렇게 참여자와 만나기로 한 역에서 만나고 재독 한인회 사무실에 갔을 때 참여자는 그 사무실을 마련하기 위해 한인들이 어떻게 노력했는지를 설명해 주었다. 그리고 그곳에는 태극기가 있었고 한 달에 한 번 한국인과 그들의 배우자, 그리고 자녀들이 모여 함께 음식을 먹을 수 있는 긴 테이블과 한국 영화를 볼 수 있는 스크린 장치들이 있었다. 그 건물은 오래전 전쟁 때 군인들이 사용하던 건물이라고 했으며 그래서 그런지 건물의 외곽은 시멘트 블럭으로 되어 있었고 흰색 페인트가 칠해져 있었으며 문은 철문이었다. 요즘에는 세련되고 멋있는 건축자재들이 많다지만 독일의 그 건물은 세월의 흔적이 고스란히 느껴졌고 으스스한 전쟁의 시간들이 지워지지 않고 남아있는 듯했다. 계단을 오르며 이 계단을 오래전에 올랐을 군인과 포로들들을 생각하였고 한인 사무실로 들어가는 문도 역시 철문이었으며 보통 사람이라 하더라도 고개를 숙이고 들어가야 할 만큼 문이 작았다. 철문이 녹슬지는 않았으나 한눈에 봐도 오래된 것을 그대로 사용하고 있었다. 아끼고 산다던 독일인의 모습이 그대로 이해되는 건물이었다.

또 다른 한 참여자는 그녀의 집이 아닌 카페에서 만나자고 하였다. 그 참여자를 만나는 날 필자는 숙소에 머무는 날짜를 잘 못 계산하여 예약을 하루 덜 하였기에 다른 숙소를 찾아야 했다. 머물던 숙소는 이미 예약이 차서 필자가 더 머물 수 없었다. 그래서 그 숙소 사장님이 소개해 준 다른 한국인 숙소로 갈 때 이 참여자에게 부탁하여 짐을 옮길 수 있었다. 그날 아침에 방을 빼줘야 했기에 짐을 싸서 들고 백팩을 메고 숙소 대문 앞에서 참여자를 기다리는데 머리숱이 별로 없고 마르고 수염을 기른 한 외국 남성이 내 옆에 섰다. 그래서 그 자리에서 길 쪽으로 발을 옮겨 도로를 바라보며 왔다갔다 했다. 그리고 조금 후에는 다른 남성이 또 나타나 내 주위를 배회했다. 나는 그저 같이 기다리는 사람들인가보다 했는데 그들의 발걸음이 점점 내 주위로 좁혀져 왔다. 필자는 약간의 위기감을 느꼈기에 어떻게 해야 하나 고민하기 시작했다. 옆에 있는 숙소 주인장이 경영하는 한인 식당으로 들어가고 싶었으나 참여자를 기다려야 했기에 이러지도 저러지도 못하던 때에 참여자가 차에서 나를 불렀다. 나중 얘기지만 그녀는 주차할 곳을 찾기 위해 그곳을 세 번 돌면서 나를 보았고 마지막에는 주차할 곳이 없었으나 그 사람들을 보았기에 그냥 나를 불렀다고 했다. 낯선 곳에서 내게 도움을 준 그분께 매우 감사했다. 독일 참여자 가운데 한 분은 1년의 반을 한국에서 지내기 때문에 한국에서 인터뷰를 했다.

독일에서의 인터뷰를 마치고 빈으로 갔다. 한국을 떠나기 전 빈에 있는 참여자들과 인터뷰를 위한 시간과 장소가 모두 정해졌다. 한 연구참여자는 헝가리의 시골 마을에 살았다. 참여자는 필자가 자신을 만나기 위해 헝가리 시골 마을까지 오는 것이 어려운 것을 알고, 인터뷰 장소를 빈에서 하자고 했다. 그리하여 필자는 별다른 생각 없이 조용한 필자의 숙소로 정했다. 그리고 마침내 인터뷰 당일 그녀가 필자의 숙소로 찾아왔다. 인터뷰 장소에 도착하자마자 그녀는 인터뷰 장소를 카페 같은 곳으로 하지 않고 숙소로 정한 것에 대한 불쾌함을 감추지 않았다. 필자는 카페에서 하는 인터뷰가 그리 효과적이지 않았기에 조용한 숙소로 정했던 것이었다. 조용하고 차분하게 인터뷰가 진행될 것으로 생각한 필자의 예상이 빗나가는 순간이었다. 이런 분위기에서는 하려던 인터뷰도 깨질 것 같은 분위기였다. 그 주변이 처음이라 아는 카페도 없었고 카페는 음악이 흘러서 인터뷰에 적절하지 않았다고 설명했다. 그런데 알고보니 그 참여자는 음악을 아주 많이 좋아하는 사람이었다. 필자는 음악을 시끄럽다고 여기는 사람이지만 참여자에게 음악은 동료이고 삶이었으므로 카페로 인터뷰 장소를 정하는 것이 나았을지도 모르겠다. 그랬다면 카페 분위기를 문제 삼았을지라도 숙소보다는 덜 불쾌해했을 것이다. 그래도 성격은 호탕하셔서 대충 분풀이를 하신 후에는 "무엇이 필요하냐?"라고 필자에게 먼저 마음을 열었다. 그리고 이어서 빈에서 아주 유명한 파이를 사왔다며 내놓으셨다. 외로움이 많았던 분, 까탈스럽고 직선적이었으나 책임감이 강하고 남을 배려하는 따뜻한 마음을 소유한 그분은 감정이 얼어붙은 사람들 속에서 어찌 지냈을까? 라는 생각이 들었다. 감정이 얼어붙었다는 것은 그 나라가 그렇다기 보다는 이주자가 그렇게 느낄 수 있음을 말한다. 어릴 때 대가족 속에서 살면서 누구라도 만나면 '밥 먹었느냐?'고 묻는 것이 일상이었던 환경에서 자란 사람이 이주 후에는 밥을 먹었는지 말았는지 상관하지 않는 사회에서 살아가는 것은 고독함 그 자체였을 것이다. 그녀와 인터뷰를 마치고 다른 날 다른 참여자를 만나기 위해 빈의 시내로 가기위해 트램을 타려고 아침 일찍 숙소를 나왔다.

그녀는 필자를 만나 그녀의 집으로 향하는 중에 도로변에 위치한 한 건물을 가리켰다. 그 건물의 어느 한 곳을 가리키며 모짜르트가 몇 번 곡(그냥 흘려 들었기에 몇번 곡인지 기억이 안난다)을 작곡한 건물이라고 말해주었다. 그리고 계속 걸음을 옮겨서 그녀가 사는 베토벤 거리로 갔다. 모차르트 음악과 베토벤 음악을 간신히 구분하는(그것도 일부만) 정도의 음악 문외한인 필자에게는 베토벤 거리나 모차르트가 거주했던 건물을 기억하는 그 사회의 문화가 신선하기도 했다. 도심의 보도블럭 하나까지도 거주국 구성원의 역사를 담고 있는 곳에서 외톨이 한인 여성은 어떻게 살았을까? 한번도 본적이 없는 필자에게 마음을 열어 미소를 보여주고 그녀의 삶을 드러내 주었던 참여자에 대한 연민과 정이 형성되었다. 그녀는 베토벤 거리에 있는 그 집을 사게 된 경위를 알려주면서 그 집의 지하실까지 속속들이 구경을 시켜주었다. 지하실로 이어지는 문은 둔탁하고 육중한 소리를 내며 열렸고 마치 또 다른 세계로 이어지듯이 넓었고 미로 같았다. 그곳에 해가 비치지 않았으므로 죽을 줄 알았던 한 식물이 초록색이 아닌 흰색으로 자라고 있었다. 그래서 신기하기도 했지만 으스스하기도 했다. 그녀는 본인은 아는지 모르지만 이야기의 귀재다. 자신의 삶을 이야기하는데 아침 9시부터 저녁 6시까지 쉼 없이 이야기를 했다. 그리고 그 이야기가 아직도 끝나지 않은 것 같다. 그녀는 이주자로 살아갈 때 도나우강이 그녀의 친구라고 했다. 살아가면서 하지 못한 마음의 이야기들을 도나우강과 이야기 했다고 했다. 그 말이 필자의 마음에 애달프게 들렸다. 필자는 삶의 시간이 똑딱이는 1초들의 합으로 이루어져 있다고 생각하지 않는다. 시간은 어김없이 똑딱이며 가지만 그 시간 속에 아다지오, 안단테가 있고 모데라토, 알레그로가 있어 같은 시간을 다르게 연주할 수 있다. 즉 같은 1초를 연주할 때 한 박자로 연주할 수 있고 반 박자, 반의 반박자...로 연주할 수 있듯이 우리 옆을 지나가는 1초는 그냥 1초가 아니다. 그와 마찬가지로 참여자들의 삶의 시간도 질주하는 삶이 있었을 것이고 느리고 고통스럽게 흘러가는 시간도 있었을 것이며 격정적으로 고뇌하고 몸부림치는 시간이 있었을 것이다. 삶의 시간은 도나우강처럼 일정하게 흐르지만, 그 강을 살펴보면 일정하게 흐르는 그 강 속에 물고기들의 유영이 있고 수초들의 흔들림이 있는 또 다른 시간들이 존재한다. 필자는 재외 한인 여성의 이주생애사를 연구하면서 이들의 삶에 나타나는 일정한 시간을 담은 삶을 드러내고자 하였다. 그리고 나아가 그 일정하게 흐르는 삶의 시간 속에 담긴 일정하지 않은 시간, 즉 참여자가 계속해서 머물며 생동하는 특별한 시간들도 함께 담아내고자 하였다. 생애사 연구는 이러한 특별한 시간들이 드러나도록 연구자의 치열한 고민이 필수인 것 같다는 생각을 해본다.

3.4. 낯섦을 지나는 과정

인터뷰와 참여자에 관한 이해를 위해 참여자를 찾아가는 여정은 필자가 참여자의 삶으로 들어가는 과정과 닮았다. 연구가 시작되기 이전까지는 필자와 참여자는 서로 일면식도 없었고 연구가 아니라면 만날 이유도 전혀 없는 사람들이다. 그러다 보니 모든 것이 낯설고 살얼음 위를 걷듯 조심스러움의 연속이었다. 필자가 다른 사람들의 생애에 접근하는 것은 낯선 기차를 타고 어딘지, 또는 어떤 곳인지 모를 장소로 달려가는 것과 닮았다는 생각이 들었다. 그리고 내려야 하는 종착역이 어딘지를 기억하는 것은 다른 이의 생애사에서 중요 맥락이 무엇인지를 기억해야 하는 것과도 닮아있다. 생애 처음 발을 딛어보는 이국땅의 한 작은 마을에서 어디가 어딘지 모르는 길을 헤매며 참여자의 주소를 확인하고 방문하는 것도 참여자가 말하는 수많은 이야기들의 맥락 속에서 무엇에 초점을 두고 의미를 찾을지를 고민하는 것과 어느 정도 닮아있다.

참여자의 삶에 다가가면서 필자가 느꼈던 낯섦은 두 가지였다. 하나는 실제적 만남을 갖기 위한 과정에서 일어나는 낯섦이었고, 다른 하나는 참여자의 생애사에 연구로서 접근하게 되면서 갖게 되는 낯섦이다. 실제적 낯섦에 대해서는 위에 인터뷰를 위한 여행에 언급하였으므로 어느 정도는 이해될 것으로 여긴다. 그리고 다른 이의 삶을 이해하는(낯섦을 지나 다른 이의 삶으로 들어가는) 연구의 과정은 생각보다 훨씬 더 조심스럽고, 예민하고 복잡해서 머리카락을 쥐어뜯을 것 같은 과정을 거치게 했다. 인터뷰 과정에서는 자신의 삶에 관한 의도치 않은 자기 스스로에 대한 폭로가 이어지게 마련이다. 생애사 연구자는 글을 쓸 때 그 글이 미칠 영향에 대해서도 최대한 고민해야 한다는 것을 생각하게 되었다. 생애사의 맥락을 연결하다 보면 어쩔 수 없이 삶의 민낯을 드러내야 했기에 연구자가 '을'처럼 인터뷰를 할지라도 결국은 펜을 쥔 사람으로서 '갑'이 될 수밖에 없음을 절감했다. 연구자의 윤리가 왜 그렇게 중요했는지를 깨달을 수밖에 없었다. 그래서 필자는 지금도 참여자들을 대할 때 온 마음을 다해 진중하려고 노력한다. 그것이 자신의 삶을 여과 없이 드러낸 참여자에게 필자가 할 수 있는 최선이라고 여기기 때문이다.

참여자를 처음 만나는 것에서부터 시작된 낯섦을 해소하기 위한 노력은 지금도 이어지고 있다. 필자는 참여자들의 생애사를 분석하고 해석했으며 그것을 참여자들과 함께 수정했다. 필자가 쓴 글을 참여자에게 보여주는 것은 필자 또한 민낯을 보여주는 것과 같았다. 서로가 서로에게 어색하고 부끄럽고 보여주고 싶지 않은 부분을 공유하게 되는 과정은 그들과 필자와의 거리를 조금씩 좁히는 결과를 가져왔다고 생각한다. 필자는 참여자들과 지속하여 연락을 취하고 안부를 묻고 중요하지 않은 일상을 나눈다. 낯섦을 넘어서는 과정은 이처럼 연구자와 참여자가 서로에 대해 이해하고 공감하고 인간적 교류를 하는 과정이며, 연구자가 참여자의 삶으로, 그리고 참여자가 연구자의 삶으로 들어가는 것과 같을 것이다. 과정이 그러할지라도 모든 참여자와 연구자가 공감하고 마음을 여는 것은 아니다. 다만 연구자는 좋은 연구를 위해 최선을 다해 참여자의 삶으로 들어가는 노력을 기울여야 한다고 여긴다. 그리고 참여자와 연구자가 상호 낯섦을 지나는 것은 생애사 연구의 중요한 과정이 된다.

4. 파독간호사의 이주생애사를 마치며

4.1. 이주 전 유년–청년기

참여자들의 이주 동기에는 가난을 벗어나거나 여성에게 지워지는 사회적 압력에서 벗어나려는 동기, 그리고 새로운 세계에 대한 동경이 포함되어 있다. 가장 우선되는 것에는 무엇보다도 더 나은 삶을 향한 움직임이다. 이 여성들은 당시에 간호사 시험에 합격할 만큼 엘리트 그룹에 속해 있었다. 왜냐하면 당시 간호 고등학교나 간호대학에 진학하려면 경쟁률이 높았으므로 학업에서 상위그룹에 속해야 했기 때문이다. 한편, 간호고등학교나 간호대학에 진학하지 않은 경우는 간호학원에서 1년 가까이 배운 후 이주할 수 있었다. 연구참여자들은 간호학원 등록을 위해 입주 가정교사를 하거나 신문을 돌리는 일을 하며 학원비를 스스로 마련하는 적극성을 가졌다. 그리하여 이 여성들은 주어진 환경에 순응하며 살아가기보다는 자신의 환경에 불만족할 때 그것을 변화시키기 위해 적극적으로 길을 찾고 방법을 도출해

내는 역동적 삶을 살았다. 그럼으로써 가족을 떠나 새로운 삶의 환경으로 나아가는 것도 두려움 없이 수용하였고 거주국에서도 적극적으로 적응에 임했다. 이들의 이주에 대하여 가족들은 마지못해 보낸다고는 하지만 딸의 이주에 장애가 되는 일이 생겼을 때는 지인의 권력을 이용하여 이주가 통과되도록 돕기도 하였다. 사회적으로는 한국 여성의 파독 간호사를 대대적으로 광고하여 외화가 한국 사회에 유입될 수 있도록 적극 권장하였다. 한마디로 이들은 그들 자신의 열망을 포함하여 가족과 국가의 암묵적 또는 공개적인 기대감에 의해 출국하였다.

4.2. 이주 후 결혼

이주 후 한국 간호사의 독일 간호업무 적응기는 언어와 문화의 장벽, 그리고 업무에서의 다름에 적응해야 하는 이중, 삼중 이상의 고군분투가 필요했다. 처음에 한국 간호사들은 독일 간호사들이 자신들에게 일부러 화장실 청소나 환자 시트 갈아주는 업무와 같은 허드렛일을 시킨다고 여겼다. 그로 인해 갈등이 여기저기에서 터져 나왔다. 파독 간호사들은 한국 정부가 한국의 간호사 업무와 독일의 간호사 업무가 무엇이 어떻게 다른지를 교육하지 않았기에 이주하여 몸으로 부딪칠 수밖에 없었던 점을 억울하게 여기기도 하였다. 그러나 차츰 독일의 간호체계업무를 이해하게 되었고 독일 간호사들도 그들과 똑같이 화장실 청소, 환자의 시트 갈아주기 등을 하는 것을 보며 그들에게 일부러 허드렛일을 배정하는 것이 아님을 이해하게 되었고 그러면서 차차 이주의 삶이 안정되어 갔다. 또한 한국 간호사의 성실함이 독일 사회에서 인정을 받기 시작함으로써 정주로 이어졌다. 한편 한국의 가족들은 독일에 있는 딸들의 결혼 적령기가 늦어짐을 염려하여 딸들이 한국을 방문할 때 선을 보게 하는 등 딸의 결혼에 적극적으로 관여하려 하였다. 그러나 딸들은 이미 외국의 문물을 접했기에 사고와 관점의 확장이 있었으므로 한국 사회의 가부장적 관념에 순응하지 못했다. 그러므로 결혼에 있어서 한국 남성과의 결혼보다 외국 남성과의 결혼을 선택하면서 삶에서 다시 새로운 도전을 하는 길로 나아갔다. 거주국 남성과의 결혼은 자녀의 출산과 양육으로 이어졌으며 그 과정에서 자녀 세대에게 어머니 나라의 문화와 언어를 가르치고 한국의 친지들과 연결하기 위한 행위들이 이어졌다. 그것은 한국어 교육, 한국 친지 방문, 한국 가족에게 송금(한국 가족과의 네트워크 형성), 무역사업, 강연 등 모국과의 다양한 연계 활동으로 이어졌다. 그러나, 이들은 국제결혼 생활에 있어서 한국 아버지들의 반대와 한국 사회의 유쾌하지 않은 시선을 받아야 했던 경험도 가지고 있다.

4.3. 거주국에서의 삶

참여자들의 거주국에서의 삶은 그들이 이주 후 자녀를 낳고 양육하며 거주국의 생활에 더 깊숙하게 빠져드는 시기를 드러낸다. 그리고 다른 한편으로는 거주국에서의 삶이 안정되어 가고 자녀가 성장함에 따라 한국으로의 연계도 강화되는 시기이다. 이 시기에 참여자들은 독일에서 각종 정치적 강연과 교육 등에 동참하고 자기 계발에 참여하거나 사회관계의 확장과 자녀 양육을 위해 진력하였다. 사회관계의 확장은 독일에서만이 아니라 한국 사회에서의 확장으로도 이어졌다. 예를 들면 노조 활동의 일환으로 한국 노동자의 열악한 작업환경 개선을 위해 함께 투쟁하거나 독일에서 간호사로서 활동했던 경험을 한국의 모교 후배들에게 강연하는 것과 같은 활동으로 이어졌다.

개인적으로는 한국과 독일의 물건들을 사다가 판매하는 무역업을 시도하면서 경제적 안정을 위해 무엇에든 적극적으로 활동하는 특성을 보여주었다. 또한 외국에서 잘살고 있는 부유한 고모나 이모로서 한국 가족들의 경조사에 참여하여 가족 내에 사회적 위치를 형성하기도 하였다. 그러나 이들이 한국 사회에 연계하고 한국 친지 내에서 사회적 위치를 형성하고 유지하기 위해서는 많은 경제적 비용이 필요했으며 거주국에서의 정착이 우선되어야 했다. 아울러 이주자의 삶을 이해하지 못하는 한국 친족들에게는 늘 베푸는 입장이 되어야 했으므로 한국의 친족들에 대한 부담과 불평이 마음 어딘가에 남아 있기도 하다. 참여자들은 한국에서 자랄 때 유교적 관점에서 배우고 순응하며 자랐으므로 자녀에게도 한국적 가치관과 교육을 하고자 할 때 문화와 가치관이 확연하게 다른 거주국에서 자녀와의 갈등이 벌어졌다. 참여자들은 거주국에서 적응할 때 단순히 언어를 배우고 거주국의 문화를 익히는 것을 넘어서서 그들 자신을 새롭게 재정립 해야하는 극한의 적응 과정이 필요했다. 두 개 이상의 문화를 이해하는 과정은 개인이 쌓아왔던 탑을 허물고 다시 쌓거나 대대적인 보수를 통해 새로운 탑을 쌓는 과정이기도 하였다. 그렇기 때문에 이들의 관점이나 사고는 유연하며 포용성이 컸다. 그러나 다른 한편으로는 오래도록 정보가 단절되었던 모국의 변화에 대하여 왜곡된 시선을 갖기도 하였고 한국 사회에 대한 원망이 해소되지 않은 면도 없지 않다. 이들은 외국에 거주하므로 한국 사회에 대하여 타자적 관점을 유지하며 한국의 성장과 발전을 기뻐함과 동시에 비판을 할 때는 날카롭고 거침이 없다. 또한 한국 내에 정치 성향이 나누어져 있듯이 재외 한인의 정치적 성향도 동서로 나뉘어 있다. 그러함에도 독도 문제나 위안부 문제 등과 같은 대외 정치적 이슈에는 한목소리를 낸다.

4.4. 노년의 삶

참여자들은 이주 47년 이상이 되었다. 그 세월 동안 이혼과 재혼, 별거, 사별, 시집살이, 자녀양육, 그리고 삶의 고통과 역경을 경험했다. 그러한 경험들은 참여자들을 성장시키고 그들 자신의 삶을 성찰할 수밖에 없도록 만들었다. 또한 자녀를 낳고 기르는 과정도 참여자들에게 말할 수 없는 기뻠과 감사함 그리고 좌절과 고통을 안겨주었고 그로 인하여 또다시 성장하였다. 참여자들은 삶의 상대되는 측면을 통해 발전했다. 이제 이들은 노년이 되었고 젊을 때의 에너지 넘치던 활력도 서서히 황혼빛처럼 부드러워지고 쇠잔해지고 있다. 이들의 경제적 여건은 개인별 차이가 있다. 이혼 후 자녀를 먹여 살여야 했기에 아이들을 돌보는 대신 직장에 매진했던 것이 노년에 경제적 안정을 가져오는 결과가 되기도 하였다. 다른 한편으로는 젊을 때 자녀를 키우는 일에 집중하려 직장을 그만두었던 것이 이혼을 겪으며 경제적 안정을 잃는 이유가 되기도 하였다. 노후의 경제적 여건은 사회 활동 영역의 축소 또는 유지, 확장과 연결되었다. 필자가 만난 참여자들은 노년이 되어도 사회활동을 활발하게 하는 사람들이었으므로 대체적으로 경제적으로 안정되어 있었다. 그러나 독일과 오스트리아 내에 경제적으로 안정되지 않아 사회적으로 고립되었을 한국 이주민도 적지는 않음을 연구참여자들에게서 들었다. 그들은 거주국 사회의 한인 커뮤니티에도 참여하지 않기 때문에 이들에 관한 연구 또한 필요하다.

한편 파독 한인들은 한국 사회의 국제적, 정치적 이슈에 적극적으로 참여하여 목소리를 내며 활동한다. 그리하여 한국이 정치적으로 이념논쟁을 하듯 이들도 거주국에서 이념의 대립이 있으며 활동을 따로 하기도 한다. 모국의 이념적 갈등이 재외에서도 이어지고 있었다. 이처럼 서로 다른 이념을 지지하지만 그래도 이주국에서 한인 모임을 할 때는 함께 활동하는 모습도 보여준다.

이주생애사를 통해서 살펴본 연구참여자들은 그들의 삶의 환경을 변화시키는데 적극적이었던 특성이 있다. 그들은 이주 후에도 그들의 삶을 만들어가고 조정하는데 많은 노력을 기울이며 살아왔다. 그리하여 거주국의 구성원에 비해 소수인 사회적 틈새 환경에서 그들 자신을 새롭게 정립하고 거주국 구성원과 긴밀하게 협력하여 자신의 사회적 위치를 형성했다. 또한 한

인간으로서 자신의 존재적 가치를 창출함으로써 사는 곳이 어디든지 주어진 환경에 순응하는 것이 아니라 자신에게 맞는 삶의 환경을 만들고 형성하며 삶에서 주도성을 가지려 노력하였다. 이들은 이제 노년이 되어 그들 자신의 삶을 뒤돌아보고 하나씩 정리해 나가는 행태를 취하였고 손자 손녀에게 한국을 알려주거나 손자녀에게 사랑을 표현하는 할머니의 역할에도 충실하고자 하였다.

4.5. 이주자의 문화, 종교, 정체성

참여자들이 이주 후 가장 크게 느꼈던 것은 자유로움이다. 한국은 집단문화적 성격이 강하므로 집단 문화가 여성에게 기대하는 사회적 요구는 참여자들에게 억압으로 인식되었다. 그리하여 이들이 이주하였을 때 그러한 사회적 요구에서 벗어나 그들 스스로 선택하고 책임지는 자유로움을 가진 것이 큰 변화였다. 또한 자신이 한 행동에 대하여 스스로 책임을 져야 했으므로 삶에서의 주도성을 갖게 되었다. 이러한 것이 있었던 반면에 개별주의 또는 개인주의 문화의 특성은 분명하게 선을 그어야 각 개인의 활동 영역이 분명해진다. 그러므로 하나의 어떤 것에 대해 이만큼은 '네 것', 이만큼은 '내 것'이라는 똑부러지는 개념이 한편으로는 이해되면서도 문화와 가치관이 다른 참여자들에게 오히려 상처가 되기도 하였다. 문화의 다름은 단순히 무엇을 입고 먹고 누리는 것과 같은 보여지는 문화의 형태뿐만 아니라 참여자의 가치관을 재조정해야 하는 환경을 만들었다. 그리하여 그들이 배우고 행동하는 것에 기반이 되는 문화를 바꿔야 했으므로 자녀를 교육하거나 남편과 친지, 이웃을 대하는 생활문화, 사회에 적응하는 가치관 등에서도 수없이 많은 시행착오와 갈등을 가졌다. 이주자는 이처럼 처절하게 새로운 문화에 적응해야 했으므로 이것을 역으로 생각하면 이들은 철저하게 훈련받은 문화 다양성 전문가들이라고 할 수 있다. 다양한 문화에 대한 열린 관점을 가질 수밖에 없으므로 타자를 이해하는 데 있어서도 열린 공감대를 가진 존재가 된다.

이주자가 모국의 종교에 더 많이 귀를 기울이고 출신국의 종교에 다시 귀의하게 되는 이유에 대해서는 더 많은 연구가 필요하겠으나 그 원인 가운데 하나는 거주국의 편견과 차별이 한 몫을 차지한다. 거주국의 종교는 그들의 삶의 역사만큼이나 오랜 시간 거주국 구성원과 동고동락한 측면이 있다. 이에 이주자가 거주국의 종교에 안착하려면 종교적 신앙뿐만 아니라 그들의 역사와 문화에의 동화를 필요로 한다. 본 저서의 참여자 7명 가운데 무교가 3명, 불교 친화 3명, 기독교가 1명이다. 노년이 되어 이들은 거주국의 종교를 통해 거주국 구성원과 긴밀하게 연결되고 있지는 않았다. 심지어 기독교도라고 해도 기독교 안에서 끈끈한 인간관계가 형성되지는 않았다. 그만큼 이주자가 거주국의 종교 속으로 들어가는 것이 쉽지 않았음을 알 수 있다. 이주자가 거주국에서 매 순간 다름을 인식하는 상황에서 이주자들은 그들을 편안하게 하는 동질성을 찾아가게 되는데 종교에서는 거주국의 종교가 이주자에게 동질성을 제공해주지 못하는 것 같다. 종교 안에서도 여전히 이들은 겉돌고 이방인이 되므로 이주자들에게 익숙하고 그들을 동질적으로 인식하게 하는 출신국의 종교에 더 많은 관심을 기울이게 되는 것으로 보인다.

참여자들은 이주 초기에 부지런히 거주국 언어를 익히고 거주국 문화에의 동화를 추구했다. 그리고 그들 스스로가 거주국 사회의 한 구성원이라고 여겼다. 그러나 거주국 사회는 동양에서 이주한 이 여성들이 독일어를 잘하든지 못하든지 여부와 상관없이 여전히 동양에서 온 이주여성의 위치에 두었다. 연구참여자들은 현재 그들 스스로를 독일인, 또는 오스트리아인으로 여기지 않는다. 다만 그들은 자신을 한국인이며 국적은 독일, 또는 오스트리아인이라고 규정한다. 그리고, 한국 사회에서는 그들이 이미 떠나간 존재로 인지하여 독일 구성원으로 여긴다. 필자가 그들에게 "어디에 소속된다고 느끼시나요?"를 물었을 때 "그것이 중요한가요?"라며 반문한다. 그들은 그저 한 사람의 개인이며 온전한 독일인도 아니고 온전한 한국인도 아니라고 여긴다. 그들은 스스로를 한국인으로 여기고 한국과 독일, 오스트리아를 소중히 여겨 양쪽 사회 모두와 연결되어 있기도 하지만 한편으로는 양쪽 사회 모두에서 이방인임을 인식한다. 그렇기에 그들은 이방인도, 이주자도, 한국인도, 거주국 구성원도 아닌 그들 자체로 인식되기를 바라고 있는 듯하다.

5. 에필로그

재외 한인 여성에 관한 연구를 시작하게 된 계기는 '궁금함'이었다. 내 친구들도 외국에 살지만 그들의 삶을 필자가 잘 알지는 못한다. 그저 타지에서 잘살고 있겠지.. 라고 생각했다. 그러나 다문화를 공부하면서 재외에서 오래도록 살아온 한인 여성들이 어떻게 살아왔으며 현재 어떻게 살고 있는지, 그리고 그들의 자녀들에 관한 궁금함으로 이어졌다. 그리고 그러한 궁금함을 해결하도록 이주 1세대 한인 여성에 관한 연구를 할 수 있었던 것에 감사한다. 자녀 세대에 관한 연구는 아직 과제로 남아 있지만 계속 이어지길 기대한다. 일부의 연구로 재외 한인 여성에 관한 이해가 모두 해결된 것은 아니지만 더 많은 연구의 필요성을 발견한 것이 연구의 성과라고 할 것이다. 재외 한인 여성은 필자와는 다른 삶을 살아온 사람들이다. 타국에서 살아온 그들의 삶은 우선 문화가 달랐을 것이고 삶의 방식과 가치관이 다른 환경에서 고군분투하며 살아온 삶일 것이다. 그리고 필자는 여기 한국에서 역시 분투하며 살아왔다. 재외 한인 여성과 필자는 각자 다른 시간과 환경에서 살아왔다. 그렇지만 삶이라는 현장에서 전력으로 살아온 것에서는 유사할 것이다.

이 연구를 통해 가장 기억에 남는 것은 낯섦이다. 한인 여성들이 살아온 재외의 지리와 환경, 문화가 낯설었고 어디를 가든지 나를 좇는 무언의 시선이 거슬렸다. 누군가는 오고 싶어 할 멋진 광장에 홀로 서 있을 때의 아득함을 처음 이주한 젊은 한인 여성들이 느꼈을까를 생각했다. 만약에 그랬다면 그들과 필자는 소통할 수 있을까? 이주인인 그들과 비이주인인 필자가 상호 이해로 나아갈 수 있는가?를 생각하며 다녔다. 혼자 다니니까 별 시답지 않은 생각을 하며 다녔다. 눈에 보이는 이국적인 독일과 오스트리아의 풍경을 그저 풍경으로 인식하지 않으려 노력했다. 필자는 이주자가 아니기에 이주한 한인 여성들의 삶을 이해하기 위해 할 수 있는 거의 유일한 것이 마음을 집중하는 것이었기 때문이다.

필자가 만난 참여자들은 그들의 삶의 고난을 남에게 전가하지 않았다. 가난이 등을 떠밀었다고 하더라도 이주는 그들 스스로의 선택이었으며 그러했기에 삶에서 어떤 어려움이 닥쳐와도 물러서지도 못하고 되돌아가지도 않았다. 그래서 그들의 삶은 더욱 굳세었고 당당했다. 필자가 낯설었던 것은 외형적 환경뿐만이 아니었다. 참여자들이 삶을 살아갈 때 행하는 선택들과 대처 방법도 필자에게 낯설기는 매한가지였다. 이해되는 부분도 있었으나 새롭게 이해해야 하는 부분들도 다수였다. 그들이 구술하는 내용 이면의 행간을 읽으려고 했을 때는 이해하기에 더욱 복잡하기도 했다. 그래서 그들을 이해하기 위해 참여자가 읽었던 책을 구해 읽었다(필자는 참여자가 좋아하는 책에 흥미가 전혀 없었다. 그래도 읽었다. 혹시 참여자를 이해할 무엇인가를 찾을 수 있는데 읽지 않아서 놓칠까를 염려하여 읽으려고 애를 썼다). 사실 참여자가 읽은 책을 읽었다고 하여 얼마만큼 참여자를 더 이해할 수 있을지는 모르겠다. 그렇지만 전혀 도움이 안 되었던 것도 아니라고 생각한다. 또 어떤 경우에는 재독 한인 작가의 수필을 읽으며 필자의 해석이 그들의 감정을 제대로 파악했는지를 살폈다.

이러한 과정들은 참여자와 필자 사이의 낯섦을 해소해 나가는 과정이 되었다고 여긴다. 낯섦을 해소하는 것은 서로의 삶으로 들어가는 과정으로 비유될 수 있을 것이다. 낯선 두 당사자가 서로에 대하여 이해하고 서로의 삶으로 들어가는 것의 바탕은 서로에 대한 신뢰와 존중 그리고 인류애일 것이다. 그중에 제일은 성서에서처럼 '사랑'이라는 것을 즉, 서로를 이해하는데 있어서 가장 좋은 길은 사랑임을 연구를 통해 배웠다.

05

이주민지원센터 개신교 성직자의 타자성 형성

1. 타인을 마주 대하다.

1.1. 타인의 얼굴

본 연구는 다문화사회의 사회통합을 위한 철학적 기반의 하나인 타자성의 형성과정 사례로서, 저자의 학위논문인 이주민지원센터에서 활동한 개신교 성직자의 생애사를 중심으로 진행한 연구결과를 정리한 것이다. 사회 속에서 사람들은 정치, 경제, 문화, 교육 등의 여러 분야에서 다양한 문화를 접촉하며 경험하고 있다. 과거에도 국가와 국가, 사회와 사회, 인간과 인간의 문화교류는 진행되었으나 이러한 문화접촉은 좀 더 확장되고 있으며 사람들의 사유와 삶에 영향을 미치고 있다. 연구자의 경우 대학교에 입학한 후 대학 신입생 시기에 수강한 '종교와 인간'이란 수업에서 처음으로 마주한 타자들을 통해 이러한 문화적 다양성을 경험하였다. 그 시간에는 카톨릭, 불교, 정교회, 천도교 등 여러 종교단체의 성직자들이 각기 자신들이 속한 종단과 사역에 관해 강의를 맡아서 하였다. 다양한 종교인들과의 만남은 20대 초반의 연구자에게 신선한 충격이었다. 연구자는 4대째 개신교를 믿는 집안에서 자라 오면서 당연하게 일상에서 그것을 종교의 정체성으로 받아들이고 유지하는 문화에 익숙하였기에 관심도 없었던 타 종교가, 타 종교인들의 얼굴을 통해 내 앞에 불쑥 다가온 것이 생소하였다. 그러나 수업중 타 성직자들의 사람에 대한 따뜻한 애정과 관심, 그리고 성숙하고 깊이 있는 종교적 수행의 태도는 연구자에게 소중한 경험으로 다가왔다. 이러한 경험을 통해 종교를 공부하는 사람으로서 연구자는 종교 간의 존중과 이해가, 타인을 존중하는 문화이해의 태도라는 것을 깨닫게 되었다.

앞에서 언급했던 문화적 다양성 경험이 종교와 종교적 수행과 관련된 타자적인 첫 번째 경험이었다면, 두 번째 문화적 다양성과의 만남은 20대 초반 3년간 실무 사역자로 봉사했던 교회에서 장애인 목사님과의 만남이었다. 그와의 첫 만남은 지금도 강렬하게 기억된다. 모든 인간의 얼굴을 나 자신과 같은 얼굴로만 단정했던 편견을 극복하게 하는 사건이었기 때문이다. 열아홉살에 폭발사고로 양 눈과 양 손을 모두 잃고 불구가 되어 수많은 어려움을 겪으면서 신학을 공부하였던 그는 비록 폭발물 파편 조각들로 흉터자국이 선명한 얼굴로 연구자에게 악수를 청하며 손이 없는 팔을 내밀었지만, 그는 명랑하였고 가난에 찌든 동네 이웃을 돌보며 열정적으로 살고 있었다. 그 이후로 연구자는 우리가 장애와 비장애를 구분하는 것도 습관화된 우리의 인식결과이며, 장애라는 우리와 다른 육체적 상황이 존재할 뿐이라는 사실, 즉 우리와 다른 문화가 공존(타자가 존재)한다는 것을 다시 한번 생각하게 되었다.

그 당시 본 연구자는 그가 헌신적으로 사역했던 목회 활동을 열심히 보조하였는데, 아마도 내가 그 교회의 유일한 실무 봉사자였기 때문에 더욱 그랬던 것 같다. 그 가운데는 시각 장애인과 교도소의 사형수를 대상으로 하는 봉사활동이 있었는데, 이들과 같은 타자와의 만남 또한 본 연구자에게는 깊은 충격을 주었다. 장애인 학교에서의 수 십명의 시각 장애 학생들의 얼굴과 교도소의 너무나 연약해 보이지만 살인죄로 사형을 앞둔 재소자의 얼굴 등 이러한 타자의 얼굴을 대면한 체험들이 타자가 '나'라는 존재와 어떤 관계인지, 타자와 '나'는 어떤 차이가 있는지 대하여 본격적으로 고민해 볼 수 있는 원인이 되었던 것 같다. 더욱이 기독교학을 공부한 이래 여러 사회 봉사단체 활동 및 목회에 참여하기도 하면서 끊임없이 지속적으로 다양한 타자를 바라보고 만났던 본 연구자의 실존적, 생애사적 경험들은 타자와의 관계성을 학술적으로 연구하게 된 자연스러운 계기가 되었다.

연구자가 타자의 얼굴 속에서 나 자신을 다시 발견하게 된 또 세번째 계기는 타문화 속에서 살아온 사람들과의 만남, 북한 이탈주민들과의 여러 작업들이었다. 작은 탈북자 지원단체에서 북한 이탈주민 여성(시인)과 6개월 간 책 만드는 작업을 같이하였고, 또 다른 북한 여성(자식을 데리고 죽음의 땅을 넘어와 남한에 정착한 지 십여년 된)과는 1년간 남북한의 교육에 관련된 각자의 경험을 공유하는 모임을 하였다. 북한 이탈주민 단체 리더와는 1년간 함께 북한 이탈주민의 남한정착을 위해서 어떠한 교육이 필요한지 대해 북한 이탈주민을 대상으로 수요 조사를 진행하기도 하였다. 같은 한반도에서 거주하고 동시대를 살아온 그들은 평범한 일상의 자유를 얻기 위해 수많은 고통을 겪고 암담한 시간을 넘어 북한을 탈출하고 남한으로 이주하였지만, 여전히 낯선 이방인의 삶을 살아가야만 하였다. 그들과 함께 일하며 그들의 얼굴을 마주보고, 본 연구자는 나 자신의 존재와 삶의 일상성을 다시 되돌아보고 타자와 나의 관계를 고민하게 되었다. 타자와 마주한 이러한 경험들은 비록 연구자가 살아오는 동안 겪었던 조그마한 만남들이었지만, 오랫동안 지속되어 온 『질문』을 남겨주고 있다.

『자신과 타자를 구분하고 비교하는 것 즉 타자의 경험이나 문화, 하물며 신체적인 차이를 구분 짓는 것은 타자와 나의 연속성을 이해하지 못하는 우리들의 무지로부터 오는 것이 아닐까?』, 『나 자신은 타자의 존재와 함께여야 실재하는 존재는 아닐까?』라는 질문이다. 이 질문의 답을 찾기 위한 하나의 방법으로 본 연구자는 이웃을 자신의 몸처럼 사랑하라는 명제를 실천하고 지키려는 기독교 성직자들의 삶의 영역을 연구하고자 하였다.

개신교에 소속된 단체에서 신학생과 목회자의 계속 교육을 위한 일을 기획하고 진행하면서 과거 사회로부터 인정받고 신뢰받던 한국교회의 성직자들이 오늘날 일부이기는 하지만, 타락하고 많은 비리를 저질러 세상 사람들이 걱정하고 있는 현실을 알게 되었다. 그들의 무지와 한계의 민낯을 보게 되어 안타깝기도 하다. 하지만 동시에 여러 유혹과 시련을 극복한 성직자들이 치열하게 종교의 진실한 수행자로서 삶의 실천을 위해 몸부림치고 있음을 알게 되어 한편으로 종교적 활동에 관해 긍정적인 측면도 보게 되었기 때문이다.

그와 같은 사례의 하나로 다문화 이주민 선교활동을 하고 있는 Y목사가 기억되는데, 그는 연구자에게 잊을 수 없는 감동을 주었다. Y목사를 만난 것은 2012년 그가 운영하는 한국의 이주민 지원 현장이었다. 다문화 이주민 선교활동 초창기부터 Y목사는 이주노동자들이 겪는 많은 불합리한 상황에 그들의 입장이 되어 억울해하고 분노하며, 다문화 이주민들의 인권 보호를 위해 수고를 아끼지 않았다. 그러나 이러한 감당하기 힘든 업무와 스트레스 때문에 그의 눈에 무리가 발생하여 점차 시력을 잃어가고 있었고, 불행하게도 2005년 재한 몽골 학교를 건축·인가받던 중에 그는 시력을 완전히 잃게 되었다. 1급 장애 판정을 받아 일상생활이 말로 표현하기 힘들 만큼 불편하였음에도, 그는 하나님이 자신에게 맡긴 사역의 소명과 기쁨으로 그 힘든 시기를 잘 극복할 수 있었다고 이야기하며, 지금도 사람 목소리가 들리는 어디에서도 항상 누가 옆에 있는지 묻고 해맑게 인사해 주고 있다.

> "1992년 처음 사역을 시작할 당시 외국인 노동자들의 인권은 너무나도 엉망이었습니다. 그러나 현재는 다문화 이주민들이 있는 곳이면 어디든 상담소가 있고 정부기관에서도 이를 관장하는 부서가 있을 정도가 되었습니다. 이제는 다문화 이주민들에게 기독교의 원래 색깔인 복음을 전파하는데 집중하려 합니다." (들소리신문, 2009)

Y목사는 사실 하나님의 부름("이주민들을 섬기라")을 거역할 수 없어 그 당시 생소했던 외국인 근로자 선교사역을 시작했다. 원래 군종장교 제대 후 미국 유학을 갈 예정이었으나, 그는 유학을 포기하고 '한국교회 외국인 노동자 선교협의회'를 1992년 구로공단에 창설하였고, 그 이후 동 선교협의회는 이주민들이 많이 거주하지 않았던 서울시 광진구 광장동으로 옮겼다. 현재 이곳은 아이들을 위한 교육시설과 환경이 정비된 입지 조건이 좋은 장소이다. 그가 이러한 광장동에 터를 잡은 이유는 다소 독특한데, 일반적으로 다문화 이주민 사역을 생각하면 떠오르는 장소가 이주민들이 많은 구로나 안산일 것 같지만, 사실은 이주민들이 진정으로 원하는 장소는 자신과 자녀들이 좋은 환경에서 쉴 수 있고 교육받을 수 있는 곳이기 때문이다. 그래서 자연환경이 좋고 안락한 환경이 갖추어진 광장동을 선택했다는 것이다. 그는 이처럼 장소를 정할 때 이주민들의 필요를 우선적으로 고려하여 다문화 지원을 위한 장소에 대한 본인의 생각도 전환하였다. 여기서 우리는 그의 이주민을 위한 봉사의 기초가 자신의 생애사에서 실제로 체험한 고통과 사려 깊은 배려심에 있다는 것을 알 수 있다.

본 연구자는 이주민 봉사기관 재직 성직자의 삶에서 좀 더 깊은 의미와 교훈을 도출하기 위해 연구참여자의 삶을, 위의 사례에서와 같이 생애사적으로 관찰하고 해석하고자 한다. 더욱 명확한 이해를 위해, 통시적 관점으로 현재의 결정을 과거의 사건과 연관시키며 살펴보아야 한다는 것이다. 즉, 공시적 분석을 통해 성직자들의 타자에 대한 윤리적 태도나 다문화 감수성에 접근하는 것은 한계가 있고, 그들의 일생을 보면서 시간성, 관계성 및 생애사적 사건의 의미 등을 전반적으로 살펴야 한다는 것이다. 따라서 본 연구자는 성직자들의 타자성 형성과정을 그들의 생애사 연구를 통해서 진행하고자 한다.

1.2. 다문화기관의 종사자

다문화 관련 기관에 재직하는 성직자는 다문화사회에서 발생하는 긴장과 갈등, 알력과 반목을 평화와 사랑과 화합으로 이끌어 나갈 수 있는 개혁과 변화, 나아가 사회 갈등의 조정자로서의 역할을 해야 한다(김성영, 2016). 연구자는 성직자가 이러한 역할을 감당하기 위해서는 무엇보다도 먼저 다문화 환경에서 타자에 대한 적절하고 합리적인 인식을 해야 한다고 생각한다.

따라서 본 연구의 대상자는 구체적으로 다문화 이주민을 돕고 있는 개신교 성직자들로 정했으며, 연구자는 다문화 이주민에 대한 그들의 인식이 그들의 생애사를 통해서 어떻게 변화되었는지 그 과정을 알아보려고 한다. 이를 통해 우리의 생활세계 안에 이미 깊숙이 들어온 다문화 이주민들과 어떤 관계를 맺어야 하는지와 다문화 관련 기관에 종사하는 종교인은 물론 사회구성원들이 이주민을 대하는 하나의 바람직한 윤리적 모델을 제안할 수 있을 것이다(배경임, 2018).

이미 위에서 언급한 바와 같이 타자에 대한 윤리적 태도나 다문화 감수성에 대해 통시적으로 접근하면, 즉 이주민을 위해 봉사하는 개신교 성직자의 삶을 생애사적으로 관찰하고 분석해 보면, 우리사회가 인정하고 받아들일 수 있는 하나의 교훈(이주민을 대하는 모범적이고 바람직한 태도)을 제시할 수 있다는 점에서 의미가 있을 것이다. 다문화 사회는 타자성을 추구하므로(자기 이전의 타자를 배려해야 하므로) 다문화 사회의 타자성은 소통을 통한 상호이해를 바탕으로 사회구성원 모두의 공존을 지향하는 윤리적인 틀이나 체계(Paradigm)가 될 수 있을 것이다.

이를 위해서 이미 진행된 관련 선행연구들을 살펴보았다. 최근에는 다문화 이주민에 관한 생애사 연구가 점증적으로 늘어나며 다양해지고 있는데, 아쉽게도 이주민지원센터에서 일하시는 분들을 직접적으로 연구한 것은 많지 않았다. 이분들의 생애사에 대한 연구도 거의 없었던 반면, 이주민들의 아이덴티티(Identity)나 그들이 생활(생계)능력 등을 배우는 과정에 대한 연구 (강영미, 2015; 박신규, 2008; 양영자, 2013b; 양영자, 2015; 양영자, 2016; 이희영, 2012)는 많이 이루어졌음을 알 수 있었다. 특히 다문화 단체 재직자에 관한 연구 중에서 다문화 관련 봉사를 실질적으로 하고 있는 종교기관에 소속된 종교 인을 대상으로 한 연구(김성영, 오영훈, 2013; 김성영, 2016)나 생애사적 연구를 적용한 사례(이병준, 석영미, 2015; 전보람, 2017)는 매우 드물었다.

또한, 김성영(2016) 연구자의 경우 본 연구와 유사하게 질적으로 개신교 성직자의 다문화 인식을 연구했지만, 연구의 중점 내용에서 큰 차이가 있었 다. 특히 이주민지원센터에서 봉사하는 목회자의 타자성 형성에 대한 연구 는 아직까지 진행되지 않았기 때문에 본 연구자는 생애사 연구방법을 적용 한 이주민지원센터 봉사 목회자들의 타자성 형성에 대한 연구의 필요성에 관해서 좀 더 언급하고자 한다.

연구참여자의 생애사에 대한 통시적 연구방법을 적용한 타자성 형성과정 연구는 다문화 관련 단체 재직자들에게 시사하는 점이 있을 것이고, 다문화 사회의 전문가로서 자신들의 업무를 위한 철학적 기반을 마련하는 것에 도 전이 될 것이다. 그 연구대상을 개신교 목회자로 제한할 경우, 목회자이기 때문에 암묵적으로 상대방에 대한 깊은 이해와 존중을 가지고 있을 것이라 는 일반적 인식을 다시 확인할 수 있다는 점에서도 연구의 의미가 있을 것이 다(배경임, 2018). 그러므로 연구자의 이주민지원센터 개신교 목회자의 타자 성 형성에 관한 생애사적 연구는 다수의 이해관계자 등 관련 있는 사람들에 게 조금이라도 도움이 되는 시도라 할 수 있겠다.

결론적으로 본 연구의 목적은 이주민지원센터의 개신교 목회자들의 타자 성 형성과정을 그들의 생애사적 경험을 통해서 파악하는 것이다. 이를 위한 구체적 방법은 목회자들의 어린시기, 청년시기, 이주민지원센터 활동 이전 시기 및 이주민지원센터 재직초기 별로(시·공간적으로) 각 시기에 발생한 사건

(그들이 경험한 사건임)이 그들의 타자성 형성에 어떻게 영향을 미쳤는지 그 연결성을 찾고 이해하는 것이다. 이는 타자성이 생애사적 사건을 통하여 형성되는 것이지, 누구나 타자성을 태어나면서부터 선천적으로 가지고 있는 것이 아니기 때문이다.

2. 다문화사회와 타자성

2.1. 이주민지원센터 재직 성직자

다문화 이주민을 위해 설립된 다문화가족지원센터는 우리나라를 대표하는 기관(여성가족부 2023년 발표, 현재 전국적으로 약 211개소가 설치되어 있음)인데, 이주민들의 한국생활 적응을 위하여 다양한 교육 프로그램(한국어, 인권, 성평등)과 상담 및 통역 서비스를 제공하고 있고, 그 밖에 민간차원에서는 주로 종교단체가 다문화 가족을 위해 봉사하고 있다.

종교단체중 개신교는 다른 종교기관보다 다문화가족 봉사활동에 적극적이었는데, 이는 이주민들과 접촉 할 수 있는 기회가 많기 때문이다. 수도권 개신교 목사를 대상으로 한 설문조사에서 교회에 다문화인이 한 명이라도 있다고 답변한 목사가 40%에 달한다는 연구 결과(김성영, 2016)가 이를 뒷받침하고 있다. 한편, 개신교 단체에서 위탁 운영하는 다문화 가족을 지원하는 시설이 전국적으로 있다는 사실은 개신교 단체가 이주민들과 접촉할 기회가 많다는 연구결과와 더불어 목회자와 같은 종교인을 위한 다문화감수성 제고 방안이 마련되어야 한다는 것을 말해준다.

앞서 살펴본 바와 같이 다문화사회의 확장과 접촉점이 많은 종교의 특성상 이주민봉사기관에 재직하는 종교인은 다문화사회에서 발생하는 긴장과 갈등, 알력과 반목을 평화와 사랑, 그리고 화합으로 치유해 나갈 수 있는 개혁과 변화, 나아가 사회 갈등의 조정자로서의 역할을 해야 한다(김성영,

2016). 다문화사회에서 이러한 갈등의 조정자로서의 역할을 수행하기 위해서는 상호이해를 바탕으로 한 타자와의 협력 및 존중이 필요하다.

2.2. 타자성

다문화사회로 변화하는 삶의 여건에서 타자와 공존하기 위해서는 타자이해에 관한 사유적 기반이 필요하다. 우리나라에서 타자성(他者性)의 사전적 의미는 "주체적으로 행동하지 못하고 도외시되는 인간의 성질"(한국어사전, 2018)을 말하며, '타자(他者)'라는 한자어는 다른 사람 또는 다른 자아라는 의미이다. 교육학에서 타자성은 이론적으로나 정서적으로 적잖은 마찰의 소재가 되었다(김승환, 2005). 이는 교육학이 교육학 자체의 고유한 특성(구조적인 면과 자체적인 수요측면에서의)이 있어 철학과는 다르기 때문이다. 즉 교육학은 타자 일반의 존재론적 양태를 기술하고 설명하거나 혹은 인식 작용의 체계나 흐름을 해명하는 것에 그치지 않고, 행위의 규범적 작용성에 대해 적극적으로 의미를 부여한다(조상식, 2002: 136)는 것이다.

서구 교육학의 일부 이론에서는 타자의 타자성이 잊혀지고 있는데, 이는 타자를 자신의 관점에서 동일시하여 또 다른 자신을 길러내거나 만들어내기 때문이다. 우리는 여기서 "타자의 타자성은 복원되어야 마땅하지만, 주체의 주체성 역시 포기할 수 없다는 이론적·실천적 현실이 현대 교육학이 당면한 근본적 역설 구조이다"(우정길, 2009)라는 것을 알 수 있다. 한편, 철학에서 타자성 이슈는 동일성과 차이에 대한 고민에서 시작되는데, 이는 철학의 기본적인 연구과제로서 전체와 일부, 일반과 특수의 논의와도 관련이 있으며, 이러한 이유로 평등과 다양성, 그리고 조화(화합 또는 어울림)와 구별이라는 쟁점과도 연결된다. 관점과 입장의 차이에 따라 여러가지 부수되는 문제들이 나타나기도 하는데, 예를 들면 인간과 문화의 같은 점과 다른 점, 인간과 다른 존재들과의 관계, 개인과 그룹의 관계 등이다. 결론적으로 우리는 여기서 동일성과 차이를 바라보는 시각이 인식론과 존재론적 결과를 결정하고, 최종적으로는 우리가 어떻게 살아가야 하는지에 대한 삶의 고민과도 연결된다는 사실을 알 수 있다.

2.3. 다문화사회와 타자성

다문화사회가 필요로 하는 타자성에 대한 균형 잡힌 시각을 갖기 위해서는, 낯선 문화에서 온 타자를 자기중심적으로 완벽하고 정확하게 파악하려는 나의 행동이 타자를 나 자신만의 입장(편견과 선입견 등)속으로 동질화 시키는 원인이 되고, 이는 결국 나와 타자의 상호 협력적이고 평등한 관계를 불가능하게 만들 수 있다는 것을 이해하는 것이다. 나와 타자가 서로 보완적 관계이며, 상호 관계성이 일시적이지 않고 계속 변하는 것으로 보는 것이 필요한 자세이다. 그러므로 타자성은 자기중심적이 아닌 타자중심적이어야 하며, 타자의 입장과 그가 현재 처한 상황에 대한 이해를 바탕으로 한 감수성이라 할 수 있으며, 우리는 이것을 통해 타자를 존중하고 이해할 수 있으며 서로 공존할 수 있다는 것이다. 다문화사회의 핵심적인 문제가 타자와의 공생으로 귀결된다는 점에 대해서는 이견이 없을 것이다(정창호, 2011).

본 연구에서는 타자성을 철학적 윤리의 차원으로 접근·연구하고자 하며 자신과 타자의 관계를 형성하는 방법에 집중하려고 한다. 그러나 다문화사회에서 타자와의 공존 방법에 관해서나, 다문화사회에서 타자로 살아가고 있는 이주민들과 선주민의 관계 방식에 대한 세밀한 연구는 아직도 여전히 부족하다. 이에 본 연구는 다문화사회에서 주목하는 하나의 연구 틀(Paradigm)로써 타자성을 실천하고 있는 이주민지원센터 봉사자들의 실제 사례에서 시사점(Implication)을 얻고자 한다. 그 구체적 연구방법은 타자성을 실천한 이주민지원센터 봉사 목회자들을 대상으로 그들의 타자성 형성과정을 생애사를 통해 탐구해 보는 것이다. 앞서 밝힌 바와 같이 모범적인 타자성은 선천적인 것이 아니므로, 타자성이 생애사적 사건을 통하여 형성되는 과정을 실제 사례를 바탕으로 연구하는 것이 유의미하다고 할 수 있기 때문이다.

3. 생애사 연구의 설계과정

3.1. 연구개요

본 연구는 생애사 연구방법을 적용하여, 이주민지원센터 봉사 개신교 목회자들을 대상으로 그들이 전반적으로 살아가는 동안 타자성이 만들어진 과정과 방법을 파악하고자 한다. 생애사 연구방법은 과거를 시간적 영역으로 구분하거나, 현재로부터 분리된 것으로 여기기보다 현재와 과거는 분리될 수 없는 시간적 연속 선상에 있다고 전제한다(김영순 외, 2018). 따라서 본 연구는 현재와 과거의 끊임없는 의논과 절충에 기초하며, 연구참여자의 삶과 그 이야기(생애사)에 집중한다. 생애사 연구에서의 시간성은 개인의 기억이 사실 혹은 거짓인가의 문제가 아니라, 시간적 흐름에 따른 개인적인 맥락과 경험을 사회적 변화와 관련하여 이해하는 데에 있다(Plummer, 2001). 따라서 살아오면서 직면했던 삶의 기회와 인생의 전환점 등 일어났던 사건 등에 어떻게 대처하고 어떤 태도를 취하였는지에 초점을 둘 수 있다(정경희, 2016)는 것이다.

본 연구는 2019년 8월기준 이주민지원센터에서 봉사하는 개신교 목회자 세명을 연구참여자로 선택하였는데, 목회자 양성기관의 전문가와 다문화 지원센터에서 일하시는 20년 이상 경력의 실무자들로부터 추천을 받는 과정을 거쳤다. 대상자들은 모두 개신교 남성 목회자로서 센터대표 또는 기관장으로 봉사하고 있고, 이들의 나이, 봉사지역 등은 아래의 〈표 2-3〉과 같다.

표 2-3. 생애사 연구참여자 개요 (2019년 8월 기준)

구분	나이	지역	직위	이주민 기관 경력
가	61세	대전	공동대표	21년
나	54세	의정부	센터장	18년
다	62세	오산	센터장	17년

연구참여자 '가'는 대학시절 전공은 철학이었고, 전도사로 활동할 때는 영세민을 지원하는 역할을 했으며, 이주민 지원 활동도 대구지역에서 적극적으로 수행하였다. 그가 목사 안수를 받은 시기는 1997년 대학원에서 신학을 전공한 후였고, 이후 이주노동자의 노동권과 인권보장 및 보호를 위해 헌신했으며, 2006년에는 베트남인들의 모범적인 신앙생활을 돕기 위해 베트남 현지에 선교센터를 설립하고 활동했으며, 이외에도 결혼이주여성과 이주노동자 인권 침해방지 활동과 인권 보호 운동 등을 위해 이주민 노동상담소 등을 설립하였다.

연구참여자 '나'는 대학교 때 신학을 공부하였고, 2003년 이후에는 이주민 노동운동협의회와 이주노동자 지원기관 사무국에 재직하였고, 이주민 근로자의 노동권과 인권 보호를 위한 제도개선안을 노동부 이주민 인력정책 실무자문위원으로 선임되어 일할 때 적극적으로 입안하였다. 이주민 근로자 단속에 관련된 합법적 절차와 권리보호 준칙을 제정하는데 공헌하였다. 이외에도 이주민 관련 실무업무는 물론 제도 개선을 위한 상당한 결과물도 이주민 노동자를 위한 시민사회단체에서 장기간 재직하면서 만들어냈다.

연구참여자 '다'는 대학교 시절부터 사회에 대한 문제의식을 갖고 있어서 군사정권시절인 1987년 6월 민주화항쟁에 참여한 것이 계기가 되어, 1988년 결혼과 동시에 신학공부를 시작하였고, 이후 공장 등 산업현장에서 민중으로서의 삶을 체험 및 훈련하고 전국 각지의 민중교회에서 전도사 역할을 하였고, 1994년 이후에는 목회자로서 산업선교 활동 및 아시아 이주민 근로자 공동운동도 주도하였으며 이주민 근로자 문화센터에서 장기간 봉사하고 있다.

3.2. 자료수집 및 자료분석

먼저 연구참여자들과 심층적 개별인터뷰를 통해 본 연구의 기본 데이터를 확보했다. 연구참여자들이 경험한 삶은 일회적이 아닌 과정적 경험이기 때문에, 타자성을 형성하는 삶의 경험을 이해하기 위해서는 연구참여자들의 삶을 특정 시기의 횡·단면적으로 분리하여 보는 것보다 생애 전 과정을 살피는 생애사 연구가 유용하다(Ojermark, 2007). 생애사 연구방법 중에서 Rosenthal의 분석방법은 이야기적 진실성과 사실적 진실성과의 상호관계성 속에서 실재성을 해명하고자 한 분석방법으로 주관성과 시간성 그리고 이야기성을 분석하는 생애사 연구에 매우 적합한 분석 방법이다(양영자, 2013a). 여기서 적용한 Rosenthal의 분석 기법은 연구조사의 의도와 그 결과 간에 발생할 수 있는 모순을 차단·제거할 수 있는 기법이다.

그러므로 동 연구에서는 Rosenthal의 생애사 면담 분석기법을 이용하여 이주민지원센터에서 봉사하는 개신교 목회자들과의 면담자료를 분석하였는데, 인터뷰참여자 세명을 대상으로 서너 차례 심층적 개별인터뷰를 인터뷰 회당 두 시간 또는 세 시간 정도 사용한, 질적(質的) 사례연구(事例研究) 방법으로 진행하였다. 심층적 개별인터뷰를 수행하기 전에 인터뷰참여자들의 신문사 또는 방송 면담기사, 연구논문, 그리고 그들이 저술한 책 등 여러 가지 데이터를 축적하였고, 그들의 근무처나 한적한 장소(카페 등)에서 인터뷰를 진행하였고, 면담내용은 녹취와 기록을 동시에 병행하였다.

또한 다양한 질의를 위해 인터뷰에 앞서 반구조화된 질문지를 미리 작성하는 한편 인터뷰 분위기 또는 상황에 맞게 면담을 유연하게 진행하였고, 질문지는 주로 생애사에서 타자성 형성과정을 파악하기 위한 내용으로 구성됐고, 질의의 내용은 아래 〈표 2-4〉와 같다.

표 2-4. 생애사 질문 개요

구분	질문 개요
어린시기부터 청소년 시기	• 가족관계(형제자매, 서열), 가정환경은 어떠셨나요? • 어린시절 미래에 하고 싶은 것을 말씀해 주세요 • 초등, 중등, 고등 시절 좋아하거나 잘했던 과목은 무엇이었나요?
청년 대학 시절	• 인생에 영향을 준 교수님이나 수업이 있었나요? • 대학시절 참여했던 동아리나 서클(단체)이 있었나요? • 대학 또는 유학시절에 기억나는 일화가 있었나요?
이주민지원센터 활동 이전 시기	• 활동을 시작하게 된 계기는 무엇인가요? • 영향을 끼친 책이나 깨달음은 무엇인가요? • 활동 하는 데에 모델이나 계획이 있었나요?
이주민지원센터 활동 초기	• 기억에 남는 사건이나 사람은 무엇인가요? • 보람되거나 후회스러운 일은 무엇인가요? • 현재 활동에 있어서 개선점과 미래과제를 알려주세요

앞서 언급한 바와 같이 면담 전에 인터뷰 대상자들의 생애주기별로 반구조화된 질문지를 미리 준비하였고, 실제 면담은 부담 없는 질문부터 시작하여 점증적으로 개인적이고 세밀한 수준의 본격적인 질문으로 들어갔다. 심층 면담은 본격적인 인터뷰에 들어가기 전에 연구참여자가 허심탄회하게 이야기 할 수 있게 하는 자연스러운 분위기 조성이 매우 중요하고 필요하다 (정경희, 2016). 그러므로 본 연구자는 연구참여자들과의 인터뷰 전에 조사의 질을 높이기 위해 전화통화, 메시지 전송 및 이메일 송수신을 통하여 대화하였고, 그들에 대한 더 깊은 이해를 위해 신문기사를 찾아보고, 그들이 저술한 책을 구입하여 정독하는 등 상대방에 대한 이해도를 제고시키기 위하여 각별한 사전준비를 하였다. 이러한 방법으로 자료를 수집한 후에 코딩과 분석은 반복적 비교분석법을 활용하였다(Merriam, 1998).

우선 연구참여자의 심층적 개별 면담내용을 녹음하였고, 녹취물을 수차례 들으면서 녹취내용을 글로 옮긴 후 면담내용을 카테고리별로 분류하였고, 분류된 카테고리를 범주화하기 전 원자료와 비교하면서 다시 확인하고 고치는 단계를 거쳐서 재작성하였다. 또한, Rosenthal Narrative-Life

History 면담 조사기법(Rosenthal, 1995: 215-226; 2011: 186-211)에 의거 Life History 생애사적 자료)를 자세하게 조사·분석하여 중심이 되는 문제별 영역으로 구분하고 경험된 생애사와 이야기된 생애사를 비교하며 분석하였다.

이 면담에서 연구참여자를 배려한 윤리적 사항은 아래와 같다.

① 인터뷰 참여자와의 개별면담 전에 면담조사의 목적과 면담 툴(Tool), 녹취 등 면담자의 권리와 신변안전 등에 대해 설명하고 서면으로 동의를 받았다.
② 면담을 하는 동안 면담자가 불편 또는 위협을 느끼는 경우에는 인터뷰를 즉시 중단할 수 있다.
③ 면담내용 비밀 보장과 개인정보 보호에 대해서 면담자에게 설명하고 서면 동의서를 수령하였다.

본 연구의 적확성을 보장하기 위해 세단계 검증을 실시하였는데, 첫째로, 면담자료 외에 면담대상자가 저술한 책, 연구논문, 일간지 등의 면담기사 등을 인터뷰내용과 비교하며 면담내용에 대한 진실성을 검토하였다. 둘째로, 지도교수와 학위과정 준비자들이 일정 주기로 개최하는 세미나에 본 연구내용을 발표하고 논평과 문답을 통해 꾸준하게 연구결과물을 보완·수정해 나갔다. 셋째로, 인하대학교 기관생명윤리위원회의 연구승인을 받았으며, 승인번호는 171010-6A이다(배경임, 2018).

4. 생애사에 나타난 타자성 형성 과정에 관한 고찰

타자성 형성은 면담자의 어떤 목표를 향한 활동에 기인하기 보다는 그의 삶전체 기간 동안 직접 체험했던 사건에 의해 이루어지므로, 면담자의 일정 시점이 아니라 전 생애기간과 타자성을 확장매칭(matching)시켜 타자성과 생애사의 접합점을 연구참여자별로 기술하였다. 그리고 그들이 특별하게 체험하고 기억에 남는 사건을 집중적으로 조사·정리하였다. 이러한 타자성 확장매칭을 위하여 연구참여자들의 삶을 유년시절부터 청소년 시기, 대학생 시절, 이주민봉사기관 근무 이전 시절, 이주민봉사기관 초기 활동 시절로 구분하여 조사하였다. 연구참여자가 무슨 원인으로 개신교 목회자가 되고, 어떻게 이주민들을 처음으로 만나게 되었는지, 이주민 봉사를 하게 된 동기는 무엇인지, 여러 시기별 인생의 단계에서 어떻게 타자성을 형성하게 되었는지 등을 집중적으로 살펴보았다.

4.1. 연구참여자 '가'의 타자성 형성 과정

1) 유년시절부터 청소년시기: 중학생 때 이주민과 동질감을 체험하다

연구참여자 '가'는 한 동네에 20가구가 모여서 살았던 서울의 달동네에서 유년시절을 보냈는데, 그는 그 당시를 매우 그리워하며 기억하기를 이웃사람들 간에 사이가 원만하고 많이 부대끼며 살아서 한 가족처럼 지냈다고 하였다.

> "그리운 생각을 늘 하고 있는데, 그 때는 집이 다 붙어 있었어요. 공동우물이 있고 공동화장실이 있고 방들이 켠켠히 붙어있는 곳이어서 이웃 간에 유대가 굉장히 좋았어요. 부부싸움도 제대로 못 해. 싸우면 다 들리니까 다 쫓아와서 말린다고. 주변 이웃들이 서로 부대끼면서, 같이 협력하면서 살아가는 기억이 너무 좋아서."

연구참여자 '가'는 행복했던 유년시절을 뒤로 하는 안타까움으로 고향을 떠나왔기 때문에 천안으로 이사온 후 계속 고향을 그리워하였다.

"서울 떠날 때 가기 싫다고 문고리 잡고 나는 안 간다며 울던 기억이 나요. 동네 사람들도 떠나보내면서 같이 울고. 천안에 와서 중고등학교를 지내면서도 고향을 떠나왔다는 마음이 어린 마음이지만 늘 있더라고."

연구참여자 '가'는 어린 시절 고향(서울의 어느 달동네)을 떠나서 새로운 곳에 정착했기 때문에, 해외에서 고향을 떠나 한국으로 이주·정착해 온 이주민들과 동질감을 느낄 수 있었고, 이것은 '가' 스스로가 이주민을 잘 이해할 수 있게 되는 감수성, 즉 역량을 가지게 된 것이고, 이러한 감수성과 서울 달동네에서 이웃들(주로 지방에서 서울로 이사해 온)과 함께 다정하게, 한 가족처럼 살았던 체험은 자연스럽게 타자성을 형성시켜 주었다.

"그러면서 내가 어린시절부터 이주민의 삶을 산거지. 지금 외국인들이 겪는 큰 문화충격은 아니지만, 그래도 고향을 떠나온 것에 대한 빈, 허전함 이런 것들이 늘 있었던 것 같고. 가난한 어린시절을 셋방 살이, 회사에서 지어준 직원 아파트 이런 데서 살다보니. 청소년 시절에 가난하면서도 주변 이웃들의 유대관계를 늘 경험하면서 자라왔던 것 같아."

연구참여자 '가'는 앞에서 언급한 바와 같이 유년시절 천안으로 이사해서 중고등학교에 다녔던 시기에 자신과 이주민의 공감대가 형성됐다고 생각하며, 그래서 해외 이주민들이 경험하는 문화충격을 그 자신도 느꼈고, 가난한 청소년 시절 이웃사람들과의 밀접한 관계를 다양하게 체험했기 때문에 청소년 시절의 주변사람 및 친구들과의 관계에서 타자성을 자신도 모르게 함양할 수 있었다.

2) 대학 시절: 사회적 약자 및 소수자와 공감대를 형성하다

연구참여자 '가'는 대학교에 다닐 때 문학서적과 사회과학 관련 책을 많이 접했고, 1980년대의 광주사태 등 우리나라 민주화에 엄청난 영향을 미쳤던 역사적 사건을 청년시절에 경험했기 때문에 그의 자의식에 사회의식이 깊게 자리잡게 되었고, 사회문화에 대한 입장이 굳건하게 새겨졌다.

> "그땐 책을 참 많이 읽었지. 사회과학도 하고 문학도 읽고. 제가 80년도에 입학했거든. 광주사태 일어나고 휴교령 내리고 그럴 때 대학 다녔지."

연구참여자 '가'는 유년시절부터 어렵고 소외당하는 사람들 및 소수자와 같은 사회적 약자에게 유대감을 갖고 있었고, 이로 인해 농어민선교회 봉사활동을 하면서 민중신학과 토착 신학을 접하기 시작했다.

> "제가 신대원에 동아리 중에서 마지막으로 간 데가 농어민선교연구회야. (중략) 아마도 제 속에는 어린 시절부터 살아오면서 사회적 약자, 소수자, 고통당하는 사람들에게 뭐랄까 동질감을 느껴. 오히려 거기서 내가 위로를 느꼈던 것 같아. (중략) 그러면서 농선 활동을 했는데. 농촌의 현실, 농업 경제 상황들. 그리고 그때 토착 신학, 민중신학적 관점의 신학적 훈련이 쌓아진 게 아닌가."

연구참여자 '가'는 학교에서의 수업과 공부보다는 현장에서의 활동을 하고 싶어서 농촌선교활동을 하는 서클모임에 참여하게 됐는데, 그 모임 지도교수 인격에 감명을 받아 그를 많이 본받게 됐고, 결국 농촌선교 활동과 같은 삶의 현장에서의 봉사활동과 현장에서 훈련하는 신학에 관심을 가지며 앞으로의 인생을 이처럼 살겠다고 결심하였다.

> "학과 공부가 크게 재미는 없었던 것 같아. 박OO 교수가 학교에 오시면서 농선의 지도교수였어. 학생들 사이에서 그 교수님 자체에 대한 존경심 이런 게 있잖아. 그분의 인격적인 부분도 좋았고. 그래서 구약 원전 수업을 들었어. 예레미야 원전을 듣고 그런 시절도 있

었는데, 학문적인 공부보다는 정신. 정신이 남은 것 같다."

연구참여자 '가'는 이와 같이 농촌과 같은 현장에서 실천하는 신학의 즐거움을 느끼고 깨달아 몸으로 하는 신학을 훈련하며 실천적인 타자성이 형성되었다.

3) 이주민봉사단체 활동전 시기: 이주노동자, 우리나라 노숙자보다 더 심각한 사각지대에 있음을 알게되다

동 연구참여자가 가장 낮은 곳에서 사역해야겠다고 결심한 이유는 그가 울산에서 부목사로 약 10년간 봉사했을 때 느꼈던 한계 때문이며, 이로 인해 울산에서의 사역생활을 마치고, 2001년 신대원 동기 박00 목사의 소개로 한 노숙인 생활쉼터에서 노숙인 상담 일을 하게 되었다.

> "울산 00교회라는 곳에 가게 된거야. 일반교회 사역하면서 이런
> 저런 한계를 많이 느꼈어. 내가 꿈꾸는 교회 모습, 하나님의 세상이
> 아니라는 답답함이 늘 있었는데. (중략) 그래서 가장 낮은 사역지로
> 내 몸을 던져야 한다고 여겨서 선택한 것이 노숙자 생활 쉼터였어.
> 거기에 우리 동기인 박00 목사가 먼저 여성 노숙인 쉼터에 있었고,
> 남자들만 있는 노숙자 생활 시설 상담 실장이 비어 있어서, 제가 그
> 자리로 사회적 약자 사역을 시작한 거죠."

여기서 알 수 있는 바와 같이 동 연구참여자는 사회적 약자에 대한 타자성을 노숙인 쉼터라는 우리 사회 가장 낮은 삶의 현장에서 어렵게 살아가는 노숙인들을 상담하면서 갖게 됐는데, 2003년에는 이러한 노숙자보다 더 고통스러운 상황에 처해 있는 이주노동자를 만나게 되었다. 어떤 외국인 노동자는 일터에서 산업재해를 입었지만 산재신고가 안되어 있었고, 또 하나의 외국인 노동자는 산업연수생으로 한국에 왔다가 연수생 등록이 안 되어서 여태껏 급여를 수령하지 못했다.

"제가 있던 기관 자체가 상담을 하는 기관이다 보니까, 중국 노동자를 만났어. 2명을 만났는데, 한명은 산재를 당했지만 산재 신고가 안 된 친구였고, 다른 한 친구는 해외투자법인 연수생으로 있다가 회사에서 나와서 소위 불법체류자 미등록상태에 있는 사람이었어. 본인이 2년 동안 일했는데 한 푼도 못 받고 사진을 보여주더라고. 회사에서 폭행당한. 제가 첫 번째 외국인을 본 만난 경험인데."

제일 처음 만난 외국인 노동자가 겪은 사정을 접하고 그의 고통스러운 상황을 파악하게 되니, 우리나라 노숙인 보다 외국인 노동자들이 더 심각한 상황에 빠져있다는 사실을 알게됐다.

"노숙자에 대한 정부의 복지와 사회적 안전망 기본은 되어 있는데, 보니까 노숙자보다 더 사각지대에 있는 이주 노동자를 발견하게 된 거야. 지금까지도. 노숙자들도 힘들고 어렵지만 우리 사회에서 가장 어려운 사람은 이주노동자들이구나."

동 참여자는 우리나라에서 가장 힘들게 사는 계층이 노숙인이라고 알고 있었지만, 사실은 그가 만난 외국인 노동자들을 통해서 이주 해외노동자들이 더 심각한 사각지대에 빠져 있다는 것을 확인하였다.

"아직도 우리 한국의 원주민이라고 해야되나 정주민들이 갖고 있는 차별적 시각 이런 것들이 해소되지 않았기 때문에 그 속에서 오는 인간의 평등성 이런 것들을 알면서 그것을 회피한다는 것은 안 된다. 그런 생각을 하게 되었죠."

그는 이주 해외노동자들이 소외당하고 차별받는 현실을 우리가 외면해서는 안 된다고 다짐하고, 해외노동자를 대하는 우리의 차별식 인식(문화)에 대한 성찰을 넘어서 이를 개선하기 위해 본인이 감당해야 할 소임을 숙고하기 시작하였는데, 이는 그가 우리사회에서 타자성을 바탕으로한 문화운동, 해외 이주민 노동자를 포함해서 소외받고 불평등한 대우를 받는 사회적 약자를 정의롭고 공정하게, 차별 없이 대우 해주는 문화운동의 시작을 진지하게 고민하게 된 것을 의미한다.

4) 이주민봉사단체 활동 초기: 불법체류 외국인들의 안타까운 이야기

동 연구참여자는 주위에 거주하던 불법체류 또는 미등록 외국인노동자들의 안타까운 사정을 우연히 아래와 같이 듣게 되었는데,

> "한 친구가 저한테 와서 출입국한테 단속되는 꿈을 꿨다고 하길래, 그 꿈은 좋은 꿈이야. 현실은 반대야라고 이야기했어. (중략) 그런데 곰곰이 생각해보니 내가 너무 말을 쉽게 했어. 그 친구는 단속에 대한 스트레스가 얼마나 많으면 그런 꿈을 꾼걸까. 우리가 군대마치고도 군대 다시 가는 끔찍한 꿈을 꾸잖아. 그런 감정이 아닐까."

그는 이 이야기를 듣고 그들이 단속되는 꿈을 꾼다는 것이 우리가 군대 제대후 군대에 다시 끌려가는 꿈을 자주 꾸면서, 꿈을 깼을 때 식은 땀을 흘렸던 것을 기억하게 되었다. 그 자신도 불법체류 외국인들이 느끼는 절망감을 깊이 공감하게 되었고 그들과 동질감을 갖게 된 것이다.

> "제가 마음으로 약속한 게 뭐냐면. 이 친구들이 단 하루만이라도 편하게 잠을 잤으면 좋겠다. 단 하루만이라도. 아마 그 생각 때문에 제가 지금까지 이 일을 했었던 거였고."

동 연구참여자는 불법체류 해외노동자들이 악몽을 꾸지 않고 하루라도 숙면을 취하게 해주고 싶었다. 본 연구자는 지금까지 연구참여자 '가'의 생애사(Life-History) 이야기 속에서 앞에서 언급한 사건과 체험이 그의 타자성 형성에 결정적 영향을 끼쳤다는 것을 알 수 있었다.

4.2. 연구참여자 '나'의 타자성 형성 과정

1) 유년시절부터 청소년시절: 힘든 생활형편에서 더 힘든이들을 받아들이다

연구참여자 '나'는 초등학교 때부터 가정 형편이 어려워져 어린 시기를 가난하게 보냈다.

> "부유하게 자라지는 못했죠. 저뿐만 아니라 저보다 연배 높은 본
> 들 다들 어려운 환경에서 자라셨으니까. 저도 제가 초등학교 때부터
> 집안에 어려움이 있었어요. 가정적 형편이 쉽지 않았고."

동 연구참여자는 위와 같은 형편으로 인해 경제적으로 어려운 처지에 놓인 주변사람들에게 동질감을 더 잘 느낄 수 있는 감수성을 갖게 되었다. 그는 상업고등학교 출신이지만, 동계진학을 염두에 두지 않았고, 그 시절 교회를 다니면서 알게된 지인의 권유로 목회자 될 것을 생각하게 되었다.

> "교회를 다니면서 신앙을 갖게 되면서 목회자가 우상처럼 여겨졌
> 던 거죠. 목회자가 되면 모든 사람들한테 존경도 받을 수 있고, 어
> 려운 사람들을 잘 도와줄 수 있을 것 같았어요. (중략) 가까운 지인
> 이 저에게 목회자가 되면 좋겠다는 이야기를 많이 해 주었어요. 그
> 러면서 저도 목회자가 되어야겠다 생각을 좀 가지게 되었죠."

그는 자신의 환경과 유사한, 경제적으로 고통 받고 있는, 사람들에게 동질감을 갖게 됐고, 이러한 감수성으로 인해 나중에 성직자가 되어 그들을 잘 돕겠다는 타자성이 형성되었다.

2) 대학 시절: 사회에 대한 문제의식이 생기다

동 연구참여자는 1987년 신학교에 입학하였다. 그때가 바로 역사적인 민주화항쟁이 일어났던 해이며, 그 이후로 우리 현대사회가 본격적으로 민주

화 되어가는 격동의 시기였음을 감안할 때, 그는 보수적인 신학교에서 공부에만 집중하기 보다는 좀 더 사회와 관련된 일을 하고 싶어서 대학교 신문사 기자로 활동하게 됐는데, 이 시기에 그동안 그가 부분적으로 갖고 있던 신앙 관념에 변화가 생기면서 사회의식이 생기기 시작했다.

> "신학교에 들어가면서부터 신앙적인 단편들이 깨지기 시작했어요. 제가 87학번인데, 학교는 보수적이었어요. 그 당시가 사회적으로는 굉장히 격동기를 겪는 때였는데, 학교에서는 전혀 감각이 없는. 그런 과정에서 학보사 기자로 있으면서 타 대학, 일반 대학생들이 가지고 있던 사회의식이 생기면서 그 때부터 변화가 생겼어요. 신앙적인 변화가."

동 연구참여자는 변화가 많았던 시기에 민중신학을 공부하면서 사회 참여의식이 생겼는데, 그는 이와 관련된 공부를 더하기 위해서 대학원은 다른 교단으로 가고 싶어 했고, 결국 많은 고민 끝에 진보적인 성공회 교단의 대학원에 입학하기로 하였다. 다시 말하면 그 당시 그가 다니던 신학교는 너무 보수적이어서 민중신학에 대한 말조차 하기 힘들었고, 또한 진정한 성직자가 되기 위한 열망을 실천할 수 있는 곳이 그는 성공회 교단이라고 생각한 것이다.

> "그 때 학교에서는 민중신학 이야기 자체를 못했어요. 굉장히 보수적인. 그러다가 조금씩 변화를 했고 대학원 진학할 때 쯤에 고민을 했죠. 내가 그냥 일반 신앙을 한다고 하면 같은 교단 대학원에 진학해도 상관 없지만, 좀 더 좋은 목회자가 될 필요가 있지 않겠나. 그런 고민을 하다가 최종적으로 선택한 교단이 성공회예요."

3) 이주민봉사단체 활동 전 시기: 타인을 먼저 생각하는 외국인들을 만나다

동 연구참여자는 다른 곳에서 주로 봉사활동을 했기 때문에 해외이주민

봉사 업무를 잘 알지 못하고 있다가, 이주민들을 직접 접하기 시작하면서 그들에 대한 관심이 생기고 봉사업무도 잘 알게됐다.

> "처음에는 이주민과 관련된 걸 전혀 모르고 있다가 거기 가서 외국인과 만나면서 지내다보니까 조금 15년이 넘었어요."

동 연구참여자가 오랜 기간 동안 우리들 보다 더 배려심 깊은 해외 이주민들을 만난 경험은 그에게 타자성을 형성시킨 직접적인 요인이 되었다. 한가지 예를 들면, 그는 언젠가 방글라데시 이주민들이 서로 협력하며 연극 연습하는 것을 보았는데, 거기서 한국 관객의 이해를 돕기 위해 실제 연극 공연에 사용할 한국어 자막을 준비하는 그들의 사려 깊은 타자성을 보고 해외 이주민들이 우리 보다 훨씬 타자에 대한 배려심이 깊어서 우리 자신들이 많이 부끄럽다고 생각했다.

> "이 친구들이 와서 연극 연습을 할 곳이 없으니 성당을 빌려주세요 했어요. (중략) 그래서 연극 무대를 했어요. 그런데 연극이 다 방글라데시 말이잖아요. 근데 재밌는 건 이 녀석들이 한국인 관객을 위해서 옆에다 한국말 자막을 만들었어요.
>
> 우리가 만약 그 친구들 위해서 방글라데시 말로 자막을 깔 수 있겠어요? 연극인데. 그런데 그걸 해가지고 왔더라고요. 저는 이 친구들이 가지고 있는 타인에 대한 배려가 우리보다 더 섬세하다고 느꼈어요."

한편, 동 연구참여자는 90년대 중반 쯤에 출입국 사무소 사람들이 해외노동자들을 단속할 때, 다른 해외노동자들은 물론 노동자들을 고용한 사업주들, 그리고 인근 음식점 주인들이 그들을 도와주는 장면을 목격하게 되었는데, 그중에서도 출입국 관리소에 억류되어 있는 해외노동자를 위해 짜장면

집 주인이 짜장면을 배달 시켜주는 모습과 심지어 나병에 걸린 사람들 까지 주변 사람 모두 한마음으로 안타까워 하는 사건에 깊은 감명을 받았다. 그가 그 사건에서 주변 사람들이 배려심을 가지고 해외이주민을 대하는 태도, 즉 타자성을 배운 것이다.

> "출입국에서 40여 명이 와서 단속을 해서 자기 직원들이 출입국에 붙잡혀 있으니까 사업주들이 나와서 우리 애들 다 풀어달라고 항의도 하고, 다른 노동자들도 나와서 항의하고, 외국인들도 같이 나와서 항의하고. 그리고 자장면 집 아저씨는 저녁 늦게까지 고생한다고 자장면 100그릇 갖다 주고. 거기에 상황이 그런 관계 속에서 서로 얽히고 얽혀있음에도 불구하고 공생을 하는 거야."

해외이주민들이 서로 도와주는 것은 결국 타인에 대한 배려심을 의미하기 때문에동 연구참여자는 우리의 전통적인 협동 문화 대비 해외이주민들의 문화도 뒤쳐지지 않는다고 생각하게 되었으며, 오히려 그들의 상호 배려하는 문화에서 타자성을 배우게 된 것이다.

4) 이주민봉사단체 활동 초기: 외국인노동자 단속 현장을 보다

동 연구참여자는 이주민지원센터에서 사무처장으로서 근무 중에 외국인 근로자들이 급여를 못 받으면 대신 급여를 받아주는 일을 하기도 했는데, 이 때 가끔 출입국관리소 직원과 다투는 경우도 있었고, 또 언젠가는 예고 없이 경찰 약200명이 마석공단으로 출동해서 그 곳에서 근무하고 있던 외국인근로자를 긴급 체포하는 장면을 목격하기도 했다. 체포된 외국인 노동자들은 약 130명이었고, 2009년에 발생한 일이었다.

> "외국인이주노동협의회 사무처장으로 왔어요. 현장에서 맨날 외국인들 월급 못 받으면 받아주고, 공장에 쫓아다니고, 출입국이랑 싸운 적도 있었어요."

"마석에서 일이 터졌어요. 2009년에 3개 중대 200여명이 공단 지역에 투입되어서 외국인노동자 130명을 단속해서 끌고 갔어요. (중략) ○○○대통령이 불법 체류자가 길거리에 왜 활개하고 다니냐고 하니까, 법무부에서 5개년 계획을 세워서 10%대로 축소시키겠다고 해서, 매년 3만명씩 단속을 하고 마구 체포해서 잡아갔어요. 내가 할 수 있는 일이 없다는 절망감을 느꼈어요"

동 연구참여자는 우리나라 정부가 외국인 근로자들의 인격을 무시하고 마구잡이로 그들을 잡아가는 안타까운 현실(생애사적 사건 임)에서 그들을 돕기 위해 해야 할 구체적 일과 역할(Role and Responsibility)에 대해 진지하게 숙고했는데, 이것이 바로 그가 타자성을 형성하는 과정을 보여주는 것이라고 할 수 있다.

4.3. 연구참여자 '다'의 타자성 형성 과정

1) 유년시절부터 청소년시절: 책을 사랑하면서 성숙의 계기를 갖다

연구참여자 '다'는 포도 밭이 많이 있는 시골에서 출생해서, 아름다운 자연과 함께 자라났으며, 그 이후로 초등학교 무렵에 도시근교에서 살기 시작했다.

"나는 아주 아름다운 자연 속에서 태어났어요. 어렸을 적은 시골 산골 마을과 도시 근교 속에서. 놀이터가 자연이었죠. 잘 자랐고, 집 근처에 포도밭이 많았어요."

동 연구참여자는 중학교 때 도시로 가면서 신체조건이 좋아 운동선수로 선발됐지만, 원하는 팀으로 갈 수가 없어서 운동을 포기하고 공부를 다시 시작해 재수 후 공업고등학교에 입학했다. 본인의 의지보다는 부모님의 희망으로 고등학교에 진학한 것이다.

"그러다가 중학교 때 도시 대전으로 나가니까. 그 도시에서 살면서 신체가 좋으니까 운동 선수로 뽑혔는데. 그렇게 계속 갔으면 운동선수가 되었겠죠. 그 당시 아주 훌륭한 팀으로 가고 싶은 마음은 있는데 현실은 그렇지 않잖아. 운동을 포기하고 공부를 했는데, 재수 했어요. 재수 했는데도 가고 싶은 학교에 못 가서 학교를 안 가려고 했어요. 고등학교 과정 까지는 부모님이 가라고 했어요."

동 연구참여자는 부모님의 희망대로 고등학교까지는 가되, 본인이 좋아하는 것을 하기 위해 시간적 여유가 있는 야간공고에 진학하기로 부모님과 타협하고, 자신이 좋아하는 책 읽기를 시작했다. 그 이후로 돈이 생기면 주로 책을 사서 읽었는데, 책속에서 만난 주인공들과 자신을 비교하면서 경험 면에서 본인이 많이 부족하다는 것을 깨닫고, 책 속의 주인공인 타자를 자신의 멘토 또는 역할모델로 삼아 타자성을 성숙시키는 계기를 갖게 되었다.

"나는 가고 싶지 않고 부모님은 가라고 해서 갈등하다가 타협점을 찾았어요. 야간 공업고등학교를 가고 내가 하고 싶은 것을 하기로 타협했어요. 돈이 생기면 책을 사고 싶어졌어요. 그 당시 문학전집을 사서 읽기 시작했죠. 책 속에서 만나는 이야기나 인물들의 이야기가 재미있었어요. 내가 경험하는 것은 너무 작다는 걸 느꼈던 것 같아요. 그것이 나를 성숙시킨 계기가 되고."

2) 대학 시절: 대학교에 입학해서 공인을 생각하다

동 연구참여자는 고등학교 시절 형과 형 친구들이 가끔 데모하는 모습에 부러움을 느끼고, 본인도 대학교에 가면 그들처럼 데모를 하겠다고 다짐하며, 데모하는 것이 공적인 일이라고 생각했다. 그래서 동 연구참여자에게는 대학교는 공적인 일을 할 수 있는 장소였다.

"그 당시에 나는 대학교를 간다면 좀 공적이라고 할까 그런 일을

해야겠다고 생각했어요. 형 친구 중에 가끔 데모하고 오는 친구가
있었거든. 데모하고 온 형과 형 친구들을 보니까 멋있어 보였던 거
죠. 나도 나중에 꼭 데모해야겠다고 생각했어요."

동 연구참여자는 대학교 입학식에서 총장님의 말씀을 듣고, 큰 깨달음을
얻었는데, 그 내용은 고등학교까지는 학교에서 지식을 전수 받았지만, 대
학생은 미래의 지도자로서 자질을 연마하여 사회에 진출하여 다른 사람들
에게 베풀고 봉사해야 하는 공인이 되어야 한다는 것이었다. 그 이후 대학
생활에서 그는 타자를 위해 살아가는 공적인 사람으로 거듭나려고 노력하
였다.

"형한테 이야기한 것처럼 입학한 날부터, 내가 생각하기에 세례를
받은 거예요. 총장이 입학식 때 훈화하는데 하늘의 소리를 듣는 것
처럼. 원래 총장이 소리가 크거든요. 울림도 있고 교정이라는 폼도
있고. 그때부터 내가 보는 세상이 확 바뀌어 보이는 거예요. 공인이
된거죠. 그 때 훈화 내용이 이런 거였어요. 고등학교까지의 삶은 세
상의 지식을 전해줬다. 대학은 지도자 과정으로 들어가는 거고, 이
제 지도자가 되어서 베풀고 다른 사람들에게 봉사해야 하는 입장.
그런 것을 공인이라고 받아들이는 거지."

동 연구참여자는 대학생시기에 공인이 되어 타자를 위해 할 수 있는 것은
데모를 통하는 것이라고 다짐하고, 87년 6월 항쟁과 같은 민주화 운동에
적극적으로 참여하였고 이를 통해 사회의 변화, 민주화를 성취하는 것이
사람들에게 도움이 되는, 봉사하는 삶이라고, 즉 타자지향성을 갖는 삶이라
생각했다. 그러나 그가 바라던 사회의 변화는 지지부진 했고, 그 후 한 동안
집에서 생활을 하다가 누나의 소개로 배우자를 만났고, 배우자의 권유로
신학교에 입학하게 되었다. 신학교 입학은 목회자의 길을 염두에 둔 신뢰하
는 아내의 뜻이었고 타자성 형성에 한 단계 더 접근한 사건이었다.

"열심히 데모 했는데, 87년 6월 항쟁 이후에 실패했잖아요. 나를 돌아보자 싶어서 집에서 지내다가 누나가 지금의 아내를 소개해줬어요. 몇 번 만나서 있는 이야기 다 하고, 2년 정도 연애했죠. 아내는 그 당시 00신학교 서무과 직원이었어요. 내가 연애하니까 거기서 만나기도 하고 그랬는데, 아내가 신학교에 입학하는 게 어떠냐고 제안했어요. 아마 나중에 하게될 일을 위해서 성직자의 길을 미리 준비하라는 뜻이 있었던 것 같아요."

3) 이주민봉사단체 활동 전 시기: 민중교회 목회훈련 시기

동 연구참여자는 신학대학원에 입학하자 바로 현대신학을 공부하는 서클에 들어갔고, 여기서 예전부터 관심을 가지고 있던 민중신학을 공부했는데, 이를 이론적으로만 공부한 것이 아니라 실천적으로 민중목회 훈련을 하였다.

"신학대학원에 가서 살아온 습관이 있으니 바로 현신 동아리를 했지. (중략) 장청 할 때부터 민중신학을 접하긴 했지만, 결과적으로는 신학교 졸업할 때쯤 되니까 민중교회 할 사람이 600명 중에서 두명이 더라고."

동 연구참여자는 신학교를 휴학하고 2년 동안 민중교회 훈련과정을 마쳤는데, 이 훈련은 그에게 '노동자들과 같이 하는 목회'라는 사역 방향을 정해주었고, 그 주된 내용은 노동자들의 세력화를 통한 기업경영 참여와 경영참여에 의한 그들의 이해관계증진이었다.

"민중목회 훈련은 과거의 나를 끊고 새로운 내 목표를 위한 훈련을 받는 거예요. 노동자들과 함께 사는 훈련 6개월, 어떤 사람은 1년을 하죠. 나는 일용 노동자들과 함께 3개월, 또 공장 훈련을 마치고 나면, 빈민지역 교회 가서 1년. 이게 2년 과정인거예요. 000산업선교회에서 했어요. 그러면서 노동자들과 함께 목회해야겠다는 꿈을 꾸게 되었죠."

"나는 평생 노동자들과 함께 해서. 그 당시 화두로 따지면 노동자
들의 경영참가와 정치세력화 만드는 것에 초점을 두고 매진했죠."

동 연구참여자는 민중목회 훈련과정을 통하여 타자(노동자들)의 권리보호
를 위한 삶을 살아가게 됐으며, 이런 활동을 통해 그는 타자성을 굳건하게
형성했다고 할 수 있다.

4) 이주민봉사단체 활동 초기: 이주민 선교의 뿌리가 되다

동 연구참여자는 아시아태평양노동연대 활동을 르완다에 파송 받은 2000
년부터 하였는데, 본래 계획은 장기간 활동하면서 이주민지원센터를 만들려
고 했는데, 그 계획에 대해 다른 선교사들이 반대하고 기독교대학을 세우려
고 해서 그는 1년만에 한국에 돌아오게 됐다.

"2000년에 르완다에 갔어요. 원래 계획은 10년 있으면서 꿈은 지
금 이런 센터를 짓는 거였어요. 교회 사회 참여나 민중교회를 전파
하는 거였는데. (중략) 그런데 거기 있던 사람들은 대학을 만들려고
했던거야. 그래서 나는 1년 만에 돌아온거지."

이러한 타자와의 갈등과 의견차이로 인해 그의 당초계획을 변경할 수 밖
에 없었던 사건과 그 경험은 그에게 어떤 일을 추진할 때 타자의 입장에서
생각하고, 상대방을 잘 수용·이해 해야지 일을 원만하게 진행시킬 수 있다
는 것을 깨닫게 했고, 타자 지향성이 다시 한번 성숙되는 계기가 되었다.

"아시아태평양노동자 연대라고 하는, 해외 노동자들을 위한 단체
라고 할까 네트워크가 있어요. 한국에서는 91년에 태어났는데, 내가
담당자가 되고 그 역할의 실무자가 되다 보니까, 더 큰 세상과 국제

적인 연대의 중요성을 경험한거지. 그 속에서 다양한 나라들의 사람들을 만난거죠. 서로 이해하고. 그렇게 진행되어 온 교류와 소통, 연대에 발판 하에 진행된 것이 지금 이주민 선교로 된 거죠."

또한 동 연구참여자의 아시아 태평양 노동자연대에서의 활동은 지금의 이주민지원센터 봉사활동으로 자연스럽게 연결됐는데, 동 연대에서 다양한 나라 사람들을 만나고 대화를 했던 사건도 그의 타자성 형성의 또 다른 사례라고 할 수 있다.

지금까지 세명의 연구참여자의 삶(Life History)속에서 그들이 경험한 다양한 사건들이 어떻게 타자성 형성에 영향을 미쳤는지를 살펴보았다.

5. 타자성 형성과정의 탐색

본 연구자는 앞에서 이주민봉사단체에 근무하고 있는 개신교 목회자 세명의 생애사 사례를 통해 그들의 타자성 형성과정을 살펴보았는데, 그들이 살아가면서 체험한 사건들에 각자의 감수성이 반응하여 타자성을 배우거나 수용하고, 타자성을 향해 변화하려는 노력을 보았다. 이는 타자지향성 사회가 필요로 하는 것이 자신이 삶속에서 경험한 사건들로부터 본받을 타자성을 스스로 수용하고, 타자 지향적으로 변화하려는 노력과 자세임을 말해준다. 타자성을 지향하며 타자를 바라본다는 것은 나와 다른 존재라는 것을 인정하면서 동시에 타자가 나와 같은 주체임을 존중할 수 있는 성찰적인 자아로 성장해 나갈 수 있는 바탕이다(최승은, 2015).

본 연구자는 지금까지 진행한 세명의 사례연구를 통하여 그들의 타자성 형성과정에 있어 다음의 5가지 중요한 유사점을 발견할 수 있었다.

첫번째, 사회화 경험 측면에서 볼 때, 유년시절과 청소년 시절의 타자성 형성에 연구참여자들의 1차적 사회화 관계 체험의 영향력이 컸다는 것을 알 수 있었다. 연구참여자의 타자성 형성에 1차적 사회화 관계의 영향을 받았던 예는 목회자의 삶을 결정하는 것에서 볼 수 있는데, 실제로 연구참여자 '가'는 다니던 교회 성직자들(1차적 사회화관계)의 권유로 철학에서 신학으로 전공을 바꾸게 되었고, 연구참여자 '나'는 주변 지인(1차적 사회화관계)의 추천으로 성직자가 되어야 겠다는 생각을 가지게 되었으며, 연구참여자 '다'도 누나의 소개로 만난 아내(1차적 사회화관계)가 신학교 입학을 제안해서 목회자의 길로 가게 되었다. 일반적으로 부모 형제 등 가족과 친지, 또래 놀이집단 및 주변에 가까운 지인 등 1차적 사회관계 집단과의 친밀한 만남은 개인의 사회 속에서의 정체성과 가치관 형성에 결정적인 바탕이 되므로, 연구참여자들은 이러한 부모 형제 또는 주변에 가까운 지인 등 1차적 사회관계 집단과의 밀착 접촉 경험을 통하여 타자성이 형성되었다고 합리적으로 추측 된다.

두번째, 연구참여자들은 유년시절 다소 막연하게 형성된 타자성을 대학 시절에 더욱 굳건하게 하였는데, 이는 일반적으로 대학시절의 체험이 장래 희망이나 앞으로의 인생 가치관을 구축하는데 결정적인 영향을 주기 때문이다. 사례연구에서 살펴본 바와 같이, 연구참여자들은 대학시절에 사회운동에 참여하였고, 대학신문사 활동, 동아리 학습 또는 사회적 약자들이 있는 현장에서의 훈련 등의 경험을 통해서 더 발전된 타자성을 형성하였다는 것을 알 수 있다. 구체적으로 예를 들면, 연구참여자 '가'는 지도교수의 영향으로 신대원 시절 경험했던 농촌선교 활동(삶의 현장 지식체험)을 통하여, 연구참여자 '나'는 대학교 학보사 기자활동 중에 일반 대학생과의 교류로 생긴 사회의식을 통하여, 연구참여자 '다'는 대학 입학식에서 들은 총장의 훈화 말씀(대학생은 공인으로 타자에게 봉사하며 살아야 한다)중 공인의 삶을 통하여 연구참여자 각 각의 지적·사회적·정서적 측면에서 타자성을 형성하였다.

세번째, 연구참여자들은 처음에는 해외이주민과의 접촉에서 낯설음으로 인해 그들을 거부하고 밀어냈으나, 점증적으로 해외이주민들의 얼굴(타자의 얼굴)과 대면하면서 타자지향적으로 자신들을 변화시켰고, 결국은 그들을 자신과 동일시켰다. 예를 들면, 연구참여자 '가'는 중학교 때 천안으로 이사를 가서, 서울에서 가족과 같이 친하게 지냈던 이웃들과 헤어졌기 때문에, 천안에서는 자신이 주변에 아는 사람이 없고 낯설다는 점에서 해외에서 온 외국인과 동일하다고 동질감을 느꼈고, 연구참여자 '나'는 이주민센터에서 일하면서 해외이주민들(특히, 방글라데시 사람들)의 우리보다 더 나은 깊은 배려심에 감명을 받아 그들에게 친근감이 생겨났고, 연구참여자 '다'도 노동현장 목회훈련 이후 이주노동자들의 기업경영참가를 통한 권리보호 등을 위해 노력했는데, 이로 인해 이주노동자와 동질감을 느껴 그들과 함께하는 목회를 할 수 있게 되었다. 이처럼 이주민들과 동질감을 느꼈던 경험들은 연구참여자들이 타자성을 견고하게 구축하는데 중요한 영향을 주었던 것으로 보인다.

네번째, 연구참여자들은 그들의 삶과 다른 환경과 문화에서 살고 있는 타인을 이해·수용하고, 타인을 위하는 삶을 직접 체험하면서 타자성을 구축하였다. 연구참여자 '가'는 우리나라 노숙인을 돕는 일을 하다가 그 노숙인보다 더 심각한 사각지대에 빠져있는 해외 불법체류자 또는 미등록 외국인 노동자를 접하게 된 이후 우리사회가 그들을 평등하고 공정하게 대우하는 문화적 변화를 성취하도록 앞장서 노력하게 되었다. 연구참여자 '나'는 불법체류자 또는 이주노동자들이 단속되고 부당하게 체포되는 상황에서 다른 외국인 노동자는 물론, 그들의 사업주 및 인근 식당주인들이 그들을 적극적으로 돕는 모습에 감명을 받아 이들의 인권과 이익을 보호하는 법 제정 및 관련제도 개선에 힘썼고, 연구참여자 '다'도 공장 노동자들과 함께하는 목회훈련에서 노동자들의 삶을 직접 체험하면서 공장 노동자들의 권리보호를 위해 힘썼다. 다시 말하면, 미등록 외국인 노동자, 불법체류자, 해외 이주민들과 같은 사회적 약자, 소수자들의 삶을 그들이 직·간접적으로 체험했고, 이러한 경험이 타자성의 형성에 결정적으로 도움이 되었다고 할 수 있다.

마지막으로 연구참여자들의 타자성 형성에는 역사적·시대적 사건이 깊이 반영되어 영향을 미쳤다고 할 수 있다. 연구참여자 '가'는 광주사태가 일어 났던 1980년도에 대학에 입학하면서 군사정권시절 일반시민과 대중(타자)의 권리보호를 위해 사회과학 서적에 관심을 가졌으며, 신대원 시절에는 민중 신학을 공부하며 사회적 약자, 즉 타자에 대하여 감수성을 느꼈다. 연구참 여자 '나'는 대학시절 우리나라 민주화의 결정적 계가가 됐던 6월 민주항쟁 운동을 경험하면서 사회의식(타자성)이 생겼고, 연구참여자 '다'도 80년대 중 반 이후 대학시절 학생운동에서 시대적 아픔과 공인으로서의 삶(타자를 배려 하는 삶, 즉 타자성)을 깊이 새겼다고 할 수 있다. 결국 시대적 사건 속에서 연구참여자 자신이 타자를 이해하고 수용하게 됐으며, 이것이 지식을 쌓거 나 현장체험을 하게 하므로써 점증적으로 타자성을 구체적으로 확립시킬 수 있었던 것이다.

결론적으로 연구참여자들의 타자성 형성은 그들이 특별한 생애사적 사건 을 마주치고, 그 마주친 사건의 영향으로 지식을 축적하거나 실천적 활동(경 험)을 하면서 확립되어 갔는데, 이를 Rosenthal의 내러티브 생애사 조사 방 법에 따라 각 연구참여자들의 삶의 역사를 단계별로 재구성하여 좀 더 구체 적으로 표현하면 그들은 대부분 타자와 관계된 환경과 사건을 겪으면서 단 계별로 타자를 지향하는 타자성이 추상적 상태에서 구체적 상태로 또는 간 접적에서 직접적(혹은 특별한 경우에는 반대로도 가능할 것으로 판단 됨)으로 발전·형 성되었다고 볼 수 있다. 이를 다르게 표현하면, 연구참여자들의 타자성 형 성은 성장 과정에서 다양한 타자와의 만남을 통해 이루어진다고도 할 수 있는데, 예를 들면 이주민들과의 교류를 통해 그들에 대한 동질감(우리 안의 타자로 수용하는 감정)을 느끼면서 물 흐르듯이 이주민들을 돕는 여러가지 활동

(타자성 실현)을 하게 된 것이다.

끝으로 연구참여자들이 타자성을 형성하게 된 삶의 역사(생애사) 이야기를 살펴보면 타자성 형성에 연구참여자들의 성향 또는 인품이 본인의 이익이나 행복 추구보다는 타인에 대한 감수성과 배려함을 갖고 있거나, 참여자들의 도덕적(윤리적) 책임감이 우선적으로 요구된다는 사실을 알 수 있었다. 본 연구에서는 개신교 성직자들만을 대상으로 연구하였으나, 윤리적 의식의 유무는 특정 종교와는 연관이 없으므로, 앞으로는 이주민봉사단체 근무자 중에 타 종교를 갖고 있는 종교인들을 대상으로 타자성을 연구하는 것도 의미가 있을 것이고, 동 연구의 여러 시사점 등 연구결과를 더 발전시키고 우리 사회가 다 함께 잘 살아갈 수 있는 공동선을 추구하는 사회가 될 수 있도록 이주민봉사단체 근무자들의 타자성 형성과정에 대한 연구가 지속되기를 희망한다.

06

북미에서 돌아온 은퇴 귀환이주자의 생애사
: 연어의 귀향 – 숲으로 돌아온 연어

1. 연어, 강에서 바다로

1.1. 연구필요성: 연어를 관찰하다

최근까지 한국에서의 이주와 정착에 관한 연구는 다양한 분야에서 활발히 진행되어왔지만 '떠나는 이주'를 전제로 해왔다. 특히 해외 이주국가의 특성이나 이민의 종류, 이주자들의 삶에 대한 이야기가 대부분이었다. 국내로 '들어온 이주자'들에 대한 연구도 활발하게 진행되었으나 대부분 결혼이주자 여성들과 외국인 노동자, 유학생들에게 집중되어왔다. '돌아온 이주', 즉 귀환이주에 대한 연구는 중국동포, 북한이탈주민 등에게 초점이 맞추어졌다. 본 저자는 이 중 '돌아오는 이주'에 대한 연구에 중점을 두었다. 최근의 현상을 보면 북미 지역의 외국국적동포가 갈수록 증가 추세에 있으나, 이들의 귀환이주에 대한 연구가 전무한 상태이기 때문이다. 이들의 해외이주는 시대적인 특성을 지니고 있기는 하지만 각기 다른 개인적인 동기와 목적으로 이루어지며, 이민과 귀환 사이에 정착국에서의 다양한 삶과 복잡한 요인이 자리 잡고 있다. 따라서 이민에서 귀환으로 이어지는 동기와 제반 요인을 이해하기 위해서는 이주자들의 생애사에 대한 이해가 중요하다. 이주를 통한 생애사에는 일생을 통한 개인적 사건과 문화적응 및 변용에 대한 경험, 가족 간의 역학관계, 기타 신변에 관한 무수한 이야기들이 담겨져 있다. 이는 단순한 이주의 사실만을 구술하는 차원을 넘어서는 것으로 이주자의 일생에 걸친 삶을 통한 다양한 현상들을 연구하는 것이다. 그러므로 이러한 자료들은 이주자가 속해있던 사회의 역사적 서술이 될 것이다.

본 저자가 연구하고자 하는 귀환이주 대상자는 미국과 캐나다가 속한 북미 지역으로 한정하였으며 다음과 같은 경우이다. 첫째, 해외에 거주하던 귀환이주자들이 정착국의 국적을 포기하지 않았거나 둘째, 한국 국적을 유지한 채 정착국의 영주권을 취득한 경우 셋째, 정착국의 국적을 소지한 채 한국으로 귀환하여 한국 국적을 취득한 복수국적자이다. 이들은 '보다 나은 삶'을 추구하기 위하여 이주했던 신(新) 이주자로서 다음과 같은 논의를 하고자 한다. 첫째, 이주라는 현상이 이주자들의 삶에 미친 영향에 대한 분석이다. 둘째, 국가 혹은 사회와 귀환자들과의 역학관계이다. 셋째, 귀환이주자의 정착과정의 문제점과 그 특성에 대한 분석이다. 이주자들의 이주사유와 정착국에서의 삶의 고찰, 그들의 귀환 사유, 정착 과정의 문제점 등을 통해 그동안 살아온 정착국과 기원국이란 공동체에서 새롭게 생성되는 경험과 유동적인 이주자 정체성을 발견하게 될 것이다.

이들은 언어와 문화가 동일하고 자신이 출생한 국가인 대한민국으로 귀환한 사람들로서 이들의 귀환이주는 저출산과 고령화로 사회문제가 심각한 한국사회에 귀중한 인적자원이 될 수 있다. 그러나 이들의 귀환은 자발적이지만 개별적으로 발생하고 있으므로, 인터넷 커뮤니티와 사회적 연결망을 통한 제한적인 정보에 의존할 수밖에 없는 상황이다. 귀환이주자들은 언어와 민족적 공통점에도 불구하고 오랜 시간 고국을 떠나 타국에서 생활하였기 때문에 귀환 후 경제, 문화적인 상실감이나 문화충돌 등의 경험으로 인해 정착에 어려움을 겪기도 한다. 이들은 한국사회에 형성된 '새로운 소수자'로서 다수인 한국인들과 함께 공존할 수 있는 안전한 정착과 사회 적응을 어떻게 모색해야 하는가의 문제가 제기된다. 본 연구는 바로 이러한 관점에서 북미 출신 귀환이주자의 사회적응 과정 및 그 문제점을 분석하는데 목적이 있다.

1.2. 연구동기: 연어 이야기

저자는 캐나다와 미국에서 거주했던 경험을 가지고 있다. 이주 배경에는 1960년대 이후 미국으로 이주했던 외가 식구들의 영향이 있었다. 유학생의 신분으로 정착했던 외가 쪽 친척이 한국의 가족들을 초청했었다. 1970년대 외 이모할머니는 언니인 외할머니를 초청하셨지만 외할머니는 초청에 응하지 않으셨다. 저자는 외할머니가 어머니를 초청하여 우리 가족은 미국으로 이주할 것으로 알고 유소년시절을 보냈었다. 그것이 외할머니에서 멈추었을 때의 서운함과 안타까움으로 인해 성인이 되어서 자주적인 이민을 추진하게 되었다. 가족 초청을 통한 이민이 아니면 미국 이민은 사실상 어려웠다. 1990년 초반에는 호주, 뉴질랜드, 캐나다가 비슷한 범주의 이민을 허용하였다. 본 저자는 답사를 겸해 호주와 뉴질랜드를 방문하였다. 그러나 한국과 너무나 다른 모습에 자신감을 잃고 말았다. 오후 4시면 상가는 문을 닫았고, 거리는 한산했고, 고요했다. 자연환경은 아름다웠고, 집값을 비롯한 물가는 저렴했으며, 날씨도 좋았다. 그러나 그런 환경에서 살아갈 자신이 없었고 최종적으로 택한 나라가 캐나다였다. 캐나다는 무엇보다 미국과 국경을 접하고 있었고, 다른 나라에 대한 선택의 여지가 없었으므로 특별한 사전지식도 없이 투자이민을 신청하게 되었다.

1995년 3월 26일, 김포국제공항을 떠나 밴쿠버 국제공항에 도착하였다. 선진국이라는 캐나다의 공항은 한국의 김포공항보다 여러모로 뒤떨어져 있었다.[1] 그날은 비가 왔고, 이삿짐을 보냈던 국제화물운송회사의 대표가 공

---

1. 저자가 밴쿠버에 정착한 다음 해인 1996년에 신국제선 여객터미널이 완공됨으로써 비로소

항에서 우리 가족을 픽업해서 한국식당에서 식사를 대접하였다. 그곳은 킹스웨이(Kings way)에 있는 대표적인 한인타운이었는데 서너 개의 초라한 한국식당과 조그마한 한국식품점이 있었다.[2] 식사를 마친 후 호텔에 데려다주었는데 길거리가 매우 초라했다.[3] 밴쿠버의 다운타운 중심지인 랍슨거리(Robson Street)의 호텔에 여장을 풀고 첫날밤을 보냈다. 그 후 비는 거의 매일 내렸고 좀처럼 해를 보기가 어려웠고 오후 네시만 되면 어두워졌다. 나중에서야 늦가을부터 초봄까지 거의 매일 비가 내리고 일찍 어두워진다는 것을 알게 되었다. 한 달 후 저자는 밴쿠버 국제공항에서 어린 두 자녀와 함께 한국으로 떠나는 남편을 배웅하였다. 그것이 우리 가족의 캐나다 이민생활의 시작이었다. 저자의 남편은 캐나다에서 사업을 해보려고 했으나 여의치 않았으므로 어쩔 수 없는 기러기 가족이 된 것이다.

저자는 2010년 귀환이주 하였다. 그 중간에 미국의 로스앤젤레스와 한국에서 잠시 거주하였다. 자녀들이 성장하면 한국으로 돌아갈 것이라는 생각을 가지고 정착한 캐나다였다. 귀환 후 처음 정착한 곳은 부산이었다. 당시 한국어가 서툰 자녀를 해운대의 한 외국어고등학교에 편입시키기 위해서였다. 졸업 후 차녀는 서울의 대학교에 외국인 특별전형으로 진학하였다.

귀환 후 놀라웠던 점은 외국인이 아주 많더라는 것이었다. 이는 저자가 한국을 떠나있는 동안의 변화상을 단적으로 보여주는 것이었다. 저자는 귀환 후 어린 시절의 친구들과 접촉해 보았으나 오래가지 않아서 거리감을 느끼게 되었다. 문화적 거리감은 물론 교육이나 생활상의 공감대를 형성하기 어려웠다. 그래서 비슷한 사람들이 모여 있는 곳을 찾게 되었다. 외국 거주 경험이 있는 사람들과는 서로 공감하는 바가 있었고, 그들도 저자와

명실공히 국제공항으로서의 면모를 갖추게 되었다.
2. 저자의 이민초기에는 한국식품 등을 사려면 이곳으로 한 시간 가량 차를 몰아서 가야했다.
3. 그곳은 East Hastings Street와 밴쿠버 국립도서관이 만나는 지점으로 노숙자들의 집성촌으로 마약, 빈곤, 범죄, 정신질환, 매춘 등이 횡행하는 곳으로 대낮에도 운집해있는 노숙자들을 볼 수 있다.

비슷한 정착과정의 어려움과 불편함을 겪고 있다는 사실을 알게 되었다.

본 저자는 이주라는 인생의 중요한 사건을 경험함으로써 기러기가족, 국적변동, 특수목적 고등학교와 대학·대학원 특례입학, 귀환이주, 재진입 충격 등의 특수성을 경험하였다. 이러한 경험은 북미출신 귀환이주자들의 삶을 이해하고 공감함으로서 동질감을 갖게 되었다. 이에 저자는 캐나다와 미국 출신 귀환이주자들을 대상으로 심층 인터뷰를 통한 이주사를 연구하기로 마음먹게 되었다. 이로써 이들의 이주 후 적응 경험과 과정, 그리고 귀환 동기와 귀환 후 삶이 지니는 가치와 의미를 이주사를 통해 파악하고 해석함으로써 이들의 삶을 소소히 알리고, 이들이 경험한 이주사를 조명하는 작업이 필요하다고 판단하였다.

1.3. 연구목적: 연어의 회귀

1990년대 초 이후 귀환이주에 대한 관심이 날로 증가함에 따라 그에 대한 연구방법도 더욱 다양해지고 있지만, 여전히 어려움이 적지 않았다. 지금까지 연구는 대부분 질적 연구이다. 이는 귀환이주자들의 표본이 적고 밀집해 있는 지역이 한정적이고, 귀환이주의 역사가 짧아 양적연구를 통한 일반화가 불가능하기 때문이다. 한편 문헌연구는 역사적 사실을 충분히 반영하였지만 이주자 개인의 삶을 반영하지 못했다는 아쉬움이 있다. 지금까지 귀환이주가 국제적인 관계 속의 정치, 경제, 사회적인 문제를 중심으로 진행되었다면 앞으로는 이주사를 통한 개인의 정착과 적응에 관한 연구가 활발하게 이루어질 필요가 있다. 이는 귀환이주자 개인의 문제가 아닌 사회 전체의 구성과 조화에 타협점을 찾는데 중요한 사안이기 때문이다.

본 연구와 관련하여 특히 주목할 만한 것은 귀환이주의 경우 민족정체성을 중심으로 한 유형별 문화적응에 관한 연구이다. 그중에서도 민족정체성과 귀환이주자를 대하는 한국인의 태도 및 국민적 인식에 관한 연구(윤인진,

손지혜, 이종원, 2019)와 안정효의 미국교민들을 소재로 한 소설을 통해 미국이 민사회를 조명한 연구(윤정헌, 1996)는 본 연구와 관련하여 해당 분야의 기초 자료로서 의미하는 바가 크다. 그러나 지금까지의 귀환이주(자)에 대한 연구들은 구체적이고 실제적인 '개인의 삶'에 주목하여 이주 배경과 정착의 경험에서 드러나는 '귀환의 의미'를 밝히는 데는 일정 부분 한계를 지니고 있다. 또한 최근 경향적인 북미출신의 귀환이주자에 대한 연구는 전무하여 이들에 대한 연구가 필요한 부분이라 하겠다. 그러므로 본 연구는 개인과 가족의 사례에 주목하여 미시적 시각에서 귀환의 의미를 조망하였다고 볼 수 있다. 이로써 그동안 연구되지 않은 자발적이며, 신이주자에 해당하는 북미지역의 귀환이주의 의미를 살펴보게 될 것이다.

2. 연어 삶의 이해: 연구방법괴 연구참여자

2.1. 연구방법: 연어가 머무는 곳

본 연구의 목적을 달성하기 위하여 저자는 질적 연구방법을 사용하였다. 이는 북미지역으로 부터의 귀환이주의 역사가 짧고, 국적, 체류자격 등을 중심으로는 귀환이주자를 정의내리기 조차 불명확하며, 이들에 대한 정부의 통계치가 불분명하여 양적연구로 진행하기가 사실상 불가능하기 때문이다. 또한, 구체적인 경험을 살펴보기 위해서 추상화된 변수를 다루는 양적 접근보다 내부적 관점을 반영하는 질적 접근이 필요하기 때문이기도 하다. 그러므로 이주라는 사회적 행동에 대한 집중적인 연구를 전개하기 위해서는 다수의 자료를 통계적으로 분석하는 것보다 참여관찰적인 상호작용을 할 수 있는 심층적인 연구가 필요하다고 보았다.

'이주'는 개인의 인생에 있어 거대한 전환과 파급을 가져오는 일생일대의 사건이다. 저자는 이 연구가 '이주'라는 사건을 중심으로 진행된다는 점, 이주자의 태생과 성장하는 동안의 교육환경과 성장과정 등은 이주 이전의 상황이었다는 점을 고려하여 생애사 연구로 진행하였다. 본 연구의 주제가 귀환이주와 귀환이주자라는 특정한 개인과 집단의 사건에 초점을 맞추고 있으며, 일부 참여자의 경우는 태생적이거나 비 선택적 이주사를 겪었으므로 이들의 사례는 자연스레 구술생애사의 형식을 띄고 있다. 이주를 중심으로 한 생애사는 개인이 삶의 주체자로서 이주의 경험을 자신의 시각으로 재구성한 삶의 이야기로서 대상에 대한 여러 변인을 심층적으로 연구할 수 있다.

이러한 귀환이주자들의 서사를 통해 이주과정과 유형, 이주의 구조와 문화, 그리고 이주에 관련된 행위자들의 역할에 대해 많은 것을 알 수 있다. 그들의 서사는 다른 지역 및 다른 시기에 이주한 사람들과의 비교를 통해 일반화를 도출할 수 있게 한다. 즉, 개인적 서사를 텍스트로 취급하고 '이주 이야기'를 주의 깊게 듣는 것은 곧 귀환이주자들이 자신들 내부에서 파악하고 있는 세계관 및 그들의 일상의 경험과 물질적 삶을 보다 잘 이해하도록 하는 것이다(박정석, 2007). 그러므로 미국과 캐나다 출신의 귀환이주자를 대상으로 한 인터뷰를 통하여 이주 이전, 이주 과정, 이주지에서의 직업, 그리고 귀환에 이르기까지의 과정을 생애사적 관점에서 살펴보고자 한다. 참여자들의 이야기는 주로 이주로 인한 새로운 세계에서의 정착과 관련되었지만 그 안에서 그들이 가졌던 갈등과 경험이 삶 속에 녹아있다. 이러한 다양한 사연들을 통해 이주 후 정착 과정의 문제점과 추후 지향할 바를 상호 연결하여 분석하고자 하였다.

본 연구에 참여한 귀환이주자의 범주는 미국이나 캐나다에서 거주했었고, 귀환 당시 정착국의 시민권을 소지하거나, 영주권을 소지하였던 경험이 있고, 단독이 아닌 적어도 직계가족이나 배우자 등과 동반하여 거주했던 가족단위 이주의 경우로 한정하였다. 참여자는 귀환의 실질적인 주체자로서 지인 혹은 그들을 통하여 소개받은 사람들과 저자가 속해있는 인터넷 모임4에서 선별하였는데 남녀 성별과 연령, 정착국, 이주 세대와 종류별, 한국에서의 체류 형태 등 다양성을 확보하고자 하였다. 그럼에도 남성 참여자가 많고, 60대 이후의 고령 참여자가 많으며, 상대적으로 미국 출신이 많다. 남성 참여자가 많은 이유는 남성이 이주의 주체가 되었기 때문이다. 또한 귀환이주자들은 모두 '고향'을 동경할지 모르지만, 일반적으로 여성들은 새로 얻은 자유를 포기하고 보수적인 사회 조건으로 돌아가고 싶어 하지 않기 때문에 기원국으로 돌아가는 것을 꺼리는 경우가 많다. 한편, 60대 이후의 고령 참여자가 많은 이유는 이주 1세대 이주자들은 대부분 한국으로의 귀환을 염두에 두고 떠났기 때문에 자연스럽게 귀환할 수 있었다. 그러나 정착국에서 삶의 터전을 마련한 이주자들이 직업과 자녀의 학업 등을 배제하고 귀환하기란 쉽지 않다. 그러므로 이들의 귀환은 생업과 자녀로부터 자유로운 장년기 이후에 활발한 것이다.

캐나다와 미국은 하나의 북미대륙에 존재하며 일찌감치 이민문호를 받아들인 국가이지만 이들의 이민제도에는 차이가 있다. 미국은 다양한 문화를 하나로 녹여 새롭게 창조한다는 의미의 멜팅팟(Melting Pot) 이론을, 캐나다는 하나의 큰 그릇에 담되 각각의 고유한 모습을 유지한다는 샐러드볼(Salad Bowl) 이론을 유지하고 있다. 또한 미국은 이민의 종류가 다양한데 비해 캐나다의 경우는 한정된 범주의 이민자를 수용하는 정책을 펴고 있다. 그러므로 본 저자는 현지 문화의 적응도와 이주 원인 등의 다양한 표본을 구하기 위하여 참여자 선정에 있어 미국 출신의 이민자의 비중을 높이게 되었다. 그러나 미국과 캐나다 출신자들을 상대적으로 분석하기 위함은 아님을 밝혀둔다.

본 연구에서는 Morse & Field(1995)의 관점에 따라 심층면담의 방법으로

---

4. 카페명: 다음 카페의 '역이민' 참조(http://cafe.daum.net/back2korea)

비형식적인 면담과 반구조화 된 면담을 실시하였다. 비형식적인 면담은 저자와 연구참여자 간에 자연스러운 상황에서 대화를 실시하여 공감대와 신뢰감 형성을 목적으로 하기 위함이며 반구조화 된 면담은 저자가 질문해야 할 내용을 거의 알고 있지만 답변을 예측할 수 없는 경우에 사용한다. 저자는 연구참여자로 하여금 이주사에 대한 체험적인 이야기를 하도록 만들고, 면담 도중 연구참여자에게 자신의 말로 어떤 상황을 설명할 수 있는 자유를 부여하기 위하여 이 방식을 선택하였다.

2.2. 연구 참여자: 연어 들여다보기

질적연구에서 연구참여자 선정은 곧 연구의 핵심과제이며 연구의 전개의 핵심이므로 사실상 가장 많은 시간이 필요한 작업이다. 저자는 연구에서 다음과 같이 이주자의 형태적 다양성을 존중하였다. 미국에 유학 후 한국으로 귀환하여 정착한 경우, 미국에서 장기간 영주권자로 살다가 한국으로 귀환하여 미국 영주권을 포기하고 완전한 한국인으로 사는 경우, 미국 시민권자와의 결혼으로 시민권을 취득한 후 귀환이주한 경우, 유학 후 미국에서 시민권을 가진 배우자와 결혼하여 거주하다가 이혼 후 귀환이주하여 한국 국적을 회복한 경우, 가족과 함께 캐나다로 이주하여 시민권을 획득하여 살다가 귀환이주와 동시에 한국국적을 회복하여 사는 경우, 부모님을 따라서 캐나다에서 거주하다가 가족이 모두 귀환이주하자 학업을 마치고 귀환이주하여 외국인으로서 거주하는 경우, 한 살에 미국 가정에 입양되어 성인이 된 후 귀환이주 한 경우, 캐나다에서 출생하였지만 성인이 된 후 한국 남편과의 결혼생활을 위해 귀환이주한 경우 등인데, 사실 이 경우는 출생지가 캐나다이므로 귀환이주자 여부에 대한 논란이 생길 소지가 있다. 그러나 부모 모두 한국출생이었고, 참여자가 성인이 될 때까지 세 차례의 한국방문을 통해 한국인이라는 민족정체성을 인식하게 되었고, 한국에 귀환한 이후

26년간은 한국에서만 거주하였기 때문에 참여자로 선정하였다.

저자는 총 11명의 참여자를 심층면담하였으며, 이들의 이야기가 이주사로 구성되기 위하여 수차례의 면담이 이루어졌다. 심층면담은 타자의 삶을 듣고, 이해하고, 기술하기에 가장 일반적이고도 적절한 방법이라고 알려져 왔다. 저자는 참여자들과 소통을 위하여 일반적이고 일상적인 언어를 사용하였으며, 전문적이거나 복잡한 용어의 사용을 지양하였다. 또한 이주 2세대나 1.5세대를 대상으로는 모든 대화를 영어로 하거나 영어와 한국어를 혼용하여 사용하여 질문하였다. 한 참여자의 경우는 영어로 면담을 진행하고 이를 전사하였고, 이와 함께 한글 번역을 첨가하는 방법을 택하였다. 또한 일부 참여자의 대화 중에 발생되는 은어와 비어, 속어 등은 각주를 달아 설명을 하되 원어는 그대로 기술하였다. 이는 이들의 언어 속에 담긴 생애사가 가장 적절하게 묻어 나올 수 있게 하기 위함이었다.

3. 연어의 생애: 참여자 이야기

저자는 총 11명의 참여자들의 이주사 중 두 사람의 이주에 얽힌 생애사를 안내하고자 한다. 이들의 생애사는 이주 이전과 이주 동기 및 과정, 정착과 이주 후 생활, 귀환계기 및 귀환 후 정착, 현재의 삶과 미래의 계획 등으로 구성되어 있다. 일반적인 생애사가 아동기, 학령기, 청년기, 중년기, 노년기 등 연령을 중심으로 전개된 반면에 이주사는 '이주'를 중심으로 한 공간적 개념으로 구분한 것이다.

두 참여자는 캐나다와 미국에서 이주 후 귀환한 사람들로서 모두 70대 이상의 고령이며, 이주국가에서 은퇴한 이후 귀환하였고, 귀환한 지 5년 차에 접어들었으며, 복수국적 소유자이다. 구성된 사례를 통해 이들의 이주사를 살펴기로 한다.

3.1. 참여자1 : 경제대국으로 발전한 고국의 재발견

이 인터뷰는 참여자1(이주 1세대/80세/캐나다 25년 거주/귀환이주 5년차)이 거주하는 남양주시의 한 임대아파트에서 이루어졌다. 복도식 아파트였지만 두 집만 공동 복도를 사용하고 있었고 현관문 쪽으로는 수락산이 장엄하게 펼쳐져 있었다. 공기는 쾌청했고 산책하기도 좋아보였다. 지은 지 몇 년 안된 실내는 원룸형식으로 되어있었는데 혼자 살기에는 충분해 보였다. 임대주택을 보더라도 한국의 복지가 얼마나 잘되어 있는지 실감할 수 있다.

1) 이주동기

1990년 후반, 빠른 속도로 진행되어가고 있는 인구의 고령화와 출산율의 저하로 인해 캐나다의 이민정책은 보다 적극적인 이민정책으로 변해가고 있었다(문영석, 2005). 당시 캐나다는 세 가지 범주에 속한 사람들의 이주를 주로 수용하였는데 대표적으로 주정부와 연방정부에서 각각 진행하는 투자이민, 자영이민, 독립이민 등이 있었다. 참여자1은 1991년에 투자이민으로 캐나다로 이주하였다. 당시 참여자는 사업경력과 당시 50세의 나이로 해외로 이주하기는 쉽지 않은 결정이었다.

> "내가 제조업을 했어요. 업무용, 호텔용 가구제조였죠. 내 나름대로 상당히 잘 키웠는데 내가 고향발전을 위한다고 농공단지 김제에 크게 공장을 신축했어요. 하다보니까 자금압박도 받고 노조가 생기고..그때 김제가 평야거든요. 공장이 없어서 여자들을 고용시켜서 농촌 총각들 장가보내자는 의도로 전자공장을 창업했어요. 그래서 직원들 연수보내고 한다고 직원을 한번에 130명을 뽑으니까 씀씀이가 많았어요."

> "나는 애국한다고 했는데 실제적으로 전자공장을 하면서 연수도 시켜야거든요. 그때 구로공단에 공장이 있었기 때문에 연수도 시키

고 하는데 이 친구들이 전부 다 스카웃 당해요. 노조가 생기고 그러다보니 사업의욕을 상실했어요. 그 반면에 자금압박도 받고 그래서 누가 백억을 투자할 테니 사장직을 내놔라...이런 기업 사냥꾼한테 걸렸어요. 기업사냥꾼이 다섯 명인데 투자하려면 모든 기업을 실사하겠다. 그때 당시 유망 중소기업체였는데 그래서 자부심이 대단했어. 명성이 있으니까. 나는 이 사람들이 백억을 투자하겠다는데 내 기업을 알아야 할 거 아니냐고 하라고 했어요. 이 사람들이 한 이주 동안 기업. 장부를 전부 실사를 하더니 투자를 차일피일 미루는 거예요. 그러다보니 내가 대표이사직을 내어주고 물러났죠. 이제 회장님이니 집에서 쉬십시오. 그동안 고생 많이 했으니까, 쉬십시오 그러는 거야."

"그래서 잠깐 쉬라고 해서 홀가분하게 했는데 이 사람들이 구로공단 땅 팔아먹고 투자는 않고 회사 신용이 있으니까 이거가지고 어음 장난을 하고 어디에 모텔도 사고 그래가지고 회사를 그냥 주워먹은 거야. 회사를 망하게 한 거야.

그래서 어떻게 할 수 없어서 이들을 죽이고 싶은 마음이 들어서 괘씸하고 속상해서 이들 5명을 죽이고 나도 죽자.."

1968년부터 기업을 운영했던 참여자1은 기업의 이윤보다는 사명감을 가지고 사업에 임했다. 고향인 김제에 공장을 짓고 노동자들을 고용하고, 그들의 결혼을 주선하였지만 노동력의 손실로 경영에 어려움을 겪게 되었는데 그때 나타난 투자자에게 속아 경제적 손실을 입게 되고 이후 공장은 문을 닫았다. 이후 우연히 찾은 이주알선 회사에서 캐나다 이주를 소개받고 변호사를 통하여 이민을 진행했다. 순수투자이민을 하려면 사업경력과 합법적인 C$800,000이상의 자산을 증명하며, C$400,000의 투자를 해야 했는데 참여자1은 필요한 자금을 동생을 통해서 마련했다. 당시의 순수투자이민법은 펀드 회사라는 전문 투자 예치 기간을 성장시키고 펀드회사는 예치를 받아 자금을 다시 실제인 투자처에 돌리도록 만들었다. 따라서 펀드회사는 실제 투자처가 아니라 일종의 중개회사의 역할을 하는 것이다(김대식, 2002). 투자자는 C$400,000을 5년여의 기간 동안 투자하게 되는데 전체 투자액의 50%는 연방정부에 의해 각 주별로 할당되어 투자가 이루어지며, 나머지 50%는 각 주의 GDP별로 추가 할당되어 투자가 이루어진다(문영석, 2005). 그런데 참여자1은 C$400,000을 투자하고 5년 후에 돌려받지 않고 5년 치 이자인 약 C$100,000을 선지불함으로써 투자이민이 이루어졌다.

2) 이주 후의 생활

이주 당시 한국은 교통 체증이 심했는데 캐나다에 도착하니 교통도 편하고 자연경관이 뛰어나고, 공기 좋고, 날씨도 좋았다. 한국에 거주하던 아파트를 정리해서 약 2억 원을 손에 쥔 참여자1은 그 자금으로 토론토의 중심 지역에 햄버거 가게를 인수해서 약 7년 동안은 잘 운영하였다.

> "해외개발공사에 토론토 지사가 있었는데 창업학교에 가서 소장한테 얘기해가지고 이민자들을 위한 정보를 알아야 한다고 당시 생산성본부에서 창업학교를 하고 그랬잖아요? 그래서 내가 본국에서 자금을 지원받아서 창업학교도 하고 그랬었어요. 내가 중국인이 하는 걸 인수했는데 나중에는 쫄딱 망했어. 왜냐면 10년 계약 했는데 내가 3년 지나서 했거든요 그래서 7년 지나면 재계약을 해. 근데 캐나다 회사가 맥도날드를 유치하려고 계약 연장을 안 해 준거야. 그러기 전에 전화·전자회사가 큰 게 있었는데 직원이 1000여명이 있는 회사가 나가버렸어요 다운타운으로. 그러니까 매출도 안 좋고 어려울 때야. 그래서 헬퍼도 하나 줄이고 했는데 결국 맥도날드 유치한다고 권리금도 없이 나갔어, 20만 불 웃돈주고 샀는데 그냥 (빈손으로)나갔지."

참여자1은 캐나다에 지인이 없었기에 홀로 창업학교를 찾아다니며 사업체를 찾게 되었다. 10년 리스 계약 기간 중 3년을 무난하게 운영해왔던 햄버거 가게를 인수하였는데, 7년이 지나 계약 기간이 만기되었을 때에는 재계약에 실패하여 인수 시 지급했던 권리금을 돌려받지 못하고 계약만료로 가게를 정리하게 되었다.

3) 이주가 자녀에 미친 영향

이주 당시 대학교 2학년에 재학 중이던 딸과 고등학교를 졸업한 아들, 그리고 중학교에 재학 중이던 딸이 동반하였다. 장녀는 MBA 졸업 후 공인회계사 자격증인 CA(Chartered Accountant)와 미국 CPA(Certified Public Accountant) 자격을 갖추어서 캐나다 메이저급 은행 재정담당 이사로 근무 중이다. 신학교에 다니던 아들의 경우는 언어에 대한 장벽 때문에 중도에 대학을 포기하고 사위의 사업체에서 함께 일을 한다. 차녀는 예술대학을 졸업하였고 미혼이다.

사업에 실패한 가장에게 있어 자녀들의 캐나다 이주는 새로운 기회였다. 자녀들이 어느 정도 성장한 후 이주하였지만 아들을 제외하면 언어로 인한 심한 스트레스는 없었다. 참여자1에게는 캐나다에서 출생한 손주들이 있는데 주로 참여자1의 아내가 아이들을 돌보아 주기 때문에 아이들은 한국어를 말하고 이해한다. 이는 환경이 이민자들의 언어 발달과 형성에 영향을 미친다는 것을 의미한다.

4) 한국에 대한 관심과 정보

참여자1은 한국과의 지리적 거리감도 크고, 겨울이 길고, 눈이 많이 오고, 몹시 추운 토론토 지역을 떠나보려고 했었다. 그래서 British Columbia주의 나나이모라는 지역으로 이주를 위한 답사를 갔었다. 나나이모는 밴쿠버에서 페리를 타고 약 2시간 이동하면 닿는 밴쿠버 섬에 있는 도시이다. 겨울에도 춥지 않고 밴쿠버와도 거리상 가까운 편이라 이주하고 싶었지만 자녀들이 토론토에서 자리를 잡은 터라 아내의 반대가 심해서 결국은 토론토에 눌러앉았다. 20년을 캐나다에 살면서 딸 결혼식 때 한 차례 한국을 방문한 것이 전부일 정도로 한국에 관심도 없고, 깊은 상처가 아물지 않았던 참여자 1은 아주 우연한 기회에 한국을 재인식하게 되었다.

> "내가 갈 때는 한국에 다시 뒤도 안 돌아보려고 했어요. 그런데 이것도 참 우연이야. 내가 2014년에 한민족 축전이 있었어, 한국에서. 세계 각국 교포들을 선발해서 해외 교포들한테 고국의 발전한 모습을 보여준다고 했어요. 그때 내가 선정이 되어 여기 와서 교육을 받다가 오타와에서 잘 나가던 ○○를 만났어. 태권도 사범 이었는데 그의 제자 중 한명이 트뤼도 수상(Justin Trudeau-現캐나다 수상)이야. ○○가 나한테 국적 회복에 대한 정보를 준거야. 난 역이민 이며 국적 회복하는 것도 모르고... 65세가 넘으면 국적을 회복할 수 있다, 캐나다 국적도..자긴 했다 이거야. 그래서 그 얘기를 듣고 바로 대구에서 모든 행사 마치고 바로 와서 인터넷 들어가서 전부 검색해가지고 신청을 했지."

참여자1은 지인을 통해 한국 국적 회복에 대한 정보를 받고 곧 국적회복 절차를 추진하였다. 이는 이주자 간의 소통이 활발하게 이루어지고 있음은 물론이고 한인 커뮤니티가 이주자들의 삶에 크게 영향을 미치고 있다는 의미로 볼 수 있다.

5) 새롭게 본 한국

참여자1은 떠나갈 때의 한국에 비해서 2014년의 한국은 '천지개벽'을 했다고 표현하였다.

> "와보니까 너무 발전했어. 내가 이민 가기전하고 환경을 보니까 천지개벽을 한 거야. 내가 70년대에 일본도 자주 가고, 가보면 지하

철도 잘 되어있고 했는데 여기 와보니 일본 동경보다 지하철이 더 많아지고 그런거 보니까 생각이 달라지는 거야. 그래서 이중국적 신청하고 국적 받았어. 그 담에 지하철 무료도 되고…나한테 이득이 되는게 있는가 해서, 인터넷에 검색해서, 토지주택공사 들어가서 공인인증서 받아서 계속 시도해서 신청했어요. 소득이 없는 사람..국민임대주택 있고 영구임대주택 있는데 여긴 국민임대주택..당첨 되서 인감증명 제출하고 동사무소(現주민센터)가서 모든 서류를 제출하고 그걸 또 검사를 해. 그래서 다행히 됐어."

서울경제신문의 기사에 의하면 6·25전쟁 직후인 1953년 1인당 소득 67달러에서 시작한 한국은 1977년 1,000달러를 달성한 뒤 1994년 1만 달러를 넘어서는 급속한 성장을 일궜다. 이후 성장속도가 다소 둔화돼 12년 만인 2006년에 2만 달러를 넘었고 다시 12년이 지난 2018년에 3만 달러 고지를 밟았다.[5] 참여자1의 이주 시점이 1991년이었는데 이때의 국민 소득은 채 1만 불을 넘지 못했다. 지금은 3만 달러 시대를 열었으니 약 세 배의 성장을 보인 것이다. 새로운 한국을 발견한 참여자1은 한국 국적을 신청하게 되었고 법무부로부터 9개월간의 심사를 받은 후 2015년에 대한민국의 국적을 취득하였다. 다음 해인 2016년에 임대아파트에 당첨되어 현재 그곳에 거주하고 있다. 보증금 3,600만원에 한 달 30여만 원으로 월 임대료와 관리비를 지출하고 있다.

"원래 30년 임대야. 2년에 한번 씩 재산을 조사하고 계약을 갱신해. 재산이 불어나면 쫓겨나고… 그래서 저소득층들이 사는 거야. 나는 봄, 가을은 여기 있고, 여름, 겨울 3개월씩은 캐나다에 가는 거로 계획했어요. 일 년에 네 번을 비행기 타야지"

참여자1의 배우자도 국적회복을 하였지만 손주를 돌보면서 사는 캐나다

5. 기사 "30-50의 그늘" 서울경제신문(2019-03-05)제공, 2020.2.25검색

생활에 만족하기 때문에 동반귀국하지 않았다.

6) 한국에서의 생활

79세의 고령인 참여자1은 한국에 돌아온 이후로 다양한 모임 등에 가입하여 등산, 걷기, 파크골프 등 레저스포츠를 즐기며 소일하고 있다. 생활비는 캐나다에서 나오는 노인연금과 한국에서 지급되는 기초노령연금, 그리고 자녀가 주는 용돈으로 충당하고 있는데 풍족하진 않으나 생활하는데 큰 아쉬움은 없다. 한국은 사회복지가 잘 되어있어서 지하철을 무료로 이용하고, 병원비도 아주 적게 든다며 만족하였다. 일 년의 절반은 캐나다에서 거주하는데 이는 캐나다에서 지불하는 노인연금 문제와 가족과의 결합 등이 이유다. 캐나다에서는 거의 외출을 하지 않고 집에만 있다가 주말이면 이민동기들과 함께 가까운 산을 찾는다. 한국에서의 생활은 간섭받지 않고 살 수있어서 마음 편하고, 손수 식사를 준비하기도 하지만 저렴하게 외식할 곳이많아서 불편함이 없다. 캐나다의 조용함이 식상할 즈음에 찾게 된 한국은늘 활력이 있고 사람 사는 냄새가 난다. 그러나 불안한 부분도 있다.

> "여기가 환경이건 뭐건 다 좋은데 한 가지 정치 때문에 상당히 불안해서 그게 좀 그래.. 식당도 가보면 분위기가 살아나질 않잖아. 가게도 많이 철시하고.. 활성화 돼야 하는데 그게 안 돼. 뉴스를 보면, 유투브로 뉴스를 봐요. 그건 진짜 뉴스를 보여줘. 내가 옛날에 이민 가기 전에 60년대에 펜팔을 했었어요...그때 당시에 필리핀이 잘 살았는데 지금은 그렇게 못 살아... 우리 한국이 서서히 그렇게 가려고 하고 있는 거야 지금.. 기업을 활성화해야 세금 징수도 하고 국가 살림도 하잖아요. 국가가 재벌 총수들한테서 뺏으려고 하니까 기업이 제대로 됩니까? 자꾸 꼬투리잡고...내가 기업을 해봐서 이런 생각한다니까."

노조를 인정하지 않는다는 참여자1은 노조 때문에 임금이 인상되며 그로 인해 외국인을 고용할 수밖에 없는 현실이 안타깝다. 한국인들도 어려웠던 시기를 기억하지 못하고 어렵고 힘든 일을 하지 않으려고 하는 자세와 겪어 보지 않은 어려웠던 시기를 너무 모르는 것도 문제점으로 지적했다. 한국의 경제가 선진국 대열에 있는 것은 사실이나 공중도덕 의식이나 국민의식은 선진국이 안 되어있음을 안타깝게 생각한다.

> "내가 해외에서 오래 살다보니까 갭이 있어. 30년을 해외에서 살았잖아요. 소통이 잘 안될 때가 있어. 모임 가보면 단체생활인데도 자기중심 사람들이 자기 뜻에 반하면 독불장군처럼 행동하는 사람 있어. 그런 모습은 토론토의 한인들에게선 못 봤어. 국민성이란게 환경에 작용하는 거 같아요."

한국에서는 대중교통과 자연환경을 최고로 꼽았다. 활발한 지방자치제의 활동으로 등산길을 가꾸고 덕분에 건강관리를 잘 할 수 있는 점을 높이 샀다. 또한 한강주변 개발이나 자동차 전용도로 등은 예전에 동경에 갔을 때 부러워했던 것보다 훨씬 잘 만들었다고 말한다. 참여자1은 양쪽 귀가 잘 안 들려서 인공와우[6]를 하려고 하는데 3,000만 원 정도 비용을 예상하고 있다. 캐나다에서 하면 무료가 아니냐는 저자의 질문에 이렇게 답한다.

> "캐나다에선 들어본 적이 없어. 세계에서 한국으로 오잖아요. 의료시술 받으려고..한국이 앞서가는 게 많아..대단해."

참여자1은 한국의 발전을 실감하며 하루하루를 감사히 살고 있다고 전하며 인터뷰를 마무리했다. 우연한 계기로 한국을 방문하여 한국의 발전상에 감명을 받고 한국인으로 다시 살고 싶은 마음에 국적회복을 하게 되었다.

---

6. 와우 질환으로 양쪽 귀에 난청이 발생한 환자가 보청기를 착용하여도 청력이 나아지지 않을 때 인공와우를 이식하는 수술(서울대학교 의학정보 제공, 2020. 2. 20. 검색)

무료로 이용할 수 있는 대중교통과 아름다운 자연환경, 건강한 삶을 제공하는 공원과 휴식 공간, 사통팔달인 자동차 전용도로 등 한국인으로서 누릴 수 있는 모든 권리를 누리고자 하였다. 또한 경기도 남양주에 임대주택도 분양받아 저렴한 비용의 월세를 내고 거주하고 있다.

그러나 이 부분은 형평성 문제를 야기할 수 있다고 본다. 한국에서 태어나 계속 한국에서 거주하고 세금을 내었으나 경쟁에서 뒤져 선택되지 못한 많은 한국인들이 있는 반면, 타국에서 타국의 시민권을 가지고 생활하다가 귀국하여 한국국적을 회복한 후 얼마 되지 않아 '운 좋게' 국민임대주택을 분양받을 수 있다면 성실히 납세한 누군가는 그 권한을 누리지 못하고 빼앗긴 셈이다. 이는 한국인들로서는 상실감을 느낄 수 있는 부분이라 볼 수 있다. 또한 이러한 정보는 이민자들에게 공유되고 있어 자칫 귀환자들과 한국인들 사이에 마찰이 생길 우려가 있다. 더군다나 참여자1은 캐나다에 거주하는 집이 있고 일 년에 두 차례씩 캐나다와 한국을 오가며 살 정도의 형편이 좋은 편이다. 이 부분에 대한 개선이 필요하다고 보인다. 왜냐하면 이러한 혜택이 귀환한 재외동포에 대한 특별한 혜택으로 보여 부정적 시각을 유발하여 국민 간에 공연한 오해와 불화를 야기할 수 있기 때문이다.

3.2. 참여자2: 성취하지 못한 아메리칸드림

연구참여자(이주 1세대/70세/캐나다 25년 거주/귀환이주 5년차)는 비가 오는 일요일, 안양시에 있는 한 교회에서 인터뷰가 진행되었다. 그 지역에 거주하고, 이 장소를 잘 아는 참여자는 교회가 바쁜 점심을 피해 오후 4시에 만나자고 제안하였는데 오후에도 여전히 분주했다.

1) 미국 이주의 계기

참여자2는 배우자의 초청으로 미국으로 이주하게 되었다. 당시 한국에서 소규모 공장을 운영하던 참여자2는 결혼 적령기에 접어들자 친척으로부터 중학교 때 미국으로 이주한 여성을 소개받았고 이들은 서로 편지를 몇 차례 주고받은 후 결혼하게 되었다. 이주 결심의 배경에는 사업의 어려움이 있었는데 명절 때마다 찾아오는 공무원들에게 떡값을 지불해야 생존하는 현실에 적응하기 어려웠다. 그런 와중에 미국에 사는 한인 여성을 소개받게 되자 참여자2로서는 결혼 후 이주하여 새로운 세계에서 새롭게 출발하고자하는 기대를 하게 되었다는 것이다. 참여자2의 배우자는 한국을 방문하여 상견례를 한 후 결혼과 동시에 한국에서 6개월을 거주했다.

> "우리 집사람이 여기 왔죠, 이젠. 그냥 머 얼굴을 보고 결혼할지 말지를,, 그쪽에서도 궁금할 거 아니에요. 여자 입장에서..저는 그냥 결혼한다고 그랬죠, 사진만 보고..완전히 하와이 식이죠. 결정을 미리 한 거죠. 사진을 보고 지인들이 소개한 거라 모든 걸 믿고 결정을 내렸죠. 오시라고..날짜를 잡겠다고..그래서 온 거예요. 결혼식도 서울에서 했고..6개월 정도 살다가 먼저 (미국에) 갔지요."

참여자2는 사진신부의 내용을 알고 있었다. 1912년 하와이에 사탕수수 농장에서의 노동을 위해 떠났던 남성들이 결혼을 하는 과정에서 사진신부(Picture Bride)라는 용어가 등장하였다. 당시 조선인 남성은 인종차별법이 엄중해서 현지의 미국인과 결혼할 수 없었기에 초기의 500여 명의 미혼 남성들이 사진을 교환하여 일정한 돈을 보내 신부를 데려오는 관행이 이루어졌다(정미옥, 2018). 물론 그 당시에는 지독한 가난과 성차별적인 관습과 식민지배를 받던 상황이라 1980년대와는 분명히 다르다. 그러나 참여자2는 남녀간의 '연애'를 생략하고 바다 건너에서 사진을 통해 배우자감을 소개받고 결혼을 선택한 방식을 사진신부에 비유한 것이다. 당시 이런 중매결혼의 관습은 한국에만 존재하는 것은 아니다. 2014년에 상영된 영화 '인생면허시험(Learning to Drive)'을 보면 알 수 있는데, 이 영화는 한 잡지에 오른 실제기사를 바탕으로 제작되었다. 미국에 거주하는 인도남성(운전교관)이 사진만 본 신부를 모국인 인도로부터 초청하여 살면서 겪는 문화충돌 과정을 나타내었다. 주인공으로부터 운전강습을 받는 미국여성의 '애정'이란 감정을 생략한 중매결혼에 대한 '이해불가'와 미국생활을 두려워하는 인도신부의 '미국거부', 출생국에서 고학력 대학 강사였던 주인공이 이주 후 운전교관으로 근근이 생활하며 뉴욕의 지하방에서 사는 모습, 미국에 이주하였으나 터번을 버리지 않는 민족성의 고수, 동일 민족이나 물리적 거리감이 만든 부부 사이의 정체성의 이질감으로 갈등하는 미국계 인도남성의 심리적·문화적 표현은 이민자 생활의 단면이다. 한국에서 거주하는 동안 아내가 시댁식구와 마찰이나 문화충돌은 없었는지 질문하였다.

> "마찰이 아니라 오히려 다들 잘 해줬죠. 왜냐하면 신부가 미국에서 왔으니까, 그때만 해도 미국이 잘 사는 나라였잖아요. 그리고 우리 집이 양재동에 전원주택을 짓고 살았는데 꽤 좋은 집이었어요. 아내 입장에서도 미국이랑 비슷한 집으로 보이니까 불편한 것도 없었구요. 그때 집사람이 한국에 와서 우리 집 식구들로부터 공주 대접을 받았어요."

2) 정착 후 반복된 이사

당시 U$15,000을 가지고 매릴랜드에 정착한 참여자2는 아내의 일가친척이 모여 사는 그곳을 떠나 택사스로 갔다. 처가식구와 떨어져 살고 싶은 공연한 자존심이 발단이었는데 늘 대식구와 함께 거주해왔던 아내는 새로운 환경을 견디지 못하여 힘들어하게 되자 부부는 다시 매릴랜드로 돌아가게 된다. 아내의 생각을 존중해서 처가가 있는 매릴랜드로 이사했지만 참여자2는 자신의 삶에 만족하지 못했고 다시 뉴욕으로 이사하게 된다. 거기에서 1년을 살다가 어떤 사건으로 인해 다시 처가가 있는 매릴랜드로 가게 된다.

"부룩클린에서 1년 살다가 거기서도 우리 집사람이 또 적응을 못하는 거예요. 미국에 오래 살아서 영어가 되지만 적응이 안 되는 거예요. 왜냐하면 애기를 끌고, 유모차 끌고 가는데 흑인 애가 유모차에 돈이 든 줄 알고 기저귀하고 젖병하고 그런 것들을...낚아채는 거예요. 낚아 채니까 유모차가 쓰러지잖아요. 그러니까 이제 애기도 쓰러지고 유모차도 쓰러지고,.그런 봉변을 당한 거예요 이제..그러니까 이제 우리 집사람도 놀래서 안되겠다 싶으니까 이제 매릴랜드에 다시 왔어요. 1년 살다가.."

중학교를 졸업하고 미국으로 이주한 참여자2의 배우자의 경우 일찌감치 미국의 언어와 문화를 겪어보았다. 그러나 한적한 매릴랜드의 소도시에서 살다가 대도시인 뉴욕의 브룩클린으로 이주한 후 또 다른 문화적 충격을 경험하였다. 참여자2의 아내는 미국 내의 도시 간 이동과 이민자 1세인 남편을 통해 문화충돌을 동시에 경험하였다. 이처럼 문화충격은 국가와 언어, 연령의 차이 등 일반적인 경우에만 발생하는 것이 아니라 동일 국가 내와 동일 민족 간이라 할지라도 환경의 변화로서 발생될 수 있다는 사실을 알 수 있다.

"우리 집사람은..아무래도 이제 살아온 환경도 틀리고 단지 집안 어른들만 생각하고 이제 그 개념으로 했는데(결혼) 본인은 본인대로 삶이 있고 나는 이제 내가 자라온 환경이 있는데 거기서 약간의 뭔가..안 맞는거죠..글쎄 생각이 조금 이제..나는 한국식 사고방식이고..그 사람은 이제 부모는 옛날 부모지만 그래도 사고방식이 미국 교육을 받았으니까 거기서 약간 오는 게 있는데 그냥 아..이게 삶이려니..그러고선 우리 열심히 살아보자..그러는데 하여튼 거기서 크게 심각한 다툼은 없었고요.."

그러나 이들 부부는 여러 가지 사건과 갈등을 결혼생활 중 발생될 수 있는 일상으로 인식했으며, 이를 극복하기 위해 오히려 서로에게 의지하며 힘을 합해서 살아갔다.

3) 쉽지 않은 미국생활

참여자2는 미국에서의 첫 직장생활을 편의점 직원으로 시작하였는데 연장근무의 어려움과 장시간의 근무에 지쳐 곧 이직을 하게 되었다. 그 후 매릴랜드와 택사스, 다시 매릴랜드, 뉴욕 등으로 이사 가서 옷가게, 아이스크림 가게, 벼룩시장 등 성공에 대한 꿈과 집념으로 닥치는 대로 일을 했다. 이후 처가가 있는 매릴랜드로 돌아온 참여자2는 흑인 밀집지역에서 테이크아웃 전문점을 하게 된다.

> "거기서 한 일 년 했는데 사람이 그때부터 이상해지더라고요. 허리가 아프고 막..도무지 견딜 수 없이..서 있지도 못하고 앉아 있지도 못하고..아프니까..이제 더 일을 할 수가 없더라구요..그래서 거기서 이제..아..흑인들 상대로 장사하다 보니까 이게 권총강도..권총강도도 한 번 만났고..뉴욕에 살 때도 마찬가지예요.. 뉴욕에 살 때도 아이스크림 가게서 늦게 끝나잖아요. 역시 열한시..그래서 이제 내 집으로 오는데..차비 아낀다고..세 정거장 걸어와요. 밤에..나도 겁도 없었죠. 당시에..걸어오니까 나 혼자 걸어오니까 이제 다가오는 사람이 돈 내 놓으라고 (웃음) 그런 적도 있었고. 아..휴스톤에 살 때도 권총강도..소위 말하는 라버리(robbery)...만났죠...세 번이나 나는 권총강도를 만났는데 목숨은 구했어요. 목숨은 하여튼 유지했다구요.."

한국에서는 상상도 할 수 없는 사건들을 겪은 참여자2는 급기야 병을 얻어 한국에 와서 병원에 다니게 되었다. 허리가 아팠는데 병명도 알 수 없고 이런 고통이 스트레스로 인했다는 것을 나중에서야 알게 되었다. 그 스트레스는 성공에 대한 압박감과 조급증이 원인이었다. 이주 1세대의 경우 영어를 습득하는 것에 한계가 있기 때문에 미국에서 정착하여 자리 잡기 위해서는 기술이 있어야 한다. 그러나 참여자2는 특별한 기술을 보유하고 있지 않았으며 미국에 사는 아내를 만나 한국에서 사업체를 정리하고 주변의 부러움을 받으며 이주했으니 반드시 성공한 모습을 보여줘야 한다는 압박감이 결국 병을 일으키게 된 것이다. 발병으로 인해 생각의 변화를 가진 참여자2는 그 후 모아둔 돈을 투자하여 오피스빌딩 안에 있는 델리샵을 인수하게 되었다. 부부는 주중에는 열심히 일하고 주말에는 쉬었다. 그런데 10년 리스기간이 만료되었을 때 건물주가 그 자리에서 구내식당을 하겠다고 재계약을 거부하자 결국은 빈손으로 가게를 접게 된다. 다시 원점에서 시작해야 하는 기로에 놓인 참여자2는 고민 끝에 상업용 차량 면허증을 따게 되었다. 트럭운전을 위한 시험을 치렀는데 영어를 잘 몰라서 고생했다.

"그때가 내가..(한참 생각하며) 50대 초반인가? 40대 중반인가 고 정도였는데..이거 안 되겠다..그래서 커머셜 라이센스(Commercial License)를 땄어요. 트랙터 트레일러(Tractor Trailer) 트랙터 트레일러 아시죠? 그 라이센스를 취득해서..그것도 시험 보는데 힘들었죠..영어는 좀 되지만 발음이..그것도 이제 필기시험..2차, 3차 관문 통과해야 하고..또 로드테스트(Road Test)로 몇 개의 관문이 있어요. 그거 다 통과해야 하는데..어쨌든 필기시험은..한국인은 필기시험은 잘 보니까..필기시험은 합격했는데 로드테스트가 이제 프리 인스펙션(Pre-inspection)이라고 이제 트랙터에 대한.. 트럭에 대한 설명을 영어로 다 해줘야 되거든요. 왜냐면 안전사고를 예방하기 위해서 운전자가 숙지해야 될 거를 교관이 이 사람이 잘 알고 있나 점수를 다 먹이면서..따라다니면서 점수를 매겨요..그니까 이.. 발음도 이상하고, 발음도 이상하니까 이제, 어쨌든 나는 긴장이 되잖아요. 교관이 따라다니면서 유리창은 어떻게 되고, 배터리는 어떻게 되고, 기능이 어떻게 되고..차에 대한 기능을 설명을 한 바퀴 돌아다니면서 다 설명을..그게 다 90분 소요돼요. 그거를 설명을 해줘야 돼요. 그 설명을 해가지고 어쨌든 합격하고, 테스트도 합격하고, 그

라이센스를 가지고요. 그게 있어야지 취업이 되니까요..운송회사, 통운회사 같은데 취직할 수 있으니까."

어렵게 면허를 취득한 후 보조 운전자로 취업하게 되었다. 트럭과 컨테이너가 연결되어 있는 차량은 주로 미국의 몇 개 주를 이동하게 되는데 워낙 거리가 길기 때문에 며칠 씩 운전을 해야 하므로 잠도 잘 못자고 로드북(Road Book-주행기록지)을 작성해야 하는 등 어려움이 많았다. 운전자는 대부분 미국인이거나 중국인이었는데 그들과의 소통이 쉽지는 않았다. 처음 미국에 이주해서 영어를 충분히 배우고 사회에 진출했어야 했는데 급한 성격에 제대로 배우지 못한 영어가 늘 아쉬웠다. 운전사의 역할은 물건을 상·하차하는 것이 아니라 어느 지역에 도착하면 확인서에 서명하면 업무가 마무리되는지라 배달하는 트럭과는 좀 다르다. 인터스테이트(Inter-State)로 장거리를 운전하다 보니 집에 못 들어가는 날이 많아 결국은 이 사업을 접고 로컬에서 활동하는 곳으로 자리를 옮겨 10년 이상 무사고로 일을 마무리하였다. 이처럼 언어와 기술이 배제된 이민 1세대의 일자리는 단순한 노동에서 벗어나기 힘든 현실을 보여준다.

4) 자녀와의 관계

참여자2에게는 삼십대 중반의 아들이 하나 있다. 한국적인 생각으로 공부를 강요했었고 그 일로 아들과의 사이에 거리가 생겼다. 조그마한 델리샵을 운영하면서도 아들을 사립 고등학교에 보냈는데 결국 그것이 더 큰 거리감을 만들었다.

"아들 하나니까 사립학교 보냈어요. 얘 하나만큼은 잘 키워야 되겠다는 마음으로.. 하이스쿨만큼은 대학가기 전이니까 보냈다고요. 보냈는데..나중에.. 몇 년 지나고 보니까 내 판단이 틀렸던 거에요. 사립학교 가면요 거기는 의사, 변호사, 큰 사업체 이런 자제들이 온

단 말이에요. 그러면 여름방학 때 이 자녀들이 해외여행 가고 막 그래요. 그럼 우리 아들은 뭐에요? 학비도 버거운데 뭐.. 안 맞는 거예요..그래서 나중에 안거예요. 아.. 자녀라는 건.. 끼리끼리 같은 처지끼리 다녀야 하는 건데. 워낙 거기는 있는 집 자녀들이라.. 사회적으로 쟁쟁한 부모들이라.. 우리는 델리샵 갖고 있는 사람으로서 애가 비교할 수 있을 거 아니에요. 얘가 미국에서 태어났지만..언어는 딸리지 않지만 뭔가 분위기가 걔들하고 이렇게..(한숨) 나는 부모로서 의무를 다했다고 생각했는데 그게 아니에요..우리가 애한테 상처준 것도 있어요. 열심히 공부하라.. 공부하라..우리는 가게 나가서 열심히 일하고.. 같이 있는 시간은 없었어요. 같이..있는 시간이..걔는 USC 좋은 대학교 갔어요. 커뮤니케이션 전공했거든요."

참여자2 부부는 훗날 결혼에 있어 아들의 선택에 관여하지 않기로 했다. 국적이나 민족의 구분을 두지 않는다는 의미이다. 한국 부모의 핏줄을 이어받아 한국 문화나 한국어를 가르치려고 노력은 해왔으나 이중언어도 유창하지는 않다. 이들은 한국어(아버지), 반반(어머니), 영어(아들)로서 세 명의 구성원이 함께 소통하기 어려운 환경에 놓여있었다. 아들은 엄마와는 영어로, 아버지인 참여자2와는 한국어로 소통하는데 아들이 전달하는 한국어의 느낌을 충분히 전달받지 못해서 불편하다. 또한 아버지는 전형적인 한국식 교육을 받았고, 어머니는 미국과 한국식의 반반을, 아들은 미국식 교육을 받고 자랐기 때문에 세 사람은 각각 서로 서로에게 거리감을 느끼고 있다. 이는 이주가 아니면 발생되지 않았을 특이한 현상이다.

5) 귀환이주의 배경

참여자2는 운전에 경력이 붙자 여기저기서 채용권유를 받았다. 그러나 이제는 자신의 사업을 해야겠다 싶어 운송업을 시작하려고 고민하는 와중에 한국에 계신 어머님이 교통사고를 당했다는 소식을 들었다.

"이제 오너드라이브 하려고 하는데 그걸 할 준비를 하고 있었는데 일 년에 십만 불 씩 벌 수 있는 기회였거든요. 근데 어머니가 교통사고 당한 거예요. 그래서 내가 경제활동을 더 해야 되는데...그러니까 거기서 이제 내가 갈등이 생긴 거죠. 어머니를 내버려 둘까..? 아니면..내 삶이 중요한가? 하고 생각을 했는데..아무래도 아버지 돌아가시고 어머니가 홀로 계시니까.."

(연구자: 한국에 형제는 없으세요?)

"형제는 있죠. 사형제 있어요. 내가 장남이고, 둘째는 이혼했어요, 셋째는 그 제수씨가 시어머니하고 고부간의 갈등이 심해요. 그니까 셋째는 안 되죠. 막내는 가게를 해요. 두 부부가 매달려서..그러니까 볼 사람이 없어요. 없잖아요. 둘째 이혼하고, 셋째 고부간 갈등있고, 넷째는 가게 매달려야 되고..그래서 내가 올 수밖에 없죠. 나는 솔직히 동생들이 해주길 바랬어요. 그랬는데 동생들이 효심이 없어서가 아니라 상황과 여건이 안 되는 거예요. 직장생활 15년의 과정을 거친 후에 이제 내 사업을 하겠다고, 운송회사를 만들겠다고 그런 시점이었다구요.(수차례 반복-아쉬움 표현) 내 사업을 하려고 했는데 그걸 뿌리치고 한국에 온 거죠."

참여자2는 경제활동을 해야 하는 상황에서 과연 돈을 더 버는 것이 중요한가, 어머니를 보살피는 것이 중요한가를 놓고 고민하다가 마음을 정했다. 장남이 주로 부모를 부양해 온 한국 특유의 환경적 요인이 크게 작용한 것이다. 사업의 좋은 기회를 두고 한국으로 돌아오는 것이 쉽지는 않았는데 참여자2는 이에 대한 아쉬움을 인터뷰 중 수차례 반복적으로 드러냈다. 이를 통해서 참여자2가 귀환하기까지 얼마나 많은 갈등을 했는지 알 수 있다. 그러나 귀환을 통해서 삶의 가치를 다시 찾고자 노력했다. 거동이 불편한 어머니를 돌보기 위해 2016년에 한국으로 돌아온 참여자2는 어머니의 손과 발이 되어 극진히 모시고 있다. 이제는 남은 생을 하나하나 정리하는 마음으로 살고 있다. 당시 아내는 미국에서 직장에 다니고 있었고 장인어른 역시 거동이 자유롭지 못하여 함께 이주할 상황은 안 되었다. 참여자2의 장인이 병상에 계시는데 잘 돌봐드리다가 돌아가시면 미국 생활을 모두 정리하고 한국으로 돌아올 계획이다.[7]

6) 한국에서의 생활

한국에 와서 거소증을 신청하고 65세가 되자 한국 국적을 취득했다. 미국으로 다시 돌아갈 생각은 없지만 미국 국적은 유지할 생각이다.

> "미국에서는요, 경제활동하지 않고 차도 없으면요 이제 감옥생활이에요. 우리 동네는요..아시잖아요. 매릴랜드는요..대중교통이 없기 때문이에요.. 근데 미국 국적은 포기를 하고 싶어도, 그 뭐야..무슨 세금을 또 내야 된대요. 그리고 어차피 아들도 거기 있고..아들 보러 가려면 미국 여권으로 들어가야 되고..한국에 들어올 때는 한국 여권으로 들어오면 되니까.."

참여자2가 한국행을 결심한 이유 중에는 미국 사회에 대한 불만도 작용하였다. 그는 미국이 풀지 못하는 흑백문제와 총기사건은 영원한 숙제라고 생각한다. 또한, 9.11테러 사건 이후 미국에서의 삶이 힘들어졌다. 그전에는 적당히 넘어갈 수 있는 문제들을 엄격하게 대처하는 정부의 모습에서 약간의 인종차별을 느끼게 되었고, 그런 불합리가 30년 살았던 미국에 대한 환상을 깨게 해 주었다. 그러다 돌아온 한국은 아...모국이란 게 이런 거구나 라고 느끼게 해주었다. 한국이 아주 편하고 좋다고 강조한다. 한국에서 한국인으로 살면서 받는 혜택에 대해서 질문하였다.

> "미국의 보험은 플랜B는 안 들은 이유가 내가 의료보험 혜택을 받고자 비행기 타고..쉽지 않잖아요. 한국에선 그냥 아프면 병원가

---

7. 2020년 봄, 미국의 장인어른이 돌아가셨고 아내는 살던 집을 매매하고 귀환하여 함께 어머니를 돌보고 있다.

면 되는데..의료 선진국이라고요. 미국보다 선진국이에요. 구태여 살지도 않는 미국에 가느냐 말이죠. 그래서 A만 들었어요. 의무가 입이니까..그리고 돈은 안내요. 한국의 의료보험비 혜택 많이 받죠. 우선 임플란트..미국에는 임플란트가 1,500불에서 아냐 2,000불 넘어요. 근데 여기는 95만원..90만원..그것도 65세 넘으니까 반값 혜택을 받죠. 두 개가..하나에 수가가 120만원 하더라구요. 그러니까 60만원만 내면 되요. 두 개까지만..그 다음은 보험이 안 되는 거죠. 전 65세 되고나서 미국생활에서 받는 스트레스로 이가 빠지더라구요. 그래서 얼른 했어요. 국가에서 혜택을 주니까..마다할 이유가 없죠. 네 개를 다 했어요."

무엇보다 의료보험에 대한 혜택을 많이 받고 있다. 정서적으로 마음이 놓이고 편하며, 한국어를 사용해도 다 알아들어서 좋다. 미국에 살면서 사람들과의 대화 중에 혼자 웃지 못하고 멍하니 있었던 기억과 옆집에 사는 백인들과의 교류를 피했던 기억이 속상했다. 한국에 와서 상속받은 재산은 스스로 등기를 했는데 미국에서는 엄두도 못 낼 일이었다. 한국의 대중교통 역시 훌륭하다. 미국의 광활한 자연에 비하면 아기자기한 한국의 산과 들, 섬으로 여행을 꿈꾸고 계획할 만큼 아름다운 산수강산이 좋다. 또한 미국과 비교되는 편의시설에 대한 편리성을 높게 평가하였다.

"백화점 가면 주차장에서 헤맸어요. 자리 찾느라고..누가 말해주는데 왜 헤매냐고 저 천장을 보라고..거기 보면 빨간불 파란불이 있는 거예요. 어떤 사람은 바로 찾는데 난 몰랐어요. 아,,자리가 비면 파란불이구나..그걸 모르고 그냥 빈자리만 찾는 거예요. 그거 참 편리하구나..한국이 많이 앞서가더라구요. 그런 건 잘 해 났구나.."

7) 한국에서의 문화충돌

그러나 한국에서 좋은 점만 보이는 것은 아니다.

"한국에서 미국적 사고방식에 젖어서 한 번 다툰 적이 있어요. 횡단보도에 차가 딱 가운데 서 있는 거예요. 그래서 허허.. 앞으로 가던가 뒤로 가던가 해야 될 거 아니에요. 사람이 가질 못하잖아요. 그래서 여기에 차 세우면 어떡하느냐? 아, 뭐 세우다보니 이렇게 되었다고 하더라구요. 그래서 사진 찍어서 교통과에 전송하고 신고하겠다 그랬더니 미안합니다 하더라구요. 진작 미안하다면 될 걸 가지고 이유를 대는 거예요. 어쩔 수 없다..어쩌구.."

미국에서는 사람 중심의 미국식 사고를 가지고 살다가 한국에 오니 타인과 부딪히는 일이 종종 발생되었다. 이처럼 참여자2는 한국사회가 완벽하진 않지만 부딪힐망정 한국인은 한국인끼리 정서가 맞는 것이라고 생각하고 있다.

"나는 미국 간 거 후회해요. 왜냐하면 내가 한국에 있었으면 미국에서 저렇게 고생 안 했을 텐데...왜냐하면요 한국이 88올림픽 이후로 급성장했잖아요. 난 그 당시에 뼈 빠지게 고생했잖아요. 난 한국이 이렇게 급성장할 줄 몰랐어요. 한번은 양재동에 부모님 집에 찾아 가는데 못 찾겠어요. 내가 떠날 당시의 양재동하고 몇 십 년 만에 가보니 천지 차이더라구요. 예전에 논밭도 많았는데..정말 놀랐어요. 내가 드라이버 하면서 연봉이 6,7만 불이었거든요? 근데 한국에서 그건 돈도 아니더라구요. 난 그걸 조금 자랑스럽게 말했었는데..한국에서 누구나 다 번단 말이에요. 내 동생은 은행에서 일하는데 일 년에 일억 버는데 말이 안돼요! 아..이거 아니구나. 한국이 경제적으로 내가 떠날 때 상태가 아니고 급성장한 거에요. 그래서 한국에 살았더라면 가정이지만..더 잘나가지 않았을까..하는 생각을 하고 후회돼요."

참여자2는 미국에서 일생의 반 이상을 살았다. 그는 미국에서 육체적으로 고단하고 정서적으로 안정되지 못한 삶을 살았다. 한국에서 거주했더라면 겪지 않아도 될 많은 일 들을 겪었다. 권총강도, 육체노동, 장거리 트럭운전, 하나뿐인 자식과의 언어·문화적 불통 등은 '이주'하지 않았더라면 겪지 않았을 이주 1세대의 한 면이다.

> "민족이란 건 나한텐 과분한 거예요. 내가 이 세상에 역사적 사명을 갖고 태어난 것도 아니고 태어나다 보니까 살아지는 거고..미국은 내가 살기 위한 편의에 의한 선택이고요 어차피 나이 들면 한국에 온다 생각했죠."

참여자2는 자신의 고국은 한국이며 본인이 태어나고 묻힐 곳이라는 생각을 잊어본 적이 없다. 그는 태어나 보니 한국이었고, 우연한 기회에 미국으로 이주하게 되었으며, 미국은 살아가기 위한 선택이었을 뿐이다. 그가 미국에서 안정적인 삶을 살았더라면 생각이 달라졌을 수도 있다. 그러나 나이 들면 한국으로 돌아올 생각으로 살아왔으며 사후에 한국 땅에 묻히길 희망했다. 참여자2는 한국에 상속받은 아파트를 가지고 있고 미국에도 자산이 있으므로 남은 삶을 사는데 크게 어려움은 없다. 한국에 온 이후로 지방을 두루 둘러보았는데 생각보다는 거주비가 저렴하다고 느꼈다. 지방의 소도시에서는 적은 월세로 살아갈 수 있으므로 미국에 있는 교포들이 용기를 갖고 고국으로 돌아오면 좋겠다고 생각한다. 미국에 살면서 모국을 그리워하며 귀환을 꿈꾸는 사람을 많이 보았으나 대부분 경제적 여건이 안 되어서 못 온다는 것이다. 이처럼 귀환을 실행에 옮기는 이주자들은 많지 않다. 이는 한국의 가족과 생활터전을 뒤로 한 채 떠났던 첫 번째 이주와 같은 절실성 없이 같은 일을 반복하기는 쉽지 않기 때문일 것이다.

4. 숲에서 사는 언어: 마무리

본 연구는 북미지역 출신의 귀환이주자를 중심으로 구성되었다. 미국과 캐나다로부터 귀환한 이주자를 대상으로 귀환이주자들의 귀환경로, 정착과정의 문제점, 한국에서의 생활상, 향후 정착 계획 등을 분석하고자 하는데 초점을 두었다. 이 중 두 명의 참여자를 선정하여 이들의 이주사를 소개하였다.

분석내용을 살펴보면, 두 참여자는 모두 이주 1세대로서 1980년대 이후에 이주하였다. 또한 비교적 한국에서 안정된 생활을 하였거나, 영위하고 있었음에도 보다 나은 미래를 위해 '자발적 이주'를 실행한 신(新)이주자였다. 정착과정을 살펴보면 특별한 기술이 없거나 언어를 배제한 일자리는 육체노동이나 소규모 자영업에 한정될 수밖에 없었으며, 주류사회에 진입하지 못하였다.

참여자들은 언어가 부모나 자녀를 연결해 주는 중요한 역할을 한다고 보았다. 부모와 자녀 간의 세대 간 갈등은 '언어적 불통'에서 발생되었다. 한국식 가부장적 사고를 보유한 채 이주한 남성들은 서구식 마인드를 가진 여성들의 권리에 적응하지 못했고 이것이 후에 부부갈등으로 드러나게 되었다. 이는 한국에서는 드러내지 않았던 여성으로서, 아내로서의 여성정체성이 북미지역에 이주하면서 재해석되는 과정이다. 문화충돌은 개인마다 새로운 언어나 문화, 사회제도 등을 흡수하는 정도가 달랐다. 이주 형태, 한인사회와 교류 정도, 이주 시 연령, 거주지 특성 등이 영향을 미쳤으나 무엇보다 이민자를 대하는 선주민의 태도와 개인적인 성향 등이 문화적응에 가장 크게 영향을 미쳤다.

또한 민족 소속감이나 정체성은 단지 이주 세대나 정착국의 거주기간으로 구분지어지는 것이 아니라, 가족이나 지인, 친구 등 주변 환경의 영향을 받았다. 이주 1세대들은 정착국에서 수십 년을 거주했어도 스스로를 한국인으로 인식하고 있었다. 이들의 경우는 정착국에서의 거주 기간이 정체성 인식에 큰 영향을 미치지 않았다. 정체성이란 결국 개인이 느끼는 감정과 생각에 의해서 결정된다는 것을 알 수 있다. 또한, 참여자들의 정체성은 혈연을 중심으로 한 민족성보다는 사회 구성원임을 의식하는 시민성을 더 중요하게 생각하였다.

귀환의 사유는 정착국에서의 통합에 실패하였거나, 동화를 거부한 채 이주 목적 달성 후 귀환, 은퇴 이후 편안한 노후를 위하여 귀환하였다. 귀환 후 두 참여자는 모두 한국의 생활에 만족하고 있었다. 이들은 경제적으로 안정된 생활을 영위하고 있고, 이주국가에 배우자나 자녀들이 거주하고 있으며 일 년에 한두 차례씩 정착국을 방문하고 있다. 이들은 귀환 후 정착국의 국적을 유지하고 있었고, 한국국적을 취득하여 복수국적자가 되었다. 정착국 국적보유 사유는 국적포기의 명분 부족, 절차상 불편함, 국경 출입의 용이함과 연금수령 등이었다. 또한 복수국적을 취득한 사유는 무료 대중교통, 저렴한 의료보험료, 기민한 병원행정업무, 기초연금 수급 등 한국의 복지시스템의 수혜를 위함과 국적자로서의 거주의 편리성 때문으로 분석되었다.

참여자들은 귀환 후 재진입 충격을 겪었다. 이주자들은 귀환 시에 그들이 떠나올 시점의 모국을 기대하였다가 고국의 새로운 모습과 변화된 문화에 큰 충격을 받았다. 재진입 쇼크를 유발하는 또 다른 요인은 주변 사람들의 이해가 부족하다는 것이다. 한국인은 '국민'의 구성요건으로 여전히 혈통과 태생, 언어구사 등 개인의 주관적 인식과 국적 등 법률적 지위를 중시하고 있었다. 한국인들의 시각으로 본 귀환이주자들은 여전히 한국출신의 외국인이다. 그러므로 귀환이주자들은 자신들이 모국에서 겪는 문화 충격에 이어 주변 사람들에게서 받는 저항감을 극복해야 하는 이중고를 겪게 되었다.

저자는 귀환이주자들이 사회의 일원으로 자리 잡기 위해서는 이들에 대한 한국인의 이해가 필요하다고 본다. 귀환이주자들은 한국에서 출생하고 한국어를 구사하지만 수십 년을 한국이 아닌 타국에서 생활한 후 귀환하였기 때문에 정착에 어려움을 가질 수 있기 때문이다. 그러므로 이들이 한국 사회에서 귀환이주자로서 보다 순조로운 정착과 사회적 통합을 위해서는 이들에 대한 사회적 편견과 차별적 시각에서 벗어나야 함은 무엇보다 중요할 것이다. 이처럼 고정되었던 사회적 인식의 변화를 통해 한 핏줄이었던 국민이 정서적 분리 없이 한 국가 속에 영속(永續)하는 진정한 시민이 될 수 있을 것이다. 이는 세계의 시민으로 나아가는 중요한 과정이며 이 연구가 이러한 메시지를 전달하는데 기여하였음에 의의가 있다고 본다.

07

생애사로 살펴 본 이주민사업가의 사회통합

1. 이주민사업가와의 조우

2000년대 초반, 한국의 경제 성장과 한류의 열풍으로 이주민의 초국적 이주가 늘어나고 있을 무렵, 이주민의 삶과 적응에 관심을 가지게 되었다. 한국어교육 자원봉사를 하게 되면서 우리 사회 구성원으로 자리 잡는 이주민의 사회통합에 기여하고 싶다는 열망이 커지게 되었다. 2006년 한국어교육 석사 과정에 입학하여 수학하면서 만나게 된 이주민의 삶은 다른 듯 했지만 생존이라는 공통분모를 가지고 있다는 것을 알게 되었다. 이에 이주민의 삶에 대해 더 가까이 가고 싶다는 생각을 하게 되었고, 2010년 법무부에서 위탁하여 인하대학교 다문화및사회통합연구센터에서 주관한 '다문화사회전문가 2급' 강사 양성과정을 수료하였다. 이후 2011년 인하대학교 다문화교육전공 박사과정에 입학하면서 보다 다양한 교육 현장에서 이주민들을 만나게 되었다.

다문화교육 연구를 수행하면서 알게 된 것은 다양한 이주민의 현실적인 문제점과 직접적인 어려움에 비해 정책과 제도는 일부 이주민 대상으로 중복 수혜가 반복되고 있다는 것이었다. 또한 다양한 이주민들이 한국어가 부족하고 한국문화를 잘 모르기 때문에 감내해야 하는 것들이 생각보다 많았으며 이로 인해 생기는 갈등도 매우 심각하였다. 현실적인 해결책에 대해 학문적 갈증을 느끼기 시작할 무렵 학문적, 교육적인 전환의 계기를 맞게 되었다.

법무부에서 2009년부터 시범적으로 시행하다가 2012년부터 전국 단위로 시행되고 있는 사회통합프로그램[1] 거점운영기관인 인하대학교 사회과학연구소 다문화및사회통합연구센터에서 근무를 시작하였다. 이주민을 위한 사회통합교육 행정과 학사관리 등 전반적인 운영 실무를 하면서 한국의 사회통합정책 시행의 현실적인 문제에 대해 학문적으로 성찰하기 시작하였다. 2012년 9월, 한국어를 열심히 공부하면 국적을 받을 수 있느냐고 하면서 20여 명의 이주민들이 방문했다. 결혼이주민, 다문화가정 자녀, 이주근로자, 그리고, 이주민사업가들이었다.

> "저는 2003년에 한국에 왔고, 가족하고 같이 살고 있어요. 한국어를 잘 몰라서 많이 불편해요. 공부를 하고 싶은데, 센터를 못 찾았어요. 바빠서 공부할 시간이 없었어요. 저는 한국 국적을 받아서 가족하고 같이 행복하게 살고 싶어요."[2]

---

1. 2009년 법무부에서 이주민이 한국사회 구성원으로 적응·자립할 수 있도록 하기 위해 시범 운영한 이후 2012년부터 이주민의 기본소양(한국어와 한국문화, 한국사회 이해)을 체계적으로 함양할 수 있도록 구성된 사회통합교육으로 출입국관리법 제39조 및 제40조, 출입국관리법 시행령 제48조 내지 제51조, 출입국관리법 시행규칙 제53조 내지 제53조의 3, 재한외국인처우기본법 제10조 내지 제17조 및 제20조, 제21조, 국적법 시행령 제4조 및 시행규칙 제4조, 사회통합프로그램 다문화사회전문가 인정 기준 등에 관한 규정(법무부 훈령 제1086호), 사회통합프로그램 평가관리 규정(예규) 등에 근거한다. 참여 대상은 외국인등록증 또는 거소신고증을 소지한 합법 체류 외국인 및 귀화자(국적취득일로부터 3년 경과한 귀화자 제외)이며, 귀화 신청시 귀화용 종합평가에 합격하면 귀화면접심사를 면제받는다. 또한 영주자격 신청시 혜택은 영주용 종합평가에 합격하면 기본소양 요건 충족 인정, 실태조사 면제가 가능할 수 있다. 그 외에 체류자격 변경 신청시 혜택은 가점 등 점수 부여, 한국어능력 등 입증 면제가 가능할 수 있다. 2023년 기준 345개 기관에서 운영 중이고, 누적 참여자 수는 2023년 4월 기준 408,871명이다.
2. 이주민사업가 S는 2003년, 우즈베키스탄에서 이주해서 가족과 함께 거주하고 있었다. 사업이 바쁘다 보니 한국어 학습 경험이 없어서 말하기는 2급, 읽기, 쓰기는 1급 정도였다. 귀화 필기시험에서 불합격했는데, 친구가 사회통합프로그램에서 공부하고 있다는 이야기를 듣고 방문했다.

이미 8월에 학기가 시작되었기 때문에 수업에 참여하기 위해서는 다음 해 3월까지 기다려야 했지만 배우고 싶어 하는 간절한 마음은 대단했다. 매주 일요일 오후 2시간씩 '한국어와 한국문화' 수업을 개강했고, 이듬해 이들이 과정에 참여하기 위한 사전평가에 응시할 때까지 진행하였다. 2시간 수업이었지만 학습 경험이 없어서 교실 의자에 앉아있는 것이 한동안 어색했던, 이주민사업가 S는 이렇게 말했다.

> "어렸을 때 공부를 하고 싶었지만 아버지를 도와서 러시아하고 우즈베키스탄을 다니면서 사업을 했기 때문에 학교를 제대로 다니지 못했어요. 그런데, 이렇게 대학교에 와서 한국어 공부를 하니까, 정말 좋아요. 이제 한국인이 될 수 있는 거예요?"

한국에서 미래를 계획하고 도전하는 이주민들이 꿈을 실현하고, 한국 사회와 함께 하는 사회통합이 되기 위해서는 한국인과 이주민을 포용할 수 있는 합리적인 정책이 필요하다. 현재 한국 사회에서 이주민사업가의 비율은 높지 않지만 한국 경제에 기여하고 있고, 우리 사회에 정착해서 함께 살아가고 있는 만큼 제도의 현실에 대한 고민과 실제적인 정책에 대한 사회적 논의와 합의가 필요하다. 다양한 이주민사업가들이 미래 한국 사회 구성원으로 상생과 공존의 삶을 영위할 수 있도록 다양한 연구가 필요하다고 판단하여 이 연구를 시작하게 되었다.

2. 생애사 연구기획

2.1. 연구 개요

연구기간은 2016년 11월부터 문헌자료를 통한 선행연구를 고찰하였고, 여러 문헌을 통하여 한국 사회에서 이주민사업가들의 사회통합을 이루기 위해 어떤 역량이 필요한지 살펴보았다. 2017년 연구를 진행하기 전 인하대학교 IRB 기관윤리위원회에 정규심의 기간에 연구계획서를 작성하여 IRB를 신청하고 심의 승인(No:170519-1A, 2017.06.21)을 받은 후 연구를 진행하였다. 연구를 진행하는 동안 이주민사업가들의 장기 해외 출장 등 바쁜 업무로 인해 인터뷰 날짜를 정하는데 어려움이 있었고, 그에 따라 연구가 지연되는 일이 발생하기도 하였다. 그래서 IRB 지속심의서를 제출하여 승인 후에 연구가 진행되었다.

생애사 연구는 1980년대 이후부터 현재에 이르기까지 사회과학 연구에서 지속적으로 학술적 연구가 증가하였다. 또한, 다양한 분야에서 활용되고 있는 생애사 연구는 개인의 사적인 삶을 통해 공적인 맥락을 발견하고 이를 이야기로 기술하는 연구방법이다(김영순 외, 2018). 개인의 삶은 과거로부터 현재의 삶을 통해 지속적인 교류와 소통의 이야기를 시간의 흐름에 따라 발견하려는 데 의미를 두고 있다. 또한 시간의 흐름에 따라 개인적인 경험과 변화는 사회적인 경험과 변화로 이해할 수 있다. 즉, 개인의 관점은 사회적이고 역사적인 맥락 속에서 형성된다(Denzin, 1989b). 따라서 생애사 연구는 삶의 전반적인 맥락을 경험의 의미에 초점을 두기 때문에 사회 역사적인 맥락을 이해하는 데 도움이 될 수 있다.

사례연구(case study)는 1920~30년대 시카고학파의 사회학자들에 의해 생애담(life story)에 관한 사례연구가 수행된 이후, 현재까지 사회학, 문화인류학, 심리학, 교육학 등 다양한 학문 분야에서 이론과 방법론이 연구되고 있는 질적연구방법이다(강진숙, 2016). Yin(2003: 12)에 의하면, 사례연구는 실제적인 맥락 안에서 이루어지는 동시대의 현상에 대한 실증적인 탐구이며 특히, 현상의 경계(boundary)와 맥락이 명확하게 구분되지 않는 상황에서 이루어지는 탐구라고 하였다. Creswell(2007)은 질적 사례연구는 시간과 공간에 의해 경계(boundary) 지어진 체계(system) 내에서 어떤 발현 현상이 어떠한 과정으로 발현하는지를 이해하거나 발전하는지를 규명하는데 유용한 연구 방법이라고 하였다. 이처럼 사례연구는 현대 질적연구에서 가장 다양한 분야에서 활용되는 연구방법이라고 볼 수 있다. 사례연구는 하나의 사건, 현상, 활동 혹은 사회학적인 단위에 대한 집중적이고 전체적인 설명과 분석이며 단일 사례 또는 복합 사례인지 어느 부분에 초점을 두느냐에 따라 다르게 분석될 수 있다(Creswell, 2017).

이와 같이 생애사적 사례연구는 일시적 사실이나 사건의 기록, 경험에 대한 사례를 생애시기의 시간 흐름에 따라 체계화하는 연구이며, 사례의 분석단위는 개인, 집단, 조직이 될 수도 있고 시간적 범주에 따라 에피소드, 사건이 될 수도 있다. 또 지역, 학교, 교실 등 공간이 될 수도 있다.

2.2. 연구참여자

이 연구에서 연구참여자 선정 기준은 다음과 같다. 첫째, 한국에 체류하고 있는 이주민사업가이다. 한국사회에서 사업 경험을 탐색하기 위해 한국에서 법인 또는 개인 사업을 운영하고 있는 다양한 국적의 이주민사업가이다. 둘째, 한국에서 3년 이상 사업 운영을 한 경험이 있는 사업가이다. 그이유는 한국에 이주하여 사업을 시작하고 3년 이상의 사업 경험에서 문제점이나 어려움도 겪었으며 어떤 방법으로 사업을 운영할 때 한국에서 사회통합에 이를 수 있다는 것도 알 수 있을 것이라 판단하였기 때문이다. 셋째, 한국에서 사회통합교육에 참여하였거나, 이수한 사업가를 대상으로 하였다. 사회통합교육에 참여하거나, 이수를 하게 되면 사회통합의 개념을 인지하고 한국에서 사업하는데 사회통합교육이 어떤 역할을 하는지 그 중요성을 인지할 수 있을 것으로 여겨졌기 때문이다. 단, 사회통합교육이 운영되기 전에 국적 취득을 한 이주민사업가들도 대상에 포함하였다. 오랫동안 한국 사회에서의 사업 경험 및 국적 취득 등을 통해 사회통합의 의지가 있으며, 사회통합에 이르렀다고 판단되었기 때문이다.

이러한 조건을 모두 고려한 결과 다음과 같은 과정을 통해 연구참여자를 선정하였다. 첫째, 한국에서 사업을 하는 이주민사업가들의 네트워크를 활용하여 연구에 참여할 대상자에 대한 공고를 올리고 약 70여 명에게 메일과 전화, 그리고, 직접 방문하여 연구에 대해 설명하고 참여할 의사를 개진하였다.

둘째, 다양한 국가의 이주민사업가를 표집하기 위해 연구에 참여하기로 결정한 다양한 국가의 이주민사업가를 중심으로 눈덩이 표집을 하였다. 다양한 국가에서 온 이주민사업가에 대한 경험을 탐색하기 위해서 다양한 국가에서 이주한 이주민사업가를 연구참여자로 선정하기 위해 노력하였다. 또한 연구자의 지인이 근무하고 있는 수도권(서울, 인천, 경기) 소재 센터를 통해 국내에서 7년 이상 체류하고 있고, 한국어능력 중급 이상으로 한국어로 의사소통을 자유롭게 표현할 수 있는 법인 또는 개인 사업을 하고 있는 이주민사업가를 서울, 인천, 경기 지역당 1명씩 3명을 소개받고, 그들을 통해 소개받는 눈덩이 표집방식으로 연구참여자를 모집했다. 연구참여자별 특성은 다음의 〈표 2-5〉와 같다.

표 2-5. 연구참여자별 특성

참여자	성별	나이	입국 년도	거주 기간	출신국	현재 국적	개인적 특성
A	여	38	2007	13년	중국	한국	일본 유학을 마치고 한국 유학생으로 이주하여 사업을 시작, 2017년 귀화, 2020년 한국인과 결혼, 현재 국제물류 사업중
B	남	34	2006	14년	중국	중국	유학생으로 이주하여 석사 졸업 후에 국제물류 사업중
C	남	34	2006	14년	중국	중국	유학생으로 이주하여 석사 졸업 후에 국제물류 사업중
D	남	38	2004	16년	요르단	한국	요리사로 이주한 후에 사업 시

							작, 현재 식당 2개, 중고자동차 수출 사업 병행, 2018년 귀화
E	남	35	2003	17년	요르단	요르단	사업목적 단기방문 체류자격으로 이주, 사업 시작하여 현재 중고자동차 수출 사업중
F	남	30	2009	11년	요르단	요르단	유학생으로 이주하였으나, 유학을 그만두고 사업을 시작하여 중고자동차 수출 사업중
G	남	42	2002	18년	키르기스스탄	키르기스스탄	관광방문 자격으로 이주, 불법 체류 경험, 이주근로자로 체류자격 변경, 사업목적 단기방문 자격 변경, 사업시작하여 현재 식당 7개, 중고자동차 수출 사업 병행
H	남	43	2000	20년	키르기스스탄	키르기스스탄	관광방문 자격으로 이주, 불법 체류 경험, 이주근로자로 체류자격 변경, 사업목적 단기방문 자격 변경, 사업시작하여 현재 중고자동차 수출 사업중
I	남	23	2006	14년	키르기스스탄	키르기스스탄	사업가 아버지를 따라 초등학교 재학 중 이주, 말레이시아 어학연수, 중학교 중퇴, 사업 시작하여 중고자동차 수출 사업중
J	남	49	1999	21년	파키스탄	한국	이주근로자로 이주, 불법 체류 경험, 사업 시작하여 중고자동차 수출 사업중, 2018년 귀화
K	남	52	1999	21년	파키스탄	한국	관광 목적으로 이주, 불법 체류 경험, 이주근로자 변경, 한국인과 결혼했다가 이혼, 파키스탄 부인하고 결혼, 사업 시작하여 중고자동차 수출 사업, 2008년 귀화
L	남	43	2000	20년	파키스탄	한국	이주근로자로 이주, 사업 시작하여 식당, 중고자동차 수출 사업, 한국인과 결혼, 2019년 귀화
M	남	34	2011	9년	베트남	베트남	이주근로자로 이주, 사업 시작하여, 식당 2개 운영중

연구참여자는 총 13명으로 나이는 20대 1명, 30대 7명, 40대 4명, 50대 1명으로 다양한 연령층을 포함하고 있지만 30~40대가 주류를 이루고 있다. 이주 시기는 1999년부터 한국에 이주하여 22년 된 연구참여자도 있고, 2011년에 이주하여 적게는 10여 년간 한국에 거주하고 있으며 대부분 한국에 장기 체류하고 있다. 이들의 고국은 중국 3명, 요르단 3명, 키르키스스탄 3명, 파키스탄 3명, 베트남 1명으로 다양한 국가에서 한국으로 이주하였다. 현재 한국 국적을 취득한 연구참여자는 중국 1명, 요르단 1명, 파키스탄 3명으로 장기적으로 한국에 체류하였으나 국적을 취득한 연구참여자는 5명이다. 연구참여자들이 운영하고 있는 사업 종목은 중고자동차 수출 9명, 국제물류 3명, 식당 운영 3명으로 다양하다.

2.3. 자료수집

자료수집은 연구참여자와 심층면담을 통해 이루어졌으며, 심층 면담을 진행하기 1주일 전에 전화나 메일로 질문내용을 발송하였다. 심층면담 시간과 장소는 연구참여자의 사업 활동 유형을 최대한 고려하였다. 공통된 의견은 일과를 마친 오후 7시 정도, 외부로부터 독립된 자신의 사무실을 선호하였다. 연구참여자의 사무실에서 개인별 1회 1시간~1시간 30분 정도, 인터뷰 횟수는 각각 5회씩 진행하였다. 면담 시에는 연구참여자의 동의를 구하고, 기록과 녹취를 병행하였다. 녹취한 자료를 전사한 후에는 참여자에게 제시하여 확인하는 작업을 거쳤으며, 전사한 자료를 범주화 분석을 실행하며 의미구조를 파악하였다. 이러한 과정을 통해 수집한 자료에 대한 타당도와 신뢰도를 갖추려고 노력하였다. 또한 전문가 3명에게 분석의 타당도와 신뢰도를 확인하였다.

또한, 질문지를 활용한 개방형 질문으로 진행했고, 내용은 연구참여자에 대한 인구통계학적 특성 내용에 대한 질문, 이주 전 고국에서의 경험, 이주 초기, 현재 사업 운영에 대한 질문, 미래 삶의 계획으로 진행하였다. 이를 위해 작성한 반구조화된 질문지는 다음의 〈표 2-6〉과 같다.

표 2-6. 심층면담 반구조화된 질문지

구분	내용
인구통계학적 특성	• 이주민사업가의 일반적인 사항(연령, 학력, 성별, 활동 분야, 가족 등)
이주 전	• 고향에서의 직업은 무엇이었습니까? • 한국으로 이주를 하게 된 이유는 무엇입니까?
이주 초기	• 처음 한국에 왔을 때 어땠습니까? • 한국에 와서 도움을 받은 지원(단체.개인)이 있었습니까? • 지원(단체, 개인)을 받았을 때 어떠했습니까? • 사회통합프로그램에 참여한 적이 있습니까? • 사회통합프로그램에 참여한 경험은 어떠했습니까? • 한국에서 처음 사업을 시작하면서 어떤 경험을 했습니까?
현재	• 한국에서 도움을 받은 지원(단체.개인)이 있었습니까? • 지원(단체, 개인)을 받았을 때 어떠했습니까? • 사회통합프로그램에 참여한 적이 있습니까? • 사회통합프로그램에 참여한 경험은 어떠했습니까? • 한국에서 사업을 하면서 어떤 경험을 했습니까? • 한국에서 사업을 하면서 어떤 어려운 점이 있었습니까? • 한국의 사회통합정책을 어떻게 생각합니까?
미래	• 한국에 대한 생각은 어떻습니까? • 미래 삶의 꿈과 계획은 무엇입니까?

자료 분석은 질문지 구성에 따라 생애시기 별로 분석하였다. 사례연구의 분석에서는 생애시기에 초점을 두고 사건이 일어난 상황에 대한 철저하고 포괄적인 행위와 의도를 통해 사회적으로 발전하는 과정에 맞추었다. 또한 자료의 범주화를 통해 축적한 자료를 생애시기에 맞추어 정리하였다. 그리고 세분화된 자료에 새로운 의미를 부여하면서 전사록 223쪽, 단어 48,754개, 문단 3,021개에서 발견한 유형과 주제에 맞추어 분류하였다.

주제를 발견하기 위해 코딩한 자료를 반복적으로 비교분석하며 심층적이고 맥락적인 차원을 고려하여 재구성하였다. 주제발견은 선행연구와 이론을 통하여 발견한 내용을 찾아 공통점과 차이점을 찾아내고자 노력하였다.

2.4. 연구의 신뢰도 및 타당도

연구의 윤리성과 신뢰성, 타당성을 확보하기 위해서는 연구계획에서부터 고려되어야 하며 자료 수집과 분석단계는 연구가 끝난 뒤에도 끊임없이 생각해야 할 문제이다(Creswell, 2007). 본 연구의 자료수집은 이주민사업가들의 사업 경험으로 심층면담을 통해 이루어졌다. 면담은 인간을 탐구대상으로 삼아야 하기 때문에 연구참여자의 권리를 최대한 보호하였다. 연구자는 연구참여자에게 윤리의식을 가지고 면담하기 전에 연구참여자에게 연구에 대해 충분히 설명을 하였다. 그 후 연구자가 미리 준비한 연구 참여동의서 2부를 작성하고 연구참여자의 서명을 받은 후 연구참여자하고 연구자가 각각 한 부씩 나누어 보관하였다. 연구 참여동의서에는 연구에 대한 내용과 함께 심층면담 시 연구에 참여의사가 없거나 중단의사가 있으면 즉시 중단할 수 있음을 설명하고 연구참여자에게 소정의 상품권을 제공하였다. 또한 연구 이외에 자료를 사용하지 않으며 연구참여자에게 불이익이 없음을 알려주었고 연구 자료는 일정 기간 보관한 후 폐기함을 알려주고 연구를 시작하였다.

연구 참여동의서에는 연구에 대한 내용과 연구방법, 연구윤리, 심층인터뷰에 대한 내용 등을 포함하였다. 또한 연구방법의 신뢰도와 타당도를 높이기 위해 Guba & Lincoln(1981)이 제시한 네 가지 기준에 의해 연구에 접근하였다. 첫째, 사실적 가치로 연구자는 첫 번째 원자료의 진실성을 높이기 위해 면담질문지를 미리 연구참여자에게 주지 않고 면담을 실시하였으며 면담 후 전사자료는 연구참여자에게 이메일로 보내어 확인받는 과정을 거쳤다. 둘째, 적합성은 자료 분석에 대해 동료 질적 연구자에게 주기적으로 검토 받고 인터뷰 상황에 적합하게 분석하였는지 리뷰를 하고 피드백을 받았다. 셋째, 일관성으로 Guba & Lincoln(1981)는 일관성 대신 감사 가능성을 제안하였다. 이는 연구자의 자취가 다른 연구자들이 따라갈 수 있도록 확보하는 것이다. 따라서 본 연구자는 주기적으로 질적연구를 수행하는 교수님, 선배 박사, 박사 수료생, 동료연구자들과 연구 과정에 대해 토론을 하며 연구에 대한 일관성을 가지려고 하였다. 넷째, 중립성이다. 연구에 중립성을 가지기 위해 인터뷰 내용이나 분석과정에서 편견을 가지지 않고 중립적인 입장에서 분석하려고 노력하였다. 이를 위해 이주민사업가를 상담하거나 주기적인 만남 과정 등을 거쳤다.

이처럼 연구자는 본 연구의 해석에 대한 합당성과 타당성을 높이기 위해 노력하였으며 삼각검증기법을 사용하여 연구의 질을 높이고자 하였다. 또한 논문에 대해 주기적으로 연구실 연구발표회, 그리고 세미나(seminar)를 통해 발표하였고 지도교수님, 연구실 출신 선배 박사, 동료 질적 연구자 등의 의견을 선별적으로 검토하고 검증하여 수용하고 보완하였다.

3. 이주민사업가의 사회통합 경험

3.1. 사회통합 경험의 생애사적 사례

한국에서 사업을 하고 있는 이주민사업가 13명의 사업 활동 경험을 통하여 이들의 사회통합 경험에 관한 사례를 생애사적으로 기술하였다. 연구참여자들의 이주시기별 생애사별 주제 경험을 분석한 결과 이주 전 삶의 경험 주제 5개, 이주 초기 삶의 경험 주제 6개, 현재 삶의 경험 주제 6개, 미래 삶의 계획 주제는 3개였으며 생애시기별 전체 경험 주제는 20개였다. 연구참여자들의 과거로부터 현재의 삶에 이르기까지 삶의 전환점에서 직면했던 선택이 현재 삶의 사회통합에 어떤 방식으로 영향을 주고 있는지 살펴보았다. 이들의 삶의 경험을 통한 사회통합의 의미를 찾는 과정은 한국사회에서 장기적으로 체류하고 있는 이주민의 사회통합에 이르는 진지한 탐색의 재구성이 될 수 있다. 이주민사업가들에 대한 삶의 이해, 이들의 시각으로부터 의미를 도출하는 생애사적 사례는 사회통합 경험의 탐색적 도구로 적절하다고 볼 수 있다.

연구참여자 13명의 생애사 개요에서는 가족의 초국적 이주 배경을 비롯한 한국으로의 이주를 결심하게 된 계기부터 현재의 삶을 통한 미래 삶의 계획까지 전반적인 생애를 살펴봄으로써 이주민사업가에 대한 이해를 높이고자 하였다. 또한 사회통합 경험의 생애사적 기술을 이주시기별 주제로 나누어 삶의 기회와 선택의 전환점에서 이들의 경험의 의미를 살펴보았다. 사회통합 경험의 사례 간 분석에서는 이주민사업가들의 이주로 인한 사회적 지위와 사업의 계기를 통한 정체성과 시민의식에 대해 살펴보았다.

1) 연구참여자의 생애사 개요

표 2-7. 연구참여자별 생애사 개요

구분	생애사 개요
A	중국 장춘이 고향이고, 한족이다. 2003년 일본에 유학을 갔다가 2007년 한국 유학생으로 이주하여 2013년 화장품 사업을 처음 시작하였다. 2017년 귀화하였으며, 2020년 한국인과 결혼하였다. 현재 국제물류 사업을 하고 있다.
B	중국 국적을 가지고 있는 34세 남성으로 한족이다. 2006년 유학생으로 이주하여 2008년 대학교에 입학하면서 조선족 동업자와 식당을 인수하여 운영하였다. 2012년 석사 졸업 후에 2014년 화장품 수출 사업을 시작하였다. 현재 중국인 친구하고 국제물류 사업을 하고 있다.
C	공자 75대손인 중국 국적의 한족이다. 2006년 유학생으로 이주하여 2012년 석사 입학하여 성형외과에서 마케팅 직원으로 근무하다가 2014년 석사 졸업 후에 화장품 수출사업을 시작하였다. 2017년부터 국제물류 사업을 운영하고 있다.
D	아랍인으로 요르단 출신이며 2018년 귀화하였다. 한국에서 사업을 하고 있는 삼촌의 소개로 2005년 한국에 요리사로 이주하였다. 2007년 사업을 시작하였으며, 현재 식당 2개, 중고자동차 수출 사업 병행하고 있다.
E	아랍인으로 2003년에 이주한 요르단 출신으로 2021년 귀화한 남성이다. 사업목적 단기방문 체류자격으로 이주하였다. 사우디아라비아에서 태어나서 살다가 요르단에서는 4년 남짓 거주하다가 한국으로 이주하였다. 2008년 사업을 시작하여 현재 중고자동차 수출 사업을 하고 있다.

F	요르단 국적으로 아랍인이다. 2009년 유학생으로 이주하였으나, 중도에 유학을 포기하고 사업을 시작하였다. 작은 아버지도 귀화한 한국인이다. 현재 중고자동차 수출 사업을 하고 있다.
G	우즈베크인이며, 키르기스스탄 국적을 가지고 있다. 2002년 관광방문 자격으로 이주하였으며, 불법 체류 근로 경험이 있다. 이주근로자로 체류자격 변경하였다가 사업목적 단기방문 자격 변경하기도 하였다. 아버지도 사업을 하였던, 사업가 집안이다. 현재 식당 7개, 중고자동차 수출 사업을 병행하고 있다.
H	키르기스스탄 국적의 우즈베크인이다. 2000년 관광방문 자격으로 이주하여 불법 체류 근로 경험이 있다. 이주근로자로 체류자격 변경하였다가 사업목적 단기방문 자격 변경하여 사업을 하였다. 2008년부터 사업을 시작하여 현재 중고자동차 수출 사업을 하고 있다.
I	우즈베크인이며 키르기스스탄 국적이다. 한국에서 사업을 하고 있던 아버지를 따라 2006년 초등학교 재학 중에 이주하였다. 말레이시아 어학연수를 다녀오기도 하였지만 중학교를 중퇴하고 2016년 사업을 시작하여 중고자동차 수출 사업을 하고 있다.
J	1999년에 이주한 파키스탄 출신 펀자브인으로 2018년 귀화하였다. 근로자로 이주한 파키스탄 국적의 남성이다. 회사를 옮기면서 불법 체류 근로 경험이 있다. 2005년 사업을 시작하여 중고자동차 수출 사업을 하고 있다.
K	1999년 이주한 파키스탄 출신의 파슈툰족으로 2008년 귀화하였다. 관광 목적으로 이주하여 불법 체류 근로 경험이 있다. 이주근로자로 체류자격을 변경하였으며, 한국인과 결혼했다가 이혼하였다. 2007년부터 중고자동차 수출 사업을 하고 있다. 파키스탄 출신 부인하고 결혼하여 2명의 아들을 두고 있다.
L	2019년 귀화한 파키스탄 출신 펀자브인으로 2019년 귀화하였다. 2000년 이주근로자로 이주하였다. 2006년 사업을 시작하여 식당하고 중고자동차 수출 사업을 병행하고 있다. 2009년 한국인과 결혼하였다.
M	베트남 킨(kinh)족 출신으로 2011년 이주근로자로 이주하였다. 2017년 식당 운영을 시작하여 현재 2개를 운영하고 있다.

2) 사회통합 경험의 생애사적 기술

이주민사업가의 생애사를 이주시기별 구분한 주제를 살펴보면 이주 전 삶의 경험에 해당하는 영역은 새롭고 자유로운 세계에 대한 꿈과 기대에 대한 갈망, 한국에 대한 관심, 가족의 초국적 이주 경험, 부모와 친척의 사업에 대한 계승 등으로 구분되었다. 이주 초기 삶의 경험에 해당하는 영역은 한국 생활 적응, 초기 사업의 어려움, 비자 발급, 한국어와 한국문화적응, 대학과 학업의 문제, 고국으로의 귀환 결심으로 구분되었다. 현재 삶의 경험에 해당하는 영역은 사업의 원칙과 사업가 윤리, 사회통합프로그램 참여,

사업가로서의 전문성 및 역량 함양, 한국의 문화 및 사회제도 평가, 한국에서의 가족 생활, 여가와 사교 생활로 구분되었다. 미래 삶의 계획에 해당하는 영역은 한국에서의 안정된 환경과 윤택한 생활, 사업의 확장과 도전, 자녀에 대한 기대와 희망으로 구분되었다. 연구참여자 13명의 이주시기별 생애사별 주제를 다음의 〈표 2-8〉과 같이 구분하였다.

표 2-8. 이주시기별 생애사별 주제

생애사 구분	주제
이주 전 삶의 경험	자유로운 삶의 갈망 성공으로의 꿈과 기대 한국에 관한 관심 초국적 이주의 경험 부모와 친지의 사업 계승
이주 초기 삶의 경험	좌충우돌 한국 생활 적응 초기 사업의 어려움 비자 발급의 문제 한국어와 한국문화적응의 문제 대학과 학업의 문제 고국으로의 귀환 결심
현재 삶의 경험	사업의 원칙과 사업가 윤리 사회통합프로그램 참여 사업가로서 전문성 및 역량 함양(직업기술, 대학원 등) 한국의 문화 및 사회제도 평가 한국에서의 가족 생활 한국에서의 여가와 사교 생활
미래 삶의 계획	안정된 환경과 윤택한 생활 사업의 확장과 도전 자녀에 대한 기대와 희망

이주민사업가의 특성을 살펴보면 이주 전 사업의 경험이 있었던 연구참여자는 4명, 고등학교를 졸업하고 유학을 준비하던 연구참여자가 4명이었고, 초등학생도 있었다. 이주 형태의 특징에서 사업을 하기 위해 이주한 연구참여자는 1명뿐이었고, 나머지 연구참여자는 이주근로자로 이주한 경우

가 4명, 유학생으로의 이주는 4명, 관광으로 이주해서 불법체류를 경험하고 이주근로자로 근무하다가 사업을 시작하게 된 경우 3명, 초등학생이 1명이었다. 연구참여자 13명 중에 12명은 한국으로 이주한 2년~10년 사이에 사업을 시작하였다.

연구참여자들은 모두 다민족 국가에서 이주하였으며, 한국으로 이주하기 전 가족의 이주 배경이 있는 경우도 있었다. 또한 일부 연구참여자는 한국인으로 귀화하고, 귀화 전 고국의 초국적 네트워크를 이용해서 사업의 확장을 계획하고 있거나, 운영하고 있다. 그리고 연구참여자들은 고국의 언어와 한국어를 포함하여 2~6개 언어를 사용하고 있었으며 대부분 단독 이주하였다. 직업은 중고차 수출, 국제 물류, 식당을 운영하고 있었다. 연구참여자들은 이주 초기부터 현재까지 1~4회까지 체류자격(VISA)을 변경하였으며, 1~2회 국적 신청을 하기도 하였다. 하지만 한국 국적 취득 계획이 없는 사람도 있었다. 연구참여자들의 이주 초기 학문적 경험은 어학당에서 1년 동안 한국어교육을 받은 사람도 있으며 한국어교육 경험이 없거나 어린이집, 근로자센터에서 한국어교육을 받은 경험이 있었다. 이주 초기 전문지식 경험은 유학생으로 이주한 학교, 주변 지인, 또는 혼자 능동적으로 습득하였다. 이주 초기 인적 자본 경험은 한국인으로부터 차별, 또는 고국 지인을 통한 도움, 한국인의 도움을 통해 사업을 시작하기 전 여러 경험들이 있었다.

사회통합의 대상은 한국에서 거주하고, 정착하려고 하는 모든 이주민으로 사업 활동을 통해 초국적 네트워크를 넓혀가는 현상은 관찰되었지만, 이들이 고국으로 영구 귀국하려고 하는 경우는 관찰되지 않았다.

정상우(2016)는 사회통합의 기준이나 수준을 국가로 하여야만 할 필요는 없다고 하였다. 이주민이 지역 공동체 구성원으로서 기여를 통해 사회통합의 유용한 접근으로의 전환이 필요하다고 하였다. 사회통합은 수용국, 즉 한국 사회로의 통합이기도 하지만 고국에 대한 지속적인 네트워크를 통한 고국 사회를 포함하는 다중통합이기도 한 것이다. 이에 대한 지속적인 관심과 논의가 필요하다고 볼 수 있다.

4.2. 사회통합의 생애사적 경험과 의미

한국에 거주하고 있는 이주민사업가 13명의 사회통합 경험의 의미를 Esser(2001)의 사회통합모델에서 제시하는 문화적응(Kulturation), 지위부여(Plazierung), 상호작용(Interaktion), 동일시 또는 일체화(Identifikation)의 네 가지 대분류로 구분하여 분석하고자 하였다. 의미 단위는 전사록을 여러 차례 읽어 소주제인 의미 단위를 45개 도출하였고, 이를 다시 15개 주제로 구분하여 분석하였으며 주제발견 범주는 4개였다. 주제는 Esser(2001)의 사회통합모델에서 제시하는 네 가지 대분류로 분석하기 위해 하위 범주인 중분류로 분류하였다. 다시 주제와 의미 단위로 분류하여 분석하였으며 사회통합의 생애사적 경험과 의미는 다음 〈표 2-9〉과 같다.

표 2-9. 연구참여자별 사회통합의 의미

대분류	중분류	주제	의미 단위
문화 적응	학문	배움의 기회	기회의 소중함 젊음의 선택 기회의 활용
		전공과 다른 학문	최선의 기로에 선 선택 상호문화 역량 지식 습득
	전문지식	전문지식 역량	다문화 역량 제고 다문화감수성 함양 다양한 지식
		전문지식 활용 문화적응	자기주도학습 성취의 희열 한국문화의 수용 사회적 요구에 따른 문화적응
	인적자본	인적자본 활용	인적자본의 안정감 인적자원 형성

			다양성 존중
지위 부여	합법적 권리	합법적 권리	소통의 거버넌스 역할 제도 개선과 개혁 권리의 비용
	사회적 위치 ·매체	사회적 위치와 매체	의사소통의 관계성 관계의 다원화 지속적 관계
	사회적 수용	사회적인 수용	순응과 적응의 하모니 순응의 가치 다양한 연대
	경제적·제도 적 ·정치적 자본	경제적.제도적.정치적 자본	다양성의 존중과 공존의 행복 자발적 협력 제도적 관계
상호 작용	사회적 네트워크	사회적 네트워크 활용	지역사회 네트워크 사회적 관계 맺기 지역사회와의 거버넌스
	문화적 자본	모국문화는 문화적 자본	문화적 공감능력 공감의 공유 문화적 연대
	사회적 자본 ·기회	사회적 자본을 활용한 기회	소통의 자본 극대화 사회참여의 지역연결망 평등의 기회
동일 시(일 체화)	자아의식	다중정체성을 통한 일체화	가치의 공감 상호존중을 통한 공감 제3의 정체성
	시민의식	한국 시민 되기	포용의 미래 시민 참여 가치의 내면화
	소속감	한국 국적을 통한 소속감 찾기	지속적 일상의 익숙함 한국사람 되기 국가정체성

한국사회에서 사업 경험은 이주민사업가에게 어떤 의미를 가지는지 Esser(2001)의 사회통합모델에서 제시한 문화적응, 지위부여, 상호작용, 동일시와 일체화의 범주로 분석한 결과 다음과 같은 결과를 도출하였다.

첫째, 문화적응(Kulturation)은 이주민사업가에게 배움의 기회를 제공하였으며 수용국 사회에 이주한 이주민에게 소중한 기회는 젊음으로 선택할 수 있는 기회와 이를 활용하여 사업에 대한 지식과 능력을 습득할 수 있었다. 또한 자신의 전공과 다른 학문 분야에서 언어를 포함한 지식을 습득하였고 사업에 최선을 다하기 위해 수용국 사회에서 언어를 포함한 지식, 문화를 습득하며 상호문화적 역량을 키울 수 있었다. 그리고 자기주도적 동화는 이주민이 적극적인 자기주도학습 성취의 희열을 통해 이를 수 있으며, 한국 문화를 수용하여 사회적 요구에 따른 문화적응에 이를 수 있다는 것이다. 또한 전문지식 역량은 다양한 지식과 언어를 포함한 다문화 역량의 제고를 통해 다문화감수성을 함양하게 되었고 인적자본을 활용하여 안정감과 함께 다양성까지 존중하는 기회가 되었다.

둘째, 지위부여(Plazierung)는 행정기관을 통하여 이주민하고 거버넌스 소통의 역할을 할 수 있어야 법, 제도의 개선과 개혁을 할 수 있었으며 사회적 위치와 매체는 수용국과 이주민의 의사소통의 관계성을 통해 다원화할 수 있으며 지속적 관계를 유지할 수 있었다. 또한 사회적인 수용을 통하여 수용국하고 이주민의 순응과 적응의 하모니를 이루었으며 이주민이 서로에게 순응하며 다양한 연대를 활성화하려고 노력하였다. 그리고 경제적·제도적·정치적 자본은 수용국과 이주민의 제도적 관계에서 자발적 협력을 통해 다양성이 존중되면 공존의 행복을 나눌 수 있게 하였다.

셋째, 상호작용(Interaktion)은 이주민의 학문 및 전문지식에 대해 서로 상호작용을 통해서 나아가고자 하는 방향을 제시해주고 관계를 지속적으로 정립하기 위해 지역사회의 모든 네트워크와 관계를 맺고, 지역사회와의 거버넌스가 형성하여 상호작용을 지속하고 있었으며 문화적 자본인 문화자본을 수용국 문화와 모국의 문화를 연대하고자 노력하였다. 특히 수용국의 문화에 대한 공감능력을 공유하고자 하였다. 또한 사회적 자본을 활용한 기회의 평등을 도모하였으며 사회참여의 지역연결망을 이용해 소통을 극대화하였다.

넷째, 사회통합모델에서 동일시 또는 일체화(Identifikation)는 이주민이 수용국 사회의 구성 내에서 일체화를 느끼고 이를 통해 스스로 동일시적 소속감을 갖기 위하여 다중정체성을 형성하고 이주국과 고국의 정체성이 아닌 제3의 정체성을 통해 공감하고 상호존중하고자 하였다. 그리고 한국 시민이 되기 위해 수용국의 가치를 내면화하고자 하였다. 또한 한국 국적을 통하여 한국사회의 일원으로 소속감을 갖고자 노력하였으며 수용국 사회의 국가정체성을 함양하고자 하였다.

이와 같이 본 연구는 이주민사업가들이 한국사회에서 공동체 구성원으로서 안정적으로 정착하여 사업을 확장하기 위해 노력하는 사회통합 경험의 생애사적 사례를 살펴보았다. 또한 Esser(2001)의 주제별 사회통합의 생애사적 경험과 의미를 살펴보았다. 이를 통해 이주민사업가가 한국 사회 구성원으로서 다양성에 대한 공감과 공존의 행복을 함께 하며 사회통합에 이를 수 있는 초석이 되길 기대한다.

4. 양방향적 사회통합의 시작

이주민사업가들의 생애시기별 사업 경험을 통해 운영의 어려움, 사업의 확장, 미래의 계획과 이주민사업가들의 사업 경험을 통해 Esser(2001)의 주제별 사회통합 의미를 살펴보았다.

첫째, Esser는 이주민이 수용국 사회 구성원으로서 다중통합의 대상에 대해 부모의 높은 교육 수준과 동시에 고국 문화와 동시 접촉하는 실질적으로 특수하고 유리한 여건에 있어야 가능하다고 하였다. 예를 들면 학자, 외교관, 운동선수, 예술가 등과 같은 환경에서 기대할 수 있다고 하였다. 따라서 노동을 목적으로 이주한 경우에는 기대할 수 없다고 하였다. 하지만 본 연구참여자들의 이주 유형은 사업을 하기 위해 이주한 연구참여자는 1명뿐이었고, 나머지 연구참여자는 이주근로자 체류자격(VISA)으로 이주한 경우가 4명, 유학생 체류자격(VISA)으로 이주는 4명, 관광 목적으로 이주해서 불법 체류를 경험하고 이주근로자로 근무하다가 사업을 시작하게 된 경우 3명, 초등학생이 1명이었다. 연구참여자 13명 중에 12명은 한국으로 이주한 지 2년~10년 사이에 사업을 시작하였다. 연구참여자들의 다양한 이주 유형에는 Esser가 언급한 특수하고 유리한 조건의 이주민은 없었다. 하지만 이들은 한국 사회의 구성원으로서 고국의 정체성을 함께 가지고 있는 경우도 있었고, 오히려 한국인의 시민의식 또는 정체성을 더 적극적으로 표현하는 경우도 있었다. 이주민의 다중통합은 실질적이고, 특수한 여건에서 가능한 것보다 수용국에서 장기적으로 체류하면서 수용국 사회의 교육 등 전문적인 지식 습득 기회, 사회적 네트워크 활성화 등 수용국 사회의 가치에 동의할 때 가능하다고 할 수 있다.

둘째, Esser는 이주 초기 수용국 사회의 언어, 학문, 전문 지식 습득 등 기회가 다양하고 풍부할수록 합법적 권리나 사회적 수용 또한 빠르게 진행할 수 있다. 하지만 수용국 시스템에서 이주 초기에 언어, 전문 지식 습득 등 역량을 키울 수 있는 환경을 제공해주지 못한다면 이주민의 사회적 수용이 늦어질 수 있고, 사회적 관계 맺기 등에 제한을 받을 수 있다고 하였다. 또한 이는 자민족 네트워크 집중 또는 기형적인 활성화로 이어져 수용국 사회로의 통합이 늦어질 수 있다고 하였다. 실제로 본 연구참여자 13명 중에 유학을 목적으로 이주한 4명을 제외하고 이주근로자, 또는 관광 목적으로 이주한 경우 회사에서 욕설이나 차별을 당하는 것을 알면서도 일부러 한국어를 배우지 않거나, 배울 수 있는 센터나 환경이 제공되지 않은 경우도 있었다. 이로 인해 이주 초기 교실 환경에서 문법이나 정확한 발음, 억양 등의 언어 교육을 제공받지 못한 경우 불안전한 언어 환경이 지속되고 피드백이 제공되지 않으면서 화석화로 진행된 경우도 있다. 2000년대 초반 이주민의 유입과 함께 한국어교육 등 사회통합교육 환경이 풍부하게 제공되지 않았던 이유일 수 있다. 이주 초기 한국어교육, 전문지식 습득 등 역량 강화는 이주민의 장기적이고 안정적인 정착에 직접적인 영향을 줄 수 있다. 그러므로, 수용국은 사회 구성원인 이주민을 위한 언어 교육, 전문지식 습득, 법률 등 제도적 자본 등을 전 생애에 걸쳐 제공해야 한다.

셋째, 본 연구의 참여자들은 한국에 이주한 이후 1~5회까지 체류자격(VISA)을 변경하면서 안정적인 체류를 하기 위해 노력하고 있었다. 이를 위해서는 안심하고 경제 활동을 할 수 있는 법적·사회적 지위를 포함하는 법적·제도적 자본에 대한 지속적인 관심과 논의가 필요하다고 할 것이다. KOTRA에서 기업 간 투자 및 지원과 상담을 위한 '투자지원센터'를 운영하고 있지만 본 연구에서 이주민사업가들은 상담 지원에 대해 필요성을 이야기하였다. 따라서 이주민사업가들의 이주 형태 및 사업유형 그리고 지역적 특성을 고려하여 실제적인 상담 및 문제 해결을 위한 법률지원센터가 설치되고 운영되어야 할 것이다.

넷째, 본 연구의 이주민사업가들은 한국인하고 결혼하지 않은 외국인 가족이다 보니, 사업 활동 이외에 지역사회에서 한국인들과 접촉할 수 있는 환경이 제한적이었다. 지역사회의 한국인 가정하고 또는 다양한 멘토 활동 등을 통해 지역사회 구성원으로 참여할 수 있는 기회를 제공하는 것도 필요할 것이다.

다섯째, 이주민사업가 13명 중에 12명이 사회통합프로그램에 참여하였다. 1명은 사회통합프로그램 시범 운영이 시작된 2009년보다 1년 빠른 2008년에 국적을 취득하였다. 이주민사업가들은 사회통합프로그램에 참여해서 한국어는 물론 한국문화를 새롭게 알게 되어 적응에 도움을 받았다고 하였다. 또한 한국의 법, 역사에 대해 필요성을 언급하였고, 역사를 배우고 한국을 이해할 수 있게 되었다고 하였다. 법 제도는 실제 경제 활동에 필요한 부분이라서 많은 도움을 받았다고 하였다. 사회통합프로그램 정규 교육과정은 '한국어와 한국문화' 그리고, '한국사회이해' 과정으로 구성되어 있다. 또한 한 학기에 1~2회 정도 법교육, 소비자교육, 금융교육 등 시민교육이 진행되고 있다. 이주민이 지역사회 구성원으로서의 안정적인 정착과 공존을 위해서 정규교육 과정 이외에 시민교육의 다양한 과정 편성 및 정규교육과정으로의 추가를 고려해 볼 수 있다.

여섯째, 한국 사회에 경제적으로 기여하고 있는 이주민사업가들에게 체류 등 지위부여 획득을 통한 상호작용 및 동일시에 이를 수 있도록 지속적인 통합 조건 구축을 위해 노력해야 할 것이다.

본 연구의 이주민사업가들은 다양한 목적으로 이주하였지만 장기적인 체류와 정착을 통해 우리 사회 구성원으로서 참여하고, 지역사회 발전에 기여하고 있다. 이들이 우리 사회와 원활한 소통과 상호작용을 통해 공동체 시민으로서 사회적 역량을 키울 수 있도록 지속적인 관심과 노력이 필요함과 동시에 사회적 포용과 합의에 이르는 양방향적인 사회통합이 필요할 것이다.

생애사적 내러티브 연구의 실제

3부

08

진로전환 경험과 아이덴티티 형성의 내러티브
: 임작가의 생애 이야기

1. 사회적 삶과 경험 이야기[1]

기술 변혁과 직업의 다양화, 고용구조의 불안정성 등은 직업세계의 급속한 변화를 불러일으켰다. 실제로 한국고용정보원의 연구(박상철, 정영현, 김중진, 강옥희, 2010)에 따르면 우리나라 직장인들은 생애 평균 약 4.1회의 이·전직을 겪을 만큼 진로전환은 이미 보편적인 현상이 되었다. 이러한 변화는 현대사회에서 직업이나 경력을 바라보는 관점 또한 변화시켰다. 예컨대, 21세기의 경력을 프로틴 경력(Protean Career)이라 하는데, 프로틴 경력에서는 직무수행능력보다는 전반적 적응력을 중시하며, 직업적 성공보다는 심리적 성공을, 일을 중심으로 한 자아보다도 총체적 자아를 성공의 지표로 삼는다(Briscoe & Hall, 2006).

이러한 진로관의 변화에 따라 역량교육을 지향하고자 하는 학교 교육과정에서는 개인 내면의 문제로만 여겨왔던 인간의 지적이고 정서적인 능력을 상황적인 속성으로 파악해야 하는 역동적인 특성으로 보고 접근하고 있다. 이러한 맥락에서 진로개발의 핵심역량 역시 자기에 대한 지식, 즉 정체

---

1. 이 글은 글쓴이의 박사학위 논문인 「삶의 궤적으로서 아이덴티티 형성 과정에 관한 생애사적 내러티브: 진로교육에의 시사점 탐색」의 복수 연구참여자 중 1명의 사례를 추출하여 재구성한 것임을 밝혀 둡니다.

성(identity)과 적응력(adaption)을 중요하게 평가하고 있다(Hall, 2002). 이러한 변화된 관점은 개인의 삶과 진로를 바라보는 새로운 시각을 요청한다. 여기에서 개인의 삶은 생애발달 단계마다 계획한 과업을 성취하기 위한 목표 달성의 과정으로 존재하지 않는다. 진로의 궤적으로서의 삶은 예측할 수 없는 우연적이고 상황적인 요인들에 적극적으로 대처하고 조율해 나감으로써 가치와 의미를 추구하는 생동의 과정이다(Littleton, Arthur, & Rousseau, 2000; 정연순, 진성미, 2009).

이러한 변화는 진로경험에 관한 연구들의 연구 동향 속에서도 발견가능하다. 지금까지의 진로경험에 관한 다양한 연구들은 경험을 의미화하고 접근하는 방식 혹은 연구의 방법에 따라 다음의 세 가지 관점에 터해 있었다.

첫째는, 심리학 관점의 연구로 진로성숙, 자아효능감, 진로의사결정 등 개인의 진로발달에 따른 심리적·행동적 특성을 규명하기 위한 연구들이다. 진로발달 행동을 주제로 한 이들 연구는 주로 측정, 설문 등 조사연구의 형태로 이루어져 왔으며, 진로경험의 의미와 동인을 개인 내적 특성이나 동기의 문제들로 다룬다는 특징을 갖는다(정지은, 주홍석, 정철영, 2013).

둘째, 인적자원개발 관점의 연구들은 진로경험을 '경력'이나 '직무역량'의 개발 과정으로 이해하며, 직업 및 조직 선택, 경력 관리의 차원에서 접근해 왔다. 우리나라에서는 career가 '진로'와 '경력'이라는 서로 다른 용어로 번역되는데, 진로는 주로 교육학적 관점에서 입직 전의 준비과정을 의미하는 말로 사용되어 온 반면, 경력은 경영학적 관점에서 입직 후 직업생활에서 사용되어 왔다(진성미, 2013). 인적자원개발의 전통적인 관점에서는 일과 개인을 효과적으로 매치하는 방법이나 개인이 일에 적응해 가는 과정에 관심을 가져왔다.

셋째, 평생학습 관점의 연구들은 진로경험을 성인의 진로전환 요인이나 생애발달단계에 따른 진로의식, 전생애에 걸친 진로구성과 실행에 초점을 맞추고 있다. 이러한 관점에서 진로는 전생애에 걸친 학습의 과정으로 이해되며, 따라서 개인의 진로에 대한 인식과 경험은 평생학습에의 참여를 최종 목표로 한 중요한 역량이다(박수정, 조덕주, 2014). 이러한 연유로 평생학습의 관점에서의 진로경험에 관한 연구들은 한 개인의 생애 경험을 면밀히 조사하기 위한 전략으로 전생애적인 경험들에 대한 질적 분석으로 비교적 활발히 이루어지고 있다(이경희, 박성희, 2006; 한상만, 이희수, 2014; 이병준, 정미경, 석영미, 2015).

마찬가지로 진로에 대한 인식은 과거에는 입직 전까지의 생애 관리, 특히 중등학교에서의 진로교육으로 국한되어 다루어졌다. 그러나 최근에는 평균 학업기간이 길어지고 진로전환 빈도도 높아짐에 따라 점차 진로(career)는 일(work)과 직업(vocation, occupation, job)의 의미를 포함하는 경력과 생애를 의미하는 방향으로 변모하고 있다.

같은 맥락에서 최근 진로구성이론의 확산은 진로경험에 대한 여러 학문 간 경계를 완화시키고 있다. 진로구성이론에서는 개인과 환경의 상호구성적인 입장에서 발달의 가소성이나 발달의 창출자로서의 개인의 인식의 중요성을 강조하고 있다(전현영, 손은령, 2014). 이는 기존의 구성주의 입장에 진로심리학과 이전의 진로교육 모델들을 통합한 것(Savickas, 2011)으로 진로의 영역을 전 생애사의 관점에서 바라볼 뿐만 아니라 진로에 대한 상담과 이해의 도구로 내담자의 내러티브에 터한 진로구성 인터뷰(career construction interview)를 활용하고 있다. 이러한 변화는 측정과 조사를 활용한 연구가 주를 이루던 진로연구영역에서 내러티브 기반의 연구 활성화를 촉진하였다.

이에 진로교육이 학습자들로 하여금 변화하는 사회 환경에 적응하며 자신들의 삶을 설계하고 삶의 질을 제고할 수 있도록 하기 위한 건강한 정체성 형성에 관한 문제라는 점에서 볼 때, 보다 광의의 의미로서 진로 개념에 대한 확장된 이해가 필요하다. 본 연구는 진로를 한 개인이 삶의 영역 전반에서 경험하는 학습의 과정이자, 궁극적으로는 개인의 행복한 삶을 위해 정체성을 형성해 나아가는 과정의 활동으로 전제하고, 한 직업인의 생애사적 진로 경험을 내러티브 탐구를 통해 살펴보고자 하였다.

경험의 이야기는 그동안에 쌓여진 경험의 지식과 내가 위치해 있는 곳의 상황과 내가 정의하는 나 자신에 대한 관념, 즉 정체성이 통합적으로 작동하여 나의 선택에 의해 구성되는 것(홍영숙, 2016)이기에, 본 연구의 생애사 내러티브 분석을 통해 연구참여자가 어떻게 자신의 정체성을 찾고 자신만의 가치를 찾아가는지를 밝혀보고자 하였다. 한 인간이 주체적으로 자신의 삶을 개척해 나아가는 진로 선택과 결정의 과정이 어떠한 양상을 보이며 진행되어 가는지, 또한 이를 통해 한 개인이 자신의 삶의 의미를 어떻게 발견하고 성숙해 가는지 이해해 보고자 하였다. 그리고 이를 통해 진로경험에 대한 풍부한 이해를 제공하고 진로교육에 대한 새로운 함의를 발견해 보고자 하였다.

2. 연구참여자 이야기

연구참여자로 선정한 임작가는 현재 39세의 전업 소설가다. 그는 어려서부터 유독 책읽기를 즐겼다. 대학에서는 생명과학을 전공했으나, 대학 진학 후 자신의 기대와는 달랐던 전공 공부에 실망감을 느꼈다. 20대의 그는 복수전공인 역사와 취미생활인 밀리터리 분야의 정보 및 물품 수집을 통해 삶의 재미를 찾았다. 대학 재학시 우연히 읽게 된 한 권의 소설책에 감명을 받았고, 이를 계기로 취미생활을 위해 활동해 오던 온라인 커뮤니티에 소설 습작을 게재한 경험이 있으며 이 글들을 모아 소설책으로 출간한 적이 있다.

하지만 취업과 생계 문제로 인해 이러한 20대의 경험을 직업으로 연결시키지는 못 하고, 대학 졸업 후에는 원래 전공(생명과학)을 살려 한 국가 연구기관의 임상연구원으로 일하게 되었지만, 곧 회의를 느끼고 전공을 바꾸어 역사교육과 대학원에 진학하였다. 이후 학원 강사, 입시컨설턴트 등으로 9년 간 일하다 자녀 출산 등 생활의 변화와 더불어 사교육 업계에 대한 환멸을 느꼈고, 자신이 원래 좋아하는 분야의 글쓰기를 직업으로 삼아 현재 가상의 역사를 소재로 한 대체역사소설 작가로 활동하고 있다. 주류소설 분야의 작가도, 이름을 대면 알만한 유명작가도, 전보다 더 높은 보수를 보장하는 일도 아니지만, 일-가정, 이상-현실의 균형을 이룰 수 있는 현재 일에 그는 만족하고 있다.

연구자는 이러한 임작가의 삶을 바라보면서 우리 사회에서 성공의 의미가 여전히 외적인 가치로서의 사회적 기준과 잣대에서 자유로워질 수 없음에도 불구하고, 행복의 의미는 결국 자신의 삶에서의 만족에서 비롯된다는 생각을 하게 되었다. 따라서 그가 자신의 삶의 의미를 찾고 그 자신만의 정체성을 형성하기까지의 과정을 들여다 보면서 '나다움'과 '행복'의 의미에 대해서 고찰해 보고자 하였다.

인터뷰 과정에서는 솔직한 진술을 확보하기 위해 비구조화 인터뷰의 방법을 사용하였으며, 가능한 많은 데이터를 확보하기 위해 인터뷰 횟수의 제한을 따로 두지 않았다. 또한 본 연구에서는 '진로'라는 주제를 중심으로 연구참여자의 생애경험을 재구조화하는 주제 중심적 생애사(topical life history)방법을 통해 자료를 수집하였다. 자료는 1차적으로 연구참여자와의 면대면 심층인터뷰를 녹취·전사하여 확보하였고, 추가적인 내용 확인이나 보충설명이 필요한 경우, 전화, 메신저 등의 방법으로 보충인터뷰를 진행하였다.

인터뷰를 통해 수집된 자료는 연구참여자의 진술대로 전사하고, 진술된 자료를 반복해서 읽으면서 연구주제와 직접적으로 관련 있는 의미를 추출하고, 추출된 진술들을 연구자의 언어로 재구성하되, 연구참여자의 진술이 곡해되지 않도록 최대한 원진술을 그대로 활용하였다. 연구과정에서 정리된 자료는 원진술의 객관성과 타당성을 확보하기 위하여 연구 참여자에게 분석 내용에 대한 검토를 요청하고 의견을 수렴하여 분석의 내용을 조율하였다.

그리고 본 연구에서는 연구참여자의 진로경험과 정체성의 형성과정을 이해하기 위한 분석의 틀로 내러티브 탐구의 방법론적 입장에서의 시간적 맥락(temporality), 사회성(sociality), 장소(place)라는 내러티브적 탐구 공간을 활용하였다(Clandinin & Murphy, 2009). 이는 Dewey의 경험의 존재론적 속성을 이야기적으로 재개념화 하고자 하는 방법론적 속성이자 한 개인의 생애 경험 가운데 이야기를 통해 자신의 존재를 의미화 지어가는 방식으로서 정체성의 형성과정을 이해하기에 매우 유용한 분석의 렌즈일 수 있다고 판단하였다.

연구에서 수집한 자료는 '자기이야기'(self-narrative) 또는 '인생 이야기'(life story)로 일컬어지는 생애사 인터뷰 자료로서 이야기 형식으로 구술한 개인의 생애경험을 그 주된 자료로 삼는다. 인터뷰 자료는 참여자와 연구자와의 계속적인 상호작용을 통해 발전되어가는 관계성 속에서 참여자는 자신의 경험을 관계성, 시간성, 장소에 의존하여 다시 말하고(retelling) 재구성하는 내러티브적 구성체로 드러낸다.

연구자는 이러한 연구참여자의 이야기를 통해 스스로의 경험을 해석하고 의미화하는 방식을 이해하고 이를 통해 그가 삶을 바라보는 시각이 무엇인지, 그것이 다시 어떻게 자신의 모습에 반영되는지를 이해하고자 하였다. 또한 연구와 분석의 과정에서 연구자는 내러티브 탐구가 갖는 성찰적이고 자기반성적인 과정에 대한 의미(Clandinin & Murphy, 2009; 김병극, 2012; 장사형, 2014)를 연구결과의 일부로 반영하고자 하였는데, 이는 연구를 통해 연구자와 연구참여자 각자가 상대방의 삶을 자신의 전체적인 삶의 일부에 재위치시킴으로써 서로에게 의미를 부여하며 살아가는 방식으로 이해할 수 있었기 때문이다.

3. 나다움이란 어디에 있는가

임작가가 연구에 참여하는 과정은 과거의 사실들을 회상하는 것이기도 했지만, 현재의 시각에서 지나간 경험의 조각들을 맞추어 나가기 위한 기억의 재구성 과정이기도 하였다. 그에게 행복하고 만족한 현재의 삶 속에서 과거의 경험들은 새로운 공동체에 적응해야 하는 인고의 시간이기보다는 다름 속에서 닮아가는 자신을 발견하는 성숙의 시간들이었다. 뿐만 아니라, 지나간 시간 속 수 많은 경험들 가운데에서 그에게 떠오르는 순간들은 지금의 자신이 있도록 한 '준비된 작가다움'이 빛나는 순간들의 재구성이기도 했다. 그렇지만 이러한 모든 생애 경험들에 대한 내러티브 속에서도 변하지 않는 사실은 언제나 그가 살아온 모든 순간들, 그가 존재했던 모든 순간으로서 '지금 그리고 여기'의 상황들에 대한 의미의 발견이었다. 삶의 모든 순간들은 언제나 그가 선택할 수 있었던 최선이었고, 그 성패의 여부를 막론하고 나름의 의미와 가치가 있었으며, 그러한 모든 순간순간의 여정이 지금의 '임작가'를 만들어 주었음을 회고하였다. 연구에 참여하는 과정은 임작가 스스로 자신의 삶을 돌아보며 그 가치와 의미를 깨달아 가는 자기 성찰의 과정이기도 했다.

3.1. 다름이 만드는 닮음

임작가에게 있어 소설가로서의 그의 정체성 형성에 최초이자 가장 큰 영향을 준 사회적 상호작용의 공간은 온라인 커뮤니티였다. 대학 재학 당시, 취미였던 밀리터리 분야에 대한 호기심을 충족시키기 위해 한 온라인 커뮤니티에서 활동했는데, 임작가에게 있어 동호인 커뮤니티에의 참여는 곧 작가로서의 역량 발견과 발현의 과정이기도 했다. 이곳에서 그는 습작을 게시하고, 읽는 이들과 피드백을 교류하면서 동호인으로서의 동질감을 형성하는 한편, '작가-팬'이라는 타자와의 관계를 구축해 가며 작가로서의 희열과 정체성을 발견해 갔다.

> "○○○○○○이라고 밀리터리 커뮤니티가 있었어요. 제가 원래 밀리터리 매니아라 대학교 다닐 때 한창 활동했어요. (이 커뮤니티에) 습작으로 쓴 글을 하나둘씩 올리기 시작했는데 반응이 좋은 거예요. 신나서 계속 글을 올렸고, 나중에 제 글을 본 출판사에서 책으로 한 번 내보면 어떻겠냐고 제의가 들어왔어요. 취미생활이 작가로의 첫 길을 터 줬다고 할 수 있어요."

또한 그는 이전에 관심을 갖고 있는 분야들을 모두 활용할 수 있는 새로운 분야로서 대체역사소설이라는 장르를 선택하였다. 그가 선택한 분야가 문단에서 정식으로 인정받거나 널리 알려져 있는 장르는 아니지만, 그에게는 자신이 가진 여러 관심사를 모두 녹여 내고, 그 안에서 행복(만족)을 찾을 수 있는 분야가 될 것이라는 희망과 상상이 녹아 있었다.

생명과학도에서 작가로의 정체성 변화 과정에서 임작가에게 동일시의 대상은 우연히 읽게 된 한편의 대체역사소설이었다. 이 소설로 인해 임작가는 '과거의 역사적 사실들이 우리의 상식과 다른 방향으로 전개되었다면 세상은 어떻게 바뀌었을까?'에 대해 강한 호기심을 가지게 되었다고 한다. 이때부터 자신의 역사적 지식을 활용해 습작을 쓰기 시작했고, 이를 온라인 커뮤니티에 게재하며 작가로서의 정체성을 발현시켜 나아간다.

> "습작이긴 했지만 나름 고생해서 쓴거라 누군가에게 보여주고 싶었어요. 그런데 워낙 마이너한 장르라 주변에는 딱히 보여주거나 감평 받을 데가 없었어요. 마침 그때가 밀리터리 커뮤니티에서 한창 활동할 때였고, 소설 내용도 (군사 분야) 관련된 게 많아서 (밀리터리 커뮤니티에) 한번 올려 봤죠. 그런데 생각했던 거보다 반응이 꽤 괜찮은 거예요. "재미있다", "다음 편이 궁금하다"... 그런 댓글들이

계속해서 글을 쓰게 만든 힘이 된거 같아요. 응원과 기대를 보내주는 사람들이 늘어나는게 신기하기도 하고 고맙기도 하고 그렇더라구."

"지적도 많이 받았습니다. (그 커뮤니티가) 준전문가 수준의 동호인들이 많은데고, 제가 쓴 소설이 역사적 사실을 토대로 상상력을 접목시킨거라 "그때는 그렇지 않았다.", "고증을 똑바로 해라" 같은 비판들도 있었어요. 똑같은 사실을 놓고도 나는 맞다고 생각하는데 아니라고 생각하는 사람들도 있었구요. 사실 역사공부도 원래 흥미가 있기도 했지만, 고증 잘 해서 소설 잘 쓰려고 더 열심히 했어요."

그가 쓴 소설은 처음에는 단지 습작 그 이상도 이하도 아니었기에 어떤 보수나 성과를 바라지 않았고, 자신의 글을 읽은 이들의 반응을 살피는 것만으로도 큰 흥미를 느꼈다고 한다. 자신이 속한 커뮤니티의 참여자들이 임작가의 글을 읽고 반응하는 방식, 그리고 긍정적이고 부정적인 피드백의 반복을 통해 임작가는 작가로서의 정체성을 확립해 나갔다.

물론 처음에 쓴 글들은 역사적 고증이 완전하지도 않았고, 문체도 딱딱했기에 비판과 지적도 많이 받았다고 한다. 그러나 공동체의 평가와 기대를 수용하여 더욱 철저한 고증작업과 글을 매끄럽게 다듬는 작업을 거침으로서 독자의 호응도 점차 커져갔다고 한다. 창작, 게재, 비판과 수용, 수정 및 퇴고 등의 작가들이 행하는 작업 플로우를 지속적으로 수행하며 그는 이방인에서 점차 '작가다움'으로 실제 작가의 모습과 닮아가게 되었다. 뿐만 아니라, 그가 처음 소설을 게재한 곳이 밀리터리 동호회였던만큼 그의 작품들은 특히 군사 분야와 관련된 내용이 중요한 소재가 되었고, 그가 가진 또 다른 정체성인 역사학도로서의 '역사적 사실에 대한 고증'을 더하여, 군사 분야와 관련된 철저한 고증은 이후에도 그의 작품색이 되어 갔다. 그는 '작가다움'으로 닮아감과 동시에 '나다움'이라는 자신만의 가치와 색깔을 통해 자신의 존재감을 형성해온 것이다.

임작가는 이처럼 각기 다른 공동체의 경계를 가로지르는 경험 속에서 다름을 닮음으로 바꾸는 부단한 노력과 애씀을 통해 상상을 현실로 만들었다. 그가 고대하고 갈망했던 상상속의 작가의 모습은 그가 그들의 공동체 속에 적극적으로 참여함으로써 비로소 그 본연의 모습을 드러내었고, 이 과정에서 발견된 다름과 낯섦을 자신에게 익숙한 것으로 만들어가는 자기 수행의 과정을 통해 새로운 자아를 형성하고 역량을 확장해 갔다.

이러한 임작가의 생명과학도에서 예비작가로서의 정체성 변화는 단순히 소설을 쓰게 되었다는 전업의 문제만을 의미하는 것은 아니다. 그는 짧은 글들을 꾸준히 타인과 공유하면서, 이들과의 커뮤니케이션을 통해 독자들의 반응과 요구사항을 이해하고, 자신이 쓴 글의 오류를 고쳐 나가는 참여 과정을 통해 점차 완성도 있는 작품을 만들어갔으며, 이러한 작품의 완성도만큼 자신의 정체성도 작가로서의 모습으로 변모해 갈 수 있었다. 이러한 적극적인 참여과정의 반복은 자신의 작품과 자신의 정체성이 기존의 커뮤니티 구성원들이 공유하고 있는 것들과의 차이를 인식하도록 하는 계기가 되었고, 그것을 좁혀가도록 하는 행위의 방식들을 통해 해당 공동체의 구성원들에게 인정받는 작가로서의 역량을 갖추어 가제 되었다고 볼 수 있다. 또한 그 가운데서도 기존의 구성원들이 공유하고 있는 문화나 이해방식과 동떨어지지 않으면서도, 차별성을 만들기 위하여 자신만의 색깔과 가치를 녹여내고 조율해 나간 방식들은 그들과 다르지 않지만, 그렇다고 같지도 않은, 그들과 '닮았지만 다른' 임작가 자신의 정체성을 갖도록 해주었다.

3.2. '지금 여기'에서 발견한 나다움

임작가는 어릴 때부터 책읽기를 즐겨했다. 동물을 좋아한다는 단순한 이유로 생명과학과에 진학했지만 그가 선택한 전공은 생각했던 바와 많이 달랐고, 대학 재학시의 그는 복수전공인 역사와 취미생활인 밀리터리 분야에 더 많은 관심을 갖게 되었다. 어린 시절부터 즐겼던 독서, 대학입학 후 관심을 갖게된 밀리터리와 역사라는 바탕에서 한 편의 소설을 읽게 된 후, 그는 역사와 밀리터리를 접목한 가상 역사소설을 쓰기 시작했고, 소설을 써 내려가면서 그는 대체소설작가라는 새로운 분야에 대한 진로를 발견하게 되었다. 원래 전공에는 만족하지 못했지만, 취미생활이 그를 새로운 길로 인도한 셈이다.

> "어릴 때부터 책읽기를 좋아했어요. 대학에 와서는 한동안 밀리터리 동호회에 푹 빠져 있었구요. 원래 전공(생명과학)에는 큰 흥미를 못 느꼈고, 제가 대학 다닐 때는 복수전공이 필수라 역사를 복수전공 했는데, 결국 지금 제 일을 보면 이 세가지(책, 역사, 밀리터리)가 모두 조합된 일을 하고 있어요. 지나고 보면 다 이 일(소설작가)을 하려고 그랬었나 봐요."

그의 첫 출판 경험은 우연히 찾아온 기회라고는 하지만, 순수한 우연은 아니다. 2년에 걸쳐 꾸준히 습작을 써서 연재하고, 독자들의 피드백을 반영하여 더 나은 자료와 글로 다듬어 온 실천의 과정이 있었기에 가능했던 '계획된 우연(Planned Happenstance)'으로 보는 것이 더 타당했다. 하지만 현실은 그의 작가로서의 정체성보다는 생명과학 전공자로서의 정체성을 요구했다. 주변의 기대도 그랬고, 취업시장의 요구도 그랬다.

> "그때는 내가 '이 길(작가의 길)로 가야겠다'라고 바로 결심은 하지 못했습니다. 왜냐하면 첫 작품이어서 글도 별로 좋지 않았고, 시장트렌드도 어떻게 맞춰야 하는지 그런걸 몰랐기 때문에 수입이 별로 좋지 않았어요. 그래서 그 뒤에는 그냥 '취미 정도로만 해야겠다'라고 생각했고... (중략) ... 학부성적관리도 해야 되고, 취업준비도 해야 되고 해서 몇 년 동안 소설쓰기를 멈췄었어요. 부모님도 소설

쓰는거 보다는 원래 전공 살려서 연구소 같은데 들어가길 바랬어요.
그때는 나도 그래야만 될거 같았고... "

결국 대학 졸업 후 그는 임상실험연구원, 학원강사, 입시컨설턴트 등으로 일하며 낮에는 일을 하고, 밤에는 글을 쓰는 생활을 9년간 이어갔다. 이 과정에서 그는 원래 쓰고자 했던 소설은 아니지만, 직업인(강사)으로서의 정체성을 찾고자 관련 분야의 책을 내기도 했다. 강사 계통에서의 경력 개발과 부수입 창출을 위함이었다. 그러나 학원강사로서의 삶과 경력 개발을 위한 부수적인 일들은 그에게 큰 만족감을 주지는 못했다. 그가 쓰고 싶은 글은 이미 존재하는 사실에 대한 기술보다는 상상력을 기반으로 하는 창작물이었기 때문이다.

"쓰고 싶은 장르가 아니라, 그때그때 시장 상황에 맞춰서 쓰는 상품 같은 거니까 완성도도 안 나오고, 그러다 보니 팔리지도 않고..."

하지만 한편으로는 소설과는 직접적으로 관련이 없어 보이는 과거의 경험이 그가 쓰는 소설의 스타일에 영향을 주었다고 그는 이야기한다. 임작가의 작품들은 철저한 역사적 고증을 바탕으로 그 내용이 전개된다는 특징이 있다. 이는 그가 전공했던 역사, 그리고 학생들을 가르쳤던 경험들이 바탕이 된 것으로, 그 역시 역사적 사실에 기반한 자신의 소설 스타일이 타 소설가와 구분되는 차별화 포인트로 생각하고 있다. 그가 처음 공부했던 자연과학은 객관성이 최우선의 가치이며, 이후 공부한 역사는 사실에 대한 확인과 해석이 본바탕이 되는 학문이며, 그가 했던 학생들을 가르치는 일은 사실에 입각한 교육이어야 한다는 특징이 있다.

"설득력 있는 거짓말쟁이가 되고 싶습니다. 왜냐하면 소설 자체가, 더군다나 제가 주로 쓰는 장르인 대체역사 같은 경우에는 실존하지 않았던 그리고 아예 지금 현재로서는 가능성이 없는 이야기를 쓰는거기 때문에 독자가 보고 '어 이거 말 되네?' 라고 생각할 만큼 설득력이 있는 그런 거짓말을 쓰는 사람이 되고 싶습니다."

이러한 그의 근거주의, 실증주의는 하루아침에 형성되었거나, 낱낱의 것들의 단순조합이 아니라, 그의 공부한 자연과학의 특성(객관성), 역사학의 특성(역사적 사실에 대한 입증 및 해석), 그리고 교육자로서의 경험(근거에 기반한 교육)이 융합되어 투영된 것이며, 긴 세월 동안 그의 작은 선택과 애씀이 반복되며 형성된 종합적인 특성이자 그의 정체성이었다.

그와의 인터뷰에서는 '개연성'이라는 단어가 자주 등장했는데, 이는 그의 작품의 정체성일 뿐만 아니라 그 자신의 정체성을 대변하는 용어이기도 했다. 사실 그가 부여한 사건의 개연성이라는 것은 그의 내러티브 과정에서 사후에 부여된 의미들이었다고 보는 것이 더 타당할 것이다. 그는 인터뷰과정에서 동일한 사건에 관해서 이야기 할 때에도, 때론 그것이 그의 모습이 있도록 한 중대한 사건이기도 했고, 때론 지금의 그에게는 어떠한 의미도 없는 사건으로 해석하며 맥락적으로 사건의 의미를 재구성하고 있었다. 임작가의 이야기에서는 어떠한 사건도 그것이 갖는 선험적 의미는 없었다. 단지 당시 그가 처한 현재적 가치에 부합하는 이야기를 생성함으로써 지나간 삶에 새로운 색을 입히고 그를 통해 현재의 자신을 만들어가도록 매순간 개연성을 만들고 있었다.

3.3. 삶의 조율 과정으로서의 나다움

대학 졸업반 시기의 임작가는 졸업 후 진로 문제로 많은 고민을 하게 되었다. 복수전공의 결과 두 개의 학위를 갖게 된 그는 원래 전공(생명과학)을 살려 취업하는 길과 자신이 보다 큰 흥미를 갖고 있는 복수전공(역사학)을 살려 취업하거나 대학원에 진학하는 두 가지 길 사이에서 큰 고민을 했다.

이 시점에서 그는 첫 번째 진로타협을 하게 된다. 원래 전공인 생명과학은 개인적 흥미는 사라졌지만 취업하기에 보다 용이했고, 부모님의 기대도 더 충족시킬 수 있는 전공이었다. 결국 그는 좋아하는 분야는 취미로 남겨두고, 원래의 전공을 살려 첫 번째 직장인 한 국립 연구기관의 임상연구원으로 취업하게 된다. 대학에서 공부했던 생명과학에 대한 내재적 흥미는 많이 사라졌지만, 그나마 계속 전공을 살려 일한다면 향후 안정된 생활에도 도움이 되고, 어릴 때부터 좋아했던 동물에 대한 관심도 충족시킬 수 있는 직업이라고 생각했다.

그러나 취업 후 그가 담당하게 된 주 업무는 가축 해부 및 검역으로 그가 가진 동물에 대한 애정을 일의 세계에서 구현하는 것과는 거리가 멀었다. 결국 그는 직장을 다니면서 원래의 관심 분야인 역사를 더 공부하고자 대학원 진학을 결심하게 되는데, 여기에서 그는 두 번째 진로타협을 경험하게 된다. 당시 그가 더 원했던 것은 사학과 대학원에 진학해서 전쟁사를 전문적으로 공부하는 것이지만, 대학원 졸업 후 취업 및 생계에 대한 걱정과 부모님의 애초의 기대(교사가 되는 것)에 부응하고자 하는 마음은 그를 역사교육과 대학원 진학이라는 절충적 선택으로 이끌게 된다.

대학원에 진학한 후 그는 첫 직장을 정리하고, 학원강사의 세계에 발을 디디게 되었다. 처음에는 학비 충당을 위한 아르바이트 정도로 생각하고 시작했지만, 결과적으로는 이후 약 9년을 학원가에서 일하게 되었다. 학원강사와 입시컨설턴트로 일하는 동안의 그는 전문 강사로서의 정체성을 갖추어 갔다. 학원가에서 일하면서 석사 학위과정을 마쳤고, 자신이 가르치던 교과(역사) 관련 교양서도 출간하면서 사교육 강사로서의 전문성을 강화해 갔다. 학원 일이 마음에 쏙 들지는 않았지만, 대학원 전공을 살려 학생들을 가르친다는 보람과 일반 직장에 비해 일터에 묶여 있는 시간이 적어 취미생활(글쓰기와 밀리터리)을 병행할 수 있다는 매력이 9년이라는 긴 시간 동안 그를 학원가에 머물게 했다. 하고 싶은 일은 따로 있지만 그 일에 대한 확신이 없는 상태에서, 생계유지활동과 취미생활을 할 수 있는 시간 확보가 동시에 가능한 직업은 사실상 많지 않았기에 학원강사라는 직업은 취미로서의 글쓰기와 생계유지 수단으로서 학원강사라는 직업의 균형을 이루며 살아갈 수 있는 긴 진로타협의 수단이었던 셈이다.

> "소설가만큼은 아니라고 해도 내가 좋아하는 역사를 갖고 일하고, 애들이랑 역사 이야기하고 토론하고 그러면서 생활을 한다는데 만족을 했었습니다.... (중략)...학원에서 강의 하면서도 글은 계속 썼어요. 시간이 많지 않아서 책으로 낼만한 글을 쓰지는 못 했고, 제가 운영하는 블로그에 짬짬이 글 올리는 정도? 학원에서 일하는 동안에는 소설은 못 썼어요. 소설이라는 게 한페이지 쓰는데도 시간이 엄청 걸리는데, 그럴만한 여건은 안 되고... 대신 제가 맡은 교과 관련 교양서는 2권 썼어요. 세계사 관련된거 하나랑 한국전쟁 관련된 거 하나..."

그런데, 이러한 그의 삶에 또 다른 변수들이 생겨난다. 하나는 자녀의 출산이고, 또 한가지는 직장에서의 가치관의 충돌이었다. 우선 자녀의 출산과 양육은 그의 생활양식에 변화를 요구했다. 그동안 일하던 학원 업무는 오후 늦게 출근해서 밤늦게 퇴근하는 구조였지만, 육아의 일부를 담당해야만 하는 맞벌이 가정의 아빠에게 이러한 근무구조는 더 이상 허용되지 않았다. 결국 그는 학원 강사를 그만두고, 근무시간이 일정한 입시컨설팅 회사로 이직했다. 그러나 입시컨설턴트로 약 3년을 일하는 동안, 그는 잦은 도덕적 회의와 양심의 가책에 시달려야 했다.

> "입시컨설팅과정에서 거짓말은 너무 저열해 가지고... 컨설팅 할 때 했던 거짓말은 순전히 제가 가지고 있지 않은 컨설턴트 경력이나 아니면 관련 자격증이나 이런 걸 있다고 뻥을 치는 그런 수준이었기 때문에.."

입시컨설팅업체에서의 이러한 가치관 충돌은 자신의 업무방식과 회사의 경영방침과의 괴리와 더불어 경영진과의 갈등을 야기했고, 이 과정에서 그는 극심한 스트레스에 시달려야 했다. 심리적 스트레스는 건강에도 악영향을 미쳐 회사를 그만두기 직전 약 1년 동안 심각한 탈모와 위궤양으로 많은 고생을 했다고 한다.

> "컨설팅업무라는 게 교육과 훈련과 경험이 다 필요한 일인데, 학생들한테 교육컨설팅을 제공하는 게 제가 취업했던 업체에서는 직원들한테 충분한 교육이나 훈련도 하지 않고, 정보도 제대로 숙지하지 못한 상태에서 고객인 학생이나 학부모에게는 매우 숙련된 컨설팅인 것처럼 소개를 하면서 일을 시켰고… (중략)… 그러면서 심신으로 스트레스를 받으면서 일을 하다 보니까 (일한지)2년째 여름부터는 탈모가 되게 심했어요. 손으로 머리를 잡으면 한움큼씩 머리카락이 빠졌으니까요."

결국 그는 퇴직을 고민하게 되고, 그동안 취미 삼아 해 왔던 소설 쓰는 일을 직업으로 삼기로 결심한다. 직접적인 퇴직 이유는 현 직장에 대한 불만이지만, 그의 결심에는 때마침 들어온 출판 제의와 가족의 동의도 영향을 미쳤다. 대학교 때 낸 첫 작품 이후에는 이렇다 할 후속 작품이 없었음에도 그가 운영하는 블로그에 게재한 글들을 보고 관심을 갖고 있던 한 출판사에서 기획 소설 제의가 들어온데다 과거에는 그에게 취미와 직업을 분리하기를 바랐던 가족들도 그의 오랫동안의 고생과 꾸준한 저술활동을 지켜보며 그의 선택에 지지를 해 준 것이다.

> "(회사를 그만두는 문제로)몇 달을 고민하다가 가족과 토론 끝에 스트레스 받으면서 여기서 일을 하느니 '차라리 좀 덜 벌더라도 내가 하고 싶고 잘할 수 있는 일을 하는게 낫겠다.'라고 생각해서 이제 소설을 전업으로 진로를 결정했습니다. 신기한 것은 회사를 나오자

마자 탈모가 멈췄습니다."

그에게 전업 작가로서의 직업전환은 일 자체에 대한 만족 외에도 또 다른 긍정적 의미를 갖는다. 미취학 아이 둘의 아빠인 그는 현재 집에서 글을 쓰며, 아내가 출근한 후 육아를 병행하고 있다. 주변에 육아를 도와줄 이가 없는 상황에서 자녀 양육 문제는 임작가 부부의 가장 큰 고민거리였지만, 전업 작가로 전환한 지금은 적어도 육아와 관련된 걱정은 덜해졌다. 비록 소득은 줄었지만, 자신이 좋아하는 일을 하고 있고, 가족과 함께 있는 시간이 늘어났으며, 육아문제까지 해결되었으니 지금의 상황에 만족하지 못할 이유가 없다는 것이 그의 현재 입장이었다.

그는 전업 작가로서의 삶에 만족하는 지금도 그가 살아온 인생의 고비고비를 후회하거나 헛된 시간이었다고 생각하지는 않았다. 도리어 순간순간 그가 처했던 상황에서는 최선의 선택이었다고 생각하고 있었고, 그러한 시간들이 있었기 때문에 현재의 자신이 존재한다고 생각했다. 그가 이야기한 그의 삶은 방황했지만 의미 있었고, 실패한 적도 많았지만 보람찬 시간들이었다. 그가 자신의 선택과 결정에 합리성을 부여하고 나름대로의 행복을 느꼈던 것은 언제나 그를 둘러싼 여러 가지 맥락들에 대한 조화로움 속에 존재했다. 그는 지나간 시간들을 돌아보며 현재의 자신의 삶에 만족하고 있다고 이야기하고 있었지만, 사실상 그의 내러티브 속에서 그가 보여준 행복과 성공, 삶의 의미란 직업적 성취감이 아닌 언제나 매 순간에 충실한 삶의 조화로움이었다.

4. 끊임없는 윤색과 변주 그리고 나다움: 진로교육에의 함의

본 연구에서는 한 직업인의 생애사적 진로 경험을 내러티브 탐구를 통해 구체화하여 재조명해 보고자 하였다. 현재까지의 삶과 일의 경험들을 통해 자신을 이해하고 성숙시켜 나아감에 따라 어떻게 '나다움'의 정체성을 찾고 직업인으로서의 '작가다움'을 찾아가는지, 또한 이를 통해 어떻게 개인의 행복한 삶을 완성시켜 가는지 이해하고자 하였다. 임작가는 여러 차례의 진로 전환의 경험 속에서도 자신의 존재와 의미를 일관되게 이해하기 위해 몇 가지 생애 전략들을 통해 현재 자신의 모습을 중심으로 지나간 경험들의 파편들을 엮어 자신을 드러내고자 하였다.

임작가의 진로 전환 경험들 속에서 발견한 것은 그의 삶이 넓은 의미에서 그가 '살아온 삶'임과 동시에 그를 둘러싸고 벌어진 다양한 경험들 속에서 '살아진 삶'이었다는 점이다. 그의 진로 전환 경험은 특정 시기의 그가 선택하고 결정한 사건이라기보다는 그것들을 둘러싼 삶의 과정 전반에 대한 조율이자 타협의 결과였기 때문이다. 그 스스로 미처 인지하지 못 했을지라도 그의 생애 이야기 속에서 드러난 인생의 흐름으로서 유기적으로 연결된 그의 삶은 그가 자신의 현재 모습을 이해하고 행복을 향유하기 위해서 그가 살아온 삶의 모든 순간에 대한 의미와 가치를 인식하고 긍정하는 방식에서 비롯되는 것이었다.

임작가는 현재 자신의 삶에 대해 만족하고 있었다. 그렇지만 여전히 그의 삶의 현재 진행 중이며, 지금껏 그가 해왔던 것들처럼 앞으로 살아갈 삶에서도 끊임없이 매순간 삶에 충실하며 스스로의 행복을 찾아 나아갈 것이다. 연구과정에서 보여준 바와 같이, 그가 다시금 자신의 삶을 되돌아보며 성찰하는 경험들을 통해 앞으로의 삶에 대한 시각을 새롭게 만들어가고 있었기 때문이다.

연구과정에서의 또 하나의 발견은 이야기하는 과정을 통해 삶의 의미를 찾고, 그렇게 말해진 내러티브가 다시 나아갈 삶의 길을 제시한다는 사실이다. 연구의 과정은 연구 참여자의 생애 이야기를 듣는 과정이었음과 동시에,

연구자와 연구 참여자 모두에게 삶에 대한 성찰과 고뇌가 스며든 의미있는 자기 이해의 과정이었다. 이러한 연구과정은 삶의 행복과 성공에 대한 의미를 되새기게 했으며, 오늘날의 진로관과 진로교육에 대해서도 몇 가지 함의점을 던져주었다.

우선 진로의 의미를 직업 탐색 및 그 획득의 과정에서 찾고자 하는 것이 지금의 현실이다. 그러나 참다운 의미에서의 진로란 삶의 의미와 방향성을 탐색하는 과정 그 자체일 수 있다. 따라서 진로에 대한 관심과 교육은 청소년기 같은 특정 시기에 집중되기 보다는 생애 전반을 관통하여 끊임없이 진행되어야 하는 탐색과 실천의 과정으로 접근할 필요가 있다.

다음으로는, 진로는 이미 정해져 있는 기존의 길을 따라가는 것이 아니라, 스스로 찾고, 고민하고, 결정하는 과정에서 형성되는 고유한 인생의 방향이다. 수 많은 직업들이 생멸하고, 사회경제적 상황이 시시각각 변하는 현대사회에서 기존의 경로만을 따라 직업을 얻고 경력을 쌓아나가는 것은 이미 불가능에 가까워졌기에, 스스로의 판단과 실천을 통해 상황을 변주하는 역량을 키워 나가는 것이 진로역량에서 추구해야 할 핵심 내용이어야 한다.

'나다움'은 어디에 있는 것일까? 그것은 이미 내 안에 존재하는 무엇인가를 발견하고 찾아내야 하는 내면의 감춰진 보물이 아니다. 예측할 수 없는 삶의 소용돌이 속에서 부딪히고 깨지며 끊임없이 다듬고 윤색해야 하는, 나의 바깥에 존재하는 모든 경험들의 조화로움 속에서 매 순간 생성되고 생동하는 그 무언가일 것이다.

09

포토텔링과 생애 내러티브
: 기록을 넘어 이야기

1. 순간을 영원으로

우리는 어떠한 것과 마주하거나 기념하고 싶은 순간에 사진을 찍는다. 사진을 찍을 때는 사진을 찍는 사람에 따라 가치와 의미도 달라진다. 사진의 힘과 가치는 대상에 따라, 그리고 어떤 가치를 함유하고 있는지에 달려 있다. 사진작가는 많은 사람들을 감동시키는 사진을 창작할 때 자신의 존재 가치를 확인하게 된다. 그러나 포토텔링에서는 작가의 의도에 찍은 세상을 볼 줄 아는 시각이 만들어낸 형식미가 뛰어난 사진이 아니다. 미적 감각을 자극하는 아름다운 사진도 아니다. 그 당시 순간 포착이지만 역사와 사회, 문화 등 총체적인 것을 기록하는 것이다. 사적인 기억이지만 시간이 지남에 따라 시대의 객관적 기록으로서 자료적 가치를 지니기 때문에 공식적인 사진 기록이나 보도 사진 이상으로 개인적인 동기에서 촬영된 기념사진에 기록적인 진실성이 넘치기도 한다. 사진 속의 대상은 역사의 현장에 있었고, 장소는 대상자의 삶의 현장이다. 사진의 바탕에는 그들의 삶과 애환, 휴머니즘이 깔려 있어 의미있는 기록이 된다. 그래서 그 사진에 담긴 기록을 이야기로 풀어내는 작업이 중요하다. 이러한 점에 착안하여 포토텔링은 사진에 숨겨진 이야기를 끌어내는 매개체이다.

포토텔링은 연구참여자가 제시한 사진을 활용하여 그들의 목소리를 반영하고, 그들의 살아 있는 이야기를 사진을 통해 내러티브를 구체화하는 작업이다. 연구참여자들은 '사진'과 '이야기'함으로써 흩어져 있는 기억의 파편을 모으고 과거의 시간을 현재로 끌어당겨 미래와 상호작용하여 사진에 얽힌 의미를 다시 살아나게 한다. 이때 연구자는 현장 텍스트를 구성하여 연구참여자들과 대화를 통해 '다시 이야기'할 때 그들이 만들어낸 의미에 대해 깊이 고찰한다. 따라서 이때 사진은 기록이 아닌 이야기가 된다(Josef Koudelka, 2016). 사진에는 무수한 어휘와 사연이 숨쉬고 있기에 그것을 꺼내어 이야기할 때 과거의 시간을 현재로 끌어와 다시 되살아나게 하는 힘이 있다. 이것이 포토텔링이 지니는 힘이다.

포토텔링은 연구참여자가 선정한 사진을 활용하여 커뮤니케이션을 이끌고, 연구참여자의 내러티브를 공고히 하며, 연구참여자에게는 치유를, 연구자에게는 성찰의 기회를 제공한다는 것이 가장 큰 특징이다. 따라서 포토텔링은 연구참여자가 고령의 노인이거나 내성적이며 말하는 것을 즐겨하지 않는 경우, 의사 소통이 서툰, 혹은 기억을 담보할 수 없는 연구참여자에게 기억을 되살아나게 하는 유용한 자료수집 방법이 될 것이다.

2. 말을 만들어 내는 매체, 포토텔링

2.1. 사진과 이야기의 만남

포토텔링(Photo Telling)이란 사진을 의미하는 포토와 스토리텔링(Story Telling)의 텔링(Telling)에 기반을 둔 질적 연구방법으로 연구 참여자가 제시한 사진 이미지를 통해 연구참여자의 내러티브를 재구성하는 것이다(박봉수, 2016 재인용). 포토텔링(Photo Telling) 연구방법은 기존의 포토보이스(Photo Voice) 연구방법과 사진치료(Photo Therapy Techniques) 연구방법, 스토리텔링의 한계점을 보완하기 위해 김영순, 박봉수(2016)가 고안해 낸 질적 연구방법이다. 포토텔링은 이야기에 접근하려는 방법과 시각에 관하여 이야기가 향유되는 총체적인 과정을 통찰하는 단계, 즉 이야기의 안과 밖, 이야기의 저변에 대한 포괄적인 접근을 위해 사진을 활용하는 방법이다.

스토리텔링(Story Selling)은 인간이 세계를 인식하는 근본적인 방식인 이야기를 통해 인간의 감성에 호소하는 의미전달 구조이며, 사건에 대한 진술이 지배적인 담화양식으로 이야기하는 현재성에 초점을 맞추어 이야기를 통해 상대방에게 감동을 주거나 공감을 불러일으키는 특성이 있다(김영순, 2011). 이때 매체는 이야기를 흥미롭게 만들고 수용자에게 또 다른 이야기를 재구성하고자 하는 욕망과 힘을 제공한다. 따라서 매체가 무엇이냐에 따라 상대방에게 감동을 주거나 공감을 불러일으키는 정도가 달라지기 때문에 매체가 중요하다(김진희 외, 2015). 따라서 포토텔링은 어떤 주제를 전달할 때 가장 효과적으로 전달하는 방법이다. 자신이 전달하고자 하는 정보를 오류 없이 전달하고, 자각하게 하며, 정서적 몰입과 공감을 이끌어 낼 수 있기 때문이다.

또한, 연구참여자가 제시한 사진은 이들의 한 장의 사진을 보는 것이 아니라 그 안에 담긴 사회적, 시대적, 역사성을 보는 것이다. 사진을 찍고 보관하고 바라본다는 것은 '시간으로부터 보호, 다른 이와의 커뮤니케이션과 감정의 표현, 자아실현, 사회적 위계, 오락 또는 도피'라는 다섯 가지 영역에서 만족을 가져다줄 수 있다. 자신들의 사진과 이야기를 나누는 것으로 개인의 성장과 치유를 도모한다. 이들은 역사적 사회적 표상을 개인의 관점으로 해석하고 재구성한다. 사진은 사라지는 것들에 대한 아쉬움과 시간과 공간에 관계된 생활양식이다. 사진은 과거를 기록하며 과거를 이야기하는 것처럼 보인다. 과거의 이야기는 하나의 역사이기 때문에 사진은 개인의 이야기를 기록하면서 집단의 역사를 말하고 동시에 집단의 기억에 의존하며 개인의 과거사를 되짚어낸다. 그렇기 때문에 사진에 대해 이야기하는 사람들은 기억에 대해 이야기하고, 시간에 대해 말하고 역사를 거론한다. 시간과 기억과 역사를 이야기하지 않고서는 사진에 대해 논할 수 없는 것처럼 말이다. 가족 앨범에 담긴 추억이나 역사의 사건 등 사진을 통해 사람들이 풀어 놓는 이야기보따리는 시간과 기억이라는 색으로 칠해져 있다.

일반적으로 사진에는 시간이 내포되어 있으며 사진은 역사를 이야기한다. 하지만 사진은 시간을 담아내는 매체라기보다는 특정한 순간을 공간적으로 표현해내는 매체이기도 하다(주형일, 2003). 그리고 사진은 그 자체로서 역사를 이야기할 수 없다. 사진이 역사와 관계를 맺는 것은 관객이 사진 속에 기억을 투영하면서 가능해진다. 따라서 사진이 갖는 매력은 단순히 대상의 일상을 포착하는 것에 그치지 않고 당시의 시간, 사회성, 인간의 현실과 정체성 그리고 비전을 담고 있다는 것이다. 이처럼 사진은 현실의 대상을 단순하게 전달하는 기능을 넘어 그 시대를 반영함으로써 미래를 조망하는 다양한 방법을 제시할 수 있다. 사진은 이러한 과정을 거치면서 시대 의식과 조형 언어가 연결됨으로써 삶과 밀접한 생활양식으로 등장하게 된다.

사진 이미지는 그림이 아니라 말을 만들어 내는 매체이다(Metz, 1978). 즉, 사진은 시각행위가 아니라 언어행위이다. 사진은 살아 있는 현실에 대한 직접적이고 정확하여 정밀함을 근거로 삼는 현실성과 기록성을 가지고 있다. 이러한 사진이 말하는 기록은 시간이 지남에 따라 그 시대의 사회적 가치로 이어져 역사로 존재한다. 사진은 기억의 저장소이다. 사진은 잠재적 과거가 아니라 보이지 않는 현재이다. 사진은 특정 시간과 장소에서 발생한 사건을 지시한다. 포토텔링은 표면적 현상만을 이야기하지 않는다.

이처럼 포토텔링 연구방법의 특성은 사진 속 장면을 일깨울 수 있는 여백을 갖게 되어 시간과 기억이라는 보편화한 주제로 이끌어 간다. 또한, 사진은 시간이 축적됨에 따라 기억의 주체에 의해 왜곡이 일어나는 인간 기억의 주관성을 연장시키는 특성을 가지고 있다(박봉수, 2016). 뿐만 아니라 연구참여자들이 거주하는 특정한 공간이 말해주는, 또는 그 대상이 가지고 있는 가치관과 윤리 등 삶의 총체를 담고 있다. 그들이 타민족과는 다른 삶의 방식과 태도, 인간을 둘러싸고 있는 환경에 대한 이해와 철학을 고스란히 드러내어 삶의 장으로 옮겨 놓는다.

내러티브 매체로서 포토텔링 연구방법은 사진이 가진 객관성과 서술성, 그리고 누구나 쉽게 알아볼 수 있는 대중성을 담보해 줌으로써 연구자가 목표로 하는 내러티브를 공고히 하고, 연구참여자와 커뮤니케이션에 효과적으로 작용하여 연구 참여자의 내러티브를 넓히는 데 유용하다(박봉수, 2016). 포토텔링 기법을 활용한 자료수집은 사진이 주는 특정한 시간과 장소, 사건의 배경을 인지하는 것을 넘어 사진을 보고 다시 이야기함으로써 역사와 세계를 바라보는 새로운 안목을 제공한다. 예컨대 어느 한 개인의 삶은 이웃, 마을, 사회, 국가와의 상호작용 속에서 작동한다. 이와 같은 특성으로 인하여 개인 생애의 기억은 개인으로 끝나는 것이 아니라 사회적 관계와 공적 가치를 포괄한다. 가족관계를 비롯하여 친족구성원 상호간의 권리와 의무의 작동 메커니즘까지 드러난다. 따라서 포토텔링을 활용한 연구는 새로운 시각이나 사회적 이슈에 대한 확장과 개인적 내러티브를 확장시킬 수 있다.

특히 연구참여자들이 지닌 사진은 시간성이 더해져 역사에서 오는 독특한 깊이의 내러티브를 함축하고 있어 지나간 시간에 대한 노스텔지어를 불러 일으킨다(박봉수, 2016). 이러한 요소들은 사진이 제시하는 과거의 시간에서 연구참여자가 이야기하는 현재의 시간으로 시선을 끌어당긴다. 즉, 과거의 기억이 현재화되면서 시간의 힘을 물리치는 강력한 도구가 된다.

2.2. 사진을 활용한 연구의 역사

구술시대의 중요한 요소였던 이야기, 글, 책, 문학에서 이야기는 서사학(敍事學)에서 다양한 매체를 통해 분석방법론의 이론과 분석 도구를 확장해야 한다는 필요성에 따라 '카메라'와 '영상물'을 통해 끊임없는 의사소통으로 확장한다(김영순, 2011).

사진을 활용한 연구방법은 1850년대부터 시작되었다. 최근 사진을 활용한 연구방법은 영국 의사 Hugh Diamond에 의해 시작하였다(David A. Krauss, 1983). 사진은 정신병 환자의 치료를 위해 환자의 일상을 기록하고 환자의 반응을 보고 치료하는 것에서 시작되었다. 환자의 반응을 사진을 분석한 결과 유의미하다는 긍정적인 보고 후 다양한 분야의 전문가들에 의해 치료를 위한 수단으로 활용되었다(주형일, 2001; 이가영, 김선희, 2016). 이처럼 사진을 활용한 연구방법은 다양한 사례연구를 통해 모아진 임상의 결과이다.

정신과 환자에게 자화상을 보여줌으로써 정신과 환자가 긍정적 반응을 확인하였다는 Cornelison and Arsenian(1960), 트라우마 경험자가 가족 앨범을 보고 과거 경험을 떠올리고 억압되었던 감정을 표하는 것을 확인하였다는 Akeret(1973), 환자가 과거 자신의 사진을 보았을 때 회상이 가능함을 확인하였다는 Lewis and Butler(1974), 전문가가 미리 준비한 무작위의 사진 중 하나를 참여자가 선택하는 과정을 관찰한 결과 개인의 내면, 행동, 지각의 이해가 가능하다는 Weiser(1999), 환자에게 슬라이드쇼, 오디오 가이드를 활용 체계적 둔감화 프로그램에 사용한 결과 심상 유도(guided imagery)에서 사진 활용 가능성을 확인하였다는 Myers(1977), Stewart(1979), Krauss(1980)는 사진 감상 후 내담자의 감상평이나 보고에서 치료를 위한 정보수집에 유용함을 시사하였다. 이는 디지털 시대의 의사소통 매체를 적용한 근거-기반 연구가 필요하다는 합리적인 근거가 되었다(박봉수, 2016).

최근에는 Wang Caroline & Burris Mary(1992)에 의해 고안된 포토보이스 (Photo Voice) 연구방법 또한 널리 활용되고 있다. 포토보이스는 사진술 (Photography)과 결합한 사람들의 사회적 행동을 연구하는 질적 연구방법으로 연구참여자가 일회용 카메라를 사용하여 찍은 사진을 활용한다는 것이 특징이다. 일회용 카메라를 사용하는 것은 사진의 변형을 예방하기 위함이다. 포토보이스 연구방법은 연구참여자들의 관점에서 그들을 이해하고 연구참여자 자신을 둘러싼 세계를 어떻게 조망하고 있는지에 대한 통찰력을 보기 위한 참여적 행동연구방법이다(Novak, 2010: 김진희 외, 2015). 이때 사진은 단순한 자료수집으로 활용되는 것이 아니라 연구의 전 과정을 보여주는 자료로 연구참여자와 연구자의 소통의 수단일 뿐만 아니라 연구결과의 피드백과 평가 등을 알려 준다(박봉수, 임지혜, 2015; 윤은향, 2015). 그러나 포토보이스 연구방법은 고령의 연구 참여자나 우울증을 앓는 환자에게는 적합하지 않아 단점이다. 이러한 단점을 보완한 것이 포토텔링이다.

3. 포토텔링은 기억의 저장소이다

박봉수(2016)는 '영주귀국 사할린 한인의 통과의례 내러티브 탐구'에서 영주귀국 사할린 한인 5인을 대상으로 포토텔링 기법을 적용하였다. 참여관찰, 심층면접을 하면서 연구참여자의 특성을 파악하였다. 참여관찰은 연구 공간인 영주귀국 사할린 한인들의 자조 공간이라 할 수 있는 남동사할린센터와 그들이 평생을 지낸 사할린 현지였다. 그들의 행위를 분석하기 위해 약 2년 정도 참여관찰을 하였고, 문헌에 나타난 그리고 인터뷰 과정에서 연구참여자들이 언급한 사진 속의 현장을 깊이 이해하기 위해 직접 사할린 현지에 가서 현장 연구와 참여관찰을 하였다.

연구참여자들의 내러티브에서 가장 많이 언급된 것은 사할린한인회, 새

그림 3-1. 사할린한인회의록   그림 3-2. 조선로동자(현 새고려신문)

고려신문, 미즈호마을 조선인 학살사건, 사할린 제1공동묘지, 코르사코프 항구, 이중징용, 남동사할린경로당 등이다. 따라서 참여관찰과 현장 연구, 인터뷰로 수집된 자료는 개인과 사회의 '시간성', '공간성', '상호작용'이라는 내러티브 탐구의 3차원 탐구지점에 초점을 두어 분석하였다(Clandinin & Connelly, 2000). 시간성으로는 사할린한인회와 현 새고려신문의 전신인 조선 로동자로 하였고, 공간성으로는 미즈호마을, 제1공동묘지, 코르사코프항, 이중징용기념비로 하였다. 그리고 상호작용으로는 사할린한인회와 남동 사할린경로당으로 나누어 분석하였다.

위의 [그림 3-1]와 [그림 3-2]는 내러티브 3차원적 탐구지점의 '시간성'으로 사할린한인회의 회의록과 새고려신문이다. 사할린 한인들이 동토의 땅 사할린으로 가서 어떠한 일을 했는지, 어떠한 삶을 살았는지, 그리고 고향으로 돌아오기 위해 어떠한 일들이 있었는지 시간을 담고 있다.

특히, [그림 3-1] 사할린한인회의록에는 1990년 3월부터 2021년 현재까지의 사할린한인회의 시간을 담고 있다. 사할린한인회는 1990년에 조직된 사할린 주(Sakhalin州)의 한인 단체로 사할린에 거주하는 한인들의 목소리를 대신하고, 민족 문화를 지키는 일을 하고 있다. 일제강점기에 한인들은 자의든 타의든 사할린으로 이주하였다. 탄광에서 벌목장에서 인권이 유린되고 노동을 착취당하면서도 자신의 목소리를 드러낼 수 없었던, 고향에 돌아갈 날만 손꼽아 기다리며 숨을 죽이며 보내야 하는 시간이 있었다. 그리고 꿈에 그리던 해방이 되었지만 고향에 돌아올 수 없었고, 그리움에 사무쳐도 민족의 정체성을 나타낼 수 있는 민족 중심의 활동을 위한 조직을 결성할 수 없었다. 그러나 소련이 붕괴되고 개혁 개방의 분위기가 일어난 뒤 비로소 민족 중심 활동 단체를 결성할 수 있었다.

1985년 8월 15일에 사할린한인회가 결성된 후 1989년 사할린 이산가족협회, 1990년 3월 24일에 조선인연합회가 발족하였다. 조선인연합회는 사할린고려인협회로 이름을 바꾸었고, 1993년에 사할린한인협회로 이름을 바꾸었다. 이산가족협회는 주로 1945년 이전 출신인 한인 1세대의 영주귀국 사업을 실현한다는 특별한 목적을 표방하면서 모국 방문이나 역방문 사업 등을 주관하였다. 그 뒤에 결성된 사할린한인협회와 사할린한인연합회 등은 사할린 한인 전체를 아우르면서 한인의 결집과 복지, 한민족 문화 진흥을 위해서 활동하였다. 2011년에 사할린한인협회는 한인 조직의 연합 활동과 협력을 강조하며, 사할린의 대표적인 한인 단체로서 위상을 확보하는 합의를 이루어 지금까지 활동하고 있다.

[그림 3-2] 조선로동자신문은 현 새고려신문으로 바뀌었고, 한글로 발간되어 온 사할린 한인 민족지이다. 새고려신문은 1949년 6월 '조선로동자'로 출발하여 1961년에는 '레닌의 길로'로 바뀌었다가 1991년 페레스트로이카 이후 '새고려신문'으로 개칭되어 오늘에 이르고 있다(박봉수, 2016). 한때는 사할린주 공산당위원회 기관지로 한인들에게 당의 사상을 전파하는 역할을 했다. 그러나 당의 기관지라 할지라도 사할린에 한국어를 보존하는 데 기여하였다(김상호, 2008). 1945년 해방 후에는 사할린에 한국어 교재 공급이 원활

[그림 3-3] 미즈호 마을

[그림 3-4] 제1공동묘지

하지 않자 신문사의 기자들은 교재를 만들어 보급하고, 한국어를 가르칠 수 있도록 교사 연수를 하였으며, 퇴근 후에는 직접 한국어를 가르치기도 하였다.

1960년대 초, 수많은 한인 학교들이 폐교될 무렵, 한인 민족지 '레닌의 길로'도 폐간 위기에 직면하였지만 꿋꿋하게 한인들의 이야기를 실어 사할린 곳곳에 배급하여 사할린 한인들의 움직임을 전달하며 민족지의 자존심을 지켰다(정진아, 2011). '레닌의 길로'는 1991년 1월 1일 '새고려신문'으로 개칭하여 현재까지 맥을 잇고 있다. 1992년 1월 1일부터 동포신문으로서의 위상을 갖추고 사할린주 한인들의 이산가족문제, 귀환문제, 강제징용피해보상 문제 등과 한국으로 영주귀국한 사할린 한인들의 이슈, 러시아 및 독립연합국가들의 소식을 담아 내어 과거와 현재를, 러시아에 거주하는 한인과 한국을 잇는 역할을 하고 있다.

위의 [그림 3-3] 미즈호 마을, [그림 3-4] 사할린 제1공동묘지, [그림 3-5] 코르사코프 망향의 언덕, [그림 3-6] 유즈노사할린스크 이중징용광부 추모비는 내러티브 3차원 탐구지점에서의 두 번째로 공간성을 의미한다. [그림 3-3]에서 보는 미즈호 마을은 남사할린 조선인의 비극을 대표하는 사건이 발생한 곳이다. 이 마을에서 발생한 사건은 1945년 8월 20일경 일본으로 귀환하던 일본인이 조선 민간인 27명을 상대로 저지른 만행을 공식 기록으로 확인한 대표적인 사례 중 하나이다. 일본 측에서는 일본의 패망 원인을 한인의 스파이 활동 탓으로 돌려 함께 생활하였던 마을의 조선인뿐만 아니라 마을 주변에 머물렀던 조선인까지도 조직적으로 살해하였는데, 이때 여성 3명과 젖먹이를 포함한 6명의 어린이도 학살된 현장이다.

[그림 3-4]의 사할린 제1공동묘지는 고향으로 가지 못하고 사할린에서 이슬로 사라진 무수한 사할린 한인들의 잠들지 못한 이야기가 묻혀 있는 곳이다. 대부분의 연구참여자들의 부모님은 공동묘지에 묻고, 부모에 한(恨)을 풀 듯 자식들은 뒤늦게 고향을 방문하여 부모님이 그렇게 가고 싶었던 고향의 흙을 한 줌 가지고 가서 묘에 뿌리며 영혼을 달래며 효를 행하는 공간이다.

[그림 3-5]의 코르사코프 망향의 언덕은 일제강점기 부모님들이 부산에 모여 배를 타고 일본으로 갔다가 다시 일본에서 배를 타고 사할린으로 갈 때 처음 러시아 땅을 밟았던 항구이다. 해방이 되자 고향에 돌아가기 위해

[그림 3-5] 코르사코프 망향의 언덕

[그림 3-6] 이중징용피해자 추모비

처음 러시아 땅을 밟았던 코르사코프 항구에 가서 고향으로 갈 배를 기다리던 곳으로 잊혀진 공간이 아니라 과거를 미래와 잇는 공간이다.

[그림 3-6]의 유즈노사할린스크에 있는 이중징용 광부 추모비는 가슴 아픈 한인의 역사를 담고 있다. 사할린으로 간 한인들은 대부분 탄광, 비행장 건설, 도로 건설에 투입되었다. 일본은 1944년 말에 군수공장의 해상연료 운반사업이 원활하지 않자 한인 탄부 등을 일본으로 파견하면서 강제징용의 아픈 역사로 남아 있다. 해방 후에도 일본의 무책임한 행동으로 한인들은 귀환할 수 없었으며 일본 국적도 상실하고 사할린에 방치되었다. 사할린 한인들은 자의든 타의든 일본에 의해 사할린으로 갔고, 해방 후에 일본에 의해 귀환하지 못하였기 때문에 모두 이중징용에 해당한다. 따라서, 이중징용 광부 추모비는 잊혀질 수 없는 공간이다.

그림 3-7. 사할린 한국문화센터

[그림 3-7]은 사할린 한국문화센터로 사할린 한인 사회의 상호작용이 일어나는 지점이다. 사할린 한국문화센터는 전 러시아에 거주하는 한인을 위해 모국과 소통하는 창구로써 사할린에 거주하는 모든 민족에게 한국어와 한국 문화를 소개하고 전수하는 곳이다. 또한, 쉽게 왕래할 수 없는 사할린 한인을 대신하여 때로는 정부의 역할까지도 하는 곳으로 한인의 자긍심이

자 한인을 대표하는 기관이다.

그림 3-8. 남동사할린센터

[그림 3-8]은 영주귀국 사할린 한인들의 자조 공간인 남동사할린센터이다. 이곳은 영주귀국 사할린 한인들의 초국가적 이주를 배경으로 한 경험이 개인적인 동시에 사회적 맥락 속의 상호작용이 일어나는 공간이다. 남동사할린센터는 이들의 자조 공간으로 초국가적 실천이 이루어지는 공간일뿐만 아니라 거주국에서 다양한 유대관계를 형성하고, 이러한 사회적 연결망안에서 자신의 정체성을 재구성하는 장이다. 사할린센터를 활용하여 사할린과 한국 사이의 맥락들을 스스로 만들어가고 있다. 특히 이곳은 그들의 정체성을 찾기 위해서 '고향'에 대한 새로운 개념을 만들어가는 곳이며, 그 고향은 물리적 공간으로 투영된 것이다. 그 안에서 자신들이 공유할 수 있는 교집합을 만들어가고 있다. 그것을 같이 공감해주는 사람은 그 고향의 테두리 안에 들어올 수 있고, 자신의 친구가 될 수 있고, 고향이라는 개념을 공유하고 있는 사람들로 새로운 그룹이 만들어지고 있다. 즉 연구자와 같은 사람들의 그룹이 늘어나고 있는 것이다. 결국, 연구자는 영주귀국 사할린 한인들의 고향은 정적인 것이 아니라 과거의 부모님 경험으로부터 현재와 미래의 경험으로 옮겨가는 하나의 과정임을 확인하였다. 그러므로 사할린센터라는 공간은 고향이 확장되어가고 있다는 의미로 볼 수 있다.

4. 사할린 한인의 통과의례 내러티브

Arnold van Gennep이 통과의례를 '무엇'이 일어나고 있는가에 대한 것뿐만 아니라 '어떻게', 그리고 '왜' 일어나는가에 관한 것까지도 포괄한다고 한 것처럼(전경수, 2000: 5-11), 박봉수(2016) 또한 '사할린에서 통과의례를 했다'라는 것을 목적으로 하지 않고, 그 통과의례를 하기 위한 모든 과정을 기술하였다. 연구 참여자 본인의 통과의례뿐만 아니라 그들이 간접 경험한 통과의례까지도 기술하여 연구참여자들의 삶을 엿보았다.

"우리 아들이 돌 때 뭐 잡았는지 가물가물하네요. 딸이 연필을 잡았던가 아들이 잡았던가. 이 사진을 보니 연필을 잡았네. 사할린에는 우리 한인 외에도 타민족들이 많이 살았어요. 동네에서 애를 낳으면 가서 축하해 주었지만 한인이 애를 낳으면 금줄을 달지 않아도 삼칠일 전에 그 집에 가지 않았어요. 집에 애가 있으면 친척이 초상을 당해도 가지 않았고요. 부정 탄다고 시어머니가 못 가게 했어요. 삼칠일 지나고 나서야 밖에도 나가고, 백일이 되면 동네 사람들 불러서 미역국 나누어 먹고 백설기 해서 돌렸어요."

그림 3-9. 아들 돌(김부자 제공)

사할린 한인들이 자녀의 돌에 돌잡이를 하는 과정과 의미는 무엇일까? 사할린 한인들은 자녀가 태어나면 삼칠일을 지켰다. 금줄은 달지 않았지만 외부 사람들의 출입을 삼갔으며, 자녀의 돌에는 고향에서 하던 습관대로 미역국을 끓여 이웃과 나누어 먹고 수수팥떡을 하여 부엌과 화장실 등에 놓아 잡귀를 물리치는 의식도 하였다. 그리고 돌잡이를 하면서 아이의 장래

를 점치기도 하면서 자녀의 건강을 기원하는 것은 고향을 잊지 않고 한인의
정체성을 간직하기 위함이었다.

　　"1958년에 결혼했어요. 당시에는 음력으로 된 달력은 없어도 결
　　혼식은 음력으로 손 없는 날 하고, 식순도 동네 어르신한테 부탁해
　　서 한자로 썼어요. 잔칫상도 어머니들 친구들이 한 달 동안 준비했
　　고요. 만약 러시아 아가씨와 결혼한다고 하면 아들하고 연을 끊자고
　　집에서 쫓겨났지요."

그림 3-10. 결혼(김순곤 제공)

'결혼'은 가족이 함께하는 즐거움
을 새겨주는 따뜻한 고향과 같은 장
소로 고정되어 있다. 1958년 초에
김순곤이 결혼을 할 때만 해도 사할
린 한인들은 이미 러시아의 문화가
낯설지만은 않은 때였다. 신부 얼굴
에 연지곤지는 찍지 않지만, 혼례상
에는 소나무 가지에 청실, 홍실이 걸
리고, 한자로 써 내려간 식순에 의해
식이 진행되었다. 결혼하는 대부분의 신랑은 양복을 입고, 신부는 한복에
머리에는 면사포를 쓰고 결혼을 했다. 한복은 장모님이 만들어 주신 것이고,
머리에 쓴 면사포는 부인이 직접 만들어 썼다고 한다. 김순곤의 사진에서
마당에는 동네 아주머니들의 깔깔거리는 웃음소리와 부침개를 부치는 고소
한 기름 냄새가 가득하고, 마당 한쪽에서는 장구를 치며 막걸리 마시는 소리
패의 흥겨운 민요가 흘러나온다.

　　"가족이 어디 있어요? 아버지 혼자지. 하지만 아버지 혼자가 아니
　　요. 이 사진은 아버지의 환갑 때 찍은 사진인데 뒤에 죽 서있는 분

그림 3-11. 형제간(신동식 제공)

들은 아버지의 형제간이에요. 모두 아버지와 같은 동향의 사람들이
지. 아버지 의형제에 자식들까지 모이면 근 60명 됐어. 환갑 때 동
기간끼리 똘똘 뭉쳐서 한 달 전부터 돼지도 잡고, 마당에다 풍광을
쳐 놓고 요란하게 놀았지."

　"동네 사람이 모두 가족이고, 사는 곳이 고향이었지. 아버지는
1944년에 징용으로 가서 벌목장에서 일했어요. 나는 3살 때 엄마
등에 업혀 사할린으로 아버지 찾으러 갔지요.(중략) 내가 결혼했을
때인데 그 때 이런 음식을 사는 것이 아니라 다 동네에 사는 아버지
형제들이 직접 만들어서 이렇게 쌓았어요. 그 때 동네에 돌아다니는
절구도 있었어요. 누구네 집에 생일이다하면 그 집에서 쓰고, 누구
네 집 제사다하면 또 그 집으로 가지고 가서 사용하고, 두부도 직접
만들고, 술도 담고, 국수도 국수틀을 집에서 만들어 직접 뺐어요. 대
단하지, 우리 민족이 흥이 있는 민족이고, '고향'하면 자다가도 벌떡
일어나 어디 가나 이렇게 모여 사는 것을 좋아했지. 고향이나 마찬
가지지. 고단한 삶을 잠시 쉬게 하는 가장 즐거운 휴식이고, 나라 없
는 백성의 설움과 고향을 잃은 사람들이 고향을 만드는 날이지. 이
렇게 모이면 고향 부럽지 않았지. 친형제처럼 지냈으니까."(신동식)

사할린 한인들은 경사스러운 날이나 슬픈 일이 생길 때면 동기간들이 모여 희로애락(喜怒哀樂)을 함께 했다. 사할린 한인들은 사할린으로 이주할 당시 대부분 독신으로 이주를 하였기 때문에 친족 관계가 협소할 수밖에 없었고 이를 극복하기 위해 '동생간'이라는 의형제 형태의 친분관계가 성행했다. 그들은 일제강점기 사할린으로 이주 과정에서 고향을 잃어버렸을 뿐만 아니라 보호 기능과 같은 좋은 요소들도 놓쳐 버린 상태에서 러시아 땅에 적응해야만 했기 때문이다. 그들은 '동향(同鄕)'을 중심으로, 혹은 '동성(同性)'을 중심으로 인위적으로 관계를 구성하여 친족관계를 넓힌다. 이것은 단순히 친목 단체가 아니라 큰아버지, 작은아버지 등으로 호칭하며 친척과 같은 확고한 친족 공동체의 의미이다. 사할린 한인에게 고향은 사전적 의미와는 달리 과거라는 시간성과 조상 대대로 살아온 곳이라는 장소성을 담고 있다(박봉수, 2016). 그들에게 현재 위치는 고향이자 조국, 부모이기 때문이다.

사할린 한인들은 대부분 집에서 상을 치렀으며 삼일장으로 매장을 하였다. 전통 상례는 죽음을 삶에 받아들이는 과정에서는 평상복으로 갈아입고 일상으로 복귀할때까지의 과정이 진행된다. 사람이 죽으면 시신을 잘 씻기고 수의로 갈아입힌 후 가지런히 수습하는 염습도 한다.

> "우리 어머니가 너무도 일찍 돌아가셨어요. 56세에 돌아가셨거든. 참 아깝지. 집에서 다 했지. 어머니 돌아가셨을 때 삼일장을 했는데 우리 아버지 동기간이 다 와서 같이 치렀어요. 발인 날은 상여에 만장까지. 또 하나의 고향이지요. 슬픔도 슬픔이지만 한인들의 잔치도 돼요. 어르신이 돌아가시면 보통 집에다가 시신을 모셔 놓고 특별한 일이 없는 한 삼일장으로 해요. 끼니때마다 곡을 하고, 팥죽을 끓여서 문상 온 사람들한테 한 그릇씩 다 먹이는데, 아마도 팥이 붉은색이니 귀신을 쫓는다는 뜻이겠지요. 그리고 운구가 나가는 날 대문 앞에 접시를 엎어 놓고 운구로 깨뜨리고 가요. 정확한 뜻은 모르지만도 아마도 이것도 그런 뜻 같아요."(신동식)

그림 3-12. 발인(신동식 제공)

[그림 3-12]는 신동식이 제공한 것으로 1950년대 할머니의 장례식 사진이다. 신동식에게 이 사진은 우리가 읽을 수 있는 표면에 나타난 단순한 기록이나 의미가 아니다. 내가 믿고 의지하던, 나를 사랑하던 사람과의 이별의 식이다. 신동식은 이 사진으로 어렸을 적 행복했던 할머니와의 추억과 할머니의 사랑을 떠올리고, 잠시 현재의 고단함을 잊고, 할머니와 이야기하며 할머니를 현재의 시간으로 끌어온다.

당시 사할린 한인들은 고향에서 하던 것처럼 상복을 입고, 삼일장을 치르고 만장을 들었다. 발인 날은 상여를 메고, 만장이 뒤를 따랐다. 매장할 때 죽은 자들이 생전에 사용했던 것을 함께 묻어주는 것까지 고향의 풍습에 따른다. 이때 장례절차 등은 동기간 중 제일 큰 형님이신 '장백'이 주관한다. '장백'은 동기간 중 제일 나이가 많은 맏형 격이다. 그는 어머니가 돌아가신 뒤 3년 동안 음력 매월 초하루와 보름에 제사를 지내고, 3년 뒤에 탈상한다. 물론 이 사진에서 사할린 한인의 장례식을 적나라하게 보여준 기록성 외에도 다양한 의미를 찾아볼 수 있다. 그리고 다양한 의미를 찾아 읽음으로써 이 사진이 내포하고 있는 당시의 현실을 이해할 수 있다. 이렇게 하여 부모와 상호작용한다. 부모님의 고향에 대한 그리움은 목숨처럼 간절하고 절실했다. 사할린 한인의 '회귀' 본능이 내포되어 있다. 이미 '고향으로의 귀환'의 기원이 들어있다.

유교적 일생의례에서 특히 상·제례가 중요한 것은 그것을 통해 개인의 삶과 죽음이 연속성을 획득하기 때문이다. 즉, 유교전통에서 개인의 죽음은 가족구성원의 의식적인 정성과 실천을 통해 삶과 죽음이 단절되는 것이 아니라 나를 거쳐 후손에 이르는 생명 전승 과정의 매듭이다. 그리고 죽은자 역시 죽음으로 끝나지 않고 산 자의 기억을 재생시키고 제사를 통해 의례적 생명을 획득하게 된다(박종천, 2010).

5. 사할린 한인 통과의례의 의미

포토텔링 기법에서 사용되는 사진의 역할은 사진이 단순히 누구의 사진인가에만 초점을 맞추어 그 사람을 기억하는 용도가 아니다. 즉, 새로운 개념에 대한 커뮤니케이션 수단으로 활용되어 연구참여자의 적극적인 커뮤니케이션을 유도한다. 그뿐만 아니라 연구참여자는 기록성을 가지고 있는 사진의 특성을 살려 흩어져 있는 기억의 파편을 모으고, 그 기록이 갖는 자세한 이야기와 사진의 내러티브가 가지고 있는 경험을 풀어내어 설득력 있게 전달한다. 이러한 특성 때문에 포토텔링 연구방법은 특히 고령의 연구 참여자나 우울증을 앓거나 소극적 성격을 가지고 있는 등의 연구참여자에게 효과적이다(김영순, 박봉수, 2016).

연구참여자들이 제시한 통과의례 사진에는 사할린 한인이 생존하기 위해 거주국의 사회문화적 체제에 동화되는 과정이 녹아있다. 고향에 대한 향수와 그리움은 같은 환경과 체험에서 나오는 집단적 감정과 의식을 생성하여 공동체로서의 공감대가 녹아 있다. 영주귀국 사할린 한인들의 고향에 대한 인식은 부모가 혹은 연구 참여자 자신이 고향을 떠나면서 바로 이루어진 것이라기보다는 거주국에서 둥지를 틀면서 역사적 소용돌이 속에서 더욱 강하게 인식되어 진 것이다. 영주귀국 사할린 한인들은 고향을 잃어버렸다고 생각하지 않았지만, 시간이 지남에 따라 고향을 잃어버렸다는 사실을 인정하게 됨으로써 통과의례를 통해 고향을 재현한다.

통과의례를 통한 '고향 메타포'는 '출생'에서 시작된다. 대를 이을 아들을 염원하고 그 아들은 돌잡이를 통해 미래와 연결된다. '결혼'에서는 '시작, 그 설레임'으로 재구성되어 결혼의 성립을 끌어낸다. 고향의 재현은 통과의례 '환갑'에서 절정에 이른다. 환갑이라는 통과의례를 통해 완전한 마을 공동체가 이루어진다. '죽음'라는 통과의례는 마지막을 의미하지 않고 '귀향'이라는 문으로 들어가도록 이끎으로써 끝이 아닌 고향에서의 새로운 삶으로 다시 살아난다.

사할린 한인에게 통과의례는 단순한 통과의례로만 그치지 않고, 고향에 대한 기억을 현재화하는 작업으로 개인의 기억으로 시작하여 그 의미가 마을로 확장됨을 의미한다. 개인은 '고향' 또는 '마을'에 그 의미를 부여하고, 그 세계의 한 일원이 되는 것을 끊임없이 확인한다. 통과의례는 '나' 개인의 의례로 시작하여 동네 전체 사람들이 상호작용하며 고향을 잃은 고단함이 통과의례를 통해 축제로 승화되어 가난하고 핍박받은 서러운 과거도 향수로 자리한다. 통과의례는 한인들이 모여 서로 민족적 공감과 사회적 연대감, 소통의 장으로 민족 정체성을 불러일으키는 매체가 된다. 또한 이방인으로 차별받은 역사적 사실은 통과의례를 통해 민족 정체성을 공고히 하는 기제로 활용된다.

따라서 '고향'에 투영된 통과의례는 전통적 믿음 속에 살아왔던 한인들에게 정신적·심리적인 위안을 주고, 고향은 이들의 정신적 지주가 된다. 이렇게 고향의 친밀한 대상들, 고향의 의례 등을 불러내는 작업은 불안한 일제강점기 식민지 존재의 위기를 느끼며 한인의 정체성을 확인하고 환기하고자 한 간절한 소망을 담고 있다(박봉수 외, 2018). 사할린 한인들은 통과의례를 통해 고향을 재현함으로써 통과의례 내러티브의 공간은 원래 내가 태어나거나 조상이 머물던 의미에서 사할린이라는 공간으로 이동하고, 다시 현재 '내'가 있는 곳으로 이동한다. 이처럼 통과의례는 공간이라는 사할린과 시간 이라는 과거의 단절을 뛰어넘어 현재와 긴밀하게 이어졌다.

사할린 한인 통과의례 내러티브에는 영주귀국 사할린 한인들이 주류 러시아의 사회문화적 배경 속에서 삶을 살아가면서 한국 문화정체성을 유지하고자 노력한 이야기들을 담아내고 있다. 새로운 터전에 뿌리박으려고 애쓰는 사할린 한인들의 삶과 죽음, 통과의례 등의 인생 곡선을 통해 희로애락을 넘어 애절한 삶을 노래하고 있다. 연구참여자들은 사진 속의 인물과 배경, 사건 등을 기억해 냄으로써 과거에 대한 향수를 불러일으켜 우울증까지도 치유하는 데 효과를 가져왔음을 시사하였다. 또한 그들의 낮은 목소리를 밖으로 드러냄으로써 역사적 상흔에 대한 공감과 치유가 가능하여 연구자와 연구참여자 모두에게 유익한 방법임을 밝혔다.

박봉수(2016)는 사할린 한인들이 우리나라 전통을 온전히 보존하고 유지하고 있다는 것에 초점을 두지 않았다. 단지 그들의 조상들이 조국을 떠난 지 수십 년이 되었고, 그들은 이국땅에 태어나서 고국에 한 번도 와보지 않은 상태에서 형태와 절차는 많이 변하였지만, 부모에게 전수받은 우리 민족의 풍습을 지켜오고 있다는 것에 가치를 두어 해석하였다. 지금도 구전으로 전해지는 우리 민요는 입과 입을 통해 계속 전해지고 있으며, 간소화되었지만 관혼상제의 잊혀져 가는 풍습도 열심히 지켜오고 있기 때문이다.

> "정말 감사합니다. 내가 귀환(歸還)한 지 10년이에요. 고향으로 온다고 짐을 쌀 때 낡은 앨범은 두고 올 수 없었어요. 어렸을 때 부모님의 모습, 학교 다닐 때 친구들의 웃는 얼굴, 금쪽같은 내 새끼들,,,. 내 전부를 볼 수 있는 유일한 선물이니까요. 그런데 막상 10년 살면서 사진을 볼 생각을 한 번도 하지 못했어요. 그런데 이번 연구에 참여하면서 케케묵은 사진을 들여다보면서 빛바랜 기억을 찾을 수 있었어요. 사진 한 장 한 장 들여다보니 어느덧 내가 그 시

절로 돌아가 행복한 시간을 보내고 있었어요. 10년 만에 정말 소중한 시간을 찾았어요. 혼자 외롭고 쓸쓸하다는 생각이 눈 녹듯이 사라졌어요. 이제는 살날보다 죽을 날이 가까워진 우리한테 누가 이런 귀한 선물을 찾아줍니까? 정말 정말 좋은 시간이었어요."

이처럼 연구참여자인 영주귀국 사할린 한인들의 오래된 기억을 불러오기 위해 활용한 포토텔링 연구방법을 통해 다음과 같은 결과를 제공할 수 있다.

첫째, 영주귀국 사할린 한인들의 쉽게 들을 수 없는 이야기와 역사적 기록이 될 수 있는 개인 소장의 사진을 활용해 영주귀국 사할린 한인들의 삶의 지평을 넓히고, 그들의 삶을 총체적으로 이해할 수 있다. 둘째, 사진이 주는 과거 특정한 시간성과 장소성, 그리고 사건을 배경으로 뚜렷한 사실로 인지하는 것에서 그치는 것이 아니라 '다시 이야기'함으로써 인간에게 역사와 세계를 바라보는 또 다른 인식의 창을 제공한다. 셋째, 사진이 누구의 사진인가에만 초점을 맞춘 그 사람을 기억하기 위한 용도만이 아닌 새로운 개념에 대한 커뮤니케이션 수단이 되어 연구참여자의 적극적인 소통행위뿐만 아니라 연구참여자가 이야기의 중심이 되어, 사진 진술에 대한 내용에 집중할 수 있다. 넷째, 연구참여자가 전하고자 하는 정보를 단순히 단편적으로 전달하는 것에 그치지 않고, 정서적 몰입과 공감을 끌어낼 수 있기 때문에 어떤 주제를 전달할 때 쓸 수 있는 유용한 수단으로서 작용함을 알 수 있다. 다섯째, 연구참여자인 영주귀국 사할린 한인들의 목소리를 낼 기회를 제공하고, 역사의 진상 규명이 되지 않은 상태에서 자신들의 목소리를 드러냄으로써 역사적 상흔에 대한 공감과 치유의 가능성을 제시할 수 있다. 여섯째, 연구자는 연구참여자들의 목소리를 듣고 내러티브적 진술을 통해 그들의 경험을 드러내고, 다시 이야기하는 과정에서 그 경험을 깊이 있게 살펴봄으로써 연구자 자신도 새롭게 성장할 기회와 성찰을 할 수 있다. 마지막으로 포토텔링의 새로운 연구방법은 사진이라는 객관적 자료를 통해 연구참여자들의 내러티브를 공고히 하고 커뮤니케이션을 효과적으로 이끌어낼 수 있기때문에 설문지나 문헌고찰, 면접법 같은 방법에 비하여 많이 시도되지 않았지만, 향후 다른 연구자의 연구방법의 선택의 폭을 넓히는 데 기여할 수 있다.

10

중국동포 출신 결혼이주여성의 생애경험 내러티브

1. 중국동포 출신 결혼이주여성

중국동포 결혼이주여성들은 한국 사회에 결혼이주의 형태로 조기에 진입한 집단이고 대부분 한국 사회 정주를 목적으로 한다. 2015년 여성가족부 실태조사에서 통계를 살펴보면 다문화가정에 대한 조사에서 출신국별로는 중국(한국계)이 30.8%로 가장 많은 숫자를 차지한다(여성가족부, 2015). 선행연구를 살펴보면, 중국동포 결혼이주여성에 대한 연구는 대부분 결혼이주여성이라는 큰 틀 속에서 진행되었거나 중국계 결혼이주여성으로 포괄적으로 연구되고 있었다. 하지만 언어적 문화적 유사성으로 인하여 중국동포 결혼이주여성들은 중국 한족과도 다르고, 다른 나라 결혼이주여성들보다도 문화적응이나 정체성의 문제에서 상이한 양상을 보인다. 그리고 한국 내 중국동포들의 수적인 증가는 그들의 중국동포로서 출신 배경으로 인한 지역사회의 차별과 편견도 증폭시키고 있다. 사회적으로 보편화되어 있는 중국동포에 대한 차별이나 무시에 대하여 그들은 적극적인 상호작용 행위로서 인정투쟁을 통한 생존전략을 적용하게 된다. 이러한 투쟁은 자신을 무시한 상대방을 파괴하려는 것도 아니고, 자신에 대한 배려, 권리 부여, 연대 형성에서 배제하는 사회 자체를 철폐하려는 것도 아니다(문성훈, 2011). 이는 새로운 인정질서를 형성함으로써 모든 사회 구성원이 동등한 존재로서 서로 공존하고 화해하고, 나아가 각자의 자아실현을 보장하는 건강한 사회를 요구하는 것이다(Honneth, 1992).

본 연구는 이러한 문제의식에서 출발하였다. 연구자는 중국동포 결혼이 주여성들의 산 경험, 즉 삶의 이야기를 통해 그들이 초국적 이주를 결정하게 된 계기, 한국인 남편과의 결혼 후 겪는 삶의 변화와 그에 맞선 그들의 다양한 대처 모습들을 살펴보고자 한다. 그리고 초국적 이주와 그 후 맞이한 한국의 다문화정책과 사회적 변화 및 한·중 관계가 그들의 삶에 어떻게 영향을 끼쳤으며 그들은 어떤 전략을 펼치며 살아가는지 그 삶의 이야기에 귀를 기울여보고자 한다.

본 연구에서는 중국동포 결혼이주여성들의 서로 다른 생애 체험을 배경으로 한국 사회에서 인정투쟁이라는 상호작용을 통하여 다양한 사회적 영역에 참여하고 실천하며 재구성되는 사회, 정치적 정체성을 이해하는 것을 주요 연구목적으로 두었다. 따라서 주체적 시각을 통해 국내에서 한국인 남편과 결혼한 중국동포 결혼이주여성들의 삶을 그들의 내러티브를 통하여 그려보고자 한다. 심층면담을 통해 중국동포 결혼이주여성들이 한국 사회에서의 적응 그리고 정체성의 문제들에 대하여 고찰하고, 어떠한 인정의 부재를 경험하였으며 가정 그리고 사회에 대한 그들의 인정투쟁의 모습은 어떻게 발현되고 있는가를 보고자 한다.

Clandinin & Connelly(2007)가 제시한 내러티브 분석 방법에 있어서 첫 번째로 연구주제와 관련된 경험에 대한 내러티브를 구성해볼 필요가 있다고 한다. 연구자가 자신에 대해 탐구한다는 것은 연구자가 갖고 있는 현재의 입장을 형성하게 한 과거의 사건, 자신의 경험에 대한 개인적-사회적 의미, 경험이 이루어졌던 다양한 환경 등에 대해서 돌아보는 것을 뜻한다. 내러티브연구에서는 인간의 경험이 내러티브 안에서 존재한다고 가정하기 때문에 연구 대상이 되는 사건에 영향을 주는 연구자의 내러티브에 대한 탐구가 필수적이다.

내러티브는 자서전적 성격이 매우 강하다. 연구의 관심이 연구자 자신의 내러티브에서 나오고 내러티브 탐구의 줄거리를 형성한다. 그러므로 연구자는 중국동포 결혼이주여성의 일원으로서 연구자의 내러티브로 연구를 시작하고자 한다.

오늘날 국제적인 이주는 보편적인 현상으로 이주의 형태도 다양하다. 본 연구자는 중국동포 출신으로 19년 전 중국에서 대학교 과정을 마치고 한국에 유학을 오게 된다. 연구자는 유학생 시절에 만난 한국 남성과 결혼을 하게 되었고, 그 후 10년 넘게 한국의 결혼이주여성으로 살고 있다. 그리고 2014년에 다문화학과 박사과정에 지원하여 세부 전공으로 다문화교육전공에서 공부하게 되었다.

연구자는 석사과정 유학생 시절에 국어국문학과 문학석사 학위를 받았다. 연구자는 졸업과 동시에 한국인 남성과 결혼을 하였기에 홀로 한국문화 생활에 편입하게 된다. 2년간의 유학생활을 통하여 언어 그리고 한국문화에 어느 정도 익숙해지긴 하였지만, 결혼 그리고 바로 이어진 출산으로 인하여 또다시 새로운 생활의 변화를 맞이하게 된다. 멀리 떨어진 친정, 그리고 시댁도 멀리 있었고 남편은 대기업에서 근무하였기에 새벽에 출근했다가 밤늦게 귀가를 하였다. 이에 가사와 양육의 부담은 고스란히 연구자의 몫이다. 비싼 국제 전화비용, 그리고 시댁과의 물리적·심리적 거리감, 또 주변에 아는 사람이 없는 연구자는 고립된 상태에서 육아서적에 의존하여 자녀를 양육하였다. 1년 반 지속된 이국 타향에서의 외로운 육아전쟁은 연구자의 심신을 지치게 만들었고 자존감 또한 바닥을 치게 만든다. 육아에 대한 자신감 상실 그리고 남편의 창업으로 인하여 연구자는 아이를 어린이집에 맡기고 남편과 함께 사업을 하게 된다. 남편 사업이 어느 정도 기반을 잡게 되자 연구자는 자신의 전공을 살려서 초등학교 방과 후 중국어강사로 아이들을 가르치기도 한다. 또 직접 중국어학원을 운영하였다.

2006년 한국 사회에서 다문화가족에 대한 관심이 나타나면서 처음으로 결혼이주여성, 그리고 다문화가족이라는 용어가 생기게 되었다. 그동안 연구자는 '중국에서 시집온 여자'라는 애매모호한 명칭과 그에 따른 정체성의 혼란을 겪고 있었다. 연구자는 결혼이주여성, 그리고 다문화가족이라는 단어에 공감하게 되었고 한국에서 자신의 정당한 정체성을 인식하기에 이른다. 연구자는 적극 다문화가족지원센터를 찾았고, 다문화가족지원센터에서 진행하는 다양한 프로그램에 참여하게 된다. 연구자는 다른 나라 그리고 고향에서 온 결혼이주여성들과 어울리며 동질감을 느끼고 이국 타향에서 새로운 가족을 찾은 듯한 편안함을 경험하게 된다. 다문화가족지원센터에서 진행하는 프로그램에 함께 참여하면서 연구자는 결혼이주여성들과 자연스럽게 어울리게 되었고 그들과의 대화에서 가장 많이 드러나는 것이 시댁이나 지역사회의 무시나 편견에 대한 불만들임을 느낄 수 있었다. 당시 연구자가 만났던 한 결혼이주여성은 미용사 자격증 시험을 준비하고 있었다. 그는 이런 말을 했었다.

> "시댁이나 주변 사람들이 제가 미용사 자격증 따려고 공부한다니 다 못 딴다고 안된다고 했어요. 그거 한국사람도 따기 어려운건데 니가 외국에서 와서 어떻게 딸 수 있겠냐고요. 설마 따더라도 누가 너한테 가서 머리를 하겠냐고. 저는 그래서 꼭 따려구요. 한 번에 안되면 두 번 세 번해서 딸 때까지 하려구요. 보여주고 싶어요. 저도 할 수 있다는 것을. 저도 한국 사람이랑 똑같이 할 수 있다는거를 보여줄 거예요."(베트남 결혼이주여성, 2013. 10)

연구자는 당시 그녀의 당찬 모습을 아직도 기억하고 있다. 또 2년 뒤 그녀의 카카오톡 사진을 확인했을 때 미용사 자격증을 자랑스럽게 올린 사진을 보고 축하한다는 메시지를 보내면서 격려해주었다. 또 연구자와 함께 바리스타 공부를 하던 한 결혼이주여성은 한식 요리사 자격증, 제과제빵 자격증 등 다양한 자격증을 가지고 있었다. 그녀는 이렇게 말했다.

> "같이 공부하는 사람들 나 한국말 잘 못한다고 엄청 무시했어요.
> 근데 한식 요리사 자격증 시험 봤는데 필기시험 젊은 애들 다 떨어
> 졌어요. 저는 합격했어요. 애들 공부 안해요. 저는 공부 열심히 해
> 서 붙었어요. 사람들이 다 놀래요." (중국 결혼이주여성, 2014.05)

이러한 경험들을 통하여 연구자는 결혼이주여성들의 마음속 깊은 곳에는
인정의 부재에 대한 상처들이 뿌리 깊게 자리 잡고 있음을 느꼈다. 다문화
가족지원센터에 다니면서 결혼이주여성들에 대한 사회적 편견과 무시에 대
한 공감과 토론들은 오늘날 연구자가 다문화교육에 관심을 갖게 된 기초가
되었다.

또한, 연구자는 중국동포 출신으로서 한국 사회에서 색다른 경험을 하게
된다. 그 계기는 바로 전국을 들썩이게 만든 2012년 오원춘 살인사건이었
다. 당시 살인수법의 잔인함과 함께 오원춘이 중국동포 출신임이 매스컴을
통해 부각되면서 한국 사회에서 중국동포 출신에 대한 혐오감정이 들끓기
시작한다. 오원춘 사건은 당시 '인육 루머'로 그리고 대학교 축제에서 '오원
춘 세트'가 나올 정도로 중국동포에 대한 사람들의 편견을 부추기게 된다.
이러한 사회적 분위기는 연구자로 하여금 자신의 출신에 대하여 급격히 자
신감을 잃게 하고 한국에서의 삶에서 엄청난 스트레스와 불안감을 느끼게
되었다. 또한, 곧 사춘기 진입을 앞둔 큰딸의 말은 연구자에게 더 큰 충격과
불안을 안겨주었다.

> "엄마 애들이 그러는데 10월 10일은 '인육 데이'래. 중국 사람들이
> 한국사람 고기 먹는 날이래."(2012. 09).

한국 사회에서 중국동포에 대한 편견과 고정관념은 미디어를 타고 점점

고착화 되어 가고 있었고 중국동포에 대한 혐오, 비하 발언들이 인터넷에서 난무하고 있었다. 영화 '황해', '해무' 등에 나타나는 중국동포 이미지는 살인마로 부각되었고, 중국동포 보이스피싱 집단을 상징하는 코미디 프로그램 '황해'에서도 중국동포에 대한 비하의 모습들이 널리 퍼져나가고 있었다. 이러한 사회적 분위기 속에서 자녀를 양육하고 있는 연구자는 심한 불안과 스트레스를 경험하게 되고, 지역사회 주민들의 시선이 두려워 자녀의 학부모들 앞에서는 자신의 출신을 감추고 겉핥기식 교제를 하고 있었다.

해외이주, 한국인 남성과의 결혼, 그리고 이국 타향에서의 출산, 자녀 양육 이러한 일련의 경험들은 연구자가 중국에서 성장하면서 가졌던 사고의 틀과 가치관을 완전히 무너뜨렸다. 연구자의 이주민으로서 경험한 다양한 사건들은 연구자가 인하대학교 다문화학과 교수님의 강의를 들으면서 가슴을 뛰게 만든 계기들이 되었다. 그 이유는 이주민에 대한 연구를 진행하는 기관이 있다는 것 자체가 그들에 대한 한국사회의 관심의 표현이라고 생각했기 때문이다. 당시 연구자는 한국의 다문화 사회와 현상에 대해 혼란스러웠고 다양한 고민들을 하고 있었다. 이런 관심이 연구자를 다문화학과 박사과정에 지원하게 하였다. 그리고 연구자가 경험한 다양한 사연들, 다문화가족지원센터에서 만났던 결혼이주여성의 당찬 모습들이 연구자가 인정투쟁이론에 대해 관심을 갖게 하였다. 즉 사회적 소수자인 이주민들은 자신에게 부여된 정체성과 본인이 느끼는 자아에 대해 끊임없는 고민을 하고 있다는 것을 알게 되었다. 또한, 그들은 긍정적인 상호작용 행위로서 생활현장 속에서 끊임없이 주류사회를 향하여 자신들에 대한 정확한 이해를 호소하고 있었다. 연구자는 결혼이주여성들의 한국에서 삶 자체가 인정을 받기 위한 치열한 삶이라는 생각을 하게 되었고, 그런 생각들이 본 연구를 진행하게 된 동기가 되었다.

2. 정체성과 인정투쟁

2.1. 정체성

구성주의 입장에서 정체성 이론을 확립한 Ericson은 자아정체성을 고정적이거나 불변하는 것이 아니라 사회적 현실 속에서 지속적으로 개정되는 자신에 대한 현실감이라고 정의했다(박아청, 1988 재인용). 그는 자아정체성이란 동일성과 연속성을 유지하면서 현실에서 부딪히는 내적 충동과 욕구, 외부 자극, 그리고 도덕적 가치들을 수용하여 자기 나름의 고유한 방식으로 자신을 재통합함으로써 형성된다고 말한다(Honneth, 1992 재인용). Giddens(1991)에 따르면 정체성은 단순한 역할을 뛰어넘어 행위자 자신에 대한 의미의 근원이며 행위자 자신에 의한 개별화 과정을 통해 구성된다고 보았다. 반면에 Castells(1997)이 말하는 '기획적 정체성'에서는 어떠한 사회행위자들이든 간에 사회 속에서 자신들의 지위를 재 정의하는 새로운 정체성을 구축하고 개인들은 자신의 경험을 통해 전체적인 의미에 도달한다는 것을 의미한다.

Ahmed(2000)는 세계화 시대에 주체가 어떤 방식으로 자신의 정체성을 재조명하는지를 분석한 결과 구체적인 정체성은 타자와의 마주침에 의해 결정되며, 정체성의 차이는 몸의 차이가 아니라 몸이 위치하는 장소와 주체에게 부여된 상대적 역할의 차이로 이해하여야 함을 주장한다. 이러한 위치의 정치학은 주체가 근거하고 있는 물적, 지리적 장소와 상징적, 정치적 위치성(positionality)에 따라 변화하는 정체성에 주목해야 함을 제시한다(Ahmed, 2000).

이상의 논의를 통해서 우리는 주변 환경의 영향을 받아 개인 정체성은 변화되며, 자신의 건강한 정체성 수립을 위해서는 주변 환경과 주체가 끊임없이 상호작용하고 있음을 알 수 있다. 그동안 결혼이주여성들의 삶이나 정체성은 한국 사회와의 관계 안에서만 논의되었다. '이주자'로서 그들은 모국과의 유대를 끊고 한국 사회에 전적으로 동화될 것을 강요받으며, 이들의 정체성은 한국의 언어나 관습, 문화를 익히고 자녀를 낳고 재생산 노동을 통해 하층 가족을 유지함으로써 한국 사회에 기여한다는, 유입국에 대한 '충성심'이라는 고정되고 일관된 것으로 가정되었다. 이주민으로서 결혼이주여성들의 정체성은 어쩔 수 없이 주류사회 풍토와 문화에 영향을 받게 되고 자신들의 정체성에 대한 주류사회 시각에서 자유로울 수 없었다. 때문에 그들의 정체성은 위태로울 수밖에 없으며, 끊임없이 갱신되고 건강한 정체성 확립을 위하여 고민하고 노력하여야 했다.

2.2. 인정투쟁

본 저서에서는 바로 정당한 사회적 도덕 형식 투쟁인 중국동포 결혼이주여성들의 인정의 부재와 왜곡된 인정 질서에 대하여 어떤 상호작용으로 인정투쟁을 벌이고 있는지 알아보고자 한다. 즉 연구자는 결혼이주여성들의 인정투쟁은 긍정적인 자아상 수립을 위한 주류사회와의 상호협상적 노력으로 보았다. Honneth(1992)는 도덕적 손상은 세 가지 심리적 차원에 상응하여 세 가지 유형으로 분류될 수 있다고 본다. 가장 기본적인 도덕적 손상은 한 개인이 자신의 신체적 안녕, 자신의 요구가 존중받을 가치가 있다는 신념 즉 자신감을 빼앗아 버리는 것으로서, 살인뿐만 아니라 고문이나 폭행과 같은 물리적 학대 역시 이런 부류의 전형적인 경우들이다. 둘째로 한 개인의 도덕적 사려 능력을 무시하여 자존감을 파괴하는 도덕적 손상의 전형적인 사례는 속임수나 사기와 같은 개인적인 경우에서 비롯하여 집단 전체에 대한 권리상의 차별에 이르기까지 무수히 많다. 마지막으로 세 번째 유형의 도덕적 손상은 한 사람 또는 다수가 해당 공동체 내에서 천대받고 멸시당함으로써 자부심을 훼손당하는 경우이다. 이에 해당하는 전형적인 사례는 인사를 하지 않는 것과 같은 사소한 경우에서부터 명예훼손과 같은 중대한 경우에 이르기까지 다양하다(Honneth, 1992). 이러한 규범을 윤리적 혹은 도덕적인 규범으로 지칭하는데 그 이유는 그것이 "개인의 인격적 정체성의 조건을 함께 보호하기 위해 받아들여야 하는 태도들의 얼개"이기 때문이다. 다시 말해서 자기 관계의 훼손을 막는 규범은 그것이 인격적 정체성의 형성과 연관되어 있는 한 도덕적이다.

Honneth(1992)의 세 가지 인정 형식은 우선 "정서적 배려"나 "사랑"과 같은 애정의 형식을 통해 서로를 그 욕구와 바램이 타인에게 유일무이한 가치를 지닌 한 개인으로 인정함으로써 '자신감'을 확인할 수 있어야 한다. 그리고 우리는 '인지적 존중'을 통하여 서로를 다른 모든 사람과 마찬가지로 도덕적 사려 능력을 갖는 한 인격체로 인정함으로써 '자기 존중감'을 높여야 한다. 마지막으로 '공동체적 연대'나 '헌신적 충성'등 공동체 구성원의 '사회적 가치부여'를 통해 서로를 공동체에서 가치 있는 존재로 인정함으로써 '자부심'을 확보해야 한다.

Honneth(1992)는 문화적 공동체에 대한 인정요구가 단지 공동체 구성원의 사회적 처지를 개선하는 것이 아니라, 무엇보다도 자신들의 특수한 생활방식을 보장하는 데 있다고 보고, 이를 세 가지 경우로 나눈다.

첫 번째 유형은 특정한 문화적 공동체의 생활방식이 재생산될 수 있도록 요구하는 것이다. 두 번째 유형은 문화적 공동체가 공동체적 결속을 강화하고 발전시킬 수 있도록 사회적 보호나 지원을 요구하는 경우이다. 세 번째 경우는 문화적 공동체의 생활방식 자체에 가치를 부여하고 이에 대한 수용을 요구하는 경우로서 이는 차이를 따지지 말라는 것이 아니라 차이를 따져 달라는 적극적 요구이다. 이는 사회적으로 타문화 구성원들도 존중해야 할 어떤 선(善)을 구현하고 있음을 인정하라는 것이기 때문이다.

또한, Honneth(1992)는 사회적 투쟁이 인정의 경험과 관련하여 다음과 같은 의미에서 두 가지 기능을 수행한다고 보았다. 우선 그것은 상호인정관계의 확장을 요구한다. 나아가 개인은 사회적 투쟁, 즉 저항운동 속에서 활동하는 것을 통해서만 자신에 대한 '새로운 긍정적 관계'를 획득하게 된다. 그것은 한편으로 사회적 수치심으로부터 야기되는 마비 상태를 집단적으로 극복하는 과정에서 일어난다. 오직 자신의 적극적 행위를 통해서만 개인은 자신의 도덕적 또는 사회적 가치에 대해 확신하게 되며 현존하는 사회적 조건이 그에게 인정하기를 거부하는 능력과 덕목을 입증할 수 있다. 다른 한편으로는 저항운동에 참여하는 자들 사이에 자연스럽게 연대감이 형성되며 이를 통해 개인은 마찬가지로 일정 정도의 인정을 경험하게 된다. 국가가 시민적, 정치적, 사회적 권리를 보장함으로써 공통의 삶에 참여하고 즐길수 있는 완전한 사회 구성원이라는 소속감이 형성되며, 개인은 그들의 권리에 대한 사회적 인정을 통해 자기존중, 자기 가치부여, 자기 믿음의 정체성이 형성된다(Honneth, 1992).

반면에 개인이나 집단의 권리에 대한 인정 철회는 그들의 정체성을 무너뜨릴 수 있는 파괴의 위험을 동반한다. 국민국가의 '정상시민'에 대한 집착은 이주자의 권리문제를 주변화하거나 배제시킬 수 있다. 또한, 권리 인정의 유보는 억압의 한 형태이며, 이주자를 권리 없는 주체로 상정하는 것은 정체성의 훼손과 자아 존중감의 상실을 불러일으킨다. 이러한 이유로 권리의 문제는 정체성의 문제로 직결되며, 자신을 규정하는 타자로부터 권리의 문제를 협상, 해결하는 것이 손상된 정체성을 회복하는 계기가 된다. Honneth는 성공적인 삶의 조건으로 사랑, 권리, 사회적 연대라는 세 가지 인정 형태를 제시했다. Honneth(1992)에 따르면 인간은 사랑, 권리, 연대를 통해 타인의 인정을 경험함으로써 긍정적 자아의식을 갖게 됨은 물론, 성공적 자아실현의 조건을 확보하게 된다. Honneth는 인간의 삶은 단순한 생존 유지가 아닌 자기실현을 의미한다. 성공적 자기실현의 가능성이 타인의 인정, 다시 말해 나에 대한 타인의 긍정적 태도에 달려있다고 보는 것이 인정 윤리의 관점이다(문성훈, 2014).

본 연구에서는 중국동포 결혼이주여성들이 일방적으로 적응해야 하는 대상이 아니라, 한국생활에서 주변의 사람들과 적극적으로 상호작용하는 삶의 창조자이고 행위자로서 그들이 스스로 만들어가는 개인 정체성에 있어서의 인정투쟁의 행위전략을 보여주기 위하여 수행되었다. 또한, 그들이 결혼 후 한국에서 생활 속에 드러나는 인정투쟁의 경험들을 구성하게 된 근거들을 생애경험에 대한 내러티브를 통해 모국에서의 삶에 대해 소개하고자 한다.

우리는 다양한 사회적 영역에서 일어나는 인간 주체의 자기이해의 변화와 그로 인한 인정관계의 변화에 주목해야 한다. 따라서 본 고에서는 사랑의 차원에서 친밀성 영역을 중심으로 그들의 가정에서 그리고 지역사회에서, 직장에서 다양한 관계 속에서 펼치는 인정투쟁의 모습들을 살펴본다. 또 권리의 차원을 정치적 영역, 경제적 영역, 문화적 영역으로 구분하여 정치적 영역에서는 사회적 권리인 국민으로서의 권리에 대해 살펴보고 경제적 영역에서 가정에서의 권력 획득의 구심점이 되는 구직경험, 문화영역에서는 문화적응 형태의 인정투쟁 모습을 고찰하고자 한다. 마지막으로 연대차원에서 세계질서 영역을 고찰하는데 그들의 인적자원을 활용한 생활공동체 네트워크와 SNS를 활용한 초국적 네트워크를 통한 인정투쟁의 형태를 고찰하였다. 결혼이주여성들의 인정투쟁의 경험에 대한 탐색을 통해 우리는 그들이 경험하는 사회적 배제나 사회적 인정의 부재에 대한 자각을 할 수 있을 것이고, 그들의 인정투쟁 행위양상에 대한 이해로 나아갈 수 있을 것이다.

3. 내러티브 탐구의 절차

본 연구는 중국동포 결혼이주여성들이 한국에서의 일상생활 속에서 다양한 인정투쟁의 경험과 그 의미를 알아보기 위하여 질적 연구방법으로서 '내러티브 탐구(narrative inquiry)'방법을 사용하였다. 내러티브 탐구는 인간 경험을 다루는 연구로 인간의 경험은 결국 인간이 살아가는 이야기로 귀결된다고 할 수 있다. 이는 인간의 경험이나 삶의 의미를 깊게 통찰해 볼 있는 기회를 제공할 수 있기 때문에 인간을 다루는 교육 경험 연구에서는 그 어떤 연구방법보다 유용하다고 할 수 있다. 개인의 살아온 과정 중에서 경험한 것에 대한 이야기를 통해 그 경험이 개인에게 어떤 의미인지 그리고, 미래의 삶의 목적 및 방향성을 드러내는 것을 통해 건강한 자아정체감을 회복할 수 있다.

Bruner(1990)는 내러티브 탐구를 교육 연구에서 가장 익숙해져 있는 패러다임적이고 논리 과학적인 연구방법으로서 적절하다고 하였다. 그 이유는 내러티브는 개인적, 사회적, 문화적 측면에서의 인간의 삶을 잘 보여주기 때문이다. 즉 우리가 우리 자신에게든 또는 타인에게든 이야기를 하고 다시 말할 때, 이러한 이야기는 우리가 누구였는지, 우리가 누구인지, 우리가 어디로 가는지에 대한 의미 있는 정보를 제공한다는 것이다.

또한, 내러티브에는 사회·문화적 측면에서 볼 때 시간과 사회적 존재로서의 우리의 경험이 스며져 있다(강현석 외, 2005: 92). 그러므로 내러티브는 우리들의 삶이 무엇과 같고 우리들이 어디로 가는지를 이해하는 방법으로 기능할 수 있다. 그뿐만 아니라 내러티브는 공유된 신념과 문화 가치를 구성하고 전하며 변형시킬 수 있다(Polkinghorne, 1988; Witherell & Noddings, 1991). 현대사회에서 개인은 삶의 능동적 주체이기에, 평생교육을 통한 성인교육은 이제 형식적인 제도적 교육보다도 실제 생활 속에서 비형식적인 교육을 통해 이루어지는 경우가 더 많다. 그렇기 때문에 실제 삶의 양상에서 개인을 되돌아보는 생애사 연구 방식은 개인 스스로의 적응과 변화에 매우 효과적인 것으로 생각되고 있다(강민수, 문용린, 2007). 개인화와 다원화가 특징인 현대사회에서는 이러한 유동적인 생애사가 고정적이고 획일적인 규칙으로서 기능하는 '생애과정(life course)'에 따라 구성되기보다 개인의 발전가능성에 따라 다양한 '인생진행(course of life)'으로 구성된다고 보고 있다. 이렇게 인생진행의 과정으로 구성된 생애사는 개인의 직·간접적인 체험에 대한 서술이라는 점에서 사적이지만, 개인이 처한 사회의 행위공간에서 타자와의 상호작용에 의해 형성된다는 점에서는 공적인 특성을 지닌다고 볼 수 있다(이희영, 2005).

3.1. 연구절차

본 연구는 연구자 스스로가 중국동포 결혼이주여성 출신이라는 배경에서 출발하였기에 연구대상에 대한 접근이 용이하였다. 즉 연구자는 출신 특성상 중국동포 결혼이주여성들과 성, 인종, 계급적으로 산 경험(lived experiences)을 공유하고 있었고, 그들의 문화적 배경 및 언어에 익숙하기에 그들의 언술을 생생하게 청취할 수 있으며, 시대적 상황에 대한 이해를 깊이 할 수 있었다. 즉 연구자는 내러티브 탐구 연구방법 절차 중 1, 2단계인 '가) 현장에 들어가기: 이야기 속으로 걸어 들어가기'와 '나) 현장에서 현장텍스트로: 이야기의 장소에 존재하기' 이 두 가지 단계가 이미 일상 생활화되어 있었다. 이것은 연구자가 내러티브 탐구 방법을 활용할 수 있는 가장 큰 강점으로 작용하였다.

연구를 진행하기 위하여 연구자는 선행연구 고찰, 참여자 선정, 심층면담, 면담자료인 전사 자료의 분석 및 해석 단계로 진행하였다. 본 연구의 내러티브 탐구 절차에 따른 연구의 절차는 다음 [그림 3-13]과 같다.

첫 번째 단계로 연구목적에 따라 관련 선행연구를 고찰하였는데 결혼이

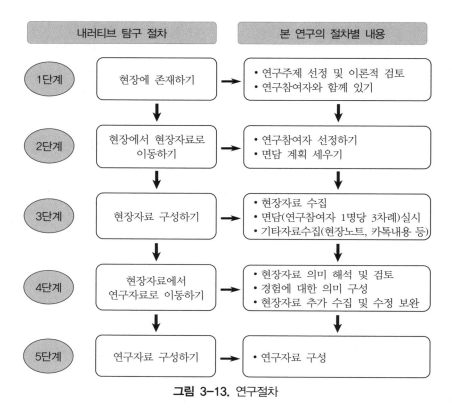

내러티브 탐구 절차		본 연구의 절차별 내용

1단계 현장에 존재하기 → • 연구주제 선정 및 이론적 검토
• 연구참여자와 함께 있기

2단계 현장에서 현장자료로 이동하기 → • 연구참여자 선정하기
• 면담 계획 세우기

3단계 현장자료 구성하기 → • 현장자료 수집
• 면담(연구참여자 1명당 3차례)실시
• 기타자료수집(현장노트, 카톡내용 등)

4단계 현장자료에서 연구자료로 이동하기 → • 현장자료 의미 해석 및 검토
• 경험에 대한 의미 구성
• 현장자료 추가 수집 및 수정 보완

5단계 연구자료 구성하기 → • 연구자료 구성

그림 3-13. 연구절차

주여성에 대한 연구, 중국동포 이주여성에 대한 선행연구 그리고 국내 다문화 담론과 중국동포 이주민에 대한 담론들을 고찰하였다. 또한, Honneth의 인정투쟁의 이론에 대한 철학적 배경에 대한 학습 및 국내 이주민 관련 인정투쟁 선행연구들을 고찰하였다.

두 번째 단계로 연구하고자 하는 내러티브를 가지고 있는 참여자를 선정하였다. 연구자는 '현장에 존재하기'에서 이미 그 현장의 경험자이고 연구참여자들도 모두 연구자와 가깝게 지내던 중국동포 출신 결혼이주여성이었다. 연구자는 그들 중 의도적 표본추출 방법에 따라 선정 기준을 정하고 모두 5명을 선정하였다.

세 번째 단계에서는 선정된 참여자들과 심층면담을 3회씩 실시하였다. 심층 면담 시에는 생애사적 내러티브 인터뷰 방법인 유년기 학창시절, 이주 전 경험 그리고 이주 후 경험에 관해 질문하였다. 그리고 두 번째 인터뷰에서는 중심질문인 "선생님은 한국에서 가정, 직장, 지역사회에서 인정을 받기 위하여 어떤 노력을 기울였습니까?"로 진행하였다. 즉 그들이 경험한 다양한 인정투쟁의 양상들에 귀 기울이려고 노력하였고, 그 경험에 전형적으로 영향을 미친 맥락이나 상황은 무엇인지 의미를 파악하고자 하였다. 즉 그들의 충돌된 다문화 경험에 대한 실제의 산 경험(lived experiences)을 파악하여 분석하였다(원재연, 2010).

네 번째 단계는 심층면담 후 녹음된 면담내용을 그대로 전사(transcribe)하였다. 이 전사작업은 내러티브 탐구 세 번째 절차인 '다) 현장텍스트 구성하기 단계'이다. 전사는 면담 당일 또는 다음날까지 연구자가 직접 진행하였고, 현장에서 참여자와 공유된 비언어적 소통의 내용을 최대한 살려 전사본에 반영하였다.

다섯 번째 단계는 전사된 내용을 종합적으로 분석하여 일정한 주제(theme)를 구성하여 이를 해석하게 된다. 여기서 심층면담, 면담자료의 분석 및 해석의 과정은 참여자별로 순환적이고 반복적으로 수행되었다. 연구자는 현장자료와 연구자료를 오가면서 경험에 대한 의미를 구성하였다. 이는 내러티브 탐구에서 네 번째 단계인 '라) 현장 텍스트로부터 연구텍스트로: 경험에 대한 의미 만들기' 단계이다. 경험에 대한 의미를 구성하는 과정에서 보충이 필요하다고 생각되는 부분에서 현장자료를 추가로 수집하거나 수정보완을 하였으며 보완 인터뷰를 하였다.

마지막 단계에서는 연구의 엄격성을 확보하기 위하여 자료를 다각화하고, 심층적으로 기술하였으며, 동료연구자 및 참여자를 통해 자료의 분석 및 해석 과정에 대하여 반복적으로 논의하였다.

3.2. 연구참여자

질적 연구에서 연구참여자는 상당히 중요하다고 할 수 있다. 내러티브 탐구를 포함한 질적 연구방법을 사용할 때, 연구의 기반이 되는 사례 수는 각 학자들 마다 조금씩 차이는 있지만 일반적으로 너무 많이 잡지 않도록 하고 있다. 특히 Dukes(1984)는 면담의 질과 분석의 과정을 고려해 연구참여자의 수를 3~10명으로 할 것을 권장하였고, 본 연구에서는 연구참여자를 5명 선정하였다.

Creswell(2007)은 내러티브 탐구를 위한 연구참여자를 선정할 때 연구할 특정 현상이나 탐구를 위한 주제에 대한 이야기를 풍부하게 들려줄 수 있고 연구주제와 관련하여 사회적이고 문화적이며 역사적인 맥락을 반영한 나이, 성별, 사회적 역할 등이 고려되어야 한다고 강조하였다. 질적 연구에서 참여자를 선정할 때는 '적절성'과 '충분함'이라는 두 가지 원리에 따라 연구참여자를 의도적으로 선택(purposeful selection) 하는 전략을 취한다(Maxwell, 2004). 적절성은 연구에서 이론적인 필수조건에 따라서 연구에 대한 가장 좋은 정보를 제공해 줄 수 있는 참여자를 선정하는 것이고, 충분함이란 연구 현상들에 대한 충분하고 풍부한 설명을 하기 위해서 자료가 포화 상태에 도달하도록 수집하여야 한다는 것이다.

또한 질적 연구가 갖는 타당성, 유의미성, 통찰력은 연구참여자의 수가 얼마나 많으냐에 따라 결정되는 것이 아니라 선정된 연구참여자가 얼마나 심도 있는 정보를 제공하며 연구자가 이를 어떻게 분석하는가에 따라 결정된다(Patton, 1990). 질적 연구 방법론 중에서도 가장 친밀한 관계가 강조되는 탐구방법이 내러티브 탐구이다. 즉, 일종의 대화(dialogue)로서 연구자와 참여자가 함께 이야기를 만들어가는 것이다(Clandinin & Connelly, 2000). 따라서, 이미 친밀한 관계를 형성한 지인을 연구참여자로 선택할 수도 있다.

본 연구의 연구참여자는 연구자와 지인 관계를 맺고 있었던 결혼이주여성 커뮤니티에서 혼인 기간, 자녀 연령을 고려하여 다음과 같은 기준으로 선정하였다.

첫째, 중국동포 출신 결혼이주여성을 대상으로 하였다. 같은 중국 출신이 지만 중국 한족과 조선족에 대하여 다 같이 중국인이라고 규정하면서도 한국인과 한국 사회는 한족과 조선족을 동일하게 바라보지 않으며 그들에 대한 편견과 차별 의식은 다른 맥락에서 설명되고 있기 때문이다(방미화, 2013). 또한, 중국동포들은 언어 문화적으로 한국인과 같은 뿌리를 가지고 있으므로 내부인과 외부인의 경계에 서 있기 때문이기도 하다. 이런 맥락에서 그들이 경험하는 인정의 훼손 경험과 나타나는 인정투쟁의 양상도 다르게 나타날 수 있기에 본 연구에서는 연구참여자를 중국동포 결혼이주여성으로 한정하였다.

둘째, 한국 남성과 결혼하여 10년 이상 되고 자녀를 양육하고 있는 연구참여자를 선정하였다. 한국 사회에서 인정받기 위해 노력하는 그들은 가정에서 남편, 그리고 자녀 양육의 문제까지 다양한 변수가 포함되어 있으므로 결혼 후 10년 이상 된 연구참여자들을 선정하였다. 다시 말해, 그들은 한국 생활에서 다양한 경험들 그리고 인정투쟁의 경험을 가지고 있기 때문이다.

셋째, 슬하에 학령기 자녀를 한 명 이상 양육하고 있는 연구참여자를 선정하였다. 그 이유는 그들의 지역사회 네트워크 속에서 학부모 관계가 차지하는 비중이 매우 크기 때문이다.

넷째, 연구에 적극적으로 협조하고 기꺼이 자신의 경험을 드러내려고 하는 참여자를 선정하였다.

연구자가 연구참여자들을 만나게 된 경위를 간단히 소개하면 다음과 같다. 본 연구에 참여한 연구참여자 E는 연구자가 한국 생활에서 만난 첫 번째 중국동포 결혼이주여성이었다. 연구자는 유학생 신분으로 한국에 왔고 한국 남성과 결혼함으로 인하여 한국에 홀로 남게 되었다. 연구자가 생활한 주변에서는 중국동포 결혼이주여성을 만나기 힘들었다. 그러던 가운데 연구자와 연구참여자 E는 2010년 다문화가족지원센터 홈패션 프로그램에서 만났다. 그는 야무진 성격에 일솜씨가 뛰어났다.

그리고 연구참여자 C는 2011년 여성인력센터 요리프로그램에서 만난 친구이다. 붙임성 좋은 연구참여자는 첫 만남부터 '언니, 언니' 하면서 친하게 다가왔고 맛있는 중국요리를 하여 집으로 초대하는 등 열정적인 성격의 소유자이다.

연구참여자 B는 연구참여자 C와 같은 고향 친구이다. 연구참여자 C와의 만남은 연구참여자 B를 통해서이다. 당시 연구참여자 C는 중국에서 방금 한국에 오게 되었고, 한국의 물정이나 사정에 눈이 어두웠다. 그리고 중국에서 중국학교만 다니던 초등학교 4학년 딸과 유치원에 다니는 아들을 데리고 있었다. 그는 큰딸을 한국에서 학교에 보내야 하였기에 한국의 학교 사정을 몰라서 연구참여자 C의 소개로 연구자에게 조언을 구하려던 참이었다.

연구참여자 D는 연구참여자 E와 1999년에 함께 한국에 연수를 온 사이로 연구참여자 E의 소개로 연구자와 함께 2011년 또 다른 요리 프로그램에서 만났다. 그는 당시 직장을 다니다 잠깐 쉬고 있었다. 연구자와 연구참여자들은 같은 중국동포 출신이라는 동질감 때문에 정기적으로 만나 밥도 먹고 차도 마시는 친구 같은 사이가 되었다.

그리고 마지막 연구참여자 A는 연구자가 학위논문을 준비하면서 연구참여자 B를 인터뷰하러 갔을 때 만난 사촌 여동생이었다. 그는 연구자가 한국에서 살고 있는 중국동포 결혼이주여성의 결혼생활에 대한 논문을 쓰고 있다고 하니 선뜻 "언니, 나도 해줄게." 하면서 인터뷰에 자발적으로 응한 사례이기도 하다. 그는 한국인 남편과 결혼하였고, 시댁에서 생활하고 있었으며 결혼한 지 10년째였다. 또 초등학교 2학년 된 아들을 양육하고 있었기에 연구자가 정한 연구참여자 선정기준에 적합하였다.

연구참여자들은 연구자가 대학원 박사과정에 입학하여 공부하고 있는 상황을 알고 있으며 연구자의 연구가 자신들의 목소리를 대변하여 한국 사회에 자신들을 알릴 수 있다는 부분에서 인터뷰를 긍정적으로 생각하고 적극적으로 협조하여 주었다. 심지어 괄괄한 성격의 연구참여자 B는 "언니, 몇 명 필요해, 말만 해. 내가 다 찾아줄게."라고 하면서 연구에 긍정적인 자세로 임하였다. 다른 연구참여자들도 연구자의 연구에 많은 응원을 해주었고 연구자가 수시로 카톡, 전화 등으로 확인하고 질문할 때마다 적극 대답을 해주었다.

인터뷰는 한국어로 진행하였다. 연구참여자들은 모두 중국에서 조선족 마을에서 생활하였기에 어려서부터 한국어와 중국어를 모두 사용하는 이중 언어 환경에서 성장하였다. 그들은 20대에 한국에 와서 한국인 남편을 만났거나, 20대에 중국에서 한국인 남편을 만나 교제하였기에 10년 이상 한국어를 사용하였다. 이처럼 연구참여자 모두 한국어를 구사함에 있어 큰 어려움이 없었다. 때문에 인터뷰는 한국어로 진행하였고, 중간중간 습관적으로 튀어나오는 고향 사투리나 중국어 표현들은 연구자가 한국어로 바꾸어 전사를 하였다. 연구자는 연구참여자에게 본 연구의 목적을 충분히 설명하였고, 연구참여 동의서에 인터뷰 정보제공에 동의한다는 서명을 받고 인터뷰를

표 3-1. 연구참여자의 특성

구분	나이	남편 나이	국적 (귀화년도)	출신지	결혼일자	자녀 수 (나이)	한국거주 기간
연구참여자 A	35	43	한국 (2009)	흑룡강성 목단강시	2007. 12.	1남 (9)	11년
연구참여자 B	37	46	중국	흑룡강성 목단강시	2000. 11.	1남(17) 1녀(12)	초기 1년, 후기 5년
연구참여자 C	37	45	중국	흑룡강성 목단강시	10년 이상 (미상)	1남(12) 2녀(11, 8)	15년
연구참여자 D	35	44	한국 (2003)	길림성 용정시	2001년. 11.	1남(15) 1녀(12)	18년
연구참여자 E	37	46	한국 (2003)	길림성 연길시	2001.11.(중국) 2002.04.(한국)	1남(15) 1녀(14)	18년

진행하였다.

연구참여자들의 정보보호를 위하여 본 연구에서 이름은 익명으로 처리했고 영어 알파벳으로 기록을 하였다. 본 연구에 참여한 연구참여자를 간략하게 소개하면 〈표 3-1〉과 같다.

3.3. 자료의 수집 및 분석

본 연구의 자료수집은 2017년 1월부터 2017년 8월까지 진행되었다. 연구자는 중국동포 결혼이주 여성 출신이고 다문화가족지원센터를 통해 중국동포 결혼이주여성들과 네트워크를 가지고 있었기 때문에 연구참여자 선정에서 어려움은 없었다. 연구는 연구참여자들의 허락을 받고 2017년 1월부터 8월까지 심층인터뷰를 실시하여 자료를 수집하였다. 본 연구에 사용한 질문지는 다음 〈표 3-2〉와 같이 구성되었다.

표 3-2. 질문지 구성

범주	대분류	세부내용
결혼 전	유년기	부모님 직업은 무엇이었나요? 엄마에 대한 기억은 어떤것들이 있나요? 동네 소개, 형제 관계, 부모와의 관계들은 어떠했나요?
	학창 시절	공부에 대한 기억은 어떤 것들이 있을까요? 학창시절 성격은 어떠했나요? 선생님의 학창시절 꿈은 무엇이었나요? 왜요?
	졸업 후 취업	이주전 직장 경험에 대하여 이야기 해주세요.
결혼 후	결혼	결혼 경심하게 된 동기는 어떤 것들이 있을까요? 결혼 과정에 대하여 자세히 알려 주실 수 있을까요?
	가족의 이주 향후이주계획 본국과의 연계	한국에 계시는 또 다른 가족은 있으신가요? 또 다른 이주 계획은 있으신가요? 가족 초청을 하셨나요? 본국 지원은 어떤 형태로 하고 있나요?
	자녀 출생과 교육	출산 경험, 산후조리, 초기 양육 환경은 어떠했나요? 학령기 자녀 교육에 대하여 말씀해 주세요.

결혼 후 생계	결혼 후 어떤 일을 하셨나요? 생활비는 어떻게 해결하시나요?	
결혼 후 가족관계	남편과의 관계 자녀와의 관계 시부모와의 관계 시댁 가족과의 관계 친정과의 관계	
결혼 후 지역사회 네트워크	친구관계 출신국 네트워크 이웃관계 학부모 네트워크	
직장에서 동료관계	일 경험	
정체성	국적 변경	국적 변경 동기, 과정 국적 불 취득 이유 향후 계획
	국적 및 민족과 어머니 정체성	한국인, 외국인, 다문화 한국엄마, 외국엄마 인식
	이주와 모성의 결합	어머니 정체성이 주는 영향
	다문화에 대한 인식	다문화관련 활동참가 경험 다문화에 대한 인식
	국제결혼에 대한 생각	국제결혼에 대한 생각 친구추천 여부 자녀의 국제결혼에 대한 생각

위의 〈표 3-2〉와 같은 반구조화된 연구 질문지는 Seidman(2006)의 질적 연구를 위한 면담 방식을 기본틀로 하여 재구성하였다. Seidman(2006)은 질적 연구에서 면담은 각기 다른 초점을 가지고 3회 정도 진행되어야 한다고 제안하고 있다. 본 연구에서도 면담을 3회로 나누어 진행하였다.

첫 번째 면담에서 개인적인 생애 경험들, 즉 한국에 오기 전까지 본국에서의 경험 그리고 이주 동기, 한국에서의 결혼 및 생활에 대하여 생애 전반에 대한 이야기들을 들려달라고 하였다.

두 번째 면담에서는 연구자의 연구주제인 결혼생활에 대한 연구참여자의 생각과 경험 그리고 한국 사회 다문화 현상들에 대한 본인의 생각들을 질문하였다. 연구자도 같은 결혼이주여성 출신이기에 서로 공감하고 토론하며 생각을 넓히고 경험들을 더 풍부하게 들을 수 있었다. 그중 한 연구참여자는 자신의 비밀스러운 사생활까지 연구자에게 세세히 이야기해주었다. 그 부분에 대한 내용은 연구참여자의 사생활 보호 및 연구참여자의 요청에 따라 전사기록에 넣지 않았다. 이렇듯 연구자와 연구참여자 4명은 서로의 삶에 대해 자세히 알고 있는 사이였다. 이는 연구참여자들의 진실된 삶의 이야기를 이끌어내는데 긍정적으로 작용했다.

세 번째 면담에서 연구자가 논문을 실제로 작성하면서 연구참여자별 생애사를 기록하고 그에 대한 확인 작업을 하고 또 한국이라는 거대한 '시대' 속에서 가족, 지역주민들과 어떻게 상호작용하며 어떤 요인들이 그들에게 긍정적으로 작용하였는지 그 경험의 의미들에 대하여 재확인하였다. 또한, 말하기와 다시 말하기 과정을 통하여 연구참여자들이 자신의 삶을 재조망할 수 있고 미래를 계획할 기회를 제공하고자 노력하였다. 연구참여자별 면담 일정은 다음 〈표 3-3〉과 같다.

표 3-3. 연구참여자별 인터뷰 일정

구분	1차 인터뷰	2차 인터뷰	3차 인터뷰	추가인터뷰
연구참여자 A	2017.01.06	2017.01.09	2017.03.13.(전화)	수시로 sns 또는 전화
연구참여자 B	2017.01.06	2017.01.11	2017.03.07	수시로 sns 또는 전화
연구참여자 C	2017.01.12	2017.01.17	2017.03.07	수시로 sns 또는 전화
연구참여자 D	2017.01.13	2017.01.18	2017.03.13.(전화)	수시로 sns 또는 전화
연구참여자 E	2017.01.10	2017.01.14	2017.03.13.(전화)	수시로 sns 또는 전화

면대면 인터뷰는 대부분 연구참여자 거주지 근처 조용한 커피숍에서 진행되었다. 심층 면담이기에 자녀를 동반하지 않고 연구참여자와 연구자가 대화에 집중 할 수 있는 장소로 커피숍을 선택했다. 연구참여자 A, B, C와의 인터뷰는 오전 시간대를 이용했고 주로 연구참여자 집 근처 조용한 커피

숍을 추천받아 함께 갔다. 면담 시간은 2시간 가량 되었고 가벼운 수다 형식으로 진행되었다.

연구자와 연구참여자는 서로 잘 아는 사이였고 가정이나 시댁과의 문제들도 함께 고민을 나누던 사이라 면담은 즐거운 분위기 속에서 진행되었다. 또 초면인 연구참여자 A도 연구참여자 C의 사촌 여동생이었기에 서로 얼굴은 처음이지만 간간이 들어서 가정형편을 어느 정도 알고 있었다.

음식점을 하는 연구참여자 D는 휴일 없이 매일 음식점영업을 하기에 점심식사 후 조용한 오후 시간에 그의 음식점에서 인터뷰를 진행했다. 갓 차린 음식점이라 손님이 별로 없었기에 인터뷰가 방해를 받거나 중단되진 않았다. 녹음기는 식당에 들어가서부터 동의를 얻고 녹음을 시작하였고, 식당을 나와서 헤어지는 순간까지 계속 녹음을 하였다. 점심시간이라 연구자와 연구참여자는 같이 식사를 하고, 커피를 마시면서 오후 늦게까지 긴 시간의 인터뷰를 할 수 있었다.

직장생활을 하는 연구참여자 E는 퇴근 후 저녁 식사를 함께하고 커피숍에서 1차 인터뷰를 진행하였고, 2차 인터뷰는 연구자가 당직인 토요일 오전 연구참여자 사무실에서 진행했다. 연구자는 연구참여자들에게 연구의 목적에 대하여 설명을 하였고 인터뷰는 연구참여자의 동의를 구한 다음 녹음했다.

3차 인터뷰는 연구자가 연구결과를 기술하는 과정에서 좀 더 확인이 필요하거나 누락된 부분에 대해 보충하는 식으로 진행했다. 연구참여자 B와 C는 커피숍에서 같이 만나 면대면 인터뷰를 진행하였다. 연구참여자 B와 C는 친한 고향 친구 사이였기에 서로 함께 나누는 과정에서 더욱 풍부한 이야기를 들을 수 있었다. 연구참여자 A, D, E는 전화통화로 추가 인터뷰를 진행하였다. 전화 통화 시간은 대략 30분에서 1시간가량이었다. 전화 통화 내역은 스마트폰의 녹음 기능을 이용하여 녹음하여 전사하였다.

자료분석 및 해석 과정은 Clandinin과 Connelly(2000)가 제시한 내러티브 탐구 방법의 절차 중 네 번째 단계인 '현장자료에서 연구자료로 이동하기' 단계에 해당한다. 분석 단계에서 연구자는 두 가지 결과물을 산출해내었다. 하나는 삼차원(4가지 방향성)의 공간 안에서 이루어진 경험을 드러내는 재구성된 내러티브 쓰기이다. 쉽게 말하자면, 연구자는 참여자가 연구자에게 이야기했던 것처럼 그들(참여자)의 경험의 이야기를 다시 말하는 것이다. 연구자가 다시 쓴 이야기는 참여자의 삶의 이야기를 제공하고 그들의 경험을 이해하기 위함이며 또한, 이는 오랫동안 권위와 타당성을 지닐 수 있기 때문에 그들의 목소리를 위한 공간이 된다(Conelly & Clandinin, 1990). 즉 모든 경험은 현재 순간으로부터 어떤 것을 취하여 그것을 미래 경험으로 실어 나른다. 연구하에 있는 사건, 사람, 그리고 사물들은 시간적으로 전이 중에 있으며, 내러티브 탐구자들은 그것들을 과거, 현재, 미래와 함께 기술한다(Clandinin, 2013/2015, 강현석 외 역: 106).

또한, 하나의 결과물은 경험의 의미를 찾는 것이다. 경험의 의미들은 연결되어 있어 하나의 경험의 패턴을 볼 수 있게 한다. 이 부분에서는 내러티브의 의미 있는 상호작용을 보려고 했다. 즉 Dewey의 상호작용 개념과 관련되어 있다. 즉 사람들은 어떤 경험을 하던 그들의 상황과 상호작용한다는 것이다. Clandinin과 Connelly(2000)에서는 개인적 상황을 감정, 희망, 바람, 미적 반응, 그리고 개인의 도덕적 기질 등을 의미하는 것으로 본다. 사회적 상황은 개개인의 맥락을 형성하는 외부적 상황들, 환경, 주변 요소들과 영향력들을 의미한다.

내러티브 탐구에서 자료분석 방법의 가장 큰 특징은 자료를 세분화하여 이해하기보다는 자료를 전체 이야기의 배경 안에서 분석한다는 것이다(Ezzy, 2002). 연구자는 자료분석을 위해 연구문제 그리고 본 연구의 핵심적인 이론적 배경이 되는 인정투쟁에서 인정윤리의 세 가지 유형을 떠올리면서 면담 자료 전사본과 연구저널을 반복해서 읽어나갔다. 즉 연구참여자들의 중요

경험들을 아우르는 영역을 찾고 영역에 따른 하위 주제를 정했다. 본 연구는 인정투쟁 경험에 대한 이야기를 전반적으로 기술하기 위하여 인정투쟁의 큰 틀인 사랑, 권리, 연대의 3개 영역을 큰 영역으로 정하고 영역에 따른 하위 주제를 정하였다.

연구참여자들의 풍부한 인정투쟁 경험 중에서 연구주제와 관련하여 주요하거나 의미 있는 것들을 추려내어 주제를 중심으로 다시 만들어가는 것이 중요하므로 경험은 인정과 관련된 것들을 일관되고 통일된 주제 중심으로 이야기를 전개함으로써 본 연구의 성격을 드러내고자 하였다. 이때 분석은 염지숙(2003)의 제안대로, 단어나 주제어에 초점을 두어 분절적으로 이루어지기보다 맥락과 상황, 일어난 일, 인물 등을 삶이라는 하나의 큰 틀 안에서 내러티브적으로 보고자 했다. 더불어 5명 중국동포 결혼이주여성의 한국생활 속에서의 인정투쟁 경험을 드러내 줄 수 있는 내러티브 패턴과 주제를 찾으려고 노력하였다.

자료 분석의 틀은 내러티브 탐구의 3차원적 공간 개념을 토대로 하였다. 내러티브 탐구의 3차원적 공간은 시간성, 의미 있는 사회적 상호작용, 그리고 공간이라는 세 가지 차원으로 구성이 되어있다. 연구자는 먼저 시간성에 중심을 두고 Ⅳ장에서 그들의 생애 맥락 속에서 삶을 결혼 이전, 그리고 결혼 이후로 나누어 기술하였다. 즉 그들의 중국에서의 인정획득의 삶이 국제결혼으로 인해 인정투쟁의 형태로 증폭되어 나타나는 모습들을 시간의 흐름 속에서 기술하였다. 다음으로 Ⅴ장에서는 이들이 결혼 이주 후 한국사회에서 인정투쟁의 양상 중에서 의미 있는 사회적 상호작용에 주목하여 이들의 이야기를 상호작용의 대상을 중심으로 사랑, 권리, 연대의 차원으로 구분하여 다양한 공간 속에서 구성하였다. 이러한 범주를 설정하는 것은 직관적으로 이루어지지만, 수집된 자료를 토대로 이론적 논의 속에서 인정 이론에서 도출해낸 큰 영역을 참고로 하였다. 그리고 전사자료 분석을 통하여 사랑의 차원에서는 가족관계, 지역주민사회, 직장 세 분류로 나누고, 권리 차원은 정치, 경제, 문화 세 부분으로 나누었다. 마지막으로 연대차원인 세계질서 영역은 생활공동체 연대와 초국적 네트워크 두 가지 영역으로 구분할 수 있었다. 본 연구에서 나눈 분석의 범주를 표로 제시하면 〈표 3-4〉와 같다.

표 3-4. 분석의 범주

구분	하위구성 요소		
사랑	가정	지역	직장
권리	정치	경제	문화
연대	생활공동체	초국적 네트워크	

이렇게 범주를 나눈 뒤 이야기 구성은 연구자가 수집한 여러 자료에 제시되어 있는 체험으로부터 핵심적인 것을 추려내어 독자의 이해와 상상력에 호소할 수 있도록 서로 단절되어있는 연구자료들을 일관성 있게 만들면서 하나 혹은 몇 개의 범주로 나누어 각각의 이야기로 재구성해내었다.

내러티브 탐구에서 글쓰기는 최종적으로 쓰여지는 연구텍스트의 실제적인 형식에 차이를 가져다 주며, 다양한 방식을 취할 수 있다(염지숙, 2003). 내러티브 탐구자는 초기부터 글쓰기 유형에 대해 생각해야 하는데 어떤 유형으로 쓸 것인가를 구체적으로 정할 수도 있고 마음속에 대략적인 그림만을 그려보고 글쓰기가 진행됨에 따라 변화를 주거나 또는 확장시킬 수도 있다(염지숙, 2000). Clandinin과 Connelly(2000)는 내러티브 탐구를 통한 연구에서 글쓰기는 학문적이면서도 시간적인 특징을 지닌다고 했다. 내러티브 탐구에서 연구텍스트는 사실상 복합적이고 유동적인 토대 위에 지어진 그리고 모호한 모양으로 형성된 '웅장한 고안물(grand contraption)'이다. 내러티브 탐구의 텍스트는 어떤 부분은 사람, 장소, 사물에 대한 심층적인 기술이 주를 이루고, 다른 부분은 문학적 내러티브 구조[1]들이 뒤섞여져 만들어내는 구성물이나 현상을 좀 더 잘 이해하기 위한 논쟁의 주가 될 수 있으며, 또 다른 부분은 사람들이 이야기한 풍부한 내러티브로 구성될 수 있을 것이다.

따라서 본 연구에서도 이론적 배경에서 나온 인정이라는 큰 맥락 속에서 시간성과 상호작용의 맥락을 구분하여 연구참여자들의 삶의 이야기를 기술 하였으며 그 의미를 찾고자 노력하였다. 내러티브 탐구의 결과는 그 안에 담겨진 새로운 지식 때문이 아니라 그것이 형상화하고 있는 삶의 개연성 (plasibility)을 독자들에게 대신 검증해준다는 점에서 그 가치가 발휘된다 (Clandinin & Connelly, 2000). 연구 결과의 문학적 활용은 일반화에 대한 내러 티브 탐구의 대응이다(Clandinin & Connelly, 2000). 이에 본 연구에서 제시되는 결과는 특정 독자들을 염두에 두고 중국동포 결혼이주여성들의 삶과 경험 을 통해 자신들의 삶과 견주어서 상상하고 되돌아볼 수 있게 하고, 의미로 다가가 위로가 될 수 있게 한다는 점에서 연구로서의 의미를 찾을 수 있을 것이다. 또한 다른 연구자들로 하여금 중국동포 결혼이주여성들의 삶을 이 해하고 실상에 더 가까이 다가가게 할 수 있게 하는 점도 내러티브 연구방법 의 의의이다.

4. 생애사에 나타난 인정투쟁 경험

4.1. 중국동포 결혼이주여성의 생애 경험

연구참여자의 내러티브 안에는 그 사람의 전반적 인생의 모습이 담겨져 있기 때문에, 내러티브 연구가 갖는 연구 주제는 연구참여자의 인생 전체와

---

1. Clandinin과 Connelly(2000)는 문학에서의 내러티브 구조의 예로 다음의 세 학자의 견해를 든다. 첫째, Bruner(1990)의 논리 과학적인 실증주의와 내러티브적인 앎의 방식 둘째, Chatman(1990)의 세가지 텍스트 유형(내러티브, 기술, 논쟁) 셋째, Wolcott(1994)의 질적 자료의 변형 방식(기술, 분석, 해석).

관련되어 있다(유기웅 외, 2012). 본 연구는 질적 연구방법인 내러티브 탐구를 활용하여 한국에서 살고 있는 중국동포 결혼이주여성들의 전 생애를 관통한 인정획득의 삶을 이해하고자 하였다. 연구참여자인 중국동포 결혼이주여성들의 삶에 대한 이해를 돕고자 그들의 이주 전 중국에서의 삶, 그리고 한국 이주 경험, 그리고 결혼 이후까지의 생애사를 시간의 흐름에 따라 전개하면서 그들의 인정획득을 위한 노력이 이주 후 인정투쟁의 모습으로 변화되는 과정을 고찰하고자 한다. 즉 그들의 성장과 발달에 따른 변화를 연구자의 말로 재구성하였다. 그리고 성장 과정과 한국에서의 결혼생활 이야기를 시기별로 분류하여 연구참여자별로 기술하였다.

본 장에서는 질적 연구방법인 내러티브 탐구를 활용하여 한국에 살고있는 중국동포 결혼이주여성들의 삶을 이해하고자 하였다. 연구참여자인 중국동포 결혼이주여성들의 삶에 대한 이해를 돕고자 그들의 이주 전 중국에서의 삶 그리고 한국 이주 경험 그리고 결혼 후 생애사를 시간의 흐름에 따라 전개하였다. 우리는 중국동포 결혼이주여성들의 생애 경험을 통해 출신 사회 맥락에 대한 깊이 있는 이해를 할 수 있었다.

연구에 참여한 중국동포 결혼이주여성들은 적극적인 행위 주체이자 삶의 개척자임을 확인할 수 있었다. 그들은 자신들의 더 나은 삶을 위하여 적극적인 행위자로 한국행을 하게 된다. 이러한 결정의 근저에는 신자유주의 경제 체제가 가져온 국가적 경제 불균등 현상과 여성의 이주를 추동하는 이주의 여성화 현상이 자리하고 있었다. 자발적인 이주 그리고 도전적인 성격들은 그들로 하여금 이주 후, 한국 생활에서 다양한 어려움에 대하여 능동적으로 대처할 수 있게 만들었다. 그들에게 있어서 한국은 언어와 문화의 동질성을 지닌 매력적인 나라였다.

중국의 개혁개방의 물결 속에 젊은이들이 대량으로 외국기업이 있는 연해지구로 직장을 찾아 떠나는 시대적 환경 속에서 그들에게 있어서 한국은 외국이지만 친근한 나라이기도 했다. 또한, 중국보다 월등히 높았던 한국의 월급은 그들에게 중국의 타지역 이주보다 한국행을 쉽게 결정하게 만든다. 그리고 그들의 한국행이 공통적으로 중국 동북 지역에서 구직난으로 인한 다양한 진출 경로의 하나라는 점도 알 수 있었다. 거리적으로도 한국은 중국의 다른 지역보다 더 가까운 위치에 있는 점, 그리고 언어적 동질성, 문화적 동질성 역시 한국행을 쉽게 결정할 수 있는 계기가 되었다. 이러한 자발적인 이주를 통하여 그들은 한국인 남성과의 직장 또는 지인을 통한 만남이 가능해졌으며, 국경을 초월한 낭만적 사랑에 기초한 연애결혼에 다다르게 된다. 그들의 남편에 대한 첫인상은 공통되게 '착하다' 또는 '성실하다'였다. 즉 그들이 국경을 초월한 결혼을 결심하게 된 바탕에는 사람에 대한 믿음이 우선이었다. 그들은 자신의 젊음으로 한국 사회에서 경제적 자립에 대한 자신감이 있었기에 남편과의 결혼에서 남자의 재력이나 능력보다 자신을 따뜻하게 감싸주고 한 가정을 지켜줄 수 있는 인품에 대한 믿음이 우선하게 된다.

이를 통해 우리는 국내 결혼이주여성들이 다문화 담론에서 흔히 거론되는 중계업소를 통한 '매매혼'의 불쌍한 희생자들이 아님을 알 수 있다. 실제로 다문화가족 실태조사에서도 중계업소를 통한 결혼은 전체 결혼이주여성들의 1/4 정도를 차지할 뿐이었다(여성가족부, 2016). 하지만 중국동포 결혼이주여성들은 결혼 초부터 "못 사는 나라에서 시집온 불쌍한 여자", "국적 주면 도망간다", "돈 주면 친정에 보낸다" 등 주류사회의 다양한 왜곡과 오해를 마주하게 된다. 그러나 그들은 더 나은 삶을 위한 새로운 도전으로 한국행을 선택하였다. 하지만 부푼 기대와 달리 한국 사회에서 왜곡된 인정질서들을 경험하게 되면서 일상화된 무시의 언어들 속에서 자신들의 존재가치를 증명하기 위하여 노력하였다. 그들의 생애 경험을 통해 바라본 인정획득의 노력들은 결혼 이후에 인정의 부재 그리고 이주로 인한 긴장감 속에서 증폭되어 드러나고 있었다. 그들이 한국 사회에서 살아남기 위한 인정투쟁의 방법은 치열한 노력을 통한 적극적인 동화의 형태였다. 연구참여자들은 공통되게 아들을 출산하였고 아들의 탄생은 그들의 시댁에서의 인정을 받는데 큰 변화를 가져다준 계기가 되기도 했다. 그들은 지역사회에서 그리고 직장에서 어떤 소외된 타자가 아니라 이 나라의 평범한 주부로 동네 엄마로 열심히 자신들의 삶을 각색해 나가고 있었다.

본 연구의 연구참여자 A, C, D, E는 조기에 한국에 입국하여 장·단기로 직장생활을 함으로써 스스로 한국 생활에 적응을 마친 경우이다. 그들은 어린 나이에 한국인 남편을 만나 사랑에 기반한 결혼을 하였다. 그들은 중국에서부터 도전적인 성격, 특유의 부지런함이 결혼 이후 이주민으로서 한국인 남편과의 삶에서 다양한 어려움을 극복해낼 수 있는 자원으로 작동하였다. 그들은 중국의 사회주의 경제체제에서 양성평등의 영향력 속에서 강한 경제활동의 의지를 지니고 있었고, 자녀 양육으로 그들의 경제활동이 자유롭지 못하고, 학력 또는 경력 부족으로 취업이 쉽지 않았지만, 다각적으로 자신을 개발하고 새로운 길을 모색하고 있었다.

중국에서의 취업난이 그들로 하여금 세계화시대 여성의 이주 물결을 따라 한국으로 오게 하였고, 이러한 경로들은 한국인 남편과의 만남, 그리고 결혼으로 이어지고 있었다. 그들은 적극적 행위 주체로 강한 자아효능감으로 어려운 환경을 극복하고자 다양한 사회적 지지체계를 이용하고 하고 있었다. 그들이 다문화가족 지원센터를 알게 된 것은 대략 2010년 경부터였다. 그들은 다문화가족지원센터를 이용하여 새로운 네트워크를 형성하게 되고, 다양한 자격증을 취득하게 된다. 하지만 이러한 교육들은 실질적으로 그들의 취업과 연결되지 않았으며 그들의 취업 경험은 대부분 단순 노무직 또는 시간제 일자리 등의 직업에 머무른다. 이에 대한 그들의 인정투쟁의 모습은 학력 신장을 위한 새로운 도전으로 드러났다.

연구참여자 B는 중국에서 한국인 남편을 만나 결혼하였고, 중국에서 10년간 생활하였다. 그는 중국에 있을 때는 자신의 언어적 능력을 이용하여 사업도 하고 많은 일들을 하였지만, 한국에 와서 구직의 어려움을 겪게 된다. 그는 친구의 소개로 한국에 입국한 후 바로 다문화가족지원센터를 다니면서 큰딸의 한국어와 한국문화의 적응을 도와주고 자신의 적응을 돕는 발판으로 삼는다.

Merriam과 Heuer(1996)는 성인 학습자는 부정적이고 복잡한 생애 전이 과정을 통하여 의미를 형성해 내는 과정을 설명하는 모형을 제시한 바 있다. 성인들은 생애에서의 특정 경험이나 사건에 대하여 자신과 세계에 대한 기존의 의미 체계를 적용하기 어려운 상황에 직면할 수 있다. 즉 기존의 의미 체계와 현재의 경험 사이에 간극이 발생하게 되어 의미 이해에 혼란이 초래된다는 것이다. 심할 경우 자신의 삶을 지탱해 왔던 자신의 가치관과 신념에 대한 도전이 일어나게 된다. 이러한 도전에 효과적으로 대응하기 위하여 성인은 그 경험이나 사건에 전인간적-지적, 정서적, 신체적으로 전념해야 하고 그렇게 하기 위해서 시간적 여유와 외부지원이 필요하게 된다(배을규, 2006 재인용). 이 외부지원조건으로 다문화가족지원센터의 다양한 역할을 주목할 필요가 있음을 알 수 있다. 다문화가족지원센터는 결혼이주여성들의 언어 문화적 적응을 뛰어넘어 직업, 상담, 공동체 형성에도 도움을 줄 수 있었다. 중국동포 결혼이주여성들이 육아와 가사를 감당하면서도 취업에 대한 부단한 노력과 시도들은 그들이 가난한 나라에서 온 받기만 하는 존재가 아니라 경제력을 갖춘 사람임을 보여주기 위한 노력으로 해석할 수 있다. 이는 가정에서 경제적으로도 자신의 가치를 확인하고 싶은 그들의 인정투쟁의 형식이다. 또한 그들의 이러한 인정투쟁은 단순히 돈을 버는 것을 떠나서 학력을 인정받고 자격증을 취득하여 사회적 지위를 획득하고 싶은 욕망으로 승화되어 나타나고 있다.

연구참여자들의 중국에서의 삶은 오로지 자기 자신만을 위한 경제적 자립을 위한 인정획득의 삶이었다. 하지만 이들의 한국 사회에서의 삶은 이주민으로서 주류사회가 자신들에게 보내는 불신과 불만에 대한 불안감으로 인정투쟁의 모습으로 증폭되어 나타나고 있음을 알 수 있다. 즉 단순히 개인의 삶이 아닌 가정에서 그리고 지역사회, 나아가 한국 사회에서 자신들의 존재가치를 확인받고 싶은 사회적 지위 상승을 꿈꾸는 삶으로 승화되고 있음을 볼 수 있었다. 본 고에서는 그들이 한국사회에서 인정획득을 위한 치열한 노력을 투쟁이라는 단어를 사용함으로써 어떤 물리적 싸움의 의미가 아닌 자신의 정체성 회복을 위한 다양한 행위와 치열한 노력으로 해석하고자 한다. 즉 그들의 인정획득의 삶의 무게에 중점을 두고자 하였다.

연구를 통해 중국동포 결혼이주여성들은 세계화 시대 적극적인 이민 주체이고, 그들은 자신들의 지리적 사회적 문화적 언어적 근접성으로 인하여 한국인 남편과 연애결혼이 용이하며 적극적으로 자신의 삶을 개척해 나가는 주체임을 알 수 있다. 그들의 인정획득의 모습은 살아남기 위한 다양한 상황에 맞춘 부단한 노력으로 드러났고, 지역사회에서 한국 사람들과 비슷한 모습으로 그리고, 이웃으로 살아가고 있었다.

성인교육에서 개인은 교육의 행위자이자 주체이며 스스로의 깨달음을 통해 문제해결을 위한 새로운 시각을 발전시켜 자기의 삶을 극복하는데 최선의 방법을 찾는다는 것이다(박성희, 2004). 이는 개인의 삶은 사회·문화·정치적·경제적으로 사회구조와 불가분의 관계에 있고, 현대사회의 개인의 문제는 다양한 생애사건을 통해 축적되어 종국에는 전혀 다른 모습으로 나타나므로, 개인 스스로가 변화하지 않고서는 문제해결이 불가능하다고 보기 때문이다. 현대사회에서 개인은 삶의 능동적 주체이기에, 평생교육을 통한 성인교육은 이제 형식적인 제도적 교육보다도 실제 생활 속에서 비형식적인 교육을 통해 이루어지는 경우가 더 많기 때문에 실제 삶의 양상에서 개인을 되돌아보는 생애사 연구 방식은 개인 스스로의 적응과 변화에 매우 효과적인 것으로 생각되고 있다(강민수, 문용린, 2007). 따라서 연구참여자들이 자신의 생애에 대한 기술을 통하여 스스로 자신의 방향을 정립하고 앞으로 살아가는 인생에 대한 목표를 수립하는 데 도움을 줄 수 있다.

4.2. 중국동포 결혼이주여성 인정투쟁 경험의 의미

중국동포 결혼이주여성 5명의 결혼생활에서 인정투쟁 경험은 같은 출신 배경, 동시대, 비슷한 환경에서 살고 있으나 각각의 이야기는 특별하였다. 하지만 인정획득의 모습은 공통으로 살아남기를 위한 치열한 노력으로 드러났다. 본 연구에서는 중국동포 결혼이주여성들의 결혼생활 속 인정투쟁 이야기를 사랑, 권리, 연대의 큰 범주로 구분하고 사랑의 영역에서는 대인관

표 3-5. 인정투쟁 경험의 구성요소와 주제

구성요소	하위구성 요소	주제
사랑	가정에서	연애결혼으로 인한 자신감 시댁에서 인정받기
	지역사회	부정적인 시선들 속에서 위축되는 자아 감추는 타자성을 통한 만남
	직장에서	다름을 닮음으로 변화시키기 언어적 자원을 활용
권리	정치	투표권 행사로 주장하는 한국인의 권리 국적은 없어도 한국사회 일원
	경제	경제적 지위 상승을 꿈꾸기 실감하는 차별의 경계들
	문화	다른 듯 같은 문화 살아남기 위한 적극적인 동화
연대	생활공동체 연대	같은 출신 다른 모습 결혼이주여성으로서의 연대
	초국적 네트워크	글로벌 정체성 인적자원의 활용

계에 초점을 맞추어 가정, 지역사회, 직장에서 대인관계 속에서의 상호작용의 모습을 보고자 한다. 그리고 권리 주장의 영역에서는 정치, 경제, 문화적 영역 세 부분을 통하여 해석하고자 하였다. 마지막으로 연대를 통한 인정획득의 모습을 보기 위하여 이주민 생활공동체인 인적 네트워크와 초국적 네트워크에 대하여 기술하고자 한다. 즉 그들의 다양한 인정투쟁의 모습을 사회문화적 배경 속에서 영역별로 구분하여 의미를 분석하고 유목화하였다. 또한, 이에 대하여 가설과 의문을 가지고 새로 듣고 이야기하는 과정을 거쳐 의미를 붙이고 이를 '다시쓰기' 하였으며, 인정투쟁의 의미를 발견하기 위하여 노력하였다. 세부 구성요소와 주제를 표로 제시하면 〈표 3-5〉와 같다.

인간은 사회적 존재이기 때문에 누구나 다양하고 복잡한 인간관계 속에서 각자의 삶을 영위하며 살아간다. 즉 우리는 수많은 인간관계 속에서 끊임없이 자신의 존재를 확인하고, 또 그 속에서 삶의 가치를 찾으며 살게 된다. Erickson은 각 개인은 끊임없이 새로운 발달과업과 투쟁 하고 인생의 환란에 직면하여 새롭고 더 나은 자아를 획득하려 하고 그런 가운데 변화와 성장을 하는 존재로 보고 있다. 이처럼 Erickson은 인간의 발달은 끝이 없으며 전체 생활주기를 통하여 지속적으로 발달한다고 보고 있다(Charles S., Carver, Michaer F., Scheier, 2013). 인간 존재의 발달은 언제나 부드럽게 상승하는 진보의 과정이 아니라 일련의 아우성으로 이루어진 과정인 것이다. 그러므로 위기의 지점은 성장의 지점이 된다(김미영, 2015).

중국동포 결혼이주여성들은 결혼 그리고 이주를 통한 생애적 사건을 경험하면서 자신의 기존의 가치와 신념에 대해 새롭게 정립하고 자신의 정체성을 새롭게 구성해야 할 위기에 놓이게 된다. 그들은 남편과의 인정 관계 속에서 결혼하였지만 시댁, 그리고 지역사회, 직장 등에서 다양한 인정획득을 위하여 유연한 정체성을 활용하여 대상별 상황별 각기 다른 대처를 하고 있었다. 그들은 사회적 상황에 맞는 대처를 통하여 자신에 대한 긍정적인 정체성을 형성해 나가고 있었다.

먼저 사랑의 차원에서 연구참여자들은 남편과의 관계에서는 모두 연애결혼을 하였기에 남편의 애정에 대한 자신감을 '나 아니면 장가도 못 갈 남편'이라는 표현으로 드러내고 있었다. 하지만 시댁에서 인정획득의 모습은 시부모님의 모습에 따라 다르게 나타나고 있다. 연구참여자 A는 서로 배려하는 모습으로 10여 년간 시부모님을 모시고 살고 있었다. 연구참여자 B는 현명한 시어머니의 인정을 먼저 받으면서 결혼을 했기에 시어머니를 롤모델로 삼아 닮아가는 모습으로 한국인 남편과의 결혼생활을 헤쳐나가고 있었으며, 시아버지의 인정을 받기 위하여 아버님의 사업을 헌신적으로 도와주는 모습으로 인정을 획득하기도 하였다. 연구참여자 C는 아직도 시어머니로부터의 인정을 받지 못하여 가정의 위기가 시어머니와의 만남이 될 정도로 인정의 부재로 인한 어려움을 겪고 있었다. 그럼에도 불구하고 그는 며느리로서의 본분은 다하고 있었다. 연구참여자 D는 홀로서기의 모습으로 시댁의 불신에 대처하고 있었다. 연구참여자 E는 결혼 전부터 시댁의 신뢰를 받았고 그의 시댁에서의 모습은 할 말을 하고 당당히 불합리함을 바꾸어나가는 혁신적인 며느리 모습으로 인정획득을 얻고 있었다. 즉 연구참여자들에게 시댁은 첫 번째 인정획득을 위한 인정투쟁의 장이었다. 즉, 그들은 시댁으로부터의 인정을 중요시하고 있음을 알 수 있었다. 시댁과의 인정투쟁 모습은 상황에 따른 다양한 대처의 모습을 하고 있었고, 총체적으로 보여지는 공통된 모습은 자기희생적인 노력이었다. 이는 소수자 출신 며느리로서 가정에서 구성원으로 인정받고 싶은 욕구의 산물인 것이다. 즉 갈등을 피하기 위한 인정투쟁의 모습으로 순응하기, 더 노력하기의 모습으로 인정투쟁을 하고 있다고 해석할 수 있다.

그들은 지역사회에서 학부모와 이웃과의 만남에서 자신의 출신 배경이 자녀한테 미치는 부정적인 영향을 우려하여 드러나지 않는 타자성으로 인격적인 인정획득을 우선시하고 있었다. 감출 수 있는 타자성으로 인하여 그들은 오히려 한국인과의 거리감을 좁혀 나가며 쉽게 한국 사회 속에 융합되고 지역주민들과의 관계를 넓혀나감으로 적응의 발판을 삼을 수 있었다. 반대로 직장에서는 자신들의 출신 배경을 밝히고 그것을 자원으로 활용하여 인정을 획득하는 모습을 보여주고 있었다. 이렇게 그들은 유연한 정체성을 보이면서 지역, 그리고 직장에서 한국인들과의 관계망을 확장시켜 나가고 있었다. 즉 소수자로서 자신의 정체성을 다수사회와 부딪치면서 협상을 하고 자신의 존재가치를 어떤 방식으로든지 확인하려는 노력이었다. 즉 주류사회와의 상호작용 속에서 '나'를 구성하는 역량체로서 건강한 정체성을 형성하고 정립해 나가는 과정으로 볼 수 있다.

권리적 부분에서는 가정에서 나타나는 양성평등 면에서 한국형 가부장제에 순응하는 모습으로 나타났으며, 일 가정 양립의 경우에도 집에서 가사일을 대부분 분담하고 있었다. 참정권에 있어서 연구참여자 중 국적 취득을 한 3명은 자녀들이 살아가야 하는 나라에 대한 책임감을 느끼고 적극 투표권을 행사하고 있었다. 이주민으로서의 긴장감들이 그들의 정치 사회적 관심을 증폭시킨 것이다.

연구참여자들은 소득수준이 대부분 중산층 수준의 삶을 영위하고 있었기에, 저소득층에게만 지원되는 다문화가정 지원 혜택을 받지 못하고 있었다. 연구참여자들은 직장을 가짐으로 가정의 경제적인 부분에 보탬을 주고 싶어 했고, 한국 사회에서 단순노무직이 아닌 조금은 더 우월한 위치에서 일하고 싶은 욕구를 나타내었다. 그들 중 2명은 자신의 꿈을 이루기 위하여 대학교에 진학하는 등 적극적인 시도를 하고 있었고, 한 명은 자신의 부지런함으로 정규직으로 전환하였다. 또 한 명은 직접 식당을 운영하고 있었고, 아직 자녀가 어린 한명만 시간제 일자리에 종사하면서 자녀가 좀 크면 자신도 검정고시를 보고 대학교에 진학하려고 계획하고 있었다. 그들의 이러한 노력에도 불구하고 구직경험 속에는 이주민이라는 이유로 보이지 않게 그어지는 다양한 차별의 경계들을 실감하고 있었다. 이는 동등하고 보편적인 법적 대우, 타자와의 동등한 관계 형성에 대한 요구에서 기인한 것이다.

연구참여자들은 10년 넘는 결혼생활을 통하여 언어적·문화적 동질성으로 한국문화에 적극적으로 동화하려는 노력을 기울이고 있었다. 그들은 한국인과 외국인의 경계의 긴장감을 살고 있었고, 한국인을 지향하는 동화의 모습으로 살아가고 있었다. 하지만 2% 부족한 한국인이라는 생각으로 자녀들은 100% 한국인으로 거듭나길 희망하기도 했다. 그들의 한국인에 가까운 정체성들로 인하여 중국동포 결혼이주여성은 자신들의 문화적 공동체에 대한 인정욕구를 집단적인 움직임으로 승화되기 어렵다는 점이 부각되면서, 다른 이주민과 비교했을 때 자신만의 특별함을 주장하기가 어려워지기게 되었다. 그들은 한국인과 비슷한 문화적 습성을 지니고 있기에 자신들의 특수한 생활방식 보장에 대한 욕구가 강하지 않았다. 이에 그들의 연대를 통한 인정획득에 대한 부분은 단순히 차별, 편견, 왜곡된 사회적 시선에 대한 불편함으로 인한 철저한 자기관리로 표출되고 있다. 연대의 차원에서 연구참여자들은 한국에 친인척, 친구 등 인적 네트워크가 형성되어 있었고, 같은 중국동포 출신 결혼이주여성들과 네트워크를 가지고 있었다. 그들은 또한 다문화가족지원센터를 통하여 중국 그리고 다른 나라 결혼이주여성들과도 네트워크를 형성하고 있었다. 그들은 SNS를 통해 초국적 네트워크를 형성하고 중국 각 지역에 흩어져 있는 중국 조선족들과 세계 곳곳의 다른 나라에서 살고 있는 친구들과 소통하면서 '세계 속의 조선족'이라는 자부심도 가지고 있다.

인간의 존재와 인간의 삶 전반에 영향을 미치는 '나와 대상의 관계 맺음'에 관한 의식적 또는 무의식적 활동은 그것에 대한 평가의 잣대를 들이대기보다는 존중하고 이해하고 인정을 해주어야 할 것이다. 즉 멸시와 차별의 경험 대신 인정의 경험들이 축적되어 가면서 자신에 대한 긍정적 관계 형성에 도움을 줄 수 있게 해야 한다. 이용균(2007)은 결혼이주여성들의 사회적 관계망은 가족 의존적이고 가족 외부에서는 이주민, 특히 동일 출신국 결혼이민자를 중심으로 관계를 맺고 있으며 한국인들과의 관계망은 상당히 제약되어 있다고 밝히고 있다. 하지만 이 연구의 참여자들은 자신의 다양한 자원을 활용하여 지역사회 그리고 직장에서 한국인과의 관계망을 넓혀가고 있는 모습을 확인할 수 있었다. 또한, 중국동포 결혼이주여성들의 낯선 땅에서 보이는 적응의 태도와 주변인들과의 소통 방식을 살펴봄으로써 그들이 엮어나가고 있는 삶에 대해 공감하고 이해할 수 있었다. 그들의 이러한 삶의 이야기들은 한국 사회에서 적응의 어려움을 겪고 있는 결혼이주여성들에게 새로운 의미로 다가가 위로가 되고 문제 해결의 실마리를 제공할 수 있을 것이다. 즉 그들의 생애 경험들의 의미를 이해하고 해석하는 것, 그 자체로 교육적 가치가 있는 일이다.

궁극적으로 중국동포 결혼이주여성들의 인정투쟁의 의미는 개인적으로는 자신에 대한 긍정적인 관계 획득, 사회적으로는 이주민들의 건강한 인정질서를 확립하기 위한 상호작용적인 움직임으로 해석할 수 있다. 그들의 작은 긍정적인 움직임들이 사람들의 마음에 진심 어린 작은 날개 짓으로 다가가 작게는 지역주민들의 생각을 변화시키고, 크게는 한국 사회가 중국동포 결혼이주여성을 포함한 이주민에 대한 인간존중의 가치를 실현하게 만드는 사회적 변화의 '나비효과'를 일으킬 수 있기를 희망한다.

다문화가정 방문교육지도사의 내러티브 탐구

1. 다문화가정 방문교육지도사의 탄생

한국은 전통적으로 친·인척 간의 중매를 통한 결혼 방식이 주를 이루었다. 1980년대 말부터 결혼 당사자가 배우자를 선택하는 연애 방식이 선호되었다. 이에 따라 농·어촌 총각들은 점차 결혼 상대를 구하기 어려워졌고, 2003년부터 농·어촌 총각들은 중국, 일본 등의 해외 한국인 동포를 중심으로 국제결혼을 추진하였다. 특히 2000년대 중반, 지방자치단체는 경쟁적으로 '농촌 총각 장가보내기' 운동을 전개하였다. 예컨대 2007년 전국 60개 지방자치단체는 총사업비 28억 5000만원을 들여 농촌 총각 장가보내기 운동을 추진하였다. 이는 결과적으로 무수히 많은 제3세계 아시아국 여성들을 국내로 불러들였다.

이에 따라 다문화 혼인은 점차 증가하였다. 예컨대 2011년 전체 혼인 중 다문화 비중은 9.3%에 달했다. 2011년을 정점으로 다문화 혼인은 2015년까지 차츰 감소하였으나 여전히 전체 혼인 중 7.4%에 달했다. 이는 다시 증가하여 2019년 다문화 혼인은 전체 혼인의 10.3%에 달하였다. 코로나19로 인한 상호 교류의 감소는 다문화 혼인의 감소로 이어졌다. 이에 따라 2020년 다문화 혼인 수는 전체 혼인 수의 7.6%이고, 2021년은 7.2%에 속한다(통계청, 2022). 2021년 다문화 혼인의 유형을 보면 외국인 아내는 62.1%이고, 외국인 남편은 22.0%, 귀화자 16.0% 순이다. 다문화 혼인의 외국인 아내의 출신 국적은 중국 23.9%, 베트남 13.5%, 태국 11.4% 순이다(통계청, 2022). 다문화 혼인의 증가는 자연스럽게 다문화가정 자녀의 증가로 이어지는데, 다문화가정 학생의 현황을 보면, 2022년 4월 1일 기준 초·중등학교 다문화 학생은 168,645명으로 전체 학생의 3.2%를 차지한다. 전체 학생 수는 꾸준히 감소하는 반면 다문화 학생 수는 꾸준히 증가하고 있다. 유형별 다문화 학생 비율은 국내출생 국제결혼가정이 74.7%로 가장 많은 비율을 차지하고, 외국인 가정 19.4%, 중도입국 국제결혼가정 5.9% 순이다. 부모의 출신 국적별 다문화 학생의 비율을 살펴보면, 베트남 32.4%, 중국 24.3%, 필리핀 9.6%, 한국계 중국 7.1%, 일본 4.7% 순이다(교육부, 2022).

2000년대부터 결혼이주여성과 그 자녀의 급속한 증가에 따라 이들에 대한 논의는 한국 이주민 정책의 주요 이슈가 되었다. 특히 한국은 전통적으로 단일민족을 강조해 왔으므로, 이주민 정책의 중심에는 '가족'이 있었다(도미향, 주정, 최순옥, 이무영, 송혜자, 장미나, 2019: 97). 예컨대, 한국인 아버지의 피를 물려받아 미래 한국인을 생산하는 결혼이주여성은 '준-한국인'의 정체성을 부여받았다(원숙연, 2008: 37). 이러한 인식을 바탕으로 2005년 결혼이주여성 및 이주자에 대한 체류안정화 및 생활안정대책을 논의하며 다문화가족 정책은 시작되었다(정신희, 2018: 204). 즉 2006년 빈부격차 차별시정위원회(대통령 자문기구)와 여성가족부 등 12개 부처는 공동으로 2006년 '여성이민자 가족의 사회통합 지원' 대책을 발표하였고, 결혼이민자의 인권 보호 및 그 가족이 함께 강조되면서 2008년 다문화가족지원법이 제정되었다. 이렇게 '다문화가족'은 법률용어가 되었다(정신희, 2018: 208-209).

2006년 4월부터 여성가족부는 '결혼이민자 가족지원센터'를 지정하여 운영하고 있었는데, 2008년 다문화가족지원법이 제정되며, 이는 다문화가족지원법 제12조 다문화가족지원센터의 설치·운영등에 관한 법령에 따라 '다문화가족지원센터'로 변경되었다. 이에 따라 2013년까지 다문화가족지원센터가 설치·운영된 곳은 전국 211개소이다. 또한, 2014년부터 시범사업을 거쳐 건강가정기본법령 제34조에 따라 설치·운영되고 있던 '건강가정지원센터'는 2016년 다문화가족지원센터와 통합하여 전국 78개의 '가족센터'가 되었다. 이에 따라 2022년 1월 기준, 건강가정기본법 제21조, 다문화가족지원법 제6조, 제12조에 따라 설치·운영되고 있는 '가족센터'는 전국 208개소이다(한국건강가정진흥원, 2022).

한편 2022년 1월 기준, 전국 229개의 '다문화가족지원센터'는 다문화가족의 안정적인 정착과 가족생활을 지원하기 위해 가족 및 자녀 교육·상담, 통·번역 및 정보제공, 역량강화지원 등 종합적인 서비스를 제공하여 다문화가족의 한국사회 조기적응 및 사회·경제적 자립지원을 도모한다(여성가족부, 2022: 151). 특히 다문화가족지원센터는 지방자치단체가 직접 운영하는 직영센터(법 제12조제1항)와 국가 또는 지방자치단체가 설치하고 운영을 전문기관(법인·단체 등)에 위탁하는 위탁센터(법 제12조제2항)로 구분된다(여성가족부, 2022: 162). 다문화가족지원센터는 다문화가족 등을 대상으로 기본프로그램과 다문화가족 특성화사업을 운영하고 있다. 기본 프로그램은 가족(다문화가족 이중언어환경조성사업, 가족관계향상 프로그램 등), 성평등·인권(가족내성평등교육, 다문화이해교육 등), 사회통합(취업지원, 자조모임 등), 상담(가족상담, 사례관리 등), 홍보 및 자원연계이다. 또한 다문화가족 특성화사업으로는 다문화가족 방문교육, 언어발달지원사업, 통번역서비스사업, 다문화가족 사례관리사업, 특수목적 한국어교육 등이 있다(여성가족부, 2022: 169-188). 이들 중에서 다문화가족 방문교육사업은 다문화가족지원센터가 운영하는 대표 사업이다.

다문화가족 방문교육 사업은 첫째, 도서벽지에 거주하거나 교통비 부담 등 형편이 되지 않는 다문화가족에게 직접 찾아간다. 둘째, 임신이나 출산 직후 또는 어린 아이나 어르신을 돌보느라 가정을 비울 수 없는 다문화가족에게 교육의 기회를 제공한다. 셋째, 장애가 있거나 부상, 질병 등 신체적인 조건 때문에 바깥 출입이 어려운 다문화가족을 지원한다. 이와 같이 다문화가정 방문교육서비스는 가정 형편에 따라 교육장소에 참석하기 어려운 다문화가족을 위해 방문교육지도사가 가정으로 직접 방문하여 한국어교육, 부모교육, 자녀생활서비스 등을 제공하는 사업이다(한국건강가정진흥원, 2022).

2007년 농림부의 '한국어교육지원 사업'과 여성가족부의 '아동양육지원 사업'이(조영아, 2013: 120) 2008년 다문화가족 지원사업으로 통합됨에 따라 그 명칭 또한 변경되었는데, 초기의 '방문지도사'는 2015년을 기준으로 '방문교육지도사'로 명칭이 변경되었다(이선정, 2019: 14). 다문화가족 방문교육사업의 방문교육지도사는 한국어교육지도사와 가족생활지도사(부모교육, 자녀생활지도)로 나뉜다. 방문교육지도사(가족생활지도사, 한국어강사)의 공통 응시자격을 보면, 첫째, 국가공무원법 제33조 각호의 결격사유에 해당되지 아니한 자, 둘째, 공고일 현재 해당 시 또는 인근 시·군 거주자, 셋째, 병역의무를 필한 자 또는 면제된 자, 넷째, 운전가능한 자를 우대하고 있다.

응시자격으로는 보육교사, 교원(유치원교사자격 포함), 건강가정사 자격을 보유한 전문학사학위 이상 소지자이다. 이들은 채용되어 방문교육지도사로 활동하기 전 온라인교육 및 집합양성교육을 필수로 받아야 한다. 특히 방문교육지도사로 3년 이상 활동하고, 퇴직한 지 3년 미만인 지도사의 경우 집합 양성교육 없이 재채용이 가능한데, 단, 온라인 양성교육과정 8시간 이수 후 채용된다. 매해 계약이 갱신되는 방문교육지도사의 근로 계약기간은 계약일로부터 당해연도 12월 31일까지로 하는데, 방문교육(생활)지도사는 매주 4가구를 주 2회씩(1회 2시간, 주 16시간 이하) 서비스 대상의 가정으로 직접 찾아가서 결혼이민자 부모교육서비스와 다문화가족자녀 학습 및 자녀생활서비스를 제공한다. 이에 대한 급여수준은 건강가정다문화가족지원센터의 지침에 준하나 4대보험에 가입된다.

방문교육지도사의 급여수준에 있어 원칙상, 일주일에 4가정을 맡아 주2

회 2시간씩 5개월을 한 회기로 서비스를 제공하며, 매월 활동비로 80여 만 원을 지급받는다. 특히 방문교육지도사는 매해 계약을 갱신해야 하는 비정규 노동자로서 직무의 안정성과 지속성을 보장받지 못하고 있었다. 이러한 측면에서 볼 때, 방문교육지도사는 다문화가족의 복지를 위하여 중요한 역할을 담당하고 있으나 직업으로서의 업무조건과 대우 등에서는 복지적이라고 평가하기 어려운 부분이 있었다(이오복, 2014: 6093). 예컨대 2008년 시작된 방문교육사업에서 방문교육지도사는 채용에 있어 나이 제한이 없고, 정년 없이 55세 이상 고령자를 우대했기 때문에 중년여성들에게 인기가 있었다. 그러나 초기 방문교육 사업과 다르게 고용유지를 위한 조건으로 가족생활지도사에게는 심리상담 관련 전문지식의 강화 압박이 있었고, 한국어교육지도사들에게는 한국어교사 자격 갱신을 지속적으로 요구하였다(정신희, 2018: 214). 이에 중년여성 방문교육지도사들은 낮은 처우이나 가족을 돌보며 병행할 수 있고, 정년이 없는 장기 일자리 유지를 위해 이를 감내하였다. 그러나 이는 오히려 결혼이주여성 유입 감소에 따른 한국어 교육 수요 감소에 대한 합법적 감원정책이었으며(정신희, 2018: 215), 2008년 정년없이 채용되었던 방문교육지도사는 2021년 12월 만 60세를 기준으로 정년퇴직이 진행되고 있다. 한국인 방문교육지도사는 결혼이주여성을 위한 돌봄 노동자임과 동시에 이들 또한 돌봄 대상자이다. 상호의존성을 기반으로 하는 돌봄에서 방문교육지도사에 대한 돌봄의 존재 여부는 점검해 볼 일이다.

다문화가정 방문교육지도사의 존재와 역할은 잘 알려져 있지 않다. 이에 방문교육지도사의 실제적인 역할을 살펴보면(권경숙, 봉진영, 2013), 첫째, 다문화가정 자녀의 놀이 수행자 및 학습지도자, 둘째, 자녀 양육에 필요한 다양한 정보를 제공하고 다문화가정 어머니 개인의 성장을 지원하는 부모교육자, 셋째, 일상에서 일어나는 다양한 문제들을 공감하고 문제의 해결을 위해 함께 노력하는 문제해결자 또는 조율자의 역할을 들 수 있다.

또한 방문교육지도사의 현장에서의 어려움은 잘 알려져 있지 않다. 예컨대 한국어지도사는 결혼이주여성이 가장 필요로 하는 한국어교육을 중심으로 교육하므로 그들에게 높은 호응을 받고 있다. 반면 가족생활지도사(구, 아동양육지도사)는 결혼이주여성의 자녀 양육과 교육에 관한 정보 제공 그리고 가족 상담을 중점적으로 지원하고 있다. 자녀 양육과 교육방법은 결혼이주여성과 그 가족의 주관적인 가치관이 작용하기 때문에, 지도사의 지도내용이 제대로 전달되지 않는 경우가 있다. 따라서 다문화가정 방문교육에서 아동양육지도사는 한국어지도사보다 역할갈등을 더 많이 경험하는 것으로 해석된다(손제령 외, 2009: 39). 또한 방문교육지도사의 역할에서 한국어지도사는 방문교육 활동 매뉴얼에 따라 활동하기 용이한 반면, 아동양육지도사(현, 가족생활지도사)는 활동 매뉴얼의 활용이 용의하지 않기 때문에 역할 갈등 및 역할 모호성에 있어 많은 스트레스 상황에 처하는 것으로 해석하였다. 특히 아동양육지도사는 결혼이주여성에게 자녀 양육과 교육에 관한 정보를 제공하고 가족 상담을 제공한다. 주로 한국에 온지 3년 미만[1]의 결혼이주여성을 교육하기 때문에 한국어 의사소통이 제대로 이루어지기 어려운 경우가 많다. 이러한 이유로 아동양육지도는 한국어지도보다 더 많은 역할갈등이 야기된다. 특히 이들은 대상 가정의 가족 문제에 개입하여 해결방안을 모색하는 경우가 많다. 이로 인하여 여러 가지 역할을 담당해야 하는 경우가 발생하므로 보다 많은 역할갈등을 경험한다(손제령 외, 2009: 41-42).

이와 같이 방문교육지도사가 느끼는 어려움을 정리하면, 첫째, 시간, 재정, 역할 경계의 모호성이다. 예컨대 취업 동기에서 방문교육지도사는 자유롭게 시간을 사용할 수 있는 것과 자신의 재능을 활용하여 타인을 도울 수 있는 것에서 장점을 찾았다. 그러나 실제 방문교육은 하루 4가정에 두 시간

1. 2008년 아동양육지도사는 국내 입국 만 3년 이내의 이주민을 대상으로 교육하였다면, 2022년 가족생활지도사는 국내 입국 만 5년 이내 이주민(결혼이민자와 다문화가족의 자녀)을 대상으로 교육(부모교육, 자녀생활지도)하고 있다.

씩 활동이 이루어지고, 각 가정에 필요한 내용이 다르기 때문에 이를 위해 자료를 찾고 준비하기 위한 시간과 이동하는 시간 등에 있어 처음 기대와 다르다. 또한, 다문화가정 어머니는 궁금한 부분이 있을 때마다 수시로 방문교육지도사에게 전화를 한다. 이에 활동 시간에 대한 경계가 모호하다고 볼 수 있다. 다문화가정의 경조사나 아이의 백일, 돌 등 가족 큰 행사, 갑작스런 병원 진료 등을 외면할 수 없으니 이에 따른 재정적 부담이 크다. 덧붙여 방문교육을 함에 있어 한국어 교육뿐 아니라 다문화가정 어머니의 필요에 따라 산후조리, 이유식 만들기, 김장 담그기, 빨래나 청소, 아기 목욕 등 살림 전반에 필요한 내용을 교육해야 하기 때문에 방문교육지도사의 역할은 주어진 매뉴얼을 넘어 광범위하다(권경숙 외, 2013: 70-71). 둘째, 매뉴얼의 미흡함과 지식부족이다. 예컨대 방문교육 중 가족생활지도는 다문화가정 어머니에게 부모의 역할을 잘 수행하도록 교육해야 하기 때문에 다양한 정보가 필요하다. 반면 주어진 매뉴얼의 내용들이 체계적이지 못하여 지도사 개인 역량에 맡겨지는 경우가 대부분이다. 따라서 방문교육지도사들은 본인들의 이전 생애 경험을 바탕으로 여러 자료를 활용하여 결혼이주민과 그 자녀를 교육하고 있었다. 특히 이들은 다문화가정 어머니의 출신국이 다양하고, 바라는 것 또한 너무 광범위하여 매뉴얼이 있어도 각양각색의 요구를 맞추기에는 부족함이 많음을 호소하였다(권경숙 외, 2013: 73). 셋째, 다문화가정에 제공되는 방문교육 프로그램의 한시성이다. 대부분 어린 나이에 결혼한 이주여성은 결혼과 동시에 출산하여 6세 이하의 자녀(62%)를 두고 있는데, 다문화가정에 제공되는 방문교육 서비스에서 한국어교육은 다문화가정 어머니와 자녀에게, 자녀생활교육은 다문화가정 자녀에게 각각 주 2회씩(회기당 2시간), 40주가 제공되고, 어머니에게 제공되는 부모교육은 주 2회씩 20주가 제공된다. 반면 결혼이주여성의 한국어 학습 능력과 한국생활 적응, 자녀양육 학습 정도에 있어 개인차가 있으나 활동 기간이 제한되어 있어서 절실하게 지속적인 지원이 필요해 보이는 가정이어도 일정 기간이 지나면 교육이 중단될 수 밖에 없다. 이에 대해 지도사들은 단기 교육이었으나 변화가 나타나는 즈음에, 교육을 중단하여야 하는 것을 안타까워하였다. 즉 지도사들은 한시적인 단기 프로그램의 적용으로 방문교육 서비스가 깊은 변화를 불러오기보다 표면적인 문제 해결에만 머물게 됨을 안타까워하였다 (권경숙 외, 2013: 74-78).

한편 다문화가정 결혼이주여성은 자신이 나고자란 사회문화와 현재 한국의 사회문화와의 차이에서 갈등을 경험하거나, 자녀 양육에 관한 경험이나 교육도 거의 없는 상태에 있었다. 이에 방문교육지도사들은 자녀 양육에 대한 정보제공자의 역할, 자녀와 상호작용함에 있어 어려움에 처한 결혼이주여성에게 롤모델이 되어주는 역할, 다문화가정 어머니들의 개인적 성장을 지원하고 여러 가지 문제들을 해결하는데 있어 조력자가 되어주는 역할 등을 수행하고 있었는데, 이를 위해 방문교육지도사는 개인 경험에 의존하여 상황에 따라 각기 다르게 다문화가정 어머니에게 제한된 시각을 제공하고 있으며, 시간 및 역할의 모호성에도 불구하고 기꺼이 이를 감수하며 돌봄 실천가로서의 면모를 발휘하고 있다(권경숙 외, 2013: 78-77).

2. 이주민을 대하는 태도와 타자성

2.1. 타자를 태하는 태도

교통·통신 발달에 따른 이주의 세계화에서 한국은 자유로울 수 없다. 이에 따라 한국은 거스를 수 없는 다문화 사회로 진입하였다. 다양성이 존중받는 다문화 사회에서 타자에 대한 논의는 최근 새롭게 부각되고 있다. 우선 한자로 알아본 타자(他者)는 다른 자아를 지닌 다른 사람이라는 뜻으로 사용된다(배경임, 2018: 17). 또한 타자란 동일 범주로 취급될 수 없는 다른 것을 말한다(문성훈, 2011: 392). 이와 같이 타자는 맥락에 따라 확대되거나 변형되기도 하지만 본질적 뜻은 한자어의 의미에 머물러 있다. 예를 들어 나를 중심으로 할 때, 나와 다른 사람이 되고, 우리를 중심으로 할 때, 우리와 다른 사람이 된다. 같은 개념으로 남성에 대해서는 여성이 되고, 백인종에 대해서는 유색인종이 된다. 자국민에 대해서는 이주민이 되고, 이성애자에 대해서는 동성애자가 된다. 한편 보편주의란 개별자의 자기동일성과 개별자 간의 보편적 동일성을 전제한 동일자적 사고방식이다. 즉 보편주의란 보편적 원칙에 따라 인격적 동일성을 유지하는 개개인을 동일하게 대우하려는 윤리적 태도이다. 이에 따라 이성적 주체를 진리 인식과 도덕적 행위의 주체로 보는 근대적 사고의 전형을 보편주의라 하는데, 이러한 보편주의는 타자에 대한 폭력을 내포하고 있다. 타자는 인격적 동일화로부터 끊임없이 벗어나는 개인의 다양하고 이질적인 속성이 있기 때문이다. 즉 타자란 동일한 원칙의 적용을 부당하게 만드는 개개인 간의 차이를 말한다. 결론적으로 보편주의에 내재된 폭력은 개인의 다양한 정체성을 무시한 채 개인의 정체성을 하나의 정체성으로 단일화시키려함으로써 개인이 갖는 여타의 정체성을 부정하는 행위이기 때문이다(문성훈, 2011: 392-394).

고대 서양철학에서 "너 자신을 알라"는 Socrates의 명제는 인간의 자신에 대한 이해를 촉구한 것이다. 이처럼 서양철학에는 고대에서부터 인간존재에 관한 수 많은 탐구가 있었다(노상우, 권희숙, 2009: 5). 고대 서양철학은 사유의 주체인 인간이 세상을 바라보는 관점에 집중하였다면, Husserl(1962)은 사유의 중심으로 주체 밖의 타자를 올려놓았다(김영순 외, 2022: 64). Husserl에 따르면, 주체인 나는 타자를 정체성을 지닌 존재로 인정하였고, 타자를 이해하기 위해서 타자와 경험을 함께 나누려는 의지, 공감, 짝지움이라는 개념을 주장하였다. 짝지움이란 자기와 타자를 서로에 대한 존재로 보는 것을 의미한다. 짝지움에서 의미의 전이는 일방향이 아닌 주체와 타자 간의 상호 전이가 일어난다. 이러한 맥락에서 상호 주체성, 상호 주관성 등의 개념이 등장하는데, 결국 '나'라는 주체는 타자 지향을 통해 성립되는 개념이고, 나아가 타자 없이는 내가 존재할 수 없음을 일컫는다(김영순 외, 2022: 65-66). 또한 Levinas(2018)는 오랫동안 서양철학에서 논의 되어온 존재론의 전통을 비판하며 자신의 타자철학을 시작하였다(양천수, 최샘, 2020).

이에 본 연구는 타자에 대한 윤리적 태도를 살펴보고자 하였다. 우선 '관용'은 16세기 프랑스의 종교갈등으로 인한 갈등을 막기 위하여 '차이에 대한 관용'이 등장하였다. 관용의 의미와 규정을 위해서는 몇 가지 조건이 있다. 첫째, 관용의 조건으로 관용의 대상은 타자가 누릴 수 있는 권리, 자유의 확대 등에 깊은 관련이 있어야 한다. 관용은 타자와의 상호 평등 관계에서 타자의 권리와 자유를 확대하는 것에 목적을 둔 실천적 가치이므로, 강자의 윤리에 기반을 둔 시혜와는 구분이 필요하다. 이에 따라 관용의 대상으로 부도덕한 행위는 포함되지 않는다. 둘째, 관용의 대상은 싫거나 반대하는 것이어야 한다. 갈등 관계의 대상에 대해서만 관용의 문제는 발생한다. 셋째, 관용은 자발적으로 힘의 행사를 중지할 수 있는 능력을 말하므로, 강제적인 묵인이나 시인과는 다르다(김용환, 조영제, 2000: 53). 특히 다원주의 사회에서 '관용'은 서로의 차이에 초점을 맞추기보다 어떻게 함께하여 공존할 것인가에 초점을 맞추는 것이기 때문에, 한국 다문화 사회의 사회통합을 위하여 사회구성원들에게 필요한 덕목이라 할 수 있다.

Levinas(2018)는 자아 중심적 논제에 대한 기존 서양철학에 의문을 제기하며 타자에 대한 윤리적 태도로서 '책임'을 주장하였다. 타자에 대한 책임은 나를 보지 않거나 나와 상관없는 타자에 대한 책임을 말한다. 여기에서 타자는 약하고 헐벗은 과부와 고아를 말하는데, 이러한 타자에 대하여 나는 빚을 지고 있다. 타자에 대한 책임으로 나는 고통받지만, 타자에 대한 무한 책임을 진다. Levinas는 이러한 타자에 대한 책임을 시간의 통시성으로 설명하였다. 시간은 비가역적이므로, 타자의 불행은 나와 무관해 보이지만 과거의 통시성에 묶여 있고, 나는 과거의 통시성에서 자유롭지 않기 때문이다(김연숙, 2001: 17-18). 또한, 타자의 얼굴은 다른 타자의 존재를 계시하므로, 나의 타자에 대한 책임은 무한한 것이다. 이렇게 나는 타자의 얼굴을 마주함으로써 시간, 세대, 지역의 제약을 뛰어넘어 모든 사람을 만나기 때문이다. Levinas가 주장하는 타자에 대한 책임은 주체가 탄생하기 이전에 이미 자리하고 있었고, 이러한 타자에 대한 책임에서 자아의 주체성이 탄생한다. 자신 안에서 나와 타자의 상호적 관계가 형성되고 이를 통해 나는 비로소 나에 대한 인식이 가능해 진다.

또한, 타자에 대한 윤리적 태도로써 '환대'가 있다. 환대란 자신의 집, 시민사회, 국가 등의 공간에 찾아온 손님을 받아들여 호의를 베푸는 행동과 의식이다. 타자성의 관점에서 환대와 책임을 살펴보면, 책임은 타자를 자기 동일성의 영역으로 환원시키지 않고, 타자와의 차이, 절대적 차이, 타율성을 보존하는 방식이고, 환대는 주체와 완전히 분리되는 형태의 타자를 거부하고 자아와 타자가 관계를 형성하며, 마치 씨실과 날실처럼 상호 침투하는 형태를 지닌다. 즉 환대는 자아와 타자가 서로를 오염시키고, 오염되는 관계이다(노상우, 안오순, 2008: 138-142). 이처럼 이방인을 환대하고 자기의 경계를 허무는 열린 자세는 관용의 폐쇄성을 극복할 수 있는 열린 발상이라 할 수 있다(최샘, 정채연, 2020: 58). 이때 손님 또는 이방인은 외국인이나 소수자, 난민, 망명자 등으로 확장할 수 있으므로, 이방인에 대한 문제는 인간 모두에 대한 문제로 확장될 수 있다고 하였다. 이러한 환대는 조건적 환대와 무조건적 환대로 나뉘는데, 조건적 환대가 타자가 자신이 누구임을 밝히고, 환대받을 자격이 있음을 증명할 때 이루어지는 것이라면, 무조건적 환대는 내 집을 개방하고 성(family name)이 다르거나 외국인 등의 사회적 지위를 가진 이들뿐만 아니라 이름도 없는 미지의 절대적 타자에게 머무를 곳을 내어주고 머무는 장소를 소유하도록 내어 두는 것이다. 다양성이 존중받아야 하는 다문화 사회에서 이방인의 다름을 존중하며 환영하는 무조건적 환대는 이방인에 대한 타자성이고, 의무이다(최샘, 정채연, 2020: 62).

타자를 대하는 윤리적 태도로써 '인정'이 있다. 인정은 자신이 자기와 맺는 긍정적인 관계인데, 자신을 긍정적으로 자기의식을 갖게 하는 심리적 조건이다. 상호인정의 개념에는 세 가지 형태의 개념이 있다(Honneth, 2011). 첫째, 상호인정의 관계는 '사랑'의 형태 속에 있다. 사랑을 통해 당사자들의 정서적 욕구는 인정되고, 충족되기 때문이다. 둘째로는 상호인정의 형성은 당사자 간의 동등한 '권리'의 인정을 통해서이다. 이러한 과정을 통해서 당사자들의 자주적이고 도덕적인 판단 능력이 존재로 인정된다. 마지막으로는, 사회적 '연대'를 통해 상호인정 관계는 완성된다. 개인의 인정은 자신만의 특수한 속성을 지닌 존재인데, 위의 세 가지 인정을 통할 때, 개인은 마침내 한 공동체의 완전한 구성원이 된다. Mead(1963)의 사회심리학을 통해 Honneth(2011)는 개인의 '정체성' 형성과정에 주목하였다. 그가 설명하는 정체성 형성과정은 다음과 같다. '주격 나(I)'는 타인이 나에 대한 어떤 기대나 상을 인지하면서 '목적격 나(Me)'에 대한 심상을 얻는다. 나에 대한 타인의 관점이 나에게 내면화되면서 자기 관계는 가능하다. 그러나 이 관계에서 자발적인 '주격 나'는 사회적인 '목적격 나'의 긴장 관계를 전제로 형성된다. Honneth의 인정투쟁은 이러한 긴장 관계로 설명되었다. 즉 사회적으로 규정된 '목적격 나'는 '주격 나'와는 다른 어떤 부분을 인정받으려는 투쟁에 서 있다는 것인데, 이 때의 인정을 위한 투쟁은 전 사회 영역으로 확산하며, 그 형태 또한 조직화하고 집단화된다(Honneth, 2011: 15).

이러한 상호인정은 중국동포 결혼이주여성의 일상생활에서 발견할 수 있다. 예컨대, 그들은 10여 년 시부모님을 모시고, 시아버지의 사업을 헌신적으로 돕는 등 시댁의 인정 획득을 위해 노력하고 있었다(황해영, 김영순, 2017a:

474). 또한 재한 중국동포 여성단체장은 조선족 중국동포와 연대 또는 중국
동포로 인정받기 위한 이미지 개선을 위한 인정 투쟁 등이 그것이다(황해영,
김영순, 2017b: 514-516). 한 사회의 정주민이라는 이유로 이주민을 비우호적인
타자로 취급한다면, 그 사회가 아무리 다문화주의를 주장한다고 하여도 그
것은 내 집단만을 위한 잔치일 뿐이다. 이러한 관점에서 본 연구는 한국
사회의 구성원들이 서로의 차이를 인정하고 공존에 집중할 수 있도록 낯선
타자에 대한 윤리적 태도들은 살펴보았다.

2.2. 부버와 레비나스의 관계 윤리

Buber(1954)에 따르면 인간은 반드시 짝으로 존재하는데, 인간은 혼자가
아닌 너와 '함께' 할 때에만 존재 의미를 찾을 수 있기 때문이라고 한다.
함께 존재하는 인간에게 '대화'는 중요한 토대인데, Buber에 따르면, 근원적
으로 모든 인간은 떨어져 있으나 인간은 함께 실존할 때 비로소 인격체가
된다. 이때 '대화'는 근원적으로 떨어져 있는 두 존재자를 엮어주므로, 내
현존재 방식이 결정되는 것은 '대화'가 된다(윤석빈, 2006: 271). 이러한 인식을
바탕으로 Buber 철학을 살펴보면, 그의 핵심 사상은 '관계'라고 할 수 있다.
즉 Buber 철학은 어떻게 살 것인가에 초점을 맞추기보다 사람과 사람 간의
관계 문제에 초점을 맞추고 있기 때문이다. 타자는 나에게 사람이거나 사물
일 수 있는데, 인간 삶의 존재론적 원칙을 Buber는 '나-너'의 관계와 '나-그
것'의 관계로 형상화하였다(김희근, 2018: 234). 여기에서 '나-그것'의 '나'와 '나-
너'의 '나'는 다른데, 근원어 '나-그것'의 정신적 실재성은 자연적 분리에서
생기는 것이라면, 근원어 '나-너'의 정신적 실재성은 자연적 결합에서 생긴
다고 하였다(정정호, 박선경, 2020: 17).

Buber의 근원어 '나-너'는 만남의 기회를 제공한다. '나-그것' 안에는 인과
론적 법칙이 존재하지만, '나-너'의 관계 속에는 상대를 향하는 자유로운 주

체 간의 상호작용이라는 원칙이 있고, 그것은 인격적 관계라고 말할 수 있다 (김희근, 2018: 234). 즉 Buber가 말하는 '나-너'의 관계에는 타자와의 관계 중 에서 가장 긴밀한 인격적인 관계일 수 있다. 인간에게 근원어인 '나-너'가 강할수록 더욱 인격적으로 되어 가며, 인격 공동체는 참다운 대화가 이루어 진다. Buber는 사회공동체에서 '나-너' 관계가 구축됨으로써 타자의 차이에 대한 존중이 이루어질 수 있으며, 주체와 타자 간에 경계 없는 공존 관계로 나아갈 것이라고 보았다(정정호, 박선경, 2020: 18). 나와 너의 진정한 대화적 관계는 상호적 관계에서 발생하는 긴장과 열정, 즉 사랑을 의미한다. 결국, 다름을 인정하고 솔직하게 상대방에게 자신을 유보 없이 드러내는 것은 타 자를 위한 책임을 의미한다. '나는 신뢰할 수 있는 사람이며, 타자에 대한 나의 관계는 직접적이고, 믿음과 정직함으로써 나는 타자에게 대답하는 것, 바로 그것으로써 나는 타자에게 책임을 다하는 존재가 되는 것이다(김희근, 2018: 235).'

'타자'는 Levinas 철학의 중심에 있다. Levinas는 기존 서양철학의 주체 중심의 존재론에서 타자를 중심축으로 이동시키고, 타자 중심의 주체와의 관계를 새롭게 조명하였다. 주체인 '나'에 대한 해석으로 시작되는 Levinas 의 타자성 철학에서 나는 '타자와의 관계'를 통해 새로운 주체로 변화한다. '타자를 향한 형이상학적 욕망(desire)'이라는 개념을 통해 Levinas는 타자와 의 윤리적 관계를 설명하였다. 이때 욕망은 주체가 결핍의 해소나 만족을 위해 추구하는 욕구와는 다른 의미이다. Levinas가 말하는 욕망은 타자에게 서 비롯된 것으로, 자신을 비우고 타자를 향해 나아가는 것을 의미한다(노상 우, 권희숙, 2010: 53-54). 즉 그가 말하는 주체는 타자를 자기 동일성의 의식 안으로 끌어들이지도 않고, 타자를 욕망의 대상으로 삼지도 않는다. 그저 타자의 존재를 인정하면서 타자에게로 향한다. 이에 Levinas는 주체와 타자 의 관계는 본래적으로 윤리적이라고 하였다. 자기로 환원할 수 없는 타자는 자기의 개념적 인식의 범위를 훨씬 넘어서는 절대적 타자인데, 나 이전에 이미 존재하는 절대적 외재성을 지닌 타자를 훼손할 수 없기 때문이다. 즉 타자는 주체에게 동화되거나 흡수되는 구조를 가지지 않는다. 오직 절대적으로 다른 타자를 향해 주체는 무한히 지속되는 만남과 관계 안에 있을 뿐인데, 이것이 Levinas 철학의 핵심이라 할 수 있다.

위에서 살펴 본 Buber와 Levinas 철학의 중심에는 '사람'이 있다. 특히 Buber의 '관계' 철학적 사유는 Levinas의 사상에 일정 부분 영향을 준 것으로 알려져 있다(강영안, 2005: 29; 노상우, 권희숙, 2010: 57). Buber와 Levinas는 세계대전 경험에서의 인간의 폭력성에 집중하여 해결 방안으로 새로운 인간관계의 회복에 초점을 맞추었다. Buber와 Levinas의 철학적 사유를 살펴보면, 그들은 서로 다른 사유의 시각과 방식상의 차이가 있지만, 공통점도 찾을 수 있다. 첫째, 그들은 전쟁의 폭력성의 원인과 그 해결 방안을 인간관계 안에서 탐색하였다. 기존 철학적 전통을 부정하고 Buber와 Levinas는 사람 사이의 진정한 만남을 강조하였다. 두 철학자는 '나'인 주체가 중심이 되어 '너'인 타자를 주체의 영역으로 환원하는 전체주의 철학 혹은 집단주의 사고를 배격하였다. 대신 타자의 존재를 주체의 영역으로 환원할 수 없는, 나와 분리된 너를 높이 드러내었다. 이들의 철학적 맥락에서 개인의 타자에 대한 책임이 조화로운 사회 그리고 상생을 위한 기초적인 단계가 된다는 것을 읽어낼 수 있다(김희근, 2018: 238).

둘째, '대화적 관계'에 대한 깊은 통찰이다. Buber는 진정한 대화적 관계를 '나-너'의 관계 세계이며 '함께 있음'의 존재론적 본질로 보았다. Buber는 대화의 유형을 실무적 대화, 위장된 독백, 진정한 대화로 나누었다. 진정한 대화란 타자에게 진실로 책임을 짐으로써 주체는 정체성을 지닌 채 대화에 참여하고, 책임 있는 신념으로 응답하는 것이라고 하였다(Buber, 1954/표재명 역, 1991: 19). 또한, Levinas는 대화의 유형을 레토릭(retoric, 修辭學)적 대화와 대면적 관계에서 형성되는 대화로 나누었다. 대면적 관계에서 진정한 대화가 형성되는데, 즉 타자를 진정으로 마주하면서 그와 근원적 관계를 형성하는 대화가 이루어진다고 하였다(노상우, 권희숙, 2010).

3. 생애사적 내러티브 탐구

3.1. 연구개요

본 연구는 다문화가정 방문교육지도사의 생애사에 나타난 타자성 경험과 실천의 의미를 탐색하기 위하여 질적 연구방법으로써 '내러티브 탐구(narrative inquiry)' 방법을 사용하였다. 직업은 어떤 목적을 위하여 생애 일정 기간 전문적으로 종사하는 일을 의미한다(이오복, 2014: 6093). 생애에서 직업은 떼려야 뗄 수 없는 관계이고, 이들의 생애사에 나타나는 타자성은 방문교육지도사라는 직업 경험에 투영되어 있기 때문이다. 또한, 인간은 본질적으로 이야기하는 동물이다(김필성, 2019). 이러한 이유로 내러티브는 다양한 분야에서 주요하게 다루어지는 개념이다. 이에 따라 최근 인간과 사회 문제를 탐구하는 문학, 언어학, 교육학, 문화인류학, 간호학, 의학, 사회학, 법학, 사회복지학 등 다양한 학문분야에서 내러티브의 가치에 주목하고 있다(강현석, 2016; 김필성, 2019). 이는 내러티브를 통해 인간의 경험을 적절히 이해할 수 있을 뿐만 아니라 인간의 경험을 이해함으로써 내적인 성장과 변화를 가져올 수 있기 때문이다(김필성, 2019).

특히 생애사적 내러티브 연구에서 '내러티브'의 사전적 정의를 보면, 이야기를 뜻한다. 내러티브는 일반적으로 짧은 형태의 이야기와 비교하여 비교적 긴 호흡의 개인적 경험이나 역사적으로 전해 내려오는 이야기를 정리한 형태를 말한다. 어원의 의미를 새겨볼 때, 내러티브는 '익히 알고 있는 것을 말하다'라는 뜻으로 해석할 수 있다.

내러티브 탐구는 사회적 맥락 속에 존재하는 개인의 경험을 통해 개인에 대한 이해와 더불어 그가 속한 해당 사회에 대한 이해를 목적으로 한다. 개인은 삶을 내러티브로 살아가며, 우리의 삶을 내러티브로 이해하기 때문에 경험에 대한 내러티브는 인간의 경험을 이해하는 중요한 단서가 된다. 내러티브는 전달하는 사람의 견해, 내러티브 속 주인공들의 다양한 경험, 내러티브가 존재하는 사회의 역사와 문화 등이 고스란히 담겨 있다. Clandinin & Connelly(2000)는 John Dewey의 계속성과 상호작용성의 속성을 가진 경험 개념을 바탕으로 경험에 대한 내러티브를 시간성, 사회성, 장소와 관련된 요인을 포착했다. 그리고 이것을 '3차원적 탐구 지점'이라고 강조하였다. 내러티브 탐구는 개인이 자신의 경험을 시간의 흐름과 상황을 고려하여 발화하는 '이야기화 된 경험(storied experience)'을 탐구하는 것이다 (홍영숙, 2015a; 2015b). 이에 패러다임 안에서 행해지는 내러티브 탐구는 설명적이고, 기술적이다. 즉 내러티브 탐구는 특정 경험을 가지고 있는 개인의 이면에 잠재해 있는 그의 철학과 삶을 이해할 수 있으며, 개인이 시대적·사회적 존재로서 어떤 정체성을 구축해나가고 있는지를 탐색하는 것이 가능하다. 따라서 이러한 내러티브 탐구의 특성은 방문교육지도사의 역할 적응 과정과 방문교육지도사로서의 생활 그리고 역할 갈등의 위기에서 초연한 타자성의 발현으로 이어지는 연구참여자의 일련의 경험을 연구하는 데 적합하다(김영순 외, 2018).

내러티브 탐구는 연구참여자의 내러티브를 통해서 인간을 내부자적으로 적절하게 이해할 수 있다고 보았다. 이에 내러티브 탐구에서 인간을 이해하기 위한 관점을 살며보면, 첫째, 인간을 이야기하는 존재로 보았다. 즉 인간은 이야기하는 대로 생각하고 이야기 된 삶을 살아간다(Clandinin & Connelly, 2000). 인간은 근본적으로 이야기를 말하는 동물이고(MacIntyre, 1984), 인간존재는 '자기 해석적(self-interpreting) 동물'이므로 인간으로서의 정체성은 그들의 언어적 공동체에 기반하여 도출된다(장사형, 2013). 즉 내러티브 탐구에서 인간은 개인적, 사회적으로 이야기되는 삶을 살아가는 구현체라고 정의하였다(Clandinin & Connelly, 2000). 그러므로 내러티브는 인간의 현상을 이해하는 핵심적 통로가 된다. 둘째, 인간은 경험적으로 존재한다고 보았다. 인간의 내적 세계는 경험 안에서 존재하는데, 경험을 벗어난 것은 인식의 대상에 포함되지 않는다. Dewey는 경험을 유기체와 환경 사이의 상호작용이 완전히 수행되어졌을 때 참여와 의사소통 속에서 발생하는 그러한 변화하는 상호작용의 결과이자 표식이며 보상이라 하였다. Dewey의 경험 개념은 세상에 대한 우리의 개념이 기반을 두고 있는 선인지적(precognitive), 선문화적(Precultural) 근거를 언급하지 않는다. 그러므로 인간의 삶의 총체는 경험으로 구성되며, 인간에 대한 이해는 경험에 대한 이해와 탐구로부터 가능하다. 셋째, 인간의 경험은 이야기적이라고 본다. Clandinin & Murphy(2009)는 인간의 경험을 이야기적 현상(storied phenomenon)으로 이해하였으며, Dewey의 경험이론을 이야기적 현상으로 재개념화하였다(김병극, 2012). 반면 전통적으로 질적 연구는 인간의 경험을 중요한 탐구 대상으로 보고 있다. 이에 따라 문화기술지 연구에서 참여관찰과 심층면담은 주요한 자료 수집 방법이다. 이때 심층면담은 연구자가 연구참여자와 라포를 형성하여 연구참여자의 내부자적 관점을 취득하기 위한 핵심적인 방법이다. 그러나 내러티브 탐구에서의 심층면담과는 차이가 있다. 예컨대 내러티브 탐구는 인간의 경험이 이야기하기를 통해 구성되고 재구성되는 과정적인 성격을 가졌음을 강조한다. 따라서 내러티브 탐구에서는 '이야기'가 아니라 '이야기하기'하는 행위를 강조하며(김필성, 2019), 내러티브 탐구자는 연구자가 인간의 경험을 이야기적으로 탐구해야한다고 하였다(김병극, 2012). 따라서 내러티브 탐구의 과정을 살아내기(living)-이야기하기(telling)-다시 이야기하기(retelling)-다시 살아내기(reliving)라고 하였다(염지숙 외, 2015). 즉 인간은 내러티브를 통해 자신의 삶을 이해하고, 삶을 살아가는 존재이기 때문이다.

3.2. 연구 절차

본 연구는 연구방법에 있어 생애사적 내러티브 탐구 방법으로 진행된 바, 이에 맞추어 연구 절차를 적었다. 특히 생애사 연구의 자료 수집과 자료 분석은 일부 연구자의 연구 방법과 절차를 차용하기도 하는데, 본 연구는 자료 수집과 분석 과정에서 여러 선행 연구자들의 연구방법에 맞추어 연구의 목적이 가장 부각될 수 있는 분석 방법을 적용하였다. 이러한 결과로 본 연구는 내러티브 탐구의 3차원적 탐구 공간에 맞추어 수집된 자료를 분석하고 해석하였다. 이에 따라 이번 항에서는 이러한 자료 분석을 하게 되기까지의 과정을 전달하려 노력하였다. 이는 질적 연구로 대표되는 다문화 융합연구소의 특별한 논문지도 방식과 관련이 있는데, 석·박사 과정에서 질적 연구방법을 수련하고자 하는 연구자들에게 이러한 방식은 큰 도움이 될 것으로 기대되기 때문이다.

1) 연구현장에 존재하기

우선 연구 절차에 있어 '연구현장에 존재하기'는 연구자가 연구 주제를 선정하고 이를 위한 이론적 검토 및 연구참여자의 공간에 함께 있는 것을 의미한다. 이를 위하여 2022년 1월 6일 인하대학교 다문화융합연구소는 다문화가정 방문교육지도사를 중심으로 생애사팀을 구성하였다. 그 당시 다문화융합연구소의 B.K(Brain Korea) 연구원들은 가족센터(현, 다문화가족지원센터 통합)에 집중하여 다양한 연구를 진행하고 있었다. 이는 연구원들이 가족센터의 세부 정책들을 연구할 수 있는 좋은 기회였다. 연구원들은 지도교수, 연구교수, 동료 연구자들에게 연구 과정을 보고하며 그들의 연구를 정교화하고 있었다. 이를 통해 가족센터 자조모임의 결혼이주여성들이 한국어 교사에게 고마운 마음을 가지고 있다는 사실을 알게 되었다. 또한 2021년 12월 말, 가족센터는 만 60세 방문교육지도사들의 은퇴 행사 소식을 전해 주었다. 이를 계기로 지도교수와 연구자는 결혼이주여성들의 한국어교육을 담당하는 다문화가정 방문교육지도사에 집중하였다.

새롭게 구성된 생애사팀원에게 지도교수는 역할을 분담하고 연구과제를 제시하였다. 같은 해 1월 7일 연구자는 다문화가정 방문교육지도사에 관한 연구동향을 알아보기 위하여 학위논문 16편, 학술지 소논문 27편을 분석하여 발표하였다. 또한, 1월 14일 연구자는 생애사에 집중하여 선행연구 6편(윤희진, 2012; 강영미, 2015; 윤희진, 김영순, 2016; 김지혜, 2020; 박병섭, 정용미, 2021; 정용미, 박병섭, 2021)을 분석하여 발표하였다. 이러한 과정을 통하여 방문교육지도사의 생애사 연구를 위한 연구 설명문, 연구 참여 동의서 등을 준비할 수 있었다. 이를 기반으로 본 연구를 위한 사전 설명회가 2022년 1월 27일 가족센터에서 진행되었다.

2) 연구 참여자 선정하기

연구절차에 있어 두 번째 단계는 '현장에서 현장 자료로 이동하기'인데, 이번 단계에는 연구참여자를 선정하고 면담 계획을 세운다. 이에 따라 본 연구자는 본 연구 설명회에 참석한 방문교육지도사들에게 본 연구의 목적과 취지 등을 설명하며 자발적인 연구참여를 독려하였다. 이를 위해 연구자는 간단한 자기 생애사를 그들에게 전달하였다. 2월 4일 한 방문교육지도사(연구참여자 A)는 SNS(Social Networking Service)를 통하여 자발적 연구참여 의사를 전달하였다. 덧붙여 지도교수와 연구자는 지역 다문화가족지원센터의 담당자들에게 본 연구의 필요성과 목적을 전달하고 해당 지역 방문교육지도사들의 연구 참여를 부탁하였다. 이에 다른 지역 가족센터의 방문교육지도사(연구참여자 B)는 자발적 참여 의사를 지역 담당자에게 전달하였다. 연이어 또 다른 지역 가족센터의 방문교육지도사(연구참여자 C)도 자발적 참여 의사를 전해주었다. 덧붙여 연구참여자 B는 입사 동기이나 타 지역에서 활동 중인 방문교육지도사(연구참여자 D)를 소개해 주었다. 이에 따라 연구참여자의 선정은 목적 표집(purposive sampling) 방법과 눈덩이 표집(snowball sampling) 방법이 병용되었다.

연구참여자의 선정에 있어 다음의 기준을 제시하였다. 본 연구는 방문교육지도사의 생애사적 내러티브 탐구이므로 첫째, 경력에 있어 10년 내외, 둘째, 연령에 있어 55세 내외(전·후 10년), 마지막으로 연구참여자의 자발적 참여 의사 등을 제시하였다. 이를 정리한 연구참여자의 개인 특성은 다음의 〈표 3-6〉과 같다.

표 3-6. 연구참여자의 특성

구분	연령	학력	가족	활동영역	활동기간	이전 직업
연구참여자 A	55세	학사	배우자 1남 1녀	가족생활지도	2011-2022 12년	수지침 봉사활동
연구참여자 B	61세	학사	배우자 1녀	한국어 교육, 가족생활지도	2009-2021 13년	중증장애인 봉사활동
연구참여자 C	62세	학사	배우자 1남 1녀	한국어 교육, 가족생활지도	2011-2021 11년	주민센터 한글교육
연구참여자 D	57세	학사	배우자 2녀	한국어 교육, 가족생활지도	2009-2022 14년	미술치료 집단상담

3) 현장 자료 수집하기

세 번째 단계에서는 선정된 연구참여자들과 심층 면담을 실시하였다. 이를 위하여 연구자는 선행연구 분석을 통해 준비한 반구조화 질문지를 준비하고, 연구참여자들과 일정을 조율하며 자료 수집을 위한 면담 일정을 계획하였다. 위의 연구참여자들 중에는 2021년 12월 말, 만 60세로 은퇴한 경우(연구참여자 B, C)와 2022년 2월 기준, 여전히 다문화가정 방문교육 현장에서 활동 중인 경우(연구참여자 A, D)로 나뉘었다. 특히 자기 생애사를 전달하며 본 연구를 위하여 처음으로 자발적 참여 의사를 전달한 연구참여자 A의 경우, 다문화융합연구소와 연구참여자의 활동 지역 간의 거리가 다소 멀었다. 또한, 연구참여자 A는 현장 활동을 해야 했으므로 연구참여자 A의 자택 근처에서 심층 면담을 계획하였다. 그러나 2022년 2월 초부터 갑자기 코로나 19로 인한 거리두기가 격상되며 심층 면담을 위한 일정 및 장소 섭외는 쉽지 않았다. 연구참여자 A의 적극적인 노력의 결과, 참여자 자택의 산책로 근처 쉼터에서 심층 면담을 진행하였다. 연구참여자 B는 2021년 12월 은퇴했기 때문에 심층면담을 위한 일정 조율에서 자유로웠다. 이에 연구참여자 B를 위하여 연구자는 소속 연구소 근처에서 면담 장소를 섭외하였다. 연구참여자 A, B와 심층 면담을 마친 후, 연구자는 지도교수, 동료 연구자들에게 심층 면담에 관한 내용을 전달하였다. 이에 대하여 지도교수는 심층 면담의 내용을 점검하고, 추가 질문 등을 제안해 주었다. 이를 반영하여 2차 심층면담은 계속되었다.

연구참여자 C와 D의 1차 심층 면담을 마치고 앞의 경우처럼 정해진 일정에 맞추어 지도교수, 동료 연구자들에게 심층 면담에 대한 내용 보고와 점검, 그리고 추가 질문 등을 지도 받고 2차 심층 면담을 이어갔다. 그러나 연구참여자 C의 경우는 1차 심층 면담을 마치고 당분간 어머니(우울성 치매)와 지방에 머물게 되었다는 연락이 있었다. 이에 SNS 또는 전화 등의 방식을 통해 자료 수집을 지속하였다.

4) 현장자료에서 연구자료로 이동하기

현 단계는 내러티브 탐구를 위한 연구 절차에서 네 번째 단계인 '현장텍스트 구성하기' 단계이다. 이를 위하여 연구자는 심층 면담을 마치고, 녹음된 면담 내용을 그대로 전사하였다. 전사는 면담 당일 전사를 원칙으로 연구자가 직접 진행하였다. 심층 면담 현장에서의 참여자와 공유했던 비언어적 내용들 또한 전사내용에 최대한 반영하여 전사하였다. 전사된 면담 내용을

표 3-7. 연구참여자별 면담일정

구분	1차	2차	3차	4차[2]	5차[3]
연구참여자 A	2/11 자택근처 14:20-16:00	3/12 연구실 13:50-16:10	SNS, 전화	5/9 자택근처 14:00-14:40	8/27 자택근처 10:30-13:55
연구참여자 B	3/3 강의실 13:40-15:40	3/18 강의실 14:00-15:40	SNS, 전화	5/9 강의실 15:00-16:00	8/26 강의실 14:00-15:45
연구참여자 C	3/22 가족센터 14:00-16:00	4/1 SNS 소통	SNS, 전화	5/12 자택근처 14:40-15:30	9/1 강의실 10:45-12:45
연구참여자 D	3/31 자택근처 14:30-15:50	4/6 자택근처 15:20-17:00	SNS, 전화	5/6 강의실 15:00-16:00	9/1 강의실 14:40-16:10

반복하여 읽으며, 연구참여자들과 SNS 또는 전화를 통해 부족하거나 추가할 내용 등의 자료를 수집하였다. 이와 같이 수집된 자료를 기반으로 '중년여성 다문화가정 방문교육지도사의 직업 생애사 연구(박옥현, 김영순, 2022)'가 우선 진행되었고, 해당 내용에 대한 점검 및 수정, 동의서 점검 등이 있었다. 또한, 전사된 원고에 대한 점검과 연구참여자의 연구 참여에 대하여 소감을 나누는 등의 활동이 있었다.

5) 연구자료 구성하기

이번 단계에서 내러티브 탐구의 선행연구들은 주로 '현장 텍스트로부터 연구텍스트 경험에 대한 의미 만들기'를 진행하였다. 그러나 다문화융합연구소의 지도교수는 연구자에게 소속 연구소의 생애사에 관한 박사학위 논문을 비교·분석할 것을 제안하였다. 지도교수는 이 과정을 통해 본 연구를 위한 새로운 영감이 떠오르기를 기대하였다. 이에 연구자는 지도교수의 제안을 따라 선행연구를 비교·분석하는 과정에서 선행 연구에 적용된 연구방

---

2. 4차 연구참여자와의 면담에서는 연구참여 동의서 및 방문교육지도사의 직업 생애사 연구에 관한 원고를 확인하는 작업 등이 있었다.
3. 5차 연구참여자의 면담에서는 전사록, 음성 파일 등에 대한 재점검, 생애사 참여 후 소감 나누기 등이 있었다. 위의 심층면담은 주로 연구자가 소속된 학교의 연구실 또는 빈강의실이거나 연구참여자의 자택근처 또는 가족센터에서 진행되었다.

법을 자연스럽게 살펴보게 되었고, 각각의 연구방법에 맞추어 본 연구의 자료를 적용해 볼 수 있었다. 이러한 과정을 통해서 연구자는 연구 목적이 가장 효과적으로 부각될 수 있는 자료 수집과 분석에 관한 선행연구의 세부 연구방법을 살펴 볼 수 있었다. 이 과정을 마치고, 그 결과를 지도교수와 동료 연구자들에게 발표하였다. 이에 지도교수는 타 대학의 같은 연구방법의 선행연구들을 찾아 비교·분석할 것을 제안하였다. 이에 따라 연구자는 생애사에 관한 소속 연구소의 선행연구 8편(정경희, 2016; 배경임, 2018; 황해영, 2018; 남혜경, 2020; 허숙, 2020; 어경준, 2021; 이춘양, 2021; 채은희, 2021)과 타 대학의 선행연구 8편(성정숙, 2010; 강규희, 2016; 노미소, 2016; 김정화, 2018; 최문연, 2018; 신봉자, 2019; 안현아, 2020; 홍건숙, 2020)을 비교·분석하였고 그 결과를 지도교수 및 동료 연구자들에게 발표하였다.

　또한 연구자는 각 연구방법에 맞추어 수집된 자료를 적용하여 분석하였는데, 이를 지도교수, 연구교수, 동료 연구자들에게 발표하였다. 이 과정에서 그들의 의견과 제안은 연구자의 원고에 반영되었다. 이러한 과정은 지도교수의 원생에 대한 관심과 배려에서 비롯된 것인데, 연구자가 소속된 다문화융합연구소의 지도교수는 석·박사 과정생들의 연구 능력 향상을 위하여 격주에 한번씩(2-3시간) 논문지도를 하였다. 예컨대, 미리 공지된 논문지도 시간에는 석·박사 과정생들이 현재 진행 중인 자신의 원고를 발표하면, 지도교수와 참석자들은 의견이나 제안을 나누어 주었다. 이에 과정생들은 이를 바탕으로 자신의 원고를 수정하거나 연구의 진행 방향을 점검 또는 수정할 기회를 갖을 수 있었다. 이러한 과정을 통해 연구자는 점차 박사 연구자로서 연구 역량을 갖추게 되었고, 연구자의 논문 원고는 점차 정교해지며 세련미를 지니게 되었다. 또한, 이 과정에서 만들어진 생애사에 관한 선행 연구의 비교·분석 자료는 질적 연구방법에 관한 저서 원고의 일부가 되었다.

특히 위 과정을 통하여 연구자료를 분석하고 기술함에 있어 새로운 영감을 얻게 되었다. 예컨대 다문화가정 방문교육지도사는 다문화가정을 직접 방문하는 것에서 공간성을, 20주에서 60주의 기간 동안 주 2회, 2시간의 교육이 규칙적, 반복적으로 진행되는 것에서 시간성을, 한국의 언어와 문화를 익힘에 있어 갓난아기와 같은 이주민의 한국어교육을 위해서 '대화'는 필수이므로, 이주민 학습자들과의 진솔한 대화를 통한 관계성 등 직업으로써 방문교육지도사의 특별함에 집중한 것이 그것이다. 이러한 방문교육지도사의 공간성, 시간성, 관계성은 내러티브 탐구의 3차원적 탐구 공간과 맥을 함께하므로, 자료 분석을 기술함에 있어 이의 적용은 연구참여자들의 타자성 경험과 실천의 의미가 더욱 부각될 것으로 보았다.

6) 연구의 엄격성 및 타당성 확보하기

마지막 단계에서 연구의 엄격성과 타당성 확보를 위한 노력을 적는다. 이는 연구가 시작될 때부터 있었던 것으로 자료 수집에 있어 심층 면담은 물론이고 방문교육지도사에 관한 선행연구와 보도 자료, 기타 자료 등을 확보하려 노력하였다. 이를 심층적으로 기술하였으며, 지도교수와 동료 연구자, 연구참여자 등을 통해 자료의 분석과 해석 과정에 대하여 반복적인 점검과 논의가 있었다. 또한, 본 연구는 I대학교 기관생명윤리위원회(IRB: Institutional Review Board)의 연구 심의를 통해 연구승인(승인번호: 220221-6A)을 받은 후 진행되었다. IRB는 인간 대상 연구에서 발생할 수 있는 윤리, 안전 문제 등을 심의, 감독, 교육, 지도하여 인간연구대상자의 존엄성과 권리, 안전 및 복지 보장을 목적으로 한다.

4. 타자성 경험과 실천의 의미

본 연구의 목적은 방문교육지도사의 타자성 경험과 실천의 의미 탐구이다. 이에 방문교육지도사의 생애사를 살펴볼 필요가 있었는데, 이들의 생애사에 나타나는 타자성은 방문교육지도사로서의 직업 경험에 투영되어 있기 때문이다. 이에 따라 연구참여자들의 생애사를 바탕으로 그들의 내러티브를 탐색하여 방문교육지도사의 타자성 경험과 실천의 의미 영역과 주제를 도출하였다.

생애사 연구는 내러티브를 매개로 이야기하는 화자(話者)와 이야기를 듣는 청자(聽者)가 함께 만들어 내는 공동작품이다. 따라서 생애사 연구에서 화자와 청자의 관계성은 매우 독특하다. 특히 인간에게는 이야기하려는 본능이 있고, 이야기를 통해 사회를 이해한다. 따라서 인간과 이야기는 긴밀한 관계에 있다. 이에 내러티브 탐구는 내러티브하게 사고하는 과정이며, 내러티브하게 살아가는 삶에 동참하는 과정이고, 3차원적 탐구 공간을 토대로 탐구하는 것을 학습하는 과정이다. 내러티브 탐구에서 3차원적 탐구 공간이란 과거·현재·미래에 걸친 시간의 연속성(continuity), 상황과 관련된 공간(장소, place) 그리고 개인과 사회의 상호작용(interaction)을 의미한다. 즉 내러티브 탐구는 이러한 맥락 속에서 내러티브 탐구가 진행된다. 따라서 내러티브 탐구는 경험에 대한 연구로써 삶과 이야기 사이의 순환적이며 지속적인 관계 속에서 존재한다(김영순 외, 2018: 244-245). 따라서 본 연구는 방문교육지도사의 타자성 경험과 실천의 의미를 탐구함에 있어 내러티브 탐구의 3차원적 탐구 공간을 토대로 의미의 영역과 주제를 탐색하였다. 이에 따라 도출된 연구참여자들의 타자성 경험과 실천의 의미 영역을 시간성 차원, 공간성 차원, 관계성 차원으로 분류하였다. 우선 시간성 차원은 '타자성 경험 및 실천의 순환'이라는 주제에서 '가족애를 통한 타자성 인식', '사랑의 빚 갚음', '타자성 경험과 실천의 흐름'이라는 의미가 도출되었다. 공간성 차원은 '타자성 경험 및 실천의 영역 확장'이라는 주제에서 '방문교육지도사의 둥지', '한국인가정에서 다문화가정으로', '다문화가정에서 지역사회 공간으로'가 도출되었다. 마지막으로 관계성 차원은 '타자성 경험 및 실천의 관계 심화'라는 주제에서 '방문교육지도사-결혼이주여성의 타자 관계 심화', '결혼이주여성의 가족으로 타자성 관계 확대', '자기 안의 타자 관계 재정립'으로 의미가 도출되었다. 이를 정리하면, 다음의 〈표 3-8〉과 같다.

표 3-8. 타자성 경험과 실천의 의미 영역과 주제 분류

차 원	주제	소주제
시간성	타자성 경험 및 실천의 순환	가족애를 통한 타자성 인식 사랑의 빚 갚음 타자성 경험과 실천의 흐름
공간성	타자성 경험 및 실천의 영역 확장	방문교육지도사의 둥지 한국인가정에서 다문화가정으로 다문화가정에서 지역사회 공간으로
관계성	타자성 경험 및 실천의 관계 심화	방문교육지도사-결혼이주여성의 타자 관계 심화 결혼이주여성의 가족으로 타자성 관계 확대 자기 안의 타자 관계 재정립

4.1. 시간성 차원: 타자성 경험 및 실천의 순환

한 사람의 생각과 신념은 그 사람의 일관된 행동으로 나타난다. 행동의 변화에 영향을 미치는 것은 경험이므로, 경험은 행동을 변화시키는 학습의 출발점이라고 할 수 있다(Chance, 2009: 41-43). 이때의 경험은 행동과 감정에만 있는 것이 아니라 행동과 감정에 대한 그의 성찰을 포함한다(Bruner, 1986). 이러한 관점에서 한 사람을 이해하기 위해서는 그의 생애 전체 과정을 살펴봄이 필요하다. 이에 따라 생애사 연구는 개인의 경험에 대한 이해는 물론이고 경험에서의 시간 영역과 그 경험에 영향을 미친 역사·사회·문화·경제·지리 등 주변의 탐구를 요구하는 것이다(배경임, 2018: 49).

이러한 관점에서 본 연구는 내러티브 탐구의 3차원적 탐구 공간에 맞추어 탐색하였다. 특히 다문화가정 방문교육의 시간성 차원에서는 Levinas가 말하는 시간의 통시성을 발견할 수 있었다. 예컨대 Levinas에 따르면, 우리는 과거에서 자유로울 수 없다고 하였다. 즉 비가역적인 시간의 통시성으로 인하여 나는 타자를 책임져야 하는 빚이 있다고 하였다. 이러한 관점에서 연구참여자들의 내러티브를 '타자성 경험 및 실천의 순환'이라는 주제에 집중하여 살펴보면, 연구참여자들의 내러티브에서 '가족애를 통한 타자성 인식'이라는 의미를 찾을 수 있었다. 예컨대 Levinas의 주장처럼 갓난아기일 때 경험했던 연구참여자들의 체화된 타자성 인식은 그녀들의 삶 속에서 타자성 실천으로 이어지고 있었다. 즉 연구참여자들은 체화된 타자성을 따라 본인의 자녀를 양육하며 양육자로서의 무한 돌봄을 본능적으로 실천하였다. 또한, 그녀들의 타자성 경험은 삶 속에서 누군가를 돌보는 사랑의 빚 갚음으로 나타나고 있었다. 특히 연구참여자들의 이주민 학습자를 향한 무한 돌봄은 연구참여자들에게 타자성 경험으로 순환하고 있었다. 이러한 관점에서 연구참여자들의 내러티브를 살펴보면, '사랑의 빚 갚음', '타자성 경험과 실천의 흐름'이라는 의미를 찾을 수 있었다.

　이처럼 낯선 결혼이주여성의 부름에 응답한 방문교육지도사의 역할에 대하여 연구참여자 C는 '그냥 내딸이다' 생각하면 해낼 수 있다고 하였다. 특히 연구참여자 C는 장녀로서 부모의 돌봄보다는 동생들을 돌보는 역할에 충실하였는데, 이는 '내 딸에게는 그렇게 하고 싶지 않다'는 다짐되었다. 현재 본인의 딸과는 친구처럼 지내고 있으므로, 연구참여자 C는 결혼이주여성들을 마치 자신의 딸처럼 생각하게 되었다. 또한, 연구참여자 B는 한국에 오면 아무도 없는 나이 어린 결혼이주여성들에게 마치 친정엄마처럼 '그래 그래 네 말이 맞아'하면서 따뜻하게 포용해 주었다.

"'그냥 내 딸이다.' 생각하면 다들 해 낼 수 있어요. (딸처럼 생각 해라!) 다문화가정에는 갈등이 많아요. 우리는 안 볼 것 같지만 다 싸워요. 근데 딸이라고 하면 저는 다를 것 같아요. 밉지가 않잖아요 (연구참여자 C, 2022.03.22.)."

"그냥 저는 사랑만 있고 이러면 (중략) 포용력. 따스한 이렇게 좀 (보듬어 주는 그런 것). 그분들은 나를 엄마라고 (부르고) 그래도 결혼(이주여성에게) 엄마(일 수)도 있고 아닐 수도 있지만 일단 그런 데 다 나이가 어리잖아요. 그래서 진짜 여기 오면 아무도 없으니까. 친정엄마같이 좀 따뜻하게 따뜻하게 해주시고. 좀 감싸주고 '그래 그래 네 말이 맞아.' 이런 식으로 포용하고 따뜻하게 대해주는 거. 그게 제일 저는 실력보다도 더 필요할 것 같아요(연구참여자 B, 2022.03.18.)."

현재는 자기로부터 출발한다(Levinas, 2001: 47). 즉 Levinas는 자기로부터의 출발이 현재라고 하였다. 예컨대 타자성을 경험할 때, 주체가 목적어였다면 타자성을 실천할 때, 주체는 현재의 주어가 되기 때문이다. 또한, 누군가에게 타자성을 실천하며 주체는 미래를 살아가게 되므로 주어로서 현재 타자에게 베푸는 타자성 경험은 그의 미래가 된다고 할 수 있다. 이러한 의미에서 본다면, Levinas(2001: 86)의 '미래는 타자'라는 주장을 이해할 수 있다. 즉 미래와의 관계는 현재 타자와의 진정한 관계를 의미한다고 볼 수 있기 때문이다.

한국 이주 초기에 이주민은 한국의 언어와 문화를 익혀야하므로, 마치 갓난아기와 같다고 할 수 있다. 이처럼 헐벗고 나약한 타자의 부름에 응답하는 방문교육지도사의 타자성 실천은 이주민 학습자에게 타자성 경험이 될 수 있으므로, 이주민은 한국에서의 삶 속에서 언젠가는 나타날 타자성 실천의 잠재력을 가지게 된다고 볼 수 있다. 따라서 2008년 시작된 다문화가정 방문교육지도사들의 타자성 실천은 태동기 한국이 다문화 사회화에 따른 불안과 어려움을 극복하고 다문화 사회를 정착기로 이끄는 작은 씨앗이었음을 확인할 수 있었다.

4.2. 공간성 차원: 타자성 경험 및 실천의 영역 확장

방문교육지도사는 중년여성에게 인기가 있었다. 방문교육지도사는 자신의 가정을 돌보며 병행할 수 있는 일이었기 때문이다. 그러나 본 사업은 다문화가족지원센터의 대표 사업임에도 불구하고, 담당자인 방문교육지도사는 비상근직 근로자로서 열악한 위치에 있었다. 예컨대 다문화가족지원센터에는 이들을 위한 업무 공간은 물론 책상 조차도 존재하지 않았다. 같은 센터에 근무하는 상근직 근로자들은 매월 1~2회 진행되는 월례회에 참석하는 연구참여자들에게 인사조차 건네지 않는 그런 소원한 관계가 연출되고 있다고 하였다. 또한, 하루 2명의 학습자에게 2시간씩의 수업이 진행되는데, 연구참여자들은 자신의 가정에서 학습자의 가정으로 이동하거나 학습자와 학습자 간의 거주 공간을 이동해야 하는데, 이는 가깝지 않으므로, 밤 10시 이후 귀가하는 경우도 있다고 하였다. 이러한 인식을 바탕으로 본다면, 방문교육지도사는 다문화가정을 위한 돌봄 실천가이지만 동시에 돌봄 대상자이다. 그럼에도 이들은 낮은 곳에서 묵묵히 희생을 강요받는 근로자임을 확인하였다.

> "다문화센터 진짜 봉사예요. 급여 100도 안 돼요. 그리고 수업은 하루 4시간이라 하지만 집에서 출발해갖고 이 집 저 집 다니다 보면은 밤 10시에 들어올 수도 있어요.(연구참여자 A, 2022.02.11.)."

다문화가정 방문교육 사업은 방문교육지도사가 다문화가정을 직접 방문한다. 이에 따라 본 항에서는 다문화가정 방문교육지도사들의 타자성 경험 및 실천의 의미를 알아보기 위하여 이들의 생활 및 활동 공간을 중심으로 살펴보았다. 이를 통해 타자성 경험 및 실천의 공간성 차원에서 방문교육이 갖는 의미를 발견할 수 있었다. 예컨대 방문교육은 다문화가정을 직접 방문하므로 연구참여자들은 결혼이주여성들이 문을 열고 그녀들을 환대하는 경험을 하였다. 결혼이주여성들은 모국에서 가족과 손님을 극진히 환대하는 사회화 과정을 경험하였다. 이에 따라 결혼이주여성들은 자신의 집을 방문하는 연구참여자들을 환대하였고, 이들은 결혼이주여성들과 특별히 내밀한 친밀감을 형성할 수 있었다. 이에 따라 다문화가정의 거주 공간은 비록 냄새나고, 바퀴벌레가 기어다니는 등 열악한 환경이었지만, 이주민 학습자를 도우려는 열정으로 인하여 공간이 주는 환경적 조건을 뛰어넘을 수 있었다. 이렇게 형성된 지도사-학습자간의 신뢰와 친밀감은 방문교육을 위한 공간을 다문화가정을 벗어나 지역사회 등으로 확장시켰다. 한 결혼이주여성은 남편과의 갈등으로 인해 자택 근처 모텔로 거주 공간을 옮기게 되었는데, 이에 따라 한국에서 '부를 사람'이 연구참여자밖에 없으므로 연구참여자는 결혼이주여성이 머물고 있는 모텔에서 다문화가족지원센터, 쉼터 등으로 장소를 옮겨가며 그녀를 돌봐야 했다고 하였다.

> "캄보디아 친구, 남편은 아마 나이 차이가 많이 났던 것 같은데 (중략) 자기가 너무 안 맞는다는 거야 결국 헤어졌어요. 근데 그 헤어질 때 (중략) 선생님, '이제 부를 사람 저밖에 없잖아요' (중략) 이제 자기는 절대 안 들어간다 해서 어떻게 어떻게 해가지고 센터에서 쉼터 같은데 이런 데 알려 주셨어요. (중략) 제가 차를 갖고. 그 집에 가가지고 그 사람을 데리고 또 센터를 왔다. 갔다 왔다 갔다 하면서(연구참여자 B, 2022.03.03.)."

또한, 결혼이주여성이 집을 구매해야 할 때, 함께 집을 보러 다니거나, 법적인 문제가 생겼을 때면 함께 법원에 동행하는 등 연구참여자들의 방문교육 공간은 연구참여자와 이주민 학습자의 관계가 깊어지는만큼 지역사회로 확장되었다.

> "전체적으로 하죠. 그러니까 집이 필요하다면 집 사는 데 돌아다니면서 봐주고 그렇죠. 안 그러면 못 해요. 그러니까 한 학생이 집을 신랑이 여기 교대 정문 쪽에 집을 팔아버렸어 (중략) 울면서 전화했어. 아기들 셋인데 선생님 (중략) 이제 다문화 학습자들은 집이 다야, 전부야. 그런데 팔았다니까 이제 불안한 거야.(연구참여자 A, 2022.02.11.)."

> "한 학생 신랑이 근재(근로자재해)로 세상을 떴어요. (중략) 얘는 가라하는 거야. 조카도 자기가 본다고. 너무너무 상처가 많이 있다. 보니까 마음의 문을 안 열어요. 근데 그 일을 법원을 계속 왔다 갔다 하면서 (중략) 그 일을 2년 넘게 갔지 계속 법원 왔다 갔다 하고 산재(산업재해) 사무실에 왔다. 갔다 하고 고용보험 갔다 왔다 왔다가 일을 봤어요(연구참여자 A, 2022.03.12.)."

4.3. 관계성 차원: 타자성 경험 및 실천의 관계 심화

마지막으로 다문화가정 방문교육지도사의 내러티브에서 관계성을 살펴보았다. 특히 Buber와 Levinas의 관계 철학에 맞추어 다문화가정 방문교육의 관계성과 주체로서의 자기 인식과 자기 성찰이라는 개별성을 살펴보았다. 이에 따라 방문교육지도사로서의 타자성 경험과 실천의 의미로써 다문화가정 방문교육의 관계성 차원에서는 방문교육지도사와 결혼이주여성의 타자 관계의 심화가 도출되었다. 결혼이주여성들이 마주하는 삶의 다양한 역경에서 연구참여자들은 그녀들의 입장이 되어 생각하며, 결혼이주여성들과 진정한 대화를 나누었다. 이를 통해 이들의 관계는 지도자-학습자의 관계를 넘어 정신적 동반의 관계로 깊어지게 되었다. 또한, 방문교육에서 연구참여자들은 한국인 가족의 호소를 외면하지 않았다. 이에 따라 연구참여자들의 타자성 관계는 결혼이주여성을 넘어 한국인 가족으로 확대되고 있었다.

Buber는 내 앞에 서 있는 '너'는 자기 이해의 단초가 된다(윤석빈, 2019: 314)고 하였다. 이에 따라 연구참여자들이 결혼이주여성의 입장이 되는 역지사지(易地思之), 이를 통해 자신을 반성하고 성장하는 타산지석(他山之石)을 살펴보면, '타자의 성장과 성취'에 따른 보람과 행복이 되어 진정한 대화와 관계 맺기가 이루어지고 있었다. 마지막으로 낯선 타자의 부름에 응답하는 주체로서의 자기 인식과 자기 성찰에서는 타자를 통해 얻은 '꿈의 실현', '일의 즐거움'이라는 의미가 도출되었다. 예컨대 연구참여자 A는 학습 부진 아에 머물러 있던 다문화가정의 자녀를 우수 학습자로 키워내었다. 이에 다문화가정 보호자에게 '애 사람만들어 줘서 고맙다'는 말을 전해들으며 보람을 느꼈고, 청소년기부터 누군가를 가르치고 싶어했기에 방문교육지도사를 10여 년 이어올 수 있었음을 확인하였다. 연구참여자 A에게 방문교육사업은 인적자원밖에 없는 우리나라를 돕는 일이라는 사명감이었는데, 학습자들과 신뢰가 쌓이고 관계가 깊어지며, 이는 인연이 되었다. 연구참여자 B는 방문교육지도사를 '사회봉사자'유형인 본인에게 딱 맞는 일이었으며 선생님이 되고 싶었던 청소년기 꿈의 실현이었음을 확인하였다. 또한 기억니은도 모르던 결혼이주여성의 한국어 능력 향상에서 얻은 보람은 행복이 되었고 이제는 서로의 안부를 묻는 정신적 동반 관계가 되었음을 전해주었다. 연구참여자 C는 학습자의 성장에서 굉장이 큰 보람을 느꼈고, 묵묵히 자신의 개발을 위해 노력했던 날들에서 청소년기 외교관의 꿈이 방문교육지도사를 통하여 실현되고 있음을 확인하였다. 또한, 내 딸처럼 보살핀 결혼이주여성과 이제는 엄마와 딸처럼 정신적 동반 관계를 맺고 있음을 전해주었다. 연구참여자 D는 결혼이주여성의 성장에서 보람을 얻으며 방문교육지도사로서의 삶은 본인에게 활력이었음을 고백하였다. 또한, 중년에 이루고자 했던 상담자의 삶을 살고 있음을 확인하였다.

　이러한 연구참여자들의 내러티브에서 관계성을 탐색하며, 연구자는 "타자는 내가 완전히 파악할 수 없는 무한성이다(Levinas, 2001: 140)."라는 문구를 떠올렸다. 여기서 무한성은 익명성을 의미하지 않는다. 즉 어떤 낯선 힘이 타자의 얼굴 배후에 도사리고 있는 것이 아니다. 여기에서 무한성은 내가 지금 여기 부재하는 다른 모든 사람 또는 제3자와 맺는 구체적인 결속을 뜻한다. 지금 내 가까이 있는 타자는 다른 모든 사람과 결속되어 있다. 따라서 지금 나와 마주한 타자는 그저 너가 아니라 제3자인 '그'라고 할 수 있다. 이런 관점에서 본다면, 낯선 고아 또는 과부로 현현(顯現)하는 타자의 얼굴과 직면할 때, 우리는 그곳에서 모든 사람을 만날 수 있다. 또한, 이들을 받아들임으로써 우리는 인간의 보편적인 결속과 평등의 차원으로 들어갈 수 있다.

　결론적으로 연구자는 "신 없는 세계에서 여전히 선하게 행동할 수 있다고 믿는 자, 그것이 진정한 의미에서의 주체이다."라는 문구를 되새기게 되었다. 즉 본 연구는 연구참여자들이 매뉴얼에 없는 절대적 무근거를 견뎌냄으로써 신과 함께 했다는 사실에서 큰 의미를 찾았다. 이에 본 연구는 연구참여자들의 삶은 진정 타자를 스승으로 섬기는 성숙한 인간의 삶이었음을 확인하였다.

참고문헌

강규희(2016). 자녀 양육 직장여성들의 생애사 연구: 공공기관 20년이상 근속 여성들을 중심으로. 대전대학교 박사학위논문.

강대중(2009). 평생학습 연구 방법으로 학습생애사의 의의와 가능성 탐색. 평생교육연구, 13(1), 201-223.

강민수, 문용린(2007). 생애사 연구의 교육심리학적 고찰. 인간발달연구, 14(1), 1-19.

강선경, 이중교, 차명희(2020). 단주과정에 있는 여성의 자기실현에 관한 생애사 연구. 한국콘텐츠학회논문지, 20(1), 505-518.

강영미(2015). 필리핀 결혼이주여성의 자기 복원 생애사: 로젠탈의 내러티브 분석 접근. 한국사회복지질적연구, 9(1), 115-136.

강영안(2005). 타인의 얼굴. 서울: 문학과 지성사.

강진숙(2016). 커뮤니케이션과 미디어교육 연구의 주사위: 질적연구방법론. 서울: 지금.

강현석(2016). 인문·사회과학의 새로운 연구방법론: 내러티브학 탐구. 서울: 한국문화사.

강현석, 유동희, 이자현, 이대일(2005). 내러티브 활용을 통한 교과교육론 구성 방향의 탐색. 한국교원교육연구, 22(3), 215-241.

고수현(2014). 북한이탈청소년 교육복지정책의 산출분석: 교육양극화와 교육복지소외의 관점에서. 복지상담교육연구, 3(1), 29-55.

고요한(2018). 내러티브, 인성, 교육의 인간학적 전일성 연구. 내러티브와 교육연구, 6(1), 61-89.

교육부(2022). 2022년 교육기본통계. 교육안정정보국 교육통계과, 2022. 8. 30.

권경숙, 봉진영(2013). 다문화가정 방문교육 지도사의 실제적인 역할과 어려움에 관한 탐구. 유아교육연구, 33(3), 59-81.

길은영(2017). 손녀를 돌보는 어느 조모의 생애사를 통한 모성 연구. 숙명여자대학교 박사학위논문.

김광기(2014). 이방인의 사회학. 경기 파주: ㈜ 글항아리.

김무길(2005). 구성주의와 듀이 지식론이 관련성: 재해석. 교육철학, 34, 23-43.

김미영(2015). 에릭슨의 심리사회 발달적 인간 고찰. 사회복지경영연구, 2(2), 27-42.

김병극(2012). 내러티브 탐구의 존재론적, 방법론적, 인식론적 입장과 탐구과정에 대한 이해. 교육인류학연구, 15(3), 1-28.

김상호(2008). 사할린 한인방송과 민족정체성의 문제. 한국방송학회 세미나 및 보고서, 32-82.

김선임(2012). 이주노동자공동체 형성에서 민족 정체성과 종교 정체성의 경합: 미얀마, 방글라데시, 필리핀 사례를 중심으로. 동국대학교 박사학위논문.

김성영(2016). 개신교 목회자의 다문화교육 태도에 관한 연구. 교육문화연구, 22(3), 277-299.

김성영, 오영훈(2013). 한국 개신교 목사의 다문화교육에 대한 인식 연구. 종교연구, 72, 207-235.

김소연(2018). 상담자의 질적 연구 윤리로서의 윤리적 주체-되기. 질적탐구, 4(2), 57-95.

김승환(2005). 한국문학교육의 타자성 인식 방법론. 문학교육학, 17, 129-157.

김아람 (2020). 경계를 넘나드는 삶으로서의 교육과정 되기: 세 청년의 대학경험에 대한 내러티브 탐구. 연세대학교 대학원 박사학위 논문.

김연숙(2001). 레비나스 타자 윤리학. 서울: 인간사랑.

김영순(2011). 스토리텔링의 사회문화적 확장과 변용. 서울: 북코리아.

김영순, 김진희, 강진숙, 정경희, 정소민, 조진경, 조현영, 최승은, 정지현, 오세경, 김창아, 김민규, 김기화, 임한나(2018). 질적연구의 즐거움. 서울: 창지사.

김영순, 박병기, 진달용, 임재해, 박인기, 오정미(2022). 다문화 사회의 인문학적 시선. 서울: 연두.

김영순, 박봉수(2016). 영주귀국 사할린 한인의 한국어 교사 경험에 관한 연구. 언어와 문화, 12(4), 55-81.

김영신(2011). 자발적 양육비혼모의 생애과정 연구: 슛제의 이야기식 인터뷰 방법을 중심으로. 조선대학교 박사학위논문.

김영천(2013). 질적연구방법론 Ⅱ. 파주: 아카데미프레스.

김영천, 한광웅(2012). 질적 연구방법으로 생애사 연구의 성격과 의의. 교육문화연구, 18(3), 5-43.

김용환, 조영제(2000). 관용을 위한 가치 교육의 내용과 방법에 관한 연구. 시민교육연구, 30, 51-80.

김정화(2018). 구술 생애사로 본 여성의 가족제적 역할과 삶의 변화 도시- 거주 중산층 여성을 중심으로-. 안동대학교 박사학위논문.

김지혜(2020). 한국에 거주하는 조선족 청년의 삶에 대한 생애사 연구. 다문화 사회연구, 13(2), 65-105.

김진희, 김영순, 김지영(2015). 질적연구여행. 북코리아.

김필성(2019). 내러티브 탐구과정에서의 의미에 대한 고찰. 내러티브와 교육연구, 7(2), 54-71.

김혜진, 이효선(2015). 예비사회복지사의 직업정체성 형성 과정의 재구성: Schütze의 생애사 연구방법으로. 한국사회복지질적연구, 19(3), 107-128.

김희근(2018). 부버와 레비나스의 타자론 시각에서 바라본 야콥 바서만의 세계 구원 이념. 독일언어문학, 82, 227-247.

남혜경(2020). 파독 간호사 출신 한인 여성의 이주생애사 연구. 인하대학교 박사학위 논문.

노미소(2016). 빈곤여성노인의 생애사 연구 -젠더 불평등 경험을 중심으로. 중앙대학교 박사학위논문.

노상우, 권희숙(2009). 타자의 타자성의 교육학적 메시지: E. Levinas의 철학을 중심으로. 교육학연구, 47(4), 한국교육학회, 1-25.

노상우, 권희숙(2010). Buber와 Levinas의 '관계의 철학'에 내포된 교육적 함의. 교육의 이론과 실천, 15(2), 47-67.

노상우, 안오순(2008). '타자성 철학'의 현대교육학적 함의 - Derrida를 중심으로. 교육철학, 42, 135-156.

노혜진(2021). 니트상태를 경험한 청년들의 생애사. 보건사회연구 41(2), 44-63.

도미향, 주정, 최순옥, 이무영, 송혜자, 장미나(2019). 건강가정론. 서울: 신정.

문성훈(2011). 타자에 대한 책임, 관용, 환대 그리고 인정 - 레비나스, 왈쩌, 데리다, 호네트를 중심으로. 사회와철학, 21, 391-418.

문영석(2005). 캐나다 이민정책에 대한 분석과 전망. 국제지역연구, 14(1), 79-108.

박병섭, 정용미(2021). 결혼이주 필리핀여성의 한국에서 반평생 살아가기 생애사. 디아스포라연구, 15(1), 43-82.

박봉수(2016). 영주귀국 사할린 한인의 통과의례 내러티브 탐구. 인하대학교 박사학위논문.

박봉수, 김영순(2016). 민족 미디어를 통한 사할린 한인의 민족 정체성 구성 경험 탐구. 학습자중심교과교육연구, 16(5), 737-760.

박봉수, 임지혜(2015). 사할린 동포의 영주귀국 경험과 그 의미 탐색. 언어와 문화, 11(2), 161-191.

박상철, 정영현, 김중진, 강옥희(2010). 성공적인 이직 및 재취업에 관한 연구. 서울: 한국고용정보원.

박성희(2004). 질적 연구방법의 이해: 생애사 연구를 중심으로. 서울: 원미사.

박성희(2019). 독일 생애사 연구의 시작과 사회학적 연구방법으로의 발전과정. 질적
　　탐구, 5(4), 37-61.

박수정, 조덕주(2014). 평생교육의 관점을 토대로 한 중학교「진로와 직업」교과서
　　분석. 교사와 교육, 33, 67-88.

박신규(2008). 국제결혼이주여성의 정체성 및 주체성의 사회적 위치성에 따른 변화.
　　한국지역지리학회지, 14(1), 40-53.

박아청(1998). 자기의 탐색. 서울: 교육과학사.

박옥현(2023). 다문화가정 방문교육지도사의 생애사에 나타난 타자성 경험과 실천에
　　관한 내러티브 탐구. 인하대학교 박사학위논문.

박옥현, 김영순(2022). 중년여성 다문화가정 방문교육지도사의 직업 생애사 연구.
　　문화예술교육연구, 17(3), 149-173.

박이문(2001). 언어란 무엇인가. 언어와 언어학, 27(0), 1-9.

박정석(2007). 케랄라의 귀환이주자: 이주과정과 소비행위를 중심으로. 인도연구,
　　12(1), 61-99.

박종천(2010). 상·제례의 한국적 전개와 유교의례의 문화적 영향. 국학연구, 12,
　　363-397.

방미화(2013). 재한 조선족의 실천전략별 귀속의식과 정체성. 사회와역사, 98,
　　227-257.

배경임(2018). 이주민 봉사 기관 재직 개신교 성직자의 타자성 실천에 관한 생애사
　　연구. 인하대학교 박사학위논문.

배을규(2006). 성인교육의 실천적 기초. 학지사.

성정숙(2010). 레즈비언 생애사. 중앙대학교 박사학위논문.

손제령, 김경화(2009). 다문화가정 방문교육지도사의 역할갈등과 역할모호성. 사회
　　과학논총, 8, 13-31.

신광철(2010). 다문화 사회와 종교. 종교연구, 59, 1-16.

신봉자(2019). 베이비부머세대 임상간호사의 생애사적 내러티브 탐구. 가천대학교
　　박사학위논문.

안현아(2020). 양육미혼모의 생애사 연구. 숭실대학교 박사학위논문.

양민숙(2018). 북한이탈여성의 중년기 이후 남한사회 적응에 관한 생애사 연구. 성균
　　관대학교 박사학위논문.

양영자(2013a). 내러티브-생애사 인터뷰 분석의 실제: 재독한인 노동이주자 인터뷰를

중심으로. 한국사회복지학, 65(1), 271-298.

양영자(2013b). 재독한인 노동이주남성의 젠더 정체성: 생애사적 사례재구성 방법에 기초하여. 한국사회복지학, 65(3), 79-106.

양영자(2015). 재독 한인 광산노동자의 생애 이야기 재구성: 내러티브 정체성을 중심으로. 비판사회정책, (49), 281-329.

양영자(2016). 재독 한인여성의 생애체험에 대한 질적 사례연구: 노동이주여성되기. 한국사회복지학, 68(1), 141-168.

양천수, 최샘(2020). 타자에 대한 책임의 근거: 레비나스의 철학을 예로하여. 법철학연구, 23(1), 169-208.

어경준(2021). 줌머난민의 이주 생애와 인정투쟁에 관한 질적 연구. 인하대학교 박사학위논문.

여성가족부(2022). 2022년 가족지원 사업안내 1권. 서울: 여성가족부.

염지숙(2003). 교육 연구에서 내러티브 탐구(Narrative Inquiry)의 개념, 절차, 그리고 딜레마. 교육인류학연구, 6(1), 119-140.

염지숙(2005). 유아교육현장에서 돌봄의 실천과 한계. 유아교육연구, 25(5), 147-171.

염지숙(2009). 유아교육연구에서의 내러티브 탐구: '관계'와 '삼차원적 내러티브 탐구 공간'에 주목하기. 유아교육학논집, 13(6), 235-253.

염지숙(2020). 내러티브 탐구 연구방법론에서 관계적 윤리의 실천에 대한 소고. 유아교육학논집, 24(2), 357-373.

우정길(2009). 타자의 타자성과 교육학 지식: 레비나스의 타자성 철학에 대한 교육학적 소고. 교육철학, 45, 151-174.

원숙연(2008). 다문화주의시대 소수자 정책의 차별적 포섭과 배제, 외국인 대상 정책을 중심으로 한 탐색적 접근. 한국행정학보, 42(3), 한국행정학회, 29-49.

원재연(2010). 사회학적 에스노그라피의 모색-마이클 부라보이의 사례확장방법을 중심으로. 담론 201, 13(1), 151-178.

유기쁨(2011). 특집논문: 다문화 사회의 종교를 묻는다; 결혼이주여성과 종교. 종교와 문화비평, 19(19), 86-132.

유기웅, 정종원, 김영석, 김한별(2012). 질적 연구방법의 이해. 박영사.

유철인(2010). 인류학과 생애사. 스포츠인류학연구, 5(1), 1-45.

윤석빈(2006). 마틴 부버의 대화원리-인간 실존의 토대로서의 대화. 동서철학연구, 42, 271-294.

윤석빈(2019). 언어공동체 존재의 토대로서 실존적 대화. 철학연구, 149, 297-341.

윤은향(2015). 내러티브를 활용한 표현활동 수업 실행. 안동대학교 박사학위논문.

윤인진, 손지혜, 이종원(2019). 재외동포의 국내활동과 지원정책을 둘러싼 쟁점과 인식. 한국이민학회 후기학술대회.

윤정헌(1996). 현대문학: 미국이민소재소설에 나타난 "탈향민의 뿌리찾기" -안정효의 세 작품, 〈회귀〉, 〈미국인의 아버지〉, 〈황야〉를 중심으로-. 한민족어문학, 30(0), 349-362.

윤지혜(2018). 가르치는 예술가 되기: 한 사진 예술강사의 사례를 중심으로. 서울대학교 박사학위논문.

윤희진(2012). '마을의 변화와 여성의 삶'에 관한 내러티브 연구-나는 연수구의 자원봉사자 김창희입니다. 인문과학연구, 32, 231-260.

윤희진, 김영순(2016). 고려인 민 타찌아나의 생애 이야기 재구성. 예술인문사회융합 멀티미디어 논문지, 6(10), 449-456.

이가영, 김선희(2016). 미술치료에서 사진 및 디지털 이미지 활용에 관한 문헌연구. 한국예술연구, 13, 219-241.

이경희, 박성희(2006). 평생학습의 새로운 패러다임으로서의 생애사연구: 사례재구성을 통한 중년여성의 학습개념을 중심으로. 평생교육학연구, 12(3), 73-95.

이동성(2013). 생애사 연구방법론의 이론적 배경과 분석방법에 대한 탐구. 초등교육연구, 26(2), 71-96.

이동성(2015). 두 초등학교 남자 교원의 경력 경로 및 경력 발달에 대한 생애사 연구: "우연과 필연의 이중주". 교사교육연구, 54(1), 102-119.

이병준(2010). 평생학습연구에 있어서의 교육학적 생애사 접근. 평생교육학연구, 16(1), 91-112.

이병준, 석영미(2015). 다문화가족지원센터 실무자의 직업생애사 연구. 다문화콘텐츠연구, 18, 329-362.

이병준, 정미경, 석영미(2015). 여성 NGO 평생교육기관장의 직업생애사 연구. 평생교육학연구, 21(3), 53-83.

이선정(2019). 다문화가정 방문교육지도사 교육활동경험 의미 탐색. 숭실대학교 박사학위논문.

이승재(2011). 문화 간 커뮤니케이션과 문화 간 선험적 학습에 관한 연구. 커뮤니케이션학연구, 19(3), 99-119.

이오복(2014). 다문화가정 방문교육지도사의 직업경험에 관한 근거이론연구. 한국산학기술학회, 15(10), 6092-6101.

이용균(2007). 결혼이주여성의 사회문화 네트워크의 특성: 보은과 양평을 사례로. 한국도시지리학회지, 10(2), 35-51.

이진경(1997). 근대적 주체와 정체성: 정체성의 미시정치학을 위하여. 경제와사회, 35, 8-33.

이춘양(2021). 한부모 이주여성 삶의 성장경험에 관한 생애사적 내러티브 연구. 인하대학교 박사학위논문.

이효선(2005). 사회복지실천을 위한 질적 연구: 이론과 실제. 서울: 학현사.

이효선(2007). 생애사 연구를 통한 중도장애인의 삶의 재구성-슛제(F.Schutze)의 이야기식 인터뷰를 중심으로-. 사회복지연구, 32, 299-330.

이효선(2009). 한국 여성들의 삶의 이해를 위한 가족 패러다임 재구성: 여성세대 생애사를 중심으로. 여성학논집 26(1), 135-181.

이희영(2005). 사회학 방법론으로서의 생애사 재구성: 행위이론의 관점에서 본 이론적 의의와 방법론적 원칙. 한국사회학, 39(3), 120-148.

이희영(2012). 탈북-결혼이주-이주노동의 교차적 경험과 정체성의 변위: 북한 여성의 생애사 분석을 중심으로. 현대사회와 다문화, 2(1), 1-45.

이희영(2014). 결혼-관광-유학의 동맹과 신체-공간의 재구성 아시아 여성 이주자들의 사례 분석을 중심으로. 경제와 사회, 102, 110-148.

장사형(2013). 내러티브에 기초한 인간학의 방향. 교육철학, 51, 65-91.

장사형(2014). 내러티브 탐구와 인간 경험의 이해. 내러티브와 교육연구, 2(1), 5-22.

전경수(2000). 러시아 사할린, 연해주 한인동포의 생활문화. 국립민속박물관.

전보람(2017). 레비나스의 타자윤리학을 통해 살펴본 다문화복지실천가의 경험에 관한 연구. 순천향대학교 석사학위논문.

전현영, 손은령(2014). 두 50대 남성 직장인의 진로전환의 삶에 관한 질적 연구: 생계와 자아실현 사이. 상담학연구, 15(2), 675-694.

정경희(2016). 대안학교장의 실천적 지식 형성과정과 표출양식에 관한 생애사. 인하대학교 박사학위논문.

정미옥(2018). 여성의 이주와 (탈)근대성: [사진신부]. 문화와 융합, 40(3), 297-338.

정상우(2016). 다문화사회 사회통합을 위한 조례 개선방안. 헌법학연구, 22(3), 375-404.

정신희(2018). 방문교육지도사들의 경험을 통해 본 다문화가족정책의 돌봄관리체계. 여성학논집, 35(2), 201-232.

정연순, 진성미(2009). 중학교 교사의 진로교육 경험에 대한 내러티브 탐구. 직업교육

연구, 28(3), 85-109.

정용미, 박병섭(2021). 베트남결혼이주여성의 생애사연구, 스스로 서서 삶을 구성하다. 다문화아동청소년연구, 6(2), 1-25.

정은정, 김대중(2019). 다문화인권교육을 통한 증오범죄 대응방안: 프랑스의 이민 2,3세의 증오범죄 사례 중심으로. 민족연구, 74, 116-136.

정정호, 박선경(2020) 제인 에어와 주변 인물들과의 관계유형—사르트르, 부버, 레비나스의 타자이론을 중심으로. 영어영문학21, 24(4), 1-29.

정지은, 주홍석, 정철영(2013). 진로교육연구 학술지의 연구 동향. 진로교육연구, 26(1), 1-20.

정진아(2011). 연해주, 사할린 한인의 삶과 정체성: 연구동향과 과제를 중심으로. 한민족문화연구, 38, 391-421.

정창호(2011). 독일의 상호문화교육과 타자의 문제. 교육의 이론과 실천, 16(1), 75-102.

조상식(2002). 현상학과 교육학. 원미사.

조영아(2013). 다문화가정 방문교육지도사의 활동 경험과 직무역량 개발. 다문화콘텐츠연구, 14, 115-162.

조정호(2009). 체육사에서 구술사 연구방법의 의의와 적용과 방향. 한국체육사학회, 2009동계학술대회, 17-26.

주형일(2001). 브르디외와 사진-사진행위에 대한 브르디외의 분석이 갖는 의의와 한계. 한국언론정보학보, 11, 145-178.

주형일(2003). 사진의 시간성 개념을 통해 바로 본 신문사진의 문제. 한국언론정보학보, 47(2), 5-29.

진성미(2013). 경력 자본과 경력 아비투스: 경력과 일터학습. 평생학습사회, 9(3), 73-92.

채은희(2021). 중년기 중국동포 이주여성의 노후준비에 관한 생애사. 인하대학교 박사학위논문.

최라영(2012). 평생교육계 원로들의 생애사를 통해 본 '지혜로운 나이 듦'에 관한 연구. 아주대학교 박사학위논문.

최문연(2018). 다문화 학습 주체의 갈등 - 상생에 관한 자전적 생애사 연구. 서울대학교 박사학위논문.

최샘, 정채연(2020). 데리다의 환대의 윤리에 대한 법철학적 성찰. 중앙법학, 22(1), 41-91.

최승은(2015). 상호문화교육의 관점에서 본 초등교사의 음악교육 경험에 관한 연구. 인하대학교 박사학위논문.

최영신(1999). 질적 자료 수집: 생애사 연구사례를 중심으로. 교육인류학연구, 2(2), 1-22.

통계청(2022). 2021년 다문화 인구통대 통계. 2022.11.3.

한국건강가정진흥원(2022). 한국건강가정진흥원 홈(kihf.or.kr), 검색일: 2022.2.17.

한미경(2009). 한 어린이집 원장의 교직 경험에 관한 연구. 건국대학교 교육대학원 석사학위논문.

한상만, 이희수(2014). 경험학습을 통한 名醫의 전문성 발달과정. 평생교육학연구, 20(1), 93-127.

허 숙(2020). 재한 이주민 사업가의 사회통합 경험에 관한 생애사적 사례연구. 인하대학교 박사학위논문.

홍건숙(2020). 장기근속 요양보호사의 돌봄 경험에 관한 생애사 연구. 초당대학교 박사학위논문.

홍영숙(2015a). 내러티브 탐구에 대한 이해. 내러티브와 교육연구, 3(1), 5-21.

홍영숙(2015b). 내러티브 연구 방법론의 이해와 실제. 숭실대학교 부부가족상담연구소 질적 연구 워크숍 자료집.

홍영숙(2016). 대학 편입학을 경험한 두 대학생이 살아낸 삶의 이야기 탐구: 편입학 경험에 이르기까지의 '교육 전환의 여정(Curricular Transition Journey)'을 통하여. 내러티브와 교육연구, 4(2), 99-126.

황해영(2018). 재한 중국동포 결혼이주여성의 생애경험 탐구 -인정 투쟁의 내러티브를 중심으로-. 인하대학교 박사학위논문.

황해영, 김영순(2017a). 재한 중국동포 결혼이주여성의 일상생활에 나타난 인정투쟁 경험과 의미. 교육문화연구, 23(4), 459-479.

황해영, 김영순(2017b). 재한 중국동포 여성단체장의 생애사에 나타난 소수자의 인정 투쟁. 예술인문사회융합멀티미디어논문지, 7(9), 508-518.

Ahmed, S. (2000). *Strange encounters: Embodied others in post-coloniality.* Psychology Press.

Bach, H. (1997). *A visual narrative concerning curriculum, girls, photography, etc.* Unpublished doctoral dissertation, University of Alberta.

Böcker, A. G. M., & Gehring, A. J. (2015). Returning 'home'after retirement? The role of gender in return migration decisions of Spanish and Turkish migrants. *Review of Social Studies (RoSS), 12*(1).

Böhme, G. (1985). *Anthropologie in pragmatischer Hinsicht*. Frankfurt a.M: Suhrkamp.

Briscoe, J. P., & Hall, D. T. (2006). The interplay of boundaryless and protean careers: Combinations and implications. *Journal of Vocational Behavior, 69*(1), 4-18.

Bruner, E. (1986). Experience and Its Expression. In V. Turner and E. Bruner(eds.), *The Anthropology of Experience*. (pp.3-30). Urbana: University of Illinois Press.

Bruner, J. (1990). *Acts of meaning Cambridge*. MA: Harvard University Press.

Buber, M. (1954). 나와 너 [Ich und Du]. (표재명 역, 1993; 1995; 2001). 서울: 문예출판사.

Butler, R. N. (1974). Successful aging and the role of the life review. *Journal of the American Geriatrics Society, 22*(12), 529-535.

Castles, S. & Miller, M. J. (1993). 이주의 시대 [*The Age of Migration*]. (한국이민학회 역, 2013). 서울: 일조각.

Chance, P. (2009). 학습과 행동 [Learning & Behavior]. (김문수, 박소현 옮김). 서울: 시그마프레스.

Clandinin, D. J. & Caine, V. (2012). *Narrative inquiry*. In A. Trainor & E. Graue (Eds.), Reviewing qualitative research in the social science(pp. 166-179). New York: Taylor and Francis/Routledge.

Clandinin, D. J. & Murphy, M. S. (2009). Relational ontological commitments in narrativeresearch. *Educational Researcher, 38*(8), 598-603.

Clandinin, D. J. (2015). 내러티브 탐구의 이해와 실천 [Engaging in narrative inquiry]. (염지숙, 강현석, 박세원, 조덕주, 조인숙 공역). 파주: 교육과학사.

Clandinin, D. J., & Connelly, F. M. (1998). Stories to live by: Narrative understandings of school reform. Curriculum inquiry, 28(2), 149-64.

Clandinin, D. J., & Connelly, F. M. (2006). 내러티브 탐구: 교육에서의 질적 연구의 경험과 사례. [Narrative inquiry: Experience and story in qualitative research]. (소경희, 강현석, 조덕주, 박민정 공역). 파주: 교육과학사.

Clandinin, D. J., & Rosiek, J. (2011). 내러티브 탐구의 전경을 지도로 그리기: 경계 공간과 긴장감. [In D. J. Clandinin (Ed.), Handbook of narrative inquiry: Mapping a methodology(pp. 63-113)]. (강현석 외 역). 파주: 교육과학사.

Clandinin, D. J., Huber, J., Huber, M., Murphy, M. S., Murray Orr, A., Pearce, M., & Steeves, P. (2006). *Composing diverse identities: Narrative inquires into the interwoven lives of children and teachers.* New York, NY: Routledge.

Clandinin, D. J., Pushor, D., & Orr, A. (2007). Navigating sites for narrative inquiry. *Journal of Teacher Education, 58*(1), 21-35.

Clandinin, D. J., Steeves, P., Li, Y., Mickelson, J. R., Buck, G., Pearce, M., Caine, V., Lessard, S., Desrochers, C., Stewart, M., & Huber, M. (2010). *Composing lives: A narrative account into the experiences of youth who left school early.* Edmonton: Alberta Centre for Child, Family, & Community Research.

Cole, A. L., & Knowles, J. G. (2001). *Lives in context: The art of life history research.* New York, NY: AltiMira Press.

Connelly, F. M., & Clandinin, D. J. (1988). *Teachers as curriculum planners: Narratives of experience.* New York: Teachers College Press.

Connelly, F.M., & Clandinin, D. J. (1990). Stories of experience and narrative inquiry. *Educational Researcher, 19*(5), 2-14.

Connelly, F. M., & Clandinin, D. J. (2006). Narrative inquiry: In Green, G. Camilli, & P. Elnore (Eds.), Handbook of complementary methods in education research (3rd ed.) (pp.477-87). Mahwah, NJ: Lawrence Erlbaum.

Cooper, J. (1991). Telling our own stories: The reading and writing of journals or diaries. In C. Witherell, & N. Noddings(Eds.), Stories lives tell: Narrative and dilogue in education(pp. 96-112). New York: Teachers College Press, Columbia University.

Cornelison Jr, F. S., & Arsenian, J. (1960). A study of the response of psychotic patients to photographic self-image experience. *Psychiatric Quarterly, 34*(1), 1-8.

Creswell, J. W. (1998). *Qualitative Inquiry and Research Design: Choosing Among Five Traditions.* Thousand Oaks: Sage Publications.

Creswell, J. W. (2017). 질적 연구방법론: 다섯 가지 접근. [Qualitative inquiry and research design Choosing Among Five Approaches(3rd ed.)]. (조흥식, 정선욱, 김진숙, 권지성 공역). 서울: 학지사.

David A. Krauss, and Jerry L. Fryrea. (1983). *Phototherapy in mental health, Springfield*, Illinois, U.S.A: C.C. Thomas, 3-21.

Davies, B. (2017). 어린이에게 귀 기울이기: '이기'와 '되기'. [Listening to children: Being and becoming]. (변윤희, 유혜령, 윤은주, 이경화, 이연선, 임부연 공역). 서울: 창지사.

Denzin, N. (1989a). *The Research Act*. Third edition. NJ: Prentice-Hall.

Denzin, N. (1989b). *Interpretive Biography*. Sage University Paper Series on Qualitative Research Methods. 17. CA: Sage.

Dewey, J. (1938). *Experience and education*. New York: Macmillan.

Dewey, J. (2001). 존 듀이의 경험과 교육. 서울: 원미사.

Dewey, J., & Bentley, A. F. (1949). Knowing and known. The later works Vol. 14.

Dhunpath, R. (2000). Life history methodology: 'Narradigm' regained. *Qualitative Studies in Education, 13*(5), 543-551.

Dollard, J. (1935). *Criteria for the life history: With analyses of six notable documents*. London: Yale University Press.

Downey, C. A., & Clandinin, D. J. (2010). *Narrative inquiry as reflective practice: Tensions and possibilities*. In N. Lyons(Ed.), Handbook of reflection and reflective inquiry: Mapping a way of knowing for professional reflective practice(pp. 285-397). Dordrecht: Springer.

Dukes, S. (1984). Phenomenological methodology in the human sciences. *Journal of religion and health, 23(*3), 197-203.

Ellis, C. (2007). Telling secrets, revealing lives: Relational ethics in research with intimate others. *Qualitative Inquiry, 13*(1), 3-29.

Esser, Hartmut. (2001). Integration und ethnische Schichtung. Arbeitspapiere Nr. 40, Mannheim: Mannheimer Zentrum fuer Europaeische Sozialforschung.

Ezzy, D. (2002). *Data analysis during data collection*. Qualitative analysis: Practice and innovation, 60-79.

Fuchs-Heinritx, W. (1984). *Biographische Forschung*. Eine Einfuehrung in Praxis und Methoden Opladen.

Giddens, A. (1989). 현대사회학. (김미숙, 김용학, 박길성, 송호근, 신광영, 유흥준, 정성호 역, 2011). 서울: 을유문화사.

Giddens, A.(1991). 현대성과 자아정체성: 후기 현대의 자아와 사회. [Modernity and Self-Identity: Self and Society in the Late Modern Age]. (권기돈 역, 1997). 서울: 새물결.

Goodson, I. & Choi, P. L. (2008). Life history and collective memory as methodological strategies: Studying teacher professionalism. Teacher Education Quarterly, Spring, 5-28.

Goodson, I. F. (1992). Studying Teachers' Lives: an emergent field of inquiry. I. F. Goodson(ed), *Studying Teachers' Lives. Routledge,* 1-17.

Guba, E. G., and Lincoln, Y. S. (1981). *Effective Evalustion.* San Francisco: Jossey Bass. & Lincoln.

Haglund, K. (2004). Conducting life history research with adolescents. *Qualitative Health Research, 14*(9), 11-13.

Hall, D. T. (2002). Protean careers of the 21st century. *The Academy of Management Executive, 10*(4), 8-16.

Hewitt, J. P. (2000). 자아와 사회. [Self and society: a symbolic interactionist social psychology(8th ed)]. (윤인진, 라연재, 오숙영, 우해봉, 고현철, 김경현 역, 2001). 서울: 학지사.

Hollingsworth, S., Dybdahl, M., & Minarik, L. (1993). By chart, and chance and passion. The importance of relational knowing in learning to teach. *Curriculum Inquiry, 23*(1), 5-35.

Honneth, A. (2011). 인정투쟁. 문성훈, 이현재 옮김. 서울: 사월의 책.

Husserl, E. (1962). Die Krisis der Europäishen Wissenschaften und die Transzendentale Phänomenologie. Eine Einleitung in die phänomenologische Philosophie, hrsg. v. W. Biemel, Den Haag: Martinus Nijhoff.

Josef Koudelka. (2016). '집시', 한겨레신문(2016년 12월 19일 검색).

Kouritzin, S. G.(2000). Bringing life to research: Life history research and ESL. *Tesl Canada Journal/Review Tesl Du Canada, 17*(2), 1-35.

Krauss, D. A., & Chang, R. L. (1980). U.S. Patent No. 4, 181, 947. Washington, DC: U.S. Patent and Trademark Office.

Levinas, E. (2001). 시간과 타자. 강연안 옮김. 서울: 문예출판사.

Levinas, E. (2018). 전체성과 무한: 외재성에 대한 에세이. 김도형, 문성원, 손영창 옮김. 서울: 그린비.

Lewis, D. (2008). Using life histories in social policy research: The case of third sector/public sector boundary crossing. *Jnl Soc. Pol., 37*(4), 559-578.

Littleton, S. M., Arthur, M. B., & Rousseau, D. M.(2000). The future of boundaryless careers. *The future of career,* 101-114.

MacIntyre, A. (1984). 덕의 상실. [After Virtue(Notre Dame, Indiana: University of Notre Dame. 2nd ed)]. 이진우 역(1977). 서울: 문예출판사.

Mandelbaum, G. (1973). The study of life history: Gandhi. *Current Anthropology, 14*(3), 177-206.

Maturana, H.R./Varela, F. (1995). 인식의 나무. 서울: 자작아카데미.

Maxwell, J. (2004). Causal explanation, qualitative research, and scientific inqiiry in education. *Educational research, 33*(2), 3-11.

Mead, G. H. (1963). *Mind, self and society.* Chicago and London: The University of Chicago Press.

Melnyk, B. M. (2005). *Evidence-based Practice in Nursing & Healthcare: A Guide to Best Practice.* Lippincott Williams & Wilkins.

Merriam, S. B. (1998). *Qualitative research and case study applications in education.* San Francisco: Jossey-Bass.

Merriam, S. B. (2009). *Qualitative research: A guide to design and implementation.* San Francisco, CA: Jossey-Bass.

Novak, D. R. (2010). Democratizing Qualitative Reserarch: photovoice and the Social of Human Communication. [Article] *Communication Methods & Measure 4*(4), 291-310.

Ojermark, A.(2007). *Presenting life histories: A literature review and annotated bibliography.* Chronic Poverty Research Center, CPRC working paper.

Okri, B. (1997). *A way of being free.* London: Phoenix House.

Patton, M. Q. (1990). *Qualitative evaluation and research methods.* SAGE Publications, inc.

Pinnegar, S., & Daynes, J. G. (2011). 내러티브 탐구를 역사적을 위치시키기: 내러티브로 전환하는 주제들. [In D. J. Clandinin (Ed.), Handbook of narrative inquiry: Mapping a methodology(pp. 25-62)]. (강현석 외 역). 파주: 교육과

학사.

Plummer. (2001). *Documents of Life 2: An Invitation to a Critical Humanism.* London.

Polanyi, M. (2001). 개인적 지식. 서울: 아카넷

Polkinghorne, D. E. (1988). *Narrative Knowing and the human sciences.* Albany: state University of New York Press.

Ricoeur, P. (1981). *Narrative time.* In W.J.T.Mitchell(Eds.) On narrative. Chicago: University of Chicago Press.

Roberts, B. (2002). *Biographical research.* Buckingham & Philadelphia: Open University Press.

Rosenthal, G. (2008). *Interpretative Sozialforschung.* Eine Einfhrung(2). Weinheim und Munchen: Juventa.

Rosenthal, G. (1995). *Erlebte und erzählte Lebensgeschichte: Gestalt und Struktur biographischer Selbstbeschreibungen.* Frankfurt am Main; New York: Campus Verlag.

Rosenthal, G. (2011). Interpretative Sozialforschung: Eine Einführung, Weinheim und Weinheim und München: Juventa Verlag.

Samovar, L. A., Porter, R. E., Mcdaniel, E. R., & Roy, C. S. (2015). 문화간 커뮤니케이션 [Communication Between Cultures 8th ed]. (이두원, 이영옥, 김숙현, 김혜숙, 박기순, 최윤희 역). 서울: 커뮤니케이션북스.

Savickas, M. L. (2011). *Career counseling.* Washington, DC: American Psychological Association.

Schroeder, D., & Webb, K. (1997). Between Two Worlds: University *Expectations and Collaborative Research Realities.* In H. Christiansen, L. Goulet, C. Krentz, and M. Maeers(eds.), Re-creating Relationships: Collaborations and Educational Reform. New York: State University of New York Press.

Schütze, F. (1981). *Prozeßstrukturen des Lebensablaufs.* In: Matthes, J./ Arno P./ Manfred S.(Hg.). Nürnberg.

Schütze, F. (1983). Biographieforschung und narratives Interview. *Neue Praxis, 13*: 283-293.

Schütze, F. (1984). *Kognitive Figuren des autobiographischen Stegreiferzählens.* In, Kohli, Martin/Günther.

Schütze, F. (1999). *Verlaufskurven des Erleidens als Forschungsgegenstand der interpretativen Soziologie"* In: Krueger, H./Marotzki, W.(ed.).

Seidman, L. J. (2006). Neuropsychological functioning in people with ADHD across the lifespan. *Clinical psychology review, 26*(4), 466-485.

Stewart, Doug. (1979). Photo therapy: Theory & practice. *Art Psychotherapy 6,* 41-46.

Straub, J. (2000). *Biographische Sozialisation und narrative Kompentenz.* In: Hoerning.

Thrift, N. (2003). *Practising ethics.* In M. Pryke, G. Rose, & S. Whatmore (Eds.), Using social theory: Thinking through research (pp. 105-120). London, UK: Sage.

Vithal, R. (2009). A Quest for Democratic Participatory Validity in Mathematics Education Research. Dhunpath, R. & Samuel, M.(eds.), *Life History Research: epistemology, methodology, and representation,* Sense, 67-81.

Witherell, C., Noddings, N. (1991). Stories lives tell: Narrative and dialogue in education.

Yin, R. K. (2003). *Case study research: Design and method* (3rd ed.). Thousand Oaks, CA: Sage.

Yeom, J. S. (1996). *From the voices of children: Transition stories from kindergarten to grade one.* Unpublished doctoral dissertation. University of Alberta.

색 인

ㅇ

ㅈ

| 저자소개 |

김영순 kimysoon@inha.ac.kr (1장/3장 집필)

베를린자유대학교에서 문화변동에 관한 연구로 철학박사학위를 취득하고, 현재 인하대학교 사회
교육과 교수 겸 대학원 다문화교육학과 학과장으로 재직 중이다. 인하대학교 부설 다문화융합연
구소 소장, 다문화멘토링사업단 단장, BK21+글로컬다문화교육연구단장 직을 수행하고 있다. 또
한 학문 후속세대를 위해 전국의 대학원생을 대상으로 질적 연구방법론 캠프를 열고 있다. 연구방
법론 분야의 주요 저서로는 『질적연구와 문화기술지의 이해』, 『질적연구 여행』, 『질적연구의 즐
거움』 등이 있다.

염지숙 jyeom@kku.ac.kr (2장 집필)

앨버타 대학교(The University of Alberta)에서 유아교육 전공으로 박사학위를 받고, 같은 대학
교사교육개발연구센터(The Centre for Research for Teacher Education and Development:
CRTED)에서 Jean Clandinin 교수 지도하에 박사 후 과정을 마쳤다. 현재 건국대학교 유아교육과
교수로 재직하고 있다. 내러티브 탐구 연구방법론을 국내에 처음 소개한 이후로, 『내러티브 탐구
의 이해와 실천』, 『우리 아이가 행동장애라구요』, 『내러티브 탐구를 위한 연구방법론』 등을 공역
하였고, 내러티브 탐구 관련 다수의 논문을 출판하였다.

김기홍 silk0265@naver.com (8장 집필)

서강대학교에서 사학과 교육학을 공부하고 인하대학교에서 진로와 정체성 형성에 관한 논문으로
교육학 박사학위를 취득한 후 현재 인하대학교 교육대학원에서 강의 및 연구에 전념하는 한편,
IT 엔지니어, 프로젝트 매니저, 웹PD, 고교교사, 입학사정관 등 다채로운 이력을 바탕으로 진로진
학교육 관련 여러 국책 및 기관 사업에 관여하고 있다.

남혜경 ssalguaja@naver.com (4장 집필)

인하대학교 다문화교육학에서 석·박사학위를 취득하였으며 졸업 후 NM생애사연구소를 개설하고
NM생애사연구소블로그(https://blog.naver.com/hostim)를 운영하고 있다. 저서에는 『초국적 정
체성과 상호문화소통: 파독간호사이야기』, 『미국 한인이주여성의 초국적 삶과 공동체』가 있으며,
주요 연구분야는 파독간호사출신 한인여성, 한인국제결혼여성의 공동체, 한인여성의 여성임파워
먼트 등이 있다.

박봉수 wuligaqi@naver.com (9장 집필)

인하대학교에서 다문화교육학을 전공하고 영주귀국 사할린한인의 통과의례 내러티브 탐구로 교
육학 박사학위를 취득하였다. 현재 디아스포라연구소를 운영하며, 인천시 문화다양성 기반 외국
이주민 정책방향 연구, 인천광역시 연수구 이주배경청소년 생활실태와 과제, 인천광역시 이주 무
슬림의 사회적응 실태와 과제 등을 수행하고 있다. 또한 국가교육위원회 국민참여위원으로 활동
중이다.

박옥현 ok8428@naver.com (3장/11장 집필)

인하대학교 대학원 다문화교육학과에서 다문화가정 방문교육지도사의 생애사적 내러티브 연구로 교육학박사학위를 취득하고, 박사학위논문 주제인 타자성에 기반한 중년여성의 돌봄 경험에 관한 연구를 예정하고 있다. 이를 확장하여 이주민-정주민간 연계와 협력 방안을 구상하고 있다. 또한 현재 인하대학교 다문화융합연구소 연구위원으로 활동하고 있다.

배경임 sea21@hanmail.net (5장 집필)

인하대학교에서 다문화관련기관 종사자의 생애사 연구를 통해 교육학 박사학위를 취득하였다. 은평구의 구립도서관인 내를건너서숲으로 도서관에서 관장으로 재직 중이며 2012년부터 아시아 미래지식인포럼의 대표로 활동하였고, 현재 인하대학교 대학원 다문화교육학과 초빙교수로 강의를 하고 있다. 저서로『다문화사회 지역사회와 사회통합(2022공동체)』이 있고, 본회퍼와 레비나스의 타자성, 개신교 성직자 등 다문화교육 분야에 관한 연구활동을 하고 있다.

신희정 nooksack00@naver.com (6장 집필)

캐나다에서 거주한 후 귀환 이주하였다. 이후 인하대학교에서 귀환이주자들의 사회적응에 관한 연구로 다문화학 박사학위를 취득하였다. 현재 남서울대학교 교양대학 조교수로 재직 중이며, 주한 캐나다 상공회의소 이사와 한국이민학회 이사 등을 역임하며 활발하게 활동하고 있다. 주 연구는 해외 이주 경험을 바탕으로 한 이주, 국적, 재외동포 등에 관한 것이다.

정경희 jungkh414@naver.com (1장/3장 집필)

인하대학교에서 사회교육학을 전공하고 대안학교장의 실천적 지식 형성과정과 표출양식에 관한 생애사 연구로 박사학위를 취득하였다. 현재 인하대학교 사범대학에서 초빙교수로 재직 중이며, 공동저서로는『질적연구의 즐거움』,『독일 한인 이주여성의 초국적 삶과 정체성』등이 있으며, 주요 연구 분야는 대안교육, 다문화교육, 학교밖 청소년 등이다.

허숙 billow9@hanmail.net (7장 집필)

인하대학교에서 사회통합에 관한 연구로 교육학박사 학위를 취득하고, 현재 인하대학교 국제관계 연구소 다문화및사회통합연구센터 전임연구원, 인하대학교 대학원 다문화교육학과 초빙교수로 재직 중이다. 법무부 귀화민간면접관을 역임하였으며, 다문화사회전문가로서 다문화교육, 이민정책, 사회통합 분야 연구를 수행하고 있다.

황해영 haying04@hanmail.net (10장 집필)

인하대학교에서 다문화교육 전공으로 "중국동포 결혼이주여성의 생애경험 탐구: 인정투쟁의 내러티브를 중심으로" 박사학위를 취득하였다. 현재 인하대학교 다문화융합연구소 연구교수로 활동하고 있으며, 공동 저서로『결혼이주여성의 주체적 삶과 정체성 협상』,『중앙아시아계 이주여성의 삶: 이상과 현실 사이』가 있고, 재중동포이주민의 인정투쟁, 다문화가족센터 구성원의 상호문화실천 등에 대한 연구를 수행하고 있다.